ESSAYS
ON DAILY LIFE
IN

NORTH KOREA

北韓社會與人民的日常生活

★

NORTH OF THE DMZ

安德烈・蘭科夫——著　陳湘陽・范堯寬——譯
ANDREI LANKOV

非軍事區之北

目次

我們這時代的「最強大腦」，最用功的讀書人／駱以軍 13
同情的理解：蘇聯人眼中的北韓「日常」
——導讀安德烈．蘭科夫《非軍事區之北》／房慧真 17
自序 37

第一章 **親愛的偉大的領袖**
神聖的徽章 44
他／祂的名字 48
山壁上的字跡 54
石碑上的簽名 57
兩種花朵，一脈相傳 60
史蹟館 63

巨大的肖像 66
學著成為親愛領袖忠實的臣民 70
名字裡的學問 73

第二章 **宣傳的歲月**
集會開不完的國度 77
自我批判 80
國家標誌 83
金家的樹 85
偉大的歌舞 88
製造歷史 91
美國夢（北韓版） 94

第三章 **藝術與媒體**
聽收音機的日子 98
有線廣播 103
勞動新聞的「表面價值」 105

我只是想買台電視 108
新聞報導 113
那些年，北韓人一起看的電影 116

第四章 工人的天堂？北韓的社會結構

嚴明的階級 121
代代相傳 126
女權國家？ 129
金字塔頂端的女性 132

第五章 平壤

神祕的首都 136
向紀念碑致敬！ 140
來罷，我們要建造一座城和一座塔，塔頂通天…… 143
口琴屋 146
佳餚美饌在北韓 148
說說溫突和月亮村吧 151

第六章 **日常生活**
沐浴在社會主義中 155
幫派和犯罪活動 158
高濃度烈酒 161
「收訊不佳，溝通不良」 165
北方的惡習？ 169
七器到手，富可敵國 172
制服的國度 174
第七章 **娛樂與時尚**
時尚一波接一波 179
放假的時候到了 182
休閒活動 187
第八章 **婚姻、性，和愛情**
誰是我的理想伴侶 190

政治宣傳、性，與愛情 193
關於結婚這檔事 196
終生大事 200
從妓生到拉皮條 204

第九章 **讓北韓動起來**
解放腳踏車 208
汽車產業 211
以蝸速產生的熱氣 215
好想當司機啊！ 218
想飛並不容易 221
穿越時空的鐵路 224
深埋地底的璀璨 228
電車的故事 231
復古：無軌電車 234

第十章 老大哥在看著你

赤色恐怖 238
忘卻加害者，緬懷受害者 240
我的阿姨班長 243
是誰夜半來敲門？ 246
關於證件 249
北韓旅遊大不易 251
望南走去吧，年輕人！ 255
理想世界 260

第十一章 這個體系是如何運作的？

蒙蔽於黑暗之中 264
永遠的新兵訓練營 268
集權主義下的健康醫療 272
黨的遊戲 275
緊緊繞著傳動帶 278
隸屬 281

北韓的傳教士 286
崇尚功勛等級 294
第十二章 **學校**
頂尖學校與普通學校 297
求學生涯 299
第十三章 **重點在於經濟……**
軟弱的法定貨幣 306
讓我看看（北韓）貨幣的顏色 310
北韓的「受薪者」 312
關於乳酪及其他事項 316
羅津先鋒經濟特區：豪賭一場 323
意外的經濟特區 328
貨幣的流變 331
貨幣改革 334

第十四章　涉外事務
緊盯著外國人 338
如果選擇接受，那麼你的任務就是…… 342
共產家族的援助津貼 345
錢長在樹上 350
思想學校 356

第十五章　間諜、走私與綁架
香菸、威士忌，以及瘋狂至極的……外交官 360
三十九號辦公室的秘密 363
北韓的情報智商？高！ 366
失蹤的少女和漁民 369
鋼琴啊，鋼琴 375
綁架的起始 378
幾乎要攻破青瓦台 381
仰光的紅色刺客 384
靜水深流 386

關於微型潛艇和魚網 389

第十六章 海外的北韓人與北韓的外國人
國際關係 394
娶妻……妻子卻再也回不了家 398
劇變 401

第十七章 脫北者
河水兩端的交易 406
新生活：衣食無虞 414
脫北者的命運 420
飛機事件簿 423
還在等待日本共產革命 426
叛逃王子之死 429
逃亡——為了追求更好的？ 432

第十八章 北韓史達林主義的悄然瓦解

主體式農業的失敗 435
隨著南韓的旋律起舞 440
走向市場，走向市場…… 448
北韓暴發戶 453
女人的市場 458
未完的結局：將會是一次性爆發，還是漫長的嗚咽？ 464

延伸閱讀 470

推薦序／
我們這時代的「最強大腦」，最用功的讀書人

駱以軍

我如果是冷戰時期的中情局或ＫＧＢ頭子
或帝國尺規的獨裁者
一定對這兩人的大腦和靈魂
進行最高級別的重重安全保護
因為他們是核戰略等級的昂貴資產
或標誌了文明躍遷到怎樣的高度
不知該說慶幸還是遺憾
他們降生在台灣
被任意流放
那像一個讓人流淚　瞠目結舌的科幻小說
他們串聯著最小到最大的思維「曲率引擎」

我在許多地方說過了，童偉格《西北雨》是我的摯愛，很詫異這本書已存在那麼多年了，而我自已的閱讀，華文小說一直沒出現比它更詩意，更小說本質的一本小說。時間、亡者、追憶建造之願，互為誤解之詞的，寂寞的獨輪車李棠華疊羅漢。瞬擲的銀光雨陣，暴烈無從討價的生死，而後瞬間收煞取回，這都是相衝突的時間感覺。很有趣的是，這本書似乎是準備給讀第五遍、第六遍、第七遍，或更長時間中繼續重讀的讀者，愈後來的重讀，拉霸出現。

同樣的，童偉格《童話故事》也是我這些年反覆重讀之書。每次重讀都像第一次讀，都有全新的領會，那裡頭濃縮隱喻的文學思辨密度太高了！而給予二十世紀小說巨人群像的繪製其飛行器設計圖，耐性解說，又那麼詩意！很困惑他的小說思索，對沒作好準備的讀者（或同行）是那麼嚴厲。但對於想聆聽二十世紀小說巨人們的床邊故事，他是那麼溫柔、體貼。

房慧真《河流》也是我近年來，一讀再讀的一本好書。房慧真這幾年，成為台灣社運、環境污染、消防人員殉職、人權……等等現場的第一筆，她對大屠殺的深入思索，對南韓、香港、西藏、南洋，各種歷史、人文、電影、宗教、政商結構，其龐雜與深刻，每每相遇一聊，其用功皆令我佩服、慚愧。但我個人最愛的還是這本《河流》。那是一個書寫的奢侈實踐，以料理來說，料給的多到讓人迷醉，那都是年輕時無人知曉的傻勁，去走出來看下來的。

印度神話中有一段：有一天毗濕奴與梵天起了爭論，看誰更值得被崇敬。就在他們爭論不休時，在他們的面前出現了一根火柱，熊熊火焰好似要燒燬宇宙。兩位大神見狀大驚失色，都決定應當去尋找火柱的來源。於是毗濕奴變成一頭巨大的野豬，順著柱子向下探尋了一千年；梵天變成一隻迅飛的天鵝，順著柱子向上亦尋了一千年。但他們都沒有到達柱子的盡頭，於是疲憊不堪地回到原地。當他們回到出發地相見時，濕婆出現在他們面前；於是似乎人們認為濕婆是神力最強的神。

濕婆是毀滅之神，像是我們這個時代，人類所包含的一切惡的總集，毗濕奴是修復之神，梵天是創造之神，時間之神。我覺得房慧真像是我們這時代的毗濕奴。而童偉格則像梵天。他們的閱讀與思考，房慧真恰是一變野豬往人類文明埋在最地層的，大屠殺、獨裁、邪教、台灣社會的種種盤根錯結之「惡土地」：消防員之死、台塑石化之巨獸、「更大的壞毀還要來」；童偉格則是台灣「為何小說」，辯證著時間與存在，像天鵝往超越限制的時間飛行，朝向這四百年世界小說與心靈的龐大書單之召喚，拉高鳥瞰的視距。他們兩個是我們這時代的「最強大腦」，甚至是最用功的讀書人。我好幾次在某間書店，他們倆，各自往書櫃各處，點指乒乓，推薦我哪本書可以讀，不能不讀，都是他們二十多年閱讀長河中，淘金之金粒那樣篩選下來的，站在此刻的你，要思考那已被重重層層扭換過的，文明及其暴力，更高維度的鳥瞰、拆解、飛行、探究，應該一讀以擴大你心靈視野的書，我照他們即興推薦，桌上便堆了超高一疊書。

聽過一說法，說餘生無多，很像對之後可能遇到的情人，你再浪費不起時間，耗在爛人身上。一樣的，爛書也是。其實一本有份量的書，你要真正精讀讀完，最少要一個月吧？那一年，我說的是非常用功的讀者，一年真正能用心讀下的書，也就十二本。我們人生黃金期二十年，可能擁有時間、智力、真正思索的好書，也就兩百多本。沒有我們以為的多，我們以為我們可以東讀讀西摸摸，有那麼多的「時光點數」。我覺得這兩位長期安靜認真閱讀的神級讀書人，願意幫我們開一兩書單，那真是我們極幸福之事啊。

駱以軍，小說家。曾獲第三屆紅樓夢獎世界華文長篇小說首獎、台灣文學獎長篇小說金典獎等。著有《西夏旅館》、《遺悲懷》、《匡超人》等。

同情的理解：蘇聯人眼中的北韓「日常」

——導讀安德烈．蘭科夫《非軍事區之北》

房慧真

「我們會在一個沒有黑暗的地方相逢。」——《一九八四》（*Nineteen Eighty-Four*）

一九八四年，來自列寧格勒（Leningrad）的安德烈．蘭科夫（Andrei Lankov）抵達平壤，首次踏上北韓國土，他以交換學生的身分，到金日成綜合大學研習，為期一年。

初踏上北韓國土的一九八四年，蘭科夫二十一歲，這個年份剛好呼應了英國作家喬治．歐威爾（George Orwell）的小說《一九八四》，在世界上沒有第二個國家，比北韓更符合《一九八四》所預言的極權主義圖像。

一九四六年，大戰結束的第二年，四十三歲的喬治．歐威爾搬到蘇格蘭的一個荒僻小島，他的簡陋小木屋交通不便，徒步才能到達，也沒有電話，距離最近的商店在二十五英里外，歐威爾在此離群索居，度過餘生。當時的歐威爾甫因喪妻而情緒低迷，自身健康狀況亦不佳，罹患肺結核開始咳血。選擇這個彷彿世界盡頭的居所，阻絕外界的打擾，他知道自己還有一本書得完成。

一九四八年，歐威爾終於完成新書，他將一九四八的後兩位數字顛倒成「一九八四」，一九四九年，寓言體小說《一九八四》在英、美出版，一九五〇年，歐威爾就因肺病過世。

《一九八四》是一部面向過去，預言未來的作品。面向的是歐威爾的過去，預言的是溫斯頓（《一九八四》主角）的未來。

面向過去，歐威爾死前，他的病床旁堆滿了研究史達林的相關作品。史達林是二戰中的勝方，以及戰後的最大得利者，整個中、東歐包括東柏林，都被關進鐵幕的柵欄裡。三〇年代與戰爭同時進行的，是一九三七～一九三八年史達林剷除異己的恐怖「大清洗」，上千萬人被處決或送往西伯利亞，然而史達林的殘暴形象，卻因戰勝而一筆勾銷，西方的左派知識分子對共產國際因距離而霧裡看花、充滿好感，史達林、毛澤東、胡志明，長期以來代表可對抗資本主義的理想典型。

歐威爾活得不夠久，來不及看到冷戰之下，「史達林主義」在歐亞大陸的貫徹。《一九八四》面向過去，歐威爾曾和「史達林」的分身交手過，那是在一九三六年的西班牙內戰，全世界有幾千名志願者奔向西班牙，參加由西班牙共產黨領導的共和軍，包括英國的歐威爾，還有來自美國的海明威（Ernest Miller Hemingway），加入共和軍，與獨裁者佛朗哥（Francisco Franco）領導的政府軍作戰。

歐威爾完成一部西班牙內戰報導文學作品《向加泰隆尼亞致敬》（*Homage to Catalonia*），然而他並不是一個單純的旁觀者、報導者，他實際參與作戰，在阿拉貢（Aragón）前線待了六個月，被狙擊手打穿喉嚨。身體的傷可以恢復，心靈的傷卻鑿成宇宙黑洞。戰爭中，歐威爾看到由共產國際領導的國際縱隊，內部的權力鬥爭與清洗十分慘烈。史達林從俄國遙控著這場內戰，把警察特務、搜捕異端分子的鷹犬派至西班牙，在共和軍中建立恐怖統治。西班牙內戰的慘痛經驗，使得歐威爾不像其他西方知識分子被史達林所魅惑，在知道自己的生命燈盡油枯，即將走向盡頭之時，他不顧醫生的反對，用最後一口氣完成《一九八四》，以創作代替自己短促的生命，向未來敲一記悠遠綿長的警鐘。

「掌握過去的人就掌握未來，掌控現在的人就掌控過去。」——《一九八四》

《一九八四》預言的是溫斯頓的未來。小說中的設定，溫斯頓生於一九四五年，荷蘭史學家伊恩．布魯瑪（Ian Buruma）將一九四五年稱為零年「Year Zero」，是現代世界誕生的時刻，有夢想，也有夢碎。

出生於零年的溫斯頓世代，情感趨於扁平，將無法體會「真理」為何物，所學習的「新語」，是在不斷刪除形容詞、動詞與大多數的名詞，所篩漏剩下的水清無魚語言，例如：「戰爭即和平、自由即奴役、無知即力量」。來到未來的一九八四，溫斯頓將會是三十九歲，往後回望是一片空白，已無「歷史」可言，因為任何記錄都注定銷毀，「甚至是你看到一張廢紙躺在地上的時候，你都會自動掀起最近一個記憶洞的蓋子，把那張紙扔進去。」溫斯頓的父母親懼怕他，一如溫斯頓將來也會懼怕自己的孩子，「悲劇屬於古老的年代，屬於隱私、愛和友誼還存在的時代，無須理由就會彼此支持。」

如果想知道「未來」是什麼樣子，歐威爾筆下的溫斯頓一邊受著又一輪無情的嚴刑拷打，一邊被告知：「你就想像一個皮靴永遠地踩在一個人臉上。」

●

來到現實世界的一九八四年，本書作者安德烈．蘭科夫抵達平壤，距離蘇聯解體的一九九一年還有不長也不短的七年。蘭科夫一九六三年生於列寧格勒，這一年在蘇聯發生了農作物歉收的自然災害，當年流傳一個笑話：「一九六三年的收成如何？就像赫魯雪夫（Khrushchev）的髮型一樣。」蘇聯總書記，光頭佬赫魯雪夫因糧荒而下台，被解除權力後，赫魯雪夫在自家旁種植玉米，以此消磨鬱鬱寡歡的退休時光。

一九五三年史達林去世前，赫魯雪夫伴君如伴虎，每晚史達林召集官員到他的別墅飲酒作樂，史達林總會在酒醉後的微醺時光，以眼角餘光觀察這些高官部屬，看誰會不會在無意間說出什麼「真心話」，那麼這條「生命」將會在離開別墅後即刻消失。赫魯雪夫的自保之道便是講笑話，充當開心果角色，每晚回家赫魯雪夫都要叫醒老婆，對她重述今晚別墅的場景，哪一個笑話讓史達林笑了，打五顆星，哪一句話讓史達林微微皺起眉頭，謹記在心，下次絕對不可再犯。

一九五三年三月五號史達林去世，是蘇聯的一個大事件，許多民眾私底下慶祝三月五號這一天，是為極權主義「解凍」的開始。年底，史達林的左右手，祕密警察頭子貝利亞（Beria）被處決，古拉格的囚犯開始返還。一九五五年，從前在晚宴中插科打諢的赫魯雪夫繼任為總書記，揭開「後史達林」、「去史達林」的解凍年代。

一九五六年，赫魯雪夫公開抨擊史達林的暴行，一九五七年，蘇聯主辦「第六屆國際青年嘉年華」（The 6th World Festival of Youth and Students），來自一百多個國家的青年代表聚集在莫斯科，穿著牛仔褲，撥弄電吉他，象徵美國流行文化的事物大舉湧入，在從前，這是不可想像之事，史達林時代，「外國人」，以及牛仔褲背後的美帝符碼，幾乎是「間諜」與「敵人」的同義詞。一九六二年，首部以古拉格作為題材的文學作品：索忍尼辛（Solzhenitsyn）的《伊凡．傑尼索維奇的一天》（*One Day in the Life of Ivan Denisovich*），刊登於蘇聯的《新世界》雜誌。索忍尼辛青年時期，曾因在校成績優異而獲得史達林獎學金，一九四五年，他在私人信函中戲稱史達林為「留八字鬍的傢伙」因此被整肅。赫魯雪夫時代，《伊凡．傑尼索維奇的一天》的發表標誌著「解凍」的高峰。

史達林體制下的冰封蘇聯還沒解凍完，就因一九六三年的糧荒而中止。一九六八年，蘇聯的坦克車駛近布拉格鎮壓民眾，鞏固了總書記布里茲涅夫（Brezhnev）的權力，解凍的時代徹底過去，但也還不至於回到史達林時代的大恐怖（Great Terror），是為擺盪在兩者之間的「停滯」時期。安德烈．蘭科夫成長於停滯的七〇年代，父母、祖父母兩代人遭遇過史達林時代的肅殺氛圍，也曾經歡欣鼓舞迎來赫魯雪夫的解凍。成長於停滯時期的孩子，沒有父輩那種大起大落、波盪起伏的歷史遭遇，來到蘇聯的一九八四年，其實離《一九八四》書中的極權圖像已經有些距離，更何況到了隔年的一九八五年，改革開明派的下一任總書記戈巴契夫（Gorbachov）就要上場，一九九一年，蘇聯體制結束在這最後一任總書記手上。

●

「冷戰」（cold word）一詞，首見於歐威爾發表在一九四五年十月的報紙專欄文章，二戰剛結束，新的威脅又來，歐威爾使用「冷戰」一詞來描繪生活在核子戰爭陰影下的世界，這樣的世界將維持一種恐怖平衡，「沒有和平的和平」。

一九四七年三月，美國總統杜魯門（Truman）在國會發表國情咨義演說，提及極權主義對國際和平的威脅，美國將防止共產主義在世界上任何地方出現，「杜魯門主義」加上「馬歇爾計畫」，被認為是國際政治上「冷戰」的開端。冷戰起自一九四七年，終止於九〇年代的蘇聯解體，約四十年的漫長時光，世界分為美蘇對峙的兩大陣營。

蘇聯這一邊，北韓被認為是史達林主義的完美實例，金氏政權在北韓施行比蘇聯本身更完備的極權主義，兩個世代以上的北韓人在完全史達林化的社會中成長。特別是在九〇年代以後，兩大共產國家，蘇聯解體，中國在鄧小平主導下走向經濟改革開放，世界上只剩下緬甸*以及北韓這兩個極權封閉政體。

長期被軍政府軟禁的翁山蘇姬在一九九五年獲釋，所屬的民主政黨在二〇一五年底贏得大選。世界上只剩下一個國家還嚴格地服膺史達林體制，那就是北韓。

●

出版市場上總不乏在美國影響下的「西方視角」，將北韓種種苦難「奇觀化」的作品。安德烈．蘭科夫的前蘇聯視角，在其中顯得特殊。

在西方民主國家看來，極權體制只有一種，一如恐怖主義也只有一種。透過蘭科夫的前

* 歐威爾和緬甸有其淵源，一九二一年，歐威爾中學畢業後，因家貧無法繼續升學，於是去考公務員，被派駐到當時還是英殖民地的緬甸擔任警察。歐威爾在緬甸待了五年，近距離觀察鞭刑、死刑，見識到人性中殘暴的一面，對西方殖民主義產生反思，更進一步認識了極權主義。二〇年代的緬甸警察經歷，加上三〇年代的西班牙內戰經歷，於是有了《動物農莊》與《一九八四》。

蘇聯之眼，極權體制就像黑與白之間的大量的灰色地帶，有著西方視角所看不見的灰階漸層感。

在蘇聯人眼中，北韓是一個古怪且奇特的國度。在蘭科夫的故鄉列寧格勒的理髮店，通常會擺放著一疊來自北韓的雜誌《朝鮮》讓人消閒，《朝鮮》是畫風浮誇的政治宣傳雜誌，蘇聯人拿來當笑話集看。北韓體現了共產制度所有錯誤的面向，蘇聯人看北韓，像是看著映照在哈哈鏡中的自己，北韓是蘇聯的誇張變形體，是一種滑稽、諷刺的存在。

閉鎖的北韓，對於外國人來說，有如一片空白的真空地帶，即使是蘭科夫，取得北韓的資訊，和其他來自西方世界的書寫者，並沒有什麼不同：少數可供參考的文獻資料、自身在北韓有限的見聞、以及採訪脫北者的說詞。蘭科夫的突出之處，在於他能借用北韓與蘇聯的「時差」來調整觀看的焦距，北韓的現在就是蘇聯的過去，摘下只看見「光怪陸離」的好奇眼鏡，平實地描繪同屬共產陣營的共相與殊相。

北韓像是倒退回五十年前的蘇聯，二〇〇〇年的北韓報紙《勞動新聞》，和一九五〇年代蘇聯的黨報《真理報》如出一轍。《勞動新聞》創立於一九四六年，初期由一群擁有朝鮮血統的蘇聯記者所主導，北韓的傳播媒介處處可見蘇聯老大哥的影子，卻又固執死板地將史達林主義遵行到底。在蘇聯《真理報》或者中國《人民日報》上，偶爾還是可以找得到人情趣味的小故事，但在《勞動新聞》，連這點餘裕都不容許。

深淵底下還有深淵，從蘇聯看向北韓，大約就是如此。極權主義以荒謬的形式呈現，一九九七年南北韓關係面臨危機，讓北韓中止輕水反應爐的建築工程，因為北韓人在南韓技術專家的宿舍有個「駭人發現」：在垃圾桶裡發現被揉皺丟棄的《勞動新聞》，連蘇聯人蘭科夫也要驚呼：「這有什麼大不了？」《勞動新聞》的報紙首頁總會有金日成或金正日的肖像，不容有任何破損，對北韓人是天大的事。北韓和蘇聯一樣，也有惡名昭彰的勞改營，然而金氏政權殘酷的程度超越史達林，一則受刑人不會被告知刑期有多久，足以讓人在「未知」的凌遲中發瘋；二則採連坐法，罪及近親，這是最令人恐懼的控制手段。

蘇聯和北韓之間的「時差」，還顯現在古拉格從流刑地轉化成經濟場域。史達林去世後，古拉格轉型為林場或礦場，卻少有蘇聯人自願前往遙遠的西伯利亞。一九六七年，北韓和蘇聯簽署伐木協議，北韓出人力到往昔的古拉格伐木，這是一般北韓平民極少數可以出國的機會，並且以盧布支付薪資，八〇年代，北韓人競相前往，就連大學生也積極加入。伐木工作在冬日進行，西伯利亞接近北極圈的氣溫可降至零下四十度或更低，工作環境非常惡劣，勞改流放是吃苦，賺錢回鄉則心甘情願，一位北韓伐木工人一年的薪資，足以購買一台彩色電視機還有一台電冰箱，在北韓，這兩樣都是超級奢侈品。

in North Korea）有個一點也不奇觀化的書名，內容也沒有什麼辛辣的爆料口吻。《非軍事區之北》像是一本關於北韓的「生活」辭典，食衣住行育樂樣樣皆有。蘭科夫一再提醒讀者，北韓儘管有些怪異與奇特之處，「其他方面便與其他國家的生活經驗相去不遠，一切稀鬆平常」；「就算在最高壓的社會和政治環境下，大部分的人仍會試著正常生活，且大都能夠如願。北韓人民的生活一樣包括了工作和休閒、友誼和愛情，只是在政治上沒有什麼參與的機會。」

北韓政權不等於北韓人民，一如中國共產黨不能等同於中國人民。蘇聯人翻閱北韓雜誌，在以此為樂的同時，又能有一種同屬於共產陣營史達林陰影下的同情理解。「同情的理解」使蘇聯人眼中的北韓人民毫不扁平，不是隨時踢著正步的機器人，也不是被徹底洗腦，完全沒有自主意志的殭屍。北韓人是自由戀愛還是媒妁之言？北韓人平常怎麼約會？在北韓有沒有婚前性行為？在共產極權國家到底存不存在私人生活？都是蘭科夫想問的問題。英國著名的蘇俄史專家奧蘭多．費吉斯（Orlando Figes）的《耳語者：史達林時代蘇聯的私人生活》（*The Whisperers: Private Life in Stalin's Russia*），關注的正是史達林時代下，芸芸眾生的生存狀態和內在心靈，史達林的真正恐怖不在於古拉格以及大清洗，而在於潛入每個人心中的謹小慎微、自我審查。

北韓的限制無所不在，一般人民無法上網，收聽廣播節目鎖定在固定的調頻，僅能收聽國家電台，人民無法自由移動，到他處旅行要先經過申請……

禁制的縫隙中仍有「日常」，北韓人的休閒是去看電影，經統計，每個北韓人每年平均會去電影院二十一次，高於南韓人進電影院的平均次數。北韓的電影院裡播放的影片，英雄要打擊的壞人必定是「美帝」及其南韓黨羽，一如北韓的小學數學習題：「來自朝鮮人民軍的三個士兵殺死三十個美國士兵，若每個朝鮮士兵殺死美軍人數皆相同，則每個朝鮮士兵殺死了幾個美國士兵？」北韓人在觀賞一部動作片時，會自動篩落大量的政治訊息，他們對一部電影的最佳評語是：「裡頭沒什麼思想教化，特別有意思。」在鏡像另一頭的好萊塢電影裡，英雄要打擊的敵人常是「蘇聯」、「越共」，次等人經常由黑人或者黃種人飾演，在好萊塢電影中並非沒有「政治訊息」，在自由世界這邊，人們不會覺得這是一種「植入」或「洗腦」，於是政治訊息以偏見暗示或種族歧視著床在潛意識。相較之下，北韓人民在看電影時能清楚分辨什麼是洗腦，什麼不是。

北韓人民主要的休閒活動還包括到戶外野餐，在公園搭起簡易桌子，草地上鋪上大一點的布料，人們會輪流唱歌、彈吉他、玩遊戲、跳舞。蘭科夫說：「北韓人的一項專長讓他們得以自娛娛人——他們擅長安排作息，挪出專屬於自己的時間，並與眾人同樂。南韓人以及世界上其他人都曾擁有這種能力，但在電視機和電腦遊戲普及後，在個人主義和財富水漲船高後就喪失不少。」

電視機、個人電腦在北韓都是奢侈品，資本主義世界裡，家庭成員晚餐時開著電視，彼此之間不溝通，個人更可以躲回網路世界建構虛假身分，散布仇恨言論。西方個人主義極度發展下的人的「原子化」，不會比北韓人民的心靈更孤絕。

•

韓戰（一九五〇～一九五三）是冷戰後發生的第一場戰爭，也是一場長期被國際遺忘的戰爭。韓戰結束後，以北緯三十八度為停戰線，劃出非軍事區地帶（De-Militarized Zone，DMZ）。非軍事區之北，指的就是北韓。南北韓的長期分離對峙，正是冷戰下美蘇兩大陣營的前哨戰。

從一九四八到一九八四年，蘇聯提供北韓金援二十二億美元，蘇聯長期向北韓輸送工業設備、武器，以及石油、天然氣。北韓接受這些鉅額物資，回報給蘇聯的是劣質香菸、醃黃瓜還有填充棉毯。蘇聯金援北韓這個窮酸兄弟，一如美國以馬歇爾計畫金援號稱反共的國家，北韓是蘇聯對抗美國在東亞軍事、政治勢力的重要屏障。北韓政權是地緣政治的得利者，然而進入九〇年代，一則發生石油能源危機，二則蘇聯解體，冷戰結束，不再提供金援，也不再以便宜的售價賣石油給北韓。慘痛的代價隨之付出，北韓瞬間退回史前耕作時代，發電廠、農業耕耘機、電動幫浦缺油，一九九四年至一九九九年發生糧荒，約有兩百萬人死於大饑荒。

冷戰的另一陣營，非軍事區以南的大韓民國，以及長期駐軍的美國。著有《朝鮮戰爭》

（*The Korean War: A History*）的布魯斯・康明思（Bruce Cumings）提到：「（美國）新的對韓政策源自杜魯門主義，以及對日本的『逆轉路線』——如此創造出區域政治經濟的新邏輯，讓日本工業再度成為東亞和東南亞的工廠，所以有必要再進出其舊殖民地及屬地取得市場和資源，但又不能使日本軍國主義復活。」因此美國需要駐軍於日、韓，並協防台灣。

韓戰結束後，一九五五年隨即發生另一場冷戰底下，在國際間知名得多的「越戰」。越戰打了二十年，美國要求南韓派軍至越南協助美軍，越戰在一九七五年終於落幕，歸國的南韓軍人，又被派去鎮壓國內的民主運動。南韓士兵在越南跟著美軍屠村，老弱婦孺一個都不放過，並且在事後獲得獎賞。小說家韓江《少年來了》的背景是發生於一九八〇年的光州事件，以第一人稱描述在光州受到政府派軍殘酷鎮壓的市民：「戒嚴軍裡的某些軍人，會帶著越戰時期的記憶來屠殺我們。就像在濟州島、南京或波士尼亞等地，所有慘遭屠戮後重新開始的土地上發生的那些事一樣，同樣的殘忍彷彿是刻在基因裡。」

一九八〇年光州事件的鎮壓影像，在南韓本地被封鎖，卻能在北韓的電視節目中短暫播放。北韓官方見獵心喜，本想以此影像提醒北韓民眾：「南韓政府極度殘暴，人民生活在水深火熱中。」此後包括一九八七年南韓民主轉型所牽動的罷工示威遊行，都曾在北韓的電視上播放。北韓觀眾在影像中看到了別的東西，在光州，他們看到被鎮壓的民眾身上穿的衣服，是他們從未見過的時髦樣式；在漢城的遊行，他們看到南韓首都光鮮亮麗的市容，高樓大廈現代摩登建築。這些畫面讓北韓人民感到困惑，南韓人看起來並不像北韓官方所宣稱的在挨餓受凍，也沒有衣衫襤褸。蘭科夫說：「資訊封鎖之牆第一次遭到突破，其實是北韓官媒的無心之舉。」

在南韓，同樣在八〇年代，資訊封鎖之牆遭到突破。大學生私底下偷組讀書會，讀《資本論》（*Das Kapital*），研究馬克思主義，也重新認識北韓金正日的武裝抗日歷史。一九八七年，大學生朴鍾哲因宿舍裡被搜出左派書籍，被祕密警察拷問至死，朴鍾哲之死，掀起了韓國追求民主轉型的風潮。

●

大衛．雷姆尼克（David Remnick）的報導文學《列寧的墳墓》（*Lenin's Tomb*），書寫蘇聯這個有大半國土位於北極圈附近的共產帝國，像一大塊難以融化的冰山，如何解凍成一灘水的過程。雷姆尼克從小處「一塊肥皂」寫起，西伯利亞的梅日杜列琴小鎮，當地礦工正在進行罷工，起因是「肥皂」。平均壽命只有五十多歲的礦工，長期彎腰駝背在黑暗狹窄的礦坑中工作，卻連洗淨身體的肥皂都沒有。一小塊肥皂，猶如第一張骨牌，一九八九年夏天，從西到東，烏克蘭到庫頁島，全國礦坑群起響應，撼動了莫斯科中央，冰山有了第一道裂縫。

北韓的解凍何時完成？安德烈．蘭科夫寫於二〇〇〇年之際的《非軍事區之北》，沒有給出明顯的答案，但他給了一個提示：「在研究獨裁國家的極權統治時，往往會遭遇一種弔詭的狀況：政府對人民的控制越嚴密，外頭對該國現況知道的越少……如果一個獨裁政權日正當中、殺人不眨眼，關於監獄、拷刑室和刑場的任何資訊幾乎不會外流，因為沒有幾個人能活著告訴我們他們的故事，而倖存的少數大都選擇隱姓埋名。」相反地，當有大量刑求、北韓集中營資訊等脫北者證詞外流，那麼便可能是解凍、鬆綁的徵兆。

附註：

《非軍事區之北》本是偉格的選書，我提了一個任性的建議，我和偉格對調，由他書寫《愛與戰爭的日日夜夜》（*Días y noches de amor y de guerra*）的導讀，《非軍事區之北》則變成我的管轄。

編輯建議，有必要也說明一下《愛與戰爭的日日夜夜》的選書理由。身為一個非專業的業餘讀者，選書通常沒有冠冕堂皇的理由，只有私心，我想展開一個閱讀計畫，關於那些曾經當過記者的作家，例如歐威爾、海明威、奈波爾（V. S. Naipaul）、史坦貝克（John

Steinbeck），在中南美洲更多了，有馬奎斯（Gabriel Garcia Marquez）、尤薩（Mario Vargas Llosa），還有這本書的作者加萊亞諾（Eduardo Galeano）。台灣新聞每下愈況，記者士氣低落，「小時候不讀書，長大當記者」琅琅上口。藉由閱讀名家的作品，我想告訴大家，他們也曾是記者，記者不但必須讀很多書，有一支好筆，悲天憫人的心腸，有時還必須付出生命。

非軍事區之北

獻給我的母親
Valentina Lankova（Algazina）

自序

一九八四年九月的一個晴日，我抱著複雜的心情，首次踏上北韓領土。當時我到金日成綜合大學研究，參與前蘇聯和北韓的學術交流計畫。這是我生平第一次旅居國外，因此十分興奮，但心中不免懷著一些成見，而在抵達北韓的幾個小時或幾天後，我發現情況並沒有想像中那麼糟糕。

當時我清楚知道，我身處的地方，在一九八四年代也許是世界上最殘酷的獨裁國家。即使蘇聯也不算是個民主政體，但對莫斯科和列寧格勒的居民來說，北韓政府便是低效率、殘酷和高壓獨裁的象徵，就連蘇聯官媒有時也會透露一點關於北韓的消息。

然而在晴朗的九月，我並沒有看見什麼恐怖或壓迫的畫面；我所看到的，和一場活生生的歐威爾式夢魘天差地遠。美麗的女性穿著樸素但品味十足的服裝微笑著聊天，初階官員和辦事員充滿自信地邁步去上班，老婦人帶著孫兒孫女在街上散步；學生狂奔去上學、小孩子四處玩耍……總之一切看起來都十分稀鬆平常，除了偶爾撞見的行軍、遍布各個角落的擴音器不間斷播放的口號，以及隨處可見，手持AK-47突擊步槍的士兵。除此之外，在我周遭的人們似乎過著正常的生活，和我預期的很不一樣。

其實他們的確過著正常的生活，是我當時太天真，竟沒能了解一個簡單的道理：就算在最高壓的社會和政治環境下，大部分的人仍會試著正常生活，且大都能夠如願。北韓人民的生活一樣包含了工作和休閒、友誼和愛情，只是在政治上沒有什麼參與的機會。在一九八四年的北韓，政治壓迫相當嚴重，這點無庸置疑，但這樣的壓迫只是北韓人民日常生活的一小部分。

大部分人的生活幾乎不受高階政治的影響，而就北韓而言，「非政治」的人類活動報導非常少，重要性也被嚴重低估。我們不能說北韓受到的關注不夠；近幾十年來*，北韓一直都是國際媒體熱烈討論的話題，說是「討論過了頭」也不為過。畢竟，北韓只是個規模不大且極為落後的獨裁政權，人口和經濟指標和莫三比克**差不多。

讓北韓受到如此關注的原因有二：平壤高官以懾人手段操縱的核武恫嚇，及其身為世界上最堅守共產主義（或言史達林主義）的政權。

金氏共產政權能夠存續至今令人不可思議，但此事實與北韓的社會結構，及其數十年來的運作方式密切相關。在這數十年間，北韓一直都是史達林社會的完美實例。史達林完全控制俄羅斯僅有二十五年，之後便爆發了大規模戰爭，因此他只有十年的時間來塑造理想中的體制。然而金氏統治北韓前後超過六十年，一九五五到一九九四間的三十五至四十年更是「成熟史達林主義」的時代。只有一小部分的北韓人民擁有共產生活以外的記憶，且至少有兩個世代在完全史達林化的社會下成長。

過去的十年間北韓發生了一些重大的變化，而今天它已不算是個「史達林主義式國家」，但一如從前嚴密的警力監控及大眾對政治恐怖的懼怕，使這個政權在最惡劣的狀況下仍能存續。除此之外，南韓在立場上的重大改變亦與北韓的存續息息相關——當地的政治菁英為東西德統一的結果所震懾，似乎為了自保而選擇讓北韓繼續存在，並時常對北韓提供金援。同時北韓社會的內部結構也使任何形式的變革難以發生。

自從我第一次踏上北韓領土，我就對它充滿興趣，至今已研究這個國家近二十年，當時世界對北韓幾乎漠不關心；這個國家受到的關注可能和莫三比克一樣少（而後者至今依然如此）。除了關於北韓早期歷史的學術著作外，我也為首爾最大的英文報紙《韓國時報》（*Korea Times*）撰寫專欄，而那些專欄文章成為了這本書主要的構成要素。我大幅改寫或修訂了那些文章以合時宜，幾篇為其他刊物（主要是《亞洲時報》〔*Asia Times*〕）撰寫，但脈絡相似的文章也收錄在此書中。

* 編註：本書*North of the DMZ: Essays on Daily Life in North Korea*原著出版於二〇〇七年；書中談論到的時間及各種現象，皆指這個時期及其之前。

** 莫三比克共和國（葡萄牙語：República de Moçambique），通稱莫三比克，位於非洲南部，臨印度洋，隔莫三比克海峽與馬達加斯加相望，一九七五年脫離葡萄牙殖民獨立。經濟低落，是聯合國宣布的世界最低度開發國家和重債貧窮國，加上曾為社會主義國家，因此國內經濟等數值常被拿來與人口相似的北韓作比較。

我想，若要讓讀者更了解書中收錄了哪些內容，點明這本書「不談什麼」該是個明智之舉。這本書不談國際政治，因為關於北韓如何與他國斡旋，及其外交政策的目標，已有諸多良莠不齊的相關文獻。這本書的重點也非北韓敬愛的領袖、二十一世紀的太陽金正日大將軍，關於他的專業研究或業餘討論已經太多，有興趣的讀者很容易便能取得資料。這本書不會揣測兩韓是否會統一，或何時會統一；作者對這個議題的確有些自己的看法，但並不足以預測未來事態的發展。最重要的是，這本書不談核武議題，因其已在無數的論著中備受討論，在網路發達的今天這些資訊隨手可得。

這本書的焦點放在北韓人自己創造和居住的世界，其中的確有些怪異或奇特之處，但其他方面便與其他國家的生活經驗相去不遠，一樣稀鬆平常。然而這個世界有一大部分是北韓人純粹的「創作」，反映出一些我們不一定能接受的理想和價值。許多時候人們是被國家體制逼著要在這個世界裡生活，起初可能還覺得合理可行，但這套體制逐漸與人們的希望和理想背道而馳。不論如何，北韓人民只認識這個世界，因此其與生俱來的經驗和意識形態影響了人民的一切，包括北韓外交官與他國談判的方式，以及北韓軍方選擇獲取核武的理由。

一如本書所述，北韓人民的世界相當政治化，生活中的一切與政治密不可分。然而北韓境內並不只有踢著正步的軍隊，即便這似乎是領導者在國際上亟欲呈現的形象。北韓當然也不是充滿著微笑的工人、快樂的農村女孩及嘻笑的孩童的樂土，不過北韓人的確會微笑，就像每個人一樣。北韓是個貧窮的國家，受高壓政權統制，卻也是兩千三百萬人生活的地方；他們的生活經常被政治影響和滲透，但包含的絕對不只政治。

因此這本書想談談北韓社會、這個社會裡的習俗和規範，也談談最近數十年的歷史變革。我會詳細介紹這個國度裡的小事物，從火車票到廣播節目，也會介紹一些大一點的事情，譬如北韓各個城市裡分配食物的方式。這本書會告訴讀者這個國家的體制是怎麼一回事，實際上又如何運作。本書關注的對象還包括生活受到北韓事務影響的外籍人士，無論是在平壤擁有特權卻又受到嚴密監視的外交官、遭到綁架的南韓平民，還是那群視北韓為工人樂土，劫機來到此地的日本理想革命分子。這本書的最後會花些篇幅探討北韓過去十年的重大改變，這些改變至關重要，因為它們在冥冥之中導致了自主史達林主義（Juche Stalinism）的土崩瓦解，人們對此大都渾然不覺。

時至今日，向西方讀者介紹北韓人民每日生活和難題的著作僅有一本——海倫－路易絲．杭特（Helen-Louise Hunter）的《金日成的北韓》（*Kim Il Song's North Korea*）。然而這本書是在十五年前寫成，反映的是一九八〇年代的狀況。自彼時起許多事情都有所改變，最明顯的是，要取得北韓內部的資訊變得容易許多。

今天我們知道的更多了。南韓出現了一個規模不大卻別具意義的脫北者社群；中國有許多來自北韓的難民，要和他們接觸尚不太難。進出平壤的國際人士日益增加；北韓境內亦可見到來自各國的非政府組織及援助機構，就連偏遠的鄉村地區也不例外。這些都表示，即便北韓在許多方面仍然不願人知、不為人知，它已不再是個無人能解的「黑箱」。本書整理並研討由上述來源取得的資訊，其中以訪談脫北者取得的資料最多，而這樣的訪談相當容易安排。

北韓正在改變，儘管這些改變對局外人來說並不容易看見。而北韓和中國及俄羅斯等前共產國家相當不同。就我們所知，北韓不會轉型，因為某些有遠見的領導者已經啟動了一系列的改革政策；北韓的體制正從底端逐漸崩解。但無論如何，北韓的史達林主義即將死去已是注定的結果。

看來從一九四〇年代起強加在北韓人身上的殘酷社會實驗已經告一段落，但數十年來，成千上萬的生命在這個不尋常的社會裡消逝，而這本書旨在訴說這個國家的人們如何度過他們的生命，有些情節如今仍在上演。

我要感謝布萊恩・邁爾斯（Brian Myers）博士、金瑞云博士和樸承傑博士撥空閱讀我的稿子，提供了無數的建議。特別感謝脫北者和記者韓永真先生，與我一同校閱了大部分的稿件，更核實了許多有疑問之處。我想感謝《每日北韓》（*Daily NK*）的同仁（不論是南韓人或脫北者），回答了許多問題。對於幾位不願在此處被提及的脫北者和同事，我也心存感激。

特別感謝德瑞・多靈頓（Darrel Dorrington）和詹姆斯・格瑞波姆（James Greenbaum）編輯我先前登在報紙上的文章，還瀏覽了全書書稿。最後我要對我的朋友、同事、提供影像素材協助我完成這項研究的每一個人，致上最深的謝意，感謝克里斯多福・莫里斯（Christopher Morris）、安德魯・格瑞姆（Andrew Graham）、保羅・貝克（Paul Bekker）、吳漢關（Ng Han Guan）、柏納德・賽勒（Bernd Seiler）、馬汀・威廉斯（Martin Williams）、彼得・克勞夸福特（Peter Crowcroft）、安娜・費菲爾德（Anna Field）。

第一章　親愛的偉大的領袖

神聖的徽章

在一九七〇和一九八〇年代晚期，我的故鄉列寧格勒的街上不時都能見到北韓學生的蹤影。要把他們和中國或越南學生區隔開來從不是難事；他們身上的金日成徽章就是個不言自明的標記，即便有許多俄羅斯人自信滿滿地認為那些陌生的亞洲人一定是中國人（徽章上的那個人一定是毛澤東，不然是誰？）。

不過，就算在毛澤東崇拜最瘋狂的日子裡，中國人也並未被要求配戴「偉大舵手」的徽章。北韓對個人崇拜的狂熱無人能敵，或許是因為金日成掌權的時間遠較毛澤東或史達林來得長，統治的國家也小得多。

無論如何，金日成徽章是個獨特的傳統。這項傳統始於一九七〇年代，當時對「偉大的領袖」的崇拜正達到高峰。一九七二年的北韓正籌劃著一場盛大的慶典——金日成的六十大壽。大概也是那個時候，一位高官想出了一個絕妙的點子：他建議製作有著金日成肖像的徽章，並規定所有人民佩戴。一九七〇年十一月，政府即開始製作大量的金日成徽章，當那偉大的日子——一九七二年四月十五日來臨時，每位北韓成人的胸前都驕傲地佩戴著金日成的肖像。

北韓的男孩女孩滿十二歲時，便須將金日成徽章佩戴在朝鮮少年團*徽章上方。從那個年紀開始，北韓人每次出門都必須戴著徽章（所幸在家不必如此，只要在每間房裡都掛上金日成的肖像就夠了）。關於不戴徽章出門的後果，我們在後頭的批判性章節會討論到，我只能說下場不會太好看，因為批判一直都不是件愉快的事，即便是在二〇〇〇年代早期較為放鬆的氣氛之下。

徽章的形狀各有不同，大致有二十種款式。每種徽章的款式都說明了佩戴者的身分地位。最珍貴而稀有的徽章上頭畫著金日成和金正日站在一面巨大的紅旗前，這是唯一一款兩位親愛的偉大領袖同時出現的徽章，非常非常地罕見。這種徽章只有黨內最高層的官員得以佩戴，北韓的低階官員一見到這款徽章可能就會目瞪口呆。另一款上頭繪著金正日肖像（而沒有他父親）的徽章則由國家安全幹部佩戴。除了這兩種稀有的款式外，其他徽章

* 朝鮮少年團：北韓的少年先鋒隊組織，成立於一九四六年六月六日，受金日成金正日主義青年同盟領導。成員年齡在七至十三歲之間，以就讀初中前的小學生為主，入隊儀式常在金日成和金正日生日舉行。

上都只有金日成一人的肖像。

如青年赤衛軍等軍事人員佩戴的徽章也有著各種款式，例如低階的黨幹部佩戴所謂的「大圓徽章」，而地位更低的北韓平民則只能配戴「小圓徽章」。

當然，只靠徽章來判斷佩戴者的身分地位並不容易，因為一個北韓人手上可能會有數種不同的徽章。一個高階官員可能曾經是學生、軍人或擁有其他的身分。但不論如何，徽章在許多情況下都是種呈現佩戴者社會地位的衣飾，只要是明眼人都能一眼認出（大部分的北韓人是如此）。

所有的徽章都由萬壽台創作社設計和製作。萬壽台是個獨特的機構，它唯一的任務就是製造金日成、金正日和其他金氏家庭成員的肖像。

許多外國人不了解徽章近乎神聖的重要性，以及北韓官方加諸其上的意識形態，常向他們認識的北韓人們要求購買徽章。他們無厘頭的要求通常會被拒絕，畢竟徽章是忠誠的象徵，權力的肖像。即便在北韓人的內心深處，他們並未把領袖當作神祇來崇拜，但他們也不會在外國人面前洩露出這點，這麼做太冒險了！此外，遺失徽章被視為一種犯罪行為，把徽章弄丟的人未來可能很難找到工作。

但這並不代表徽章不能買賣，它們偶爾會出現在國際收藏家的市場上，很明顯是透過中國或其他更迂迴的途徑而來。據謠傳有些中國工廠已開始製造仿冒品，要賣給到邊境旅遊的觀光客。

近年來由於市場經濟的勝利，在北韓境內也能購得徽章。我們可以很容易猜到，上頭有金日成和金正日肖像的「黨旗徽章」最為昂貴。在二〇〇〇年代早期，這款徽章至少要價五千北韓圓，或二十五至三十美元（以當時的匯率計），亦即北韓人六個月到十二個月的薪資，其他幾款較稀有的徽章也能賣到一個好價錢。北韓人民對擁有這些徽章的人總是畢恭畢敬，因此這樣的高價可謂情有可原。近年來這些較「高級」的徽章成為了小型竊盜的目標，在一九九六到一九九九年的饑荒期間，徽章被竊的事件更是屢見不鮮。

有些年輕的北韓人用徽章來展現時尚。我記得在一九八〇年代，北韓青年流行把徽章別在衣服的側邊，我們也從脫北者的故事得知徽章往往是流行風潮裡不可或缺的一部分。

隨著饑荒肆虐、政府控制群眾的能力逐漸減弱，少數的北韓人出門開始不戴徽章，或沒有把徽章戴在顯眼的位置，且這麼做的人越來越多。這種鬆懈的態度後來在二〇〇四年被允許——有些資料來源顯示，自彼時起政府允許北韓人不戴徽章。不過大部分的人似乎仍選擇遵守舊有的規則，因為這樣比較安全，畢竟誰知道未來會發生什麼事呢？繼續「展現自己不渝的忠貞和感佩」也不會少塊肉啊！

有朝一日徽章真的會成為一種收藏品，但卻一點也不昂貴（幾種稀有款式除外）。因為人們已經製造出太多太多的徽章了……

他／祂的名字

一九九七年七月，北韓五個最重要的部會，包含最高人民會議和政府內閣，向全國人民及全世界宣告，北韓即將頒布一種全新的曆法，將一九一二年改為主體元年。原因何在？因為這年正是金日成出生的年份。

新的規定允許偶爾使用西元年份，但只有在「必要」時，這個四位數字才能伴隨新的官方紀年出現。因此西元二〇〇五年便是「主體九十四年」。換句話說，在北韓的官方曆法中，金日成的生日取代了耶穌基督的生日。北韓境內的出版品確實都用這種方式紀年，不過在日常對話中，人們仍會使用西元紀年。

世界歷史上也有數次打破西曆傳統的嘗試。在一七九〇年代的法國，革命分子從法蘭西共和國宣告成立的那年開始紀年。在一九五〇年代的南韓，政府嘗試施行所謂的「檀君紀年」。不過這些曆法都撐不過幾十年，因此有些人懷疑，主體曆是否會面臨相同的命運？

其實改用「主體紀年」的決定只是金日成身後「個人崇拜」的其中一項措施。任何與北韓國父相關的遺物，在平壤城都以最高敬意待之。也許金日成在指定他的長子為繼承人時，就已企望如此。金日成建立共產王朝的不尋常意圖背後，可能藏著一種恐懼——下一代的領導人會用蘇聯在一九六〇年代對待史達林的方式，來處置他所留下的任何事物。身為金日成的長子，金正日只要維護他父親的形象，就能有相當多的既得利益，而他也正如火如荼地執行著這項任務。

首先，金日成永遠都是國家的唯一元首，稱號是「主席」（於一九七二年正式啟用）。在他死後，元首辦公室就空在那兒，且必須永遠如此，不可有人進駐。金正日並非以元首的名義統治國家，而只是「國防委員會委員長」。

當然，國家境內到處都是金日成的肖像，即便兩旁常伴隨著金正日和他母親金正淑的肖像。自從一九六〇年代晚期，北韓官方就已制定出詳細的規則，決定金日成肖像懸掛的地點和方式，我稍後會詳述這些規則。不過至少從一九七〇年代開始，每間客廳、辦公室、官方建築的入口和火車上都有「領袖」的肖像。一九八〇年以後，他兒子的肖像通常會隨侍在旁。

北韓境內無數的「永生塔」也是金日成身後崇拜的要素之一。它們的名字反映著一句官方的口號：「金日成永遠與我們同在！」（這很明顯是受到蘇聯時代，在俄國最流行的一句口號影響：「管他過去或現在，列寧與我們同在！」）這些塔的形狀讓人聯想到古埃及的方尖碑，上頭寫著這句口號，宣告著金日成在他國度裡「永恆的存在」。

截至一九九七年，北韓境內已有三千一百五十座永生塔。每座城市、每個省份、每個郡和縣都須建造永生塔，因此現在應該有五千座左右。這些塔通常蓋在十字路口的正中央，它們大都造價低廉、容易建置，不過有些也相當昂貴。規模最大的永生塔理所當然地位於平壤，高度達九十二・五公尺，只比主體思想塔*還低一點，是平壤的重要建築之一。

永生塔也是北韓人日常或大規模朝拜的地點。在國定假日或偉大領袖的忌日，人們必須到此處宣誓對國家及開國領袖永遠忠誠。

金日成的遺體以防腐處理，放置在特製的水晶棺中供眾人瞻仰。就此而言，北韓遵循了一項行之有年（又怪異的）共產黨傳統。這項傳統源自蘇聯，一如許多其他的共產黨傳統。

一九二四年，蘇聯創建者列寧（Vladmir Lenin）的遺體被置於一處特別為他建造的陵墓，長眠於水晶棺中。這處陵墓成為了大眾朝拜的地點，起先大部分的人可能真是因為虔誠的信仰而來，但在接下來的幾十年，訪客蒞臨的主要動機大都是一種獵奇心理。不過參觀民眾也有太過激情的時候，在蘇聯時代，民眾曾兩次試圖破壞列寧遺體，象徵性地反抗蘇聯政權。此外，後蘇聯政府仍不敢關閉陵墓，因為此舉必定會引發左派人士的大規模抗議及暴動。

在蘇聯時代，存在一個高度機密的研究機構，以大批預算養護列寧的遺體。數十年下來，裡頭的研究人員取得了一些獨特的專業技能，恰好能服侍接下來幾代那些「德高望重的死者」。

一九四九年，保加利亞共產領袖季米特洛夫（Dmitrov）的遺體以防腐處理，操刀的正是處理列寧遺體的那批專人，而季氏是他們在列寧後服務的第一人。一九五三年史達林逝世後，其他蘇聯獨裁者的遺體也都以同樣的技術處理，放置於列寧遺體的旁邊。然而在一九六一年，史達林的遺體被迅速撤出陵墓，埋葬在克里姆林宮（Kremlin）圍牆墓園。

同時，那些蘇聯的專業人士也奉派到世界各地養護一些重要政治人物的遺體。他們處理了不少他國共產領袖的遺體，包括蒙古的喬巴山（Choibalsan）、捷克斯洛伐克的哥特瓦爾德（Gottwald）、越南的胡志明（Ho Chi Minh）、安哥拉的內圖（Netto）（毛澤東的遺體則由中國人自行處理）。

因此當金日成於一九九四年去世時，人們也理所當然的認為他的遺體會公開展示。俄國人表示他們參與了金日成遺體的處理過程，根據一份未經核實的報告，一群生物學家和化學家在平壤工作了將近一年。

在一九五〇和一九六〇年代，莫斯科官方為盟國或他國處理遺體時並不會收費，但現況已非如此。俄國共產體制瓦解後，研究中心只能以相當吃緊的預算勉強營運，因此不再願

* 主體思想塔：位於朝鮮民主主義人民共和國首都平壤市中心大同江畔，金日成廣場的對面，是為祝賀金日成七十歲壽辰而建，於一九八二年竣工。主體思想塔由塔基、塔身和塔頂火炬組成，總高度達一百七十公尺（塔身高一百五十公尺，火炬高二十公尺）。塔身由兩萬五千五百五十塊白色的花崗岩砌成，象徵金日成在世七十年的總天數。塔身前後各十八節，左右各十七節，合計七十節，意在紀念金日成七十歲壽辰。塔身上半部前後各用朝鮮文嵌有「主體」兩個大字。塔頂火炬下有一直徑八公尺的托盤，晚上火炬可以點亮，且不受平壤因電力短缺而頻發的停電影響。塔正面立有工人、農民和知識分子三人塑像，高舉由鎚子、鐮刀和毛筆組成的朝鮮勞動黨黨徽作前進狀。塔中建有電梯，可以登上塔頂，俯瞰首都全景。

意免費提供獨創的防腐技術。有趣的是，現在這些研究中心的主要收入來源，便是處理黑手黨首腦或新俄羅斯資本家的遺體（而在一九九〇年代的俄國，要將前者和後者區分開來還不太容易）。

處理那位「偉大領袖」、「共和國的太陽」的費用從未揭露，不過據說俄國人向北韓收取了一百萬美元。坦白說，這是個破天荒的好價錢，當時前蘇聯正面臨有史以來最大的危機，科學家們甘願接受微薄的報酬。然而同一時間在北韓境內，史上最嚴重的饑荒正要肆虐。科學家努力的最後結果便是……金日成不會腐壞的遺體不能被稱作「遺體」，而只能被稱作「偉大領袖不滅的形象」。

然而要維持金日成遺體的光鮮亮麗所費不貲，當初付給俄國的一百萬美元只是一小部分。數年前一位北韓高官向到訪的印尼人提及，北韓每年約須花費八十萬美元來養護金日成的遺體。我可以挺有自信地說，這些錢有部分流入當初為金日成遺體進行防腐作業的同一處蘇聯研究中心。

不過北韓有一方面並未效仿其他共產國家。列寧、毛澤東和胡志明的遺體都放置在特地興建的陵墓中，但北韓人並未築起一棟全新的建築，而是翻修現有建築——錦繡山紀念宮。這棟大型建築在一九七〇年代中期竣工於平壤市郊，曾是金日成辦公和居住的處所，長達數十年之久。現在這棟建築巨大的中央大廳成為了偉大領袖的安息之地。

造訪列寧墓的蘇聯人民大都出於自願，北韓則是由黨祕書指定人選前往錦繡山紀念宮。

顯然大部分的北韓人還滿樂意造訪該地，一部分是出於好奇，但也不乏對那位已故強人的敬畏和景仰。

過去幾年，一批又一批的北韓人民從偉大領袖的身邊走過，不管是好是壞，這個人統治了他們的國家將近半個世紀。訪客必須在水晶棺前停留一會，對著裡頭經過防腐處理的領袖遺體鞠躬，昏暗的燈光和靜穆的音樂營造出酷似宗教儀式的氛圍。訪客們規規矩矩，一一向這個曾經挑起兩韓史上最殘酷的戰爭、殺害至少二十五萬名囚犯、統治在共產世界裡最壓迫政權的人致敬。

其實許多（我認為是絕大部分）的北韓人多少都相信官方政治宣傳告訴他們的「偉人故事」。七十歲以下的北韓人一出生就天天聽到金日成的豐功偉績——他在一九四五年擊敗日本軍隊、在一九五〇年擋下了美國入侵、把狡猾的帝國主義者阻絕海外數十年，讓北韓人倖免於像他們南韓的同胞般被奴役的命運。當然在北韓之外，我們都知道金日成在解放韓國的戰爭中一槍都沒開，且他錯估了情勢差點輸掉韓戰；我們也知道南韓是二十世紀成長最快的經濟體，北韓在國際上則毫無前景可言。然而這些事實在北韓境內幾乎無人知曉，許多人還信仰著已故的「偉大的父親般的領袖」。

金日成死後國家經濟快速衰退的事實，更提升了偉大領袖在人民心中的地位。畢竟當他在世時配給相當穩定，每人每天不分男女都能領到六百至七百克的米。這對我們來說可能不算優渥，但北韓人對國境外的事情一無所知，無從比較。他們感受到的是一九九四年後生活每下愈況，因而更加崇敬領袖生前的作為。

山壁上的字跡

想像一下你正在北韓境內爬著一座秀麗的高山，山頂白雲繚繞、有著蓊鬱的森林，一切都美得令人屏息。然後你突然注意到遠處的山峰上刻著巨大的紅字，即使相隔數哩仍清楚可見。那些銘刻訴說著：「偉大的領袖萬歲」、「趕緊加入戰局」、「朝鮮勞動黨萬歲」或其他同樣「詩情畫意」的字眼。

事實正是如此，就連風景如畫的山巔，也逃不過政治宣傳的手掌心。北韓最美麗的山區處處刻有用巨大字體呈現的口號。在金剛山和妙香山區可能無一處找不到這些激勵人心的銘刻：「讓主體思想*帶我們扭轉意識形態、翻新科技、提升文化！」

北韓官方還利用精巧的工藝，進一步「美化」國家最負盛名的風景。宣傳口號並不只是漆在山壁上，而是一群群工匠深深刻在岩石上的。這些工匠從眾多模範工人中脫穎而出，人們認為他們的工作既光榮又有許多好康，即便有時充滿危險。有些北韓電影甚至特意描摹這些工匠的犧牲奉獻。這些刻在石中的口號接著被漆成大紅色，確保在遠處也清晰可見。

自一九七二年以來，這樣的雕刻任務如火如荼地進行，當時舉國上下正以迄今未見的規模歡慶金日成的六十歲生日。今天人們大都認為這是金正日大將軍另一項神奇的構想，但在更早的年代，這個點子的智慧財產權屬於金日成自己，他曾說道：「為後代子孫在石頭上多刻些金玉良言再好不過了！」

這麼說並不是要否定金正日的功勞，他在一九七三年八月造訪金剛山區，並親自監督第一批工匠刻上他父親的「不朽事蹟」。

一位北韓史學家用以下的文字描述這整件事（我們可以透過這段引文對北韓今日的學術風格略知一二）：

在體認偉大的領袖及尊敬的領袖英明的領導後，全體黨員和勞工同志戮力同心，刻下了將流傳千秋萬世的文字。為達此目標，少年團成員和其他年輕同志，偕同一群自告奮勇的工人組成了一支「少年突擊隊」。這隻特攻隊的成員及附近居民出自對偉大領袖熱火燎原般的敬佩，一九八二年二月於金剛山的六十一處定點刻下永恆的字跡（共計三千六百九十字）。這些銘刻的規模及其蘊含的思想深度「絕對」舉世無雙。刻在天然岩上的「主體」字樣有二十七公尺高、八公尺寬，深度更達到了一．二公尺。

* 主體思想：是朝鮮勞動黨的思想體系和理論基礎，由葛瑜麒創立，黃長燁加以體系化。英文也稱之為Kimilsungism（金日成主義）。

到了一九九〇年代初期，另一個也位於金剛山區的作品超越了「主體」銘刻。石匠們將金日成韓文名字的三個字深深刻在石上，字長二十公尺、寬十六公尺，筆畫的寬度達兩公尺，更誇張的是刻字的深度深達〇．九公尺，即使上頭的油漆脫落，如此巨大的字跡也很難不留痕跡地消滅，可能會永遠留在那兒了！

所有「刻字任務」的監督單位皆是隸屬於中央軍事委員會的黨史研究所，由研究所的官員選出新的刻字地點以及刻字內容。沒有人知道這個研究所已經「裝飾」了多少美麗如玉的岩石，但近來北韓官員驕傲地宣布他們在全國各地刻下的金玉良言已經達到了兩萬字！

不可否認地，北韓官方「美化風景」的嗜好有其歷史淵源。東亞一些富有的旅行家總是會挑顆中意的石頭，在上面刻些詩文（要夠有錢才請得起石匠做這檔事）。

不過這些銘刻的字體都很小，且不具官方色彩，因此能自然地融入周遭環境，和金日成的現代宣傳藝術天差地遠。

這些銘刻引人注目且難以抹滅，除了把整座山壁炸毀別無他法，就連用泥灰覆蓋效果也差強人意。或許這些刻在石上的字，會成為金日成時代及其野心最「長壽」的遺物。數十年來，它們曾引起憤怒和不悅（或參雜著幾分景仰），但假以時日，它們便會成為令人發笑的歷史殘跡，讓人想起某段遙遠的時光，一如古巴比倫和亞述那些妄自尊大的帝王不朽的雕刻。

石碑上的簽名

一九八七年，全世界（或說在北韓發展核武前對它有所關注的極少數人）都知道北韓官員又發明了另一種方式來頌揚偉大的領袖、共和國的太陽、百戰百勝的金日成將軍。他們開始豎立巨大的紀念碑，上頭複印了偉大領袖放大無數倍的筆跡。

其實把偉大領袖說過寫過的字字句句留在岩石上，不算是個別出心裁的點子。早在一九七〇年代初期，風景如畫的北韓山區便處處刻著宣傳口號或金日成的話語，不過上頭印著領袖筆跡的「親筆碑」有其不同之處。首先，它們特別龐大；再者，它們是「神聖手跡」的複製品，而非工匠的創作。這類碑文在東亞已有悠久的歷史，千年以來書法創作為人們所激賞，高麗國王或中國皇帝將自己手跡的複本獻給王公貴族或官署衙門也是相當常見的事。

一九八七年十月，第一座親筆碑在平壤的牡丹峰上公諸於世。它的規模相當巨大：長七十五公尺、高十·四公尺，重量據說達到了六百五十公噸。工匠在上頭復刻了金日成於一九四五年十月十四日抵達北韓時演講的手稿。這是他正式成為「偉大的領袖」前，回到北韓的第一場公開演講。其實這份演講稿是由蘇聯第二十五軍的政戰官捉刀，這個單位當時負責占領北韓，但不難想像，在北韓沒有人知道或承認這件事。

另一座親筆碑接著在一九九二年四月竣工，以紀念金日成的八十大壽。這座石碑位於妙香山區，金日成曾在此處親自開導、訓示人民，即便他也在無數其他地點做過同樣的事。這座石碑的規模較小，僅有兩百五十噸重，以花崗岩製成。上頭刻著這樣的智慧之詞：「水是糧食，糧食是共產主義。在吾國社會主義灌溉農業的運作下，必定年年豐收。金日成，一九九二年四月十五日。」事後來看，這句話顯得有點諷刺，因為金日成對農作方式的不當建議導致了一九九六到一九九九年的大災難。偉大領袖大力提倡的梯田耕作熬不過洪水的侵襲，上頭的一切付諸流水。灌溉系統因大量使用動力驅動泵，遇上一九九〇年代的能源危機而停擺。研究

群眾與領袖。群眾正履行他們的義務——到萬壽台向金日成的巨大塑像致敬。（攝影：克里斯多福·莫里斯〔Christopher Morris〕）

者咸認為灌溉系統失靈，是造成嚴重饑荒的原因之一。

意義最重大的親筆碑則位於簽訂停戰合同的村莊——板門店。碑文相當簡短，只有金日成的簽名和日期：**1994.7.7**（一九九四年七月七日）。碑文的來源是金日成在關於兩韓統一的相關文件上的簽名。據稱他是在七月八日驟逝的前一天簽下這份文件，不過真相可能是如此：金日成在第一次兩韓高峰會舉辦前便去世，而這場會議預計在一九九四年七月底舉行。板門店在大眾想像中象徵了兩韓的分裂，因此這座親筆碑也獨具象徵意義。人們無法從南韓的領土望見這座碑，不過對於從北韓前往板門店的旅客來說，這是個必看景點，就連金正日也曾公開造訪。

金正日的個人崇拜經過刻意打造，與他父親的個人崇拜兩相對應。深得人民欣賞的「金日成花」與「金正日花」湊成一對*。〈金日成將軍之歌〉差點取代了國歌，而在金日成的大力鼓吹之下，人民也（被迫）開始唱〈金正日將軍之歌〉。關於兩人的一切事物都成雙成對，唯一例外的是雕像：因為某些原因，北韓境內沒有任何一座金正日的雕像。

照著這個邏輯，北韓境內應該也有一些金正日的親筆碑。一九九三年八月，一座金日成的親筆碑便在前北韓軍官和游擊隊員李仁模的母校揭幕，李仁模在戰鬥中為南韓軍隊俘虜，因為拒簽悔過聲明書而在獄中度過了三十四年。碑上刻著一句金正日獻給李仁模女兒

* 有關此兩種花的說明，參見本章〈兩種花朵，一脈相傳〉一節，頁六〇～六三。

的話：「吾黨不會忘記李仁模同志的自信和意志。」接下來又陸陸續續出現了數座金正日的親筆碑，能見度最高的位於著名的平壤婦女專門醫院，上頭的碑文相當稀鬆平常：「預祝服務人民順利圓滿。」我們很容易就能猜到，這是金正日送給醫院職員的賀詞。

除了這些石碑以外，金日成和金正日的手跡也復刻在山區的峭壁上，有時甚至是用彩色玻璃以馬賽克的方式拼成，例如白頭山的一處峭壁上就有這樣的「裝飾」，且據報長達兩百一十六公尺。

我不禁懷疑，這些石碑的未來究竟會是如何？它們不如雕像一般容易被推翻或摧毀；當這代北韓人的孫兒孫女凝視金氏王朝算計已久的妄自尊大，又將作何感想？是不屑？諷刺？懷舊？還是景仰？

兩種花朵，一脈相傳

一九六四年，一位印尼植物學家邦特（Bunt）成功孕育出全新的蘭花品種。一年後，時任印尼總統的蘇卡諾（Sukarno）決定用這種蘭花來取悅一位外國貴賓——北韓領導人金日成。蘇卡諾將花獻給金日成，並建議以他的名字來稱呼。金日成非常喜歡這個提議。

北韓於是有了專屬於自己的花，而這種花也成為北韓政權的象徵，名叫「金日成花」，譯成英文則有多種說法，kimilsungia或許是最合適的翻譯。

蘇卡諾贈花的時機也恰到好處：一九六〇年代後期的北韓以征服全世界為志向，而這種來自印尼的花朵似乎更加核實北韓人民對他們唯一的領袖、不朽主體概念的創造者——金日成同志的愛戴，也似乎肯定著北韓領導人的努力，將他們的蕞爾小國打造成另一個世界共產活動的中心，比莫斯科和北京更加卓越。

接下來直至一九七五的幾年間，北韓的植物學家辛勤地研究這種蘭花。原生種在九月開花，而科學家的努力有了結果，將其改良至四月盛開，趕上金日成鋪張的生日慶典。

金日成花也被稱作「忠誠之花」，而它的培育因此成為一項重要的政治工作，也能測試人民對政權的忠誠度。到了一九七〇年代後期，金日成花的狂潮已經席捲了整個北韓。

當然北韓政府花了許多錢來打造這股風潮；朝鮮半島的自然環境並不適合熱帶蘭花生長。在一九七九年，平壤的中央植物園建起了「金日成花溫室」，專門培育這些不易養活的花朵。溫室大小起初為六百平方公尺，到一九八〇年代則擴大到一千五百平方公尺。全國各地也陸續搭起類似的溫室，每個主要城市和省份都有一棟。

北韓人於是有了源源不絕的金日成花。在家要養活這種嬌弱的花朵非常困難，因此家家戶戶都把這重責大任託給在溫室裡照料蘭花幼苗的植物專家。那些培養金可一點也不便宜，但又有誰會在意呢？

到了一九八〇年代，金日成花越來越需要一個政治上相對應的實體。當時舉辦每項頌揚金日成的宣傳活動時，都須同時舉行讚美其長子及接班人德性的類似活動，因為金正日即將成為新一代的偉大領袖。因此金正日在一九八八年也擁有了屬於自己的一種花，名為「金正日花」（kimjongilia）。

「金正日花」的由來被刻意塑造得與「金日成花」如出一轍：金正日花來自日本，由一位名叫加茂元照的植物學家花費二十年的光陰改良南非海棠而來，在尊敬的領袖四十六歲生日當天獻上，作為「北韓與日本間友誼與善意的象徵」。沒多久這種海棠花便在北韓各地培植，為其建造的溫室甚至比金日成花還多，即便它似乎比金日成花容易照料。培育金正日花的第一座溫室建立於一九八九年，占地面積達七百三十平方公尺。

北韓的作曲家同時寫了一首題為〈金正日花〉的歌曲，在全國各地演奏，歌詞如下：

火紅的花朵在我們的土地上四處綻放
如同我們的心：滿溢對領袖的愛戴。
吾心偕金正日花的嬌蕊相倚相存；
噢！象徵我們忠心耿耿的花！

整個一九九〇年代，北韓的許多城市都種滿了這種花。近年來，用浮誇又昂貴的方式展示金正日花，成了金正日每年生日慶典的標準做法。最完美無瑕的花朵，不論是由國內相關機構種植，或是來自海外的餽贈，都會在這個場合上出現。與北韓合作的外國企業家被迫「贊助」金錢或花朵。新聞媒體則充斥著一些同胞無私奉獻的故事：即便在大饑荒最嚴重的幾年，冬日屋內冰冷至極，他們仍盡力為花朵保溫。

儘管來自熱帶的花朵在一個饑荒肆虐的溫帶國家要開得美麗，幾乎是不可能的事。儘管北韓經濟狀況惡劣，金日成花和金正日花在國內的傳播似乎絲毫不受影響。事實上，培育金日成花和金正日花的溫室在國內極其重要：甚至在饑荒時期，在能源供應幾近停擺的日子，國家仍將大量的熱水及電力分配給這些溫室。人們已經一批批地死去，而這些印尼蘭花和日本海棠仍活得亮麗。

史蹟館

你會預期在一間地鐵博物館裡看到什麼呢？你第一個想到的應該是些記錄地鐵建造過程的照片，或一些車廂和其他設備的模型？基本上沒錯，但如果那間博物館位於平壤，你就大錯特錯了。

北韓的博物館是種相當特殊的機構，大致分為兩類：我們一般認知下的博物館，以及所謂的「史蹟館」。「真正的博物館」只占了一小部分，在平壤僅有六間左右，其餘數間則散布在鄉村地區。

「史蹟館」則無所不在。在一九九〇年代，北韓境內約有六十座史蹟館。我參觀過三座分別與大學、鐵路和地鐵相關的史蹟館，以及元山市和天山里的兩座地方史蹟館。我必須說這真是有點古怪卻難忘的經驗！

「史蹟館」的全名是「偉大的領袖及親愛的領袖（金日成及金正日）革命史蹟博物館」。說穿了，它們就是金日成和金正日博物館，只是多了些地方或特定的風格。這些博物館以大學、鐵路、地鐵或地方特色為背景，來呈現兩位領袖的思想或事蹟。

因此，在地鐵博物館裡，前幾個展示廳呈現的是金日成的童年，接著便是他在滿洲的游擊行動、光榮歸國，以及他在韓戰期間英明的領導。金正日的英雄事蹟也受到同等的待遇，不過前幾個展示廳裡沒有一樣東西與地鐵有任何關聯；後面幾個展示廳才開始出現與地鐵相關的展覽素材。不過這些素材竟也有十之八九在彰顯金氏父子對平壤地鐵發展的關切。展場裡確實有些地鐵工程和工人的照片，以及地鐵施工期間發放的小冊和報紙，然而展覽的重心卻放在「別具意義」的一些物品上：金日成用來簽署地鐵工程條約的鋼筆、他巡視工地時坐的椅子、他公開談話提及地鐵時的麥克風，甚至是他從A地鐵站移動至B地鐵站時乘坐的車輛！

博物館的牆上掛滿了與「金日成、金正日與地鐵」相關的圖片和相片，任何你想得到的內容都不會缺席。館內還有個巨大的立體透視模型，以各種特效呈現一樁偉大的歷史事件：金日成親臨現場，督察地鐵施工狀況。

地鐵史蹟館中有張相片特別值得一提：一位穿著鐵路制服的女性拿著交通指揮棒站在鐵

道旁，雙眼噙著淚水望向遠方的黑暗。上頭的文字解釋了這一切：「偉大的領袖啊，這麼晚了您要上哪兒去呢？」

許多年前「史蹟館」只呈現金日成的事蹟；當金正日於一九八〇年宣告成為繼承人後，史蹟館便全面重整，加入了許多金正日的英雄事蹟。我印象最深刻的是位於金日成綜合大學史蹟館內，題為「金正日在軍營」的展覽廳。一如其他一九六〇年代早期的北韓大學生，這位國家未來的領導人也必須接受短期的儲備軍官訓練（與美國的預備軍官訓練團〔ROTC〕制度有些相似，但為義務性質）。展出的物品包括一把據稱是金正日使用的步槍、他的鏟子，甚至是他在營區伙房裡執勤時用過的杓子。有張巨大的圖片紀念著另一樁歷史事件——金正日在廚房裡執行勤務！圖片中的他正指導著他的同梯，不用說，他的神情專注，儀態令人激賞。

一九八〇年代晚期，位於平壤邊界的御恩洞村成為一處廣大的紀念園區，因為金正日曾在該處的營地受訓。就連金正日在疲憊的長跑後坐著休息的石頭，也加上了護欄，小心翼翼地保護。畢竟，金正日大將軍的生命中只有短短六個月待在營區內，而他短暫的「當兵生涯」全程皆在御恩洞度過。因此這個地方的確值得特別的關注！

巨大的肖像

二〇〇三年八月，南韓的人們因為一群嬌客即將造訪而興奮不已。人數眾多的北韓啦啦隊員偕同北韓運動員前往大邱，參加第二十二屆世界大學運動會。女孩們個個美麗，令人傾倒，身上散發的神祕和異域感更使她們的表演博得滿堂彩，討論度甚高。

八月二十八日這群女孩在為北韓射箭隊加油後，坐上巴士前往機場，準備登機返國。當時天氣陰雨，女孩們透過車窗看見一個巨大的橫幅，上頭有張金正日和時任南韓總統金大中的放大合照，這張照片攝於二〇〇〇年的南北韓高峰會。橫幅很明顯是南韓的左翼民族主義分子製作的——「來讚歎啦啦隊的美好以及親愛領袖政策的英明，讓他們有幸見到啦啦隊員！」

然而這張照片卻引發了意想不到的效果。這些美麗的女孩一看見它便怒不可遏，因為那橫幅並沒有好好保護，被雨淋得濕透了！雨水正破壞著親愛領袖神聖的肖像！女孩們要求公車司機馬上停車，讓她們下車搶救領袖的肖像。除此之外，她們還抗議橫幅沒有高高掛起，放置的方式非常不恰當。新聞記者連忙用相機記錄這生動的畫面：一群憤怒的美少女在雨中奔跑，一路高聲尖叫，極力搶救至高無上的領袖照片。

北韓是個充滿肖像的國家，沒錯，我指的是金日成和金正日的肖像。這些肖像無所不在，每間客廳、辦公室、鐵路和地鐵車廂都必須掛上；主要公共建築、車站和學校的入口上方亦復如是。不過由於某些原因，巴士和電車上並沒有肖像。據報在一九九〇年代後期，平壤市內最大的金日成肖像位於都市正中央的第一百貨公司，寬度達十一公尺且高度達十五公尺。

北韓人民生活在偉大領袖無所不在的凝視之下已超過三十年。一九六〇年代晚期政府即命令人民在家中和辦公室內掛上領袖的肖像。一九七二年北韓以最高規格慶祝金日成六十大壽，境內肖像的密度遠遠超越了史達林的蘇俄和毛澤東的中國，而正是這兩個國家將這種對領袖肖像的偏執加諸在北韓之上。

一九七〇年代後期，北韓人民收到了另一道指令：他們必須懸掛領袖接班人金正日的肖像，且必須私下為之。官方的政治宣傳堅稱，全國各地有許多人民出自對領袖長子的愛戴，開始以其肖像妝點他們的住宅。直到一九八〇年代後期金正日的肖像才在公共場合出現。一九九〇年代初期，金正日的肖像被放大至與金日成肖像相同的大小，並兩兩成對地懸掛在房間或辦公室中。

金日成、金正日和所有金氏親屬的肖像都統一由萬壽台的作坊製作，這些作坊在製作肖像方面相當專業。肖像繪製完成後便裱框、上釉（且用的都是最好的玻璃和木材）。

在不同的年代，金氏父子在肖像裡的模樣各有不同，說明了政策與意識形態的更迭。在一九六〇和一九七〇年代，金日成身上穿的是中山裝，強調北韓政權紀律嚴明的軍事性。

到了一九八〇年代中期，畫像中的金日成不再穿著中山裝而改著西裝，暗示著一九八〇年代後期相對開放的風氣。一九九四年金日成過世後，新版的肖像呈現的亦是他穿著西裝的模樣（有趣的是，這個版本的肖像也被稱為「太陽的模樣」，因為金日成終其一生都是「共和國的太陽」）。而二〇〇一年初新發行的金日成肖像描繪的則是他穿著「大元帥」軍服的形象，他在漫長生命的晚年為自己冠上了這個頭銜。

金正日的肖像也經歷了類似的轉變，一開始他穿著最愛的深色中山裝；在二〇〇一年的版本中他則穿著大將軍服，氣勢萬鈞。這個改變再次確認了金正日「以軍隊為首」的政策，不過與其他大部分的北韓男性不同的是，這位北韓的「榮耀大將軍」未曾正式在軍中服役。

而到了二〇〇四、二〇〇五年間，北韓人民依照身分地位在家中懸掛的肖像，可分為兩種組合。黨內幹部、軍官及保安官須在家中懸掛三幅肖像：金日成、金正日，以及金日成之妻與金正日之母——金正淑的肖像，這些肖像皆由政府高層分發。

到目前為止，不具特殊身分地位的國民無須懸掛金正淑的肖像，不過他們較平凡的屋子裡仍須懸掛三幅肖像——親愛的領袖、偉大的領袖，以及兩位偉大的男性對話的肖像。不過這是二〇〇四年尾的狀況，當你讀到這本書時可能又會有所不同，「肖像政策」時常朝令夕改是個不爭的事實。

北韓運作的方式彷彿一種神祕宗教，而金氏家族的肖像便是這個宗教崇拜的「聖像」。

人民必須遵照國內統一意識形態系統的十項規定，無微不至地照料這些「聖像」，可說是北韓版的「十誡」（不過若考慮金日成和許多早期共產人物的基督教背景，這不一定只是個巧合）。

房內的其中一面牆須掛上肖像，且同一面牆上不可釘上任何其他圖片或裝飾。當一個北韓家庭喬遷到新居時，第一件事便是將金氏家族的肖像掛在牆上。官方不時會進行突擊檢查，確保每一幅肖像都得到應有的照料。

那麼要如何確保肖像隨時光鮮亮麗呢？每一組肖像分發給人民時，都會附贈一個特製的盒子，裡頭裝著保養肖像的工具——兩塊細緻的布和一把刷子。保養工作必須每天進行，由辦公室和學校裡的幹部指揮，更高階的幹部則會突擊檢查，確認保養工作進行得夠徹底。未將肖像上的灰塵拂去，甚或非蓄意地污損肖像皆是嚴重的罪行。

在軍中，每間營房都須掛上金氏家族的肖像。當部隊進行野戰訓練時（北韓軍隊經常如此），肖像必須隨隊攜帶。部隊搭好帳篷，或挖好戰壕後（後者較常見）會先將肖像安放其內，人們認為完成這個「儀式」，這些臨時居所才有辦法住人。

事實上，肖像是許多儀式的重心。在學校，學生必須對著肖像鞠躬，藉以對親愛的領袖表達感激之情，感謝他的智慧和仁慈賜予人們如此美好的生活。肖像在婚禮中也占了相當重的份量，新婚夫妻必須對偉大領袖的肖像深深鞠躬。不管婚禮在公共場合或家中舉行，這都是不可或缺的程序，也是整場婚禮的高潮。

人們戒慎恐懼地保護著每一幅肖像，因為肖像一有什麼三長兩短，便會招致可怕的後果。直到最近我們才知道，一位叛逃至北韓的著名左翼學者金瑢俊在一九六〇年代自殺，因為他不小心損毀了金日成的肖像。他的自殺並非出於政治狂熱或被害妄想症，而是個明智的抉擇：快速地在他的高級公寓中死去，比起在監獄中被折磨至死舒適得多。

這樣看來，二〇〇三年北韓啦啦隊員的激烈反應也不足為奇了。不過，那些女孩的行為是否真心還有待商榷。或許她們只想在眾人面前演出對領袖的忠誠，讓自己在官方的印象裡添上幾分，或配合某些旁觀者的期待，畢竟還是有些人知道，對領袖不夠忠誠是件非常危險的事。

學著成為親愛領袖忠實的臣民

北韓的教育十分政治化，這點不必多說，因為每個國家的教育皆是如此。學校的任務便是將「正確」的社會價值灌輸到（準）公民的思想中。

那北韓在這方面有什麼特別的呢？首先，學童須閱讀的宣傳文本量相當驚人；再者，對世上唯一的共產王朝——金氏家族的讚頌無所不在。這個現象並不算太獨特；其他共產國家也都花了不少氣力，強調自己的體制優於敵國。不用說，在史達林和毛澤東的年代，蘇俄和中國教科書對他們的諂媚奉承也少不了多少，但北韓政治宣傳的規模著實勝過史上任何政權。

宣傳的重心無非是金氏家族的事蹟：北韓的體制很棒，因為是由金氏家族所創，而只要他們繼續治理國家，一切都會繼續繁榮……由官方編纂的「經典」如是說。

每個北韓的學生皆需研讀金日成和金正日的「傳記」，裡頭充滿偉大的領袖及親愛的領袖英明的事蹟而非史實，將這對父子檔塑造成智慧、勇氣、仁義以及其他美好價值的化身。

我曾在一九八〇年代參觀了兩所北韓的模範幼稚園，裡頭有間特別為「傳記閱讀」打造的大教室，教室的正中央放置著金日成故鄉萬景台村的立體模型。每堂課正式開始之前，所有的學童跟著老師向金日成的肖像深深三鞠躬，唸唸有詞地說著：「謝謝您，父親大將！」今天這個迷人的「課前儀式」的崇拜對象已由金日成改為金正日。

老師接著一個個叫學童的名字，要他們走到立體模型旁。孩子們用稚嫩的聲音，盡其所能地佯裝出「成人」的語調，朗誦一段段偉大領袖的童年故事，例如「父親領袖在這裡玩著戰爭遊戲，為打敗日本帝國主義分子做出最充分的準備」或「父親領袖在這裡運動強身、磨練自我」。這些可憐的孩子被命令用北韓收音機廣播裡咄咄逼人的「洗腦」語氣，說著「成人」的用語及內容。

老師也時時提醒學童，因為有金氏家族的存在，他們今天才能在這裡享受「快樂的童年」。他們吃的食物也是出於偉大領袖的慈愛，因此每次用餐完畢，所有學童都必須感謝領袖對他們的關愛，齊聲說：「偉大的領袖，非常感謝您，讓我們享用豐盛的一餐！」

上小學之後，學童便開始研讀「偉大領袖史」，到了中學又須全部重讀一遍，大學階段再打最後一劑強心針。而從一九八〇年代起，「偉大領袖革命史」便以「親愛領袖革命史」（即金正日革命史）取代。現在金正日已經擠下北韓王朝的開國元老，成為官方頌揚的主要對象。而金日成的第一任妻子、金正日的母親金正淑也加入了「課程內容」中；今日的學子也必須研讀她令人景仰的事蹟。

北韓政治化的教育還不止於那些灌輸思想的課程，就連數學這般與政治無關的科目也能充滿政治信息。例如北韓數學課本中有一道題目這麼出：「來自朝鮮人民軍（Korean People's Army，簡寫為KPA）的三個士兵殺了三十個美國士兵。若每個朝鮮士兵殺死的美軍人數皆相同，則每個朝鮮士兵殺了幾個美國士兵？」學童也必須認真思考這樣的問題：「偉大的領袖——金日成父親小時候曾收到九顆蘋果。他把三顆給了祖父，兩顆給了祖母，一顆給了爸爸，一顆給了媽媽。請問他總共把幾顆蘋果給了別人，幾顆留給自己？」

社會科的書籍則充滿著讚歎領袖智慧的敘述，例如：「偉大的領袖金日成是人民偉大的父親，他在八二年的生命中盡力為人民工作，一天都不准自己歇息！」

可能有人會懷疑，北韓官方究竟如何把金正日和抗日游擊隊扯上關係，畢竟這位接班人在戰役完結時還只有三歲。但這似乎完全不成問題：學校的老師告訴學童，他們的領袖出生於白頭山森林裡的游擊隊祕密基地，即便當時還只是個嬰孩，他也參與了那場關於解放的重要戰役！

這種教育對北韓人民的影響到底有多深？以我的蘇聯經驗來說，我們不該高估，也不該低估此種教育的成效。人們可能會很快忘記某些細節，但其下的思想體系可能根深柢固。北韓人民可能一覺醒來就不相信金氏家族超出常人的特質，但若要他們降低對國家的期望，或把掌控生命的權利交還到自己手中，可能得花上好一段時間。

名字裡的學問

一九七九年北韓出版了一本書，名叫《偉大的領袖金日成同志專用之敬語暨尊敬頭銜大全》（*On the Honorific Words Applicable to the Great Leader Comrade Kim Il Sung, and the proper Use of Respectful Expressions in Reference to the Great Leader*）。我推斷這本書應該頗受北韓人民歡迎，因為他們長期深陷說錯複雜政治語彙的危險中，卻沒有任何堪用的表格能夠參考。一九七〇年代晚期，對金日成的個人崇拜已近乎歇斯底里，人民走到哪都必須好好感謝他，而一旦「用詞不當」便很可能被關進集中營，因此一本明確的「教戰手冊」求之不得。也許一九六〇年代真有這種東西，但未曾正式出版，在每位北韓人民隨時都須向那位偉人致意的年代，這是極大的不便。

在金日成所有的頭銜中，「偉大的領袖」最為普遍，幾乎成了金日成的第二個名字。

「領袖」是韓語Suryŏng（수령）的翻譯，以漢字拼音表意則寫成「首領」。這個詞在一九四〇年代晚期首次出現，一開始專指兩位共產世界「偉大的領袖」史達林和列寧。一九五二年，金日成也被提升至「領袖」階級，不過在他領導初期人們較常以「首相」或「將軍」稱呼他。在一般情況下「領袖」顯得有些浮誇，因此人們只在特殊場合才使用這個詞。

到了一九六〇年代，「領袖」才成為標準的語彙，前頭通常會加上「偉大的」或「父親般的」的形容。在一九六〇年代，全世界只有金日成享有這樣的稱呼。「偉大的領袖」或「父親般的領袖」於是成為北韓獨裁者最常用的稱號。他們還有許許多多其他的稱呼，有些頗富詩意，例如常見的「共和國的太陽」、「常勝大將軍」和「全人類的太陽」。

一九七二年金日成將自己冠上國家領導人的新頭銜Chusŏk（주석），與毛澤東使用的稱號在韓語中的發音相同，這個頭銜在中國通常稱為「主席」，而在韓國因為某些原因譯成了「首相」。

一九七〇年代起金正日開始掌握權力，有一段時間這位接班人有個謎樣的稱號——「黨中央」，不過他最後成功取得了自己的頭銜，亦即「親愛的領袖」。值得注意的是，金日成和金正日的稱號使用了兩個不同的韓文詞彙，但英文皆翻譯成leader（領袖）。金日成用的是Suryŏng，金正日則是Chidoja（지도자），譯成英文很難傳達兩者的差異。莎士比亞的

語言在區辨這兩個詞彙的細微差異時，還是有所不足，令人不勝唏噓。

金日成首相於一九九四年逝世後，他的長子接著掌權。在三年的憑弔期結束後，北韓人民被告知自彼時起Suryŏng這個詞不會用在金日成以外的人身上，即便他已離世；「首相」的職位也會為他永遠保留。金日成的兒子成為了「國家領導者」，而非「首相」。不過因著中央軍事委員會委員長的職銜，西方媒體有時會用「金委員長」來稱呼金正日。

那麼「親愛的領袖」在他父親逝世後又如何？他更改了官方敬稱的前半，用「偉大的」取代了「親愛的」，不過後半仍維持原狀，於是人民便以Chidoja或Ryŏngdoja（령도자）稱呼金正日。金正日有時也會被稱為Suryŏng，不過這個較崇高的頭銜基本上還是保留給他已故的父親。

或許金正日早晚也會提升至Suryŏng的地位。畢竟有些曾經只保留給金日成的頭銜，後來也成了金正日的標準稱呼。幾十年來，北韓人民知道「共和國的太陽」只能拿來稱呼金日成，但今天它也成為了金正日最常用的稱號之一。

這個複雜的命名系統為英語譯者帶來不少麻煩。在英文文本中，Great Leader和Dear Leader幾乎已經是金日成和金正日稱號的「標準翻譯」。這樣的譯法傳達了原文的一些含義，不過在二〇〇〇年代已不見得正確，因為金日成和金正日絕大部分的常用稱呼都能翻譯成「偉大的領袖」，「偉大」使用的是同一個韓語字，而「領袖」使用的韓語字則父子不同。

還有一些專屬於親愛（抱歉，現在是偉大）的領袖的頭銜，其中有些只是他的職銜：最高司令官、總書記等等。「親愛的將軍」和「總司令」也相當常見。其他頭銜則充滿創意，例如「白頭山的星辰」或「指路明星」（由西方語彙直譯，在史達林時代的政治宣傳中相當常見）。

與他已故的父親相比，金正日很明顯對華麗的頭銜較不熱中，因為在他繼位之後，關於領袖稱呼的規定鬆綁許多。他知道世上許許多多的「小史達林」後果如何，或許對自己當下的處境也不甚滿意，但他又能怎麼辦呢？蘇聯的經驗清楚指出改革很容易便會釀成革命，而如果革命真的發生，「親愛的將軍」和他的隨扈就無處可逃了……

第二章　宣傳的歲月

集會開不完的國度

一九七〇年代的北韓經常以「主體國家」或「模範社會主義國家」自居，許多北韓人則用「思想教育之國」來描述他們的故土。

金日成曾說過，一個北韓人每天應該「花八小時工作、八小時睡覺、八小時讀書」。他所謂的「讀書」指的是「閱讀思想文本」，而這種形式的閱讀最常出現在人民定期的聚會，以及各種思想灌輸的課程中。

所有共產政權對強迫性質的「讀書會」都有種偏執，黨員或某些部會的職員必須聚在一起，花一個小時左右聆聽思想幹部無聊的講話。幹部們向群眾揭示資本世界兵不厭詐、殘忍無情的本質，強調共產革命前恐怖的一切，以及共產主義今日的榮光。

儘管衣食不濟，東歐共產國家在最窘迫的日子裡仍會每週花個幾小時集會，有時時數也許更少。而在北韓，從一九六〇年代早期開始，一個工人每天有三、四小時在接受思想灌輸，是非常常見的事。

在北韓，每位成年人都隸屬於某個「組織」，而所有的集會都由「組織」安排。每次的集會都是強迫性的，從小學生到退休的農婦都必須參加。

集會的形式和內容也隨著年代有所改變。一九五〇年代末和一九六〇年代初，北韓官方正全力肅清最後一批異議分子，集會常帶有強烈的鬥爭性質，與中國文化大革命時期惡名昭彰的紅衛兵集會極為相似，鬥爭的對象被拖到台前，以不堪入耳的言語詈罵數小時。有時訊問者的攻擊並不止於言辭，還會在同事面前動手毆打不幸的「反革命死硬分子」。隨著時間過去，集會的火藥味漸消，轉型為認真討論「公事」的場合。

在北韓所有的機構中，上班族每天的第一個活動便是「讀報時間」，於正式上班的四十五分鐘前開始，所有人皆須出席。前面三十分鐘由值日代表閱讀官方新聞報紙的段落，確保每個北韓人都了解當天「政治正確」的事宜。接下來的十到十五分鐘則由低階幹部研擬「本日目標」，其內容大都與現行口號雷同。每個工作日的最後還會召開一個「檢討會」，職員們討論當天工作的結果，為一天劃下完美的句點。

北韓人民還須參加一些政治讀書會，以學習（通常是死背）偉大的領袖的箴言為目標，到了一九八〇年代早期，學習的對象換成了親愛的領袖。人們也研讀由官方撰寫的金日成和金正日傳記，或聆聽關於國際或國內議題的演講，前者的主題無疑經過嚴密的篩選。

北韓的思想教育包含四大領域：「（反）階級教育」（講述敵國階級社會中的剝削與痛苦）、「革命教育」（講述抗日游擊隊和其他革命戰士的英勇事蹟）、「忠誠教育」（關於兩大領袖仁愛和智慧的種種故事）、「社會主義愛國教育」（講述北韓的繁榮、優於他國之處，以及國家與生俱來的美德），由黨內機構統一印刷並發給教材，讓義務參加這些課程的數百萬北韓人民仔細研讀及背誦。

就連音樂也無法倖免。韓國人一向喜歡唱歌，而在金正日領導的北韓更是如此，儘管在一九八〇年代後期，電視機和錄音機在北韓才逐漸普遍。因此，官方核准的歌曲全都帶著滿溢的政治訊息。所有歌詞都必須和領袖（們）的無窮智慧、北韓的無盡繁榮，或南韓同胞在美國桎梏下無窮無盡的痛苦有關。人們須在官方舉辦的「歌曲研究會」中研習這些歌曲，作為「歌曲普及運動」的一部分。

為什麼我在寫作前幾段時用的都是過去式呢？因為自一九九〇年代中期以來情況改變了許多。人民仍須頻繁參加集會，歌詞也仍歌頌著崇高的政治理想，但每次集會的時長縮短許多，在工人階級間尤其明顯。許多工廠陸續關閉，而雇員們的工資相當微薄；他們的收入大都來自私人交易或販賣手工藝品。官方沒有太多能激起人民熱情的獎勵手段，也不能把每個缺席集會、興趣缺缺的人都貼上「反革命分子」的標籤。新一代官員的革命激情已經失去了大半，是不爭的事實。

最令人害怕的集會類型非「自我批判大會」莫屬，我們等到下一節再來談。

自我批判

從一九六〇年代初期到一九九〇年代初期，集會和讀書會占去了北韓人民日常生活的許多時間——每天兩到四小時不等。今天北韓人民已不必花那麼多時間聆聽「偉大的領袖」的讚詞，但各種集會仍在他們的生命中揮之不去。

最重要而駭人的集會類型非「自我批判大會」莫屬。其實這種集會在韓文裡有另一個很難翻譯成英文的稱呼——saenghwal ch'onghwa（생활정화；生活淨化。類似「道出生活感想的集會」）。不過我偏向以「自我批判大會」稱之，因為這個名字詳實反映出這項集會的內容。

一如國內的許多制度，北韓人民堅持自我批判大會是他們自己，或「親愛的領袖」金正日的發明（不然還會是誰）？而這個說法同樣不甚正確，因為此種集會在毛澤東領導的中國曾經相當普遍，北韓人很明顯是在一九六〇年代初期「借用」了這套機制。

不過在一九七〇年代前期，當時三十歲的金正日的確發明了一套會議進行的全新模式，人們自彼時起便沿用至今。大部分的批判大會每週舉辦一次，而因為某些原因，農人們每十天舉行一次，而位居要職的人士則須更常在眾人面前進行自我批判。除了每週一次的集會外，還有每月一次或每年一次，規模更龐大的批判「大」會。

每次自我批判大會皆由人民所隸屬的工作單位籌辦。基本上，每個北韓人都是某個組織的成員。朝鮮勞動黨（即「北韓共產黨」，Korean Workers' Party，簡稱為KWP）共有約四百萬名黨員，確切的黨員人數則是最高機密。十四至三十歲的黨員隸屬於「朝鮮社會主義勞動青年同盟」（今改稱「金日成金正日主義青年同盟」），其餘的成人皆是「朝鮮職業總同盟」的會員。非朝鮮勞動黨員的農人則須參加「朝鮮農業勞動者同盟」舉辦的批判大會。就連家庭主婦的思想和意識形態也受到無微不至的關心：無業婦女皆為「朝鮮婦女總同盟」的一員。

每位成員在每次批判大會前都須做好完全的準備。人們必須在指定的筆記本上寫下他／她一週以來的大小過錯，並在大會上向眾人報告。但是要報告些什麼呢？軍人們為了自己沒有好好保養步槍，或在打靶時沒有百發百中感到慚愧；學生後悔自己把功課寫得很差；家庭主婦坦承她們打掃街道時不夠投入。只承認自己的過錯還不夠，成員們必須對每項犯過的錯提出解決方式。

在每個人以規定的金日成和金正日箴言收束自己的懺悔後，大會便進入「相互批判」的階段。每位成員必須否定其他成員的某些行為，沒有人能規避這段可怕的過程。

不論是由勞動黨團、婦女總同盟或職業總同盟舉辦，每個批判小組通常包含七到十位成員，每次時長約一．五小時。換句話說，每位成員大約會分配到十分鐘，讓其他成員譴責批判。鑑於每個北韓人週復一週、月復一月、年復一年都要經歷這樣的思想轟炸，十分鐘已經很夠了。

根據規定，家庭問題並不在批判的範圍之內，除非情節相當重大。大部分的成員都謹慎地呈報一些輕微的「過錯」，誠心希望不要有人提出更嚴重的事情。

每週在眾人面前公開懺悔，長久以來已成為多數北韓人的生活習慣。許多人會事先與朋友安排好相互批判的內容，希望情況能照著自己的計畫走，批判大會於是成了一場「表演」。然而如果有人提出更嚴重的踰矩行為，這樣的如意算盤就沒法打成（當然，做這種事的人必須承擔被報復的風險）。換句話說，許多較嚴重的過錯仍會在批判大會上遭人揭露。

儘管「自我批判大會」許多時候只是個形式，在北韓的影響力仍相當巨大。大部分的北韓人民都相當害怕這項措施，它讓每個人隨時注意自己的言行。官方認為這樣的制度增強了社會凝聚力，事實上卻打破了人與人之間的信任，並讓同事間有機會陷彼此於不義，待在一個「正常上班環境」中的上班族可能完全無法想像。一位脫北者曾言，「自我批判大會」是北韓內部政治穩定的一大原因。

也許他說得沒錯。畢竟每個犯罪學家都知道，「有罪必罰」阻止犯罪的功效從不輸給「嚴刑峻法」，而同儕壓力更是不可多得的好工具。一旦人民的行為與國家規範不符，「自我批判大會」便能有效揭露，無非是個馴服人民的好方法。那些連小錯都不敢犯的人，自然不會釀出什麼大過。

國家標誌

每個國家必有其國歌、旗幟與國徽——但真是如此嗎？這種我們習以為常的標誌，源自歐洲的風俗與傳統逐漸傳遍世界而成為準則，其歷史也不過一百年左右，且並不是每個國家都有這些標誌（例如南韓，沒有正式的國徽還是過得好好的）。

然而，朝鮮民主主義人民共和國這三者兼備。當北韓政權於一九四八年成立，他們也根據已樹立好的共產主義的傳統，設計了自己的國歌、旗幟與國徽。

北韓的國旗以紅色為底，上下兩緣為白色細條與較粗的藍色橫條。旗面正中央為白色圓底，裡頭有顆紅色五角星。這顆五角星在一九四八年被視為共產主義代表性的紋章，而旗面的顏色——紅、藍、白，暗指了早期的太極旗的顏色，太極旗在一八八〇年代發明，作為韓國的第一面國旗，被南韓沿用至今。

一九四八年以前太極旗也在北韓廣泛使用，我曾經看過一些照片。在政府贊助的示威遊行中，參加者們竟同時舉著金日成、列寧與史達林的肖像和太極旗。才幾年後這已成為難以想像的事，韓戰時期，如果誰被發現家中有太極旗，就極可能遭到槍斃。

我不會說北韓人對國旗抱有多大敬意，但在這方面他們並沒特別不同；美國式的旗幟崇拜只是個特例，而不是個普世慣例。北韓的私家住宅少有國旗，旗幟多交由官方控管，以確保在特殊活動、國定假日時有足夠的旗幟能夠展示。

循著共產主義傳統，國徽在北韓的使用頻率可能較一些西方國家高出許多。北韓國徽也是依據此傳統，且基本上遵從一九一八年的蘇聯徽章樣式而設計。其外觀為橢圓形，外圍環繞著稻穗，徽章底部的紅緞帶上附有國名。

現今的北韓憲法（第一百六十八條）形容：「朝鮮民主主義人民共和國的國徽設計展示了『革命的聖山白頭山』下的水電站，以及散發光芒的紅色五角星，外框的稻穗圍繞成橢圓形，並被縫有『朝鮮民主主義人民共和國』的紅緞帶綑綁成束。」

這聽起來沒什麼問題，但國徽上的那座山與「白頭山」毫無相似之處；上頭描繪的不過是座普普通通的山脈。事實上，白頭山的背景直到一九九〇年代才逐漸為人所知。官方宣稱這座山是金正日的出生地，它因而成為政治宣傳運動強而有力的一部分。國徽中這座無名的山脈日後就被認定為白頭山，但仍然維持原本不起眼的外觀。其中的水電站凸顯了北方過去曾是全國的工業重鎮，雖然這情景許久之前就不復存在了。

北韓國歌創作於一九四七年末，但是其地位尚處於模糊地帶，許多北韓人甚至不知道它的歌詞。這並不令人感到意外，因為這首歌在北韓鮮少播放。在各種實際場合中，國歌早已被〈金日成將軍之歌〉，以及後來的仿作〈金正日將軍之歌〉取代（後者為前者的延續）。這些歌曲作為官方用途演奏，而國歌只能在外國高官訪問平壤，或者當北韓運動員贏得某些國際賽事時才能聽到。國歌被視為國家的象徵，但其實際的重要性遠比不上兩首頌揚領導人人格的歌曲。

和南韓一樣，北韓也有官方認可的「國花」，也就是「朝鮮杜鵑」。此花為玉蘭花科的一種，據說是金日成本人發現和命名。在此我並不打算討論高中才剛畢業的金日成，是否有足夠的植物學知識發現新的花種，我也不打算談一位游擊隊指揮官是否能在一片荒蕪的滿洲地帶，輕而易舉就找到所需的參考書。畢竟，北韓的政治宣傳一直都不太可信。

「朝鮮杜鵑」從一九六〇年代末成為國家象徵的一員，並在一九九一年正式得到法律背書。然而，在實際的象徵力量上，這種木蘭花還必須與「金日成花」與「金正日花」分庭抗禮。這兩種花的人氣更高，因為它們分別代表了偉大的領袖和親愛的領袖，而不是象徵國家。想當然耳，在北韓，領導人的重要性遠遠勝過國家本身。

金家的樹

在所有的社會中，統治階級的菁英都亟欲控制歷史。這不只可套用在獨裁政權，畢竟在好萊塢出品的歷史電影裡，對歷史事件看似真實的演繹，其實都已被操作成有利於美國的政治和文化概念了。不論是鬥士、牛仔或是游牧民族頭目，他們所言都不可能存在於當下的時空，反而是和現今美國普羅大眾的利益、習慣和臆想產生極大共鳴。

然而，這種偽造的歷史在獨裁國家更顯而易見。這彷彿是個定律：當一個政權越嚴厲，就越渴望掌控過去，且這種操弄會顯得更加露骨。

如同所有其他史達林式政權，北韓官方費心於改寫和重塑歷史，以將歷史調整到符合當今的政治需求。這樣的做法有其道理，因為北韓的政治文化奠基於兩大傳統——儒家和列寧思想，而這兩大傳統都十分正視歷史。

在北韓的書籍中，你／妳可以讀到根本沒發生過的偉大戰役與重大會議。然而，北韓又比史達林更上一層，為了和最新版本的國家歷史口徑一致，不遺餘力地製造鐵證。其中，「標語之樹」的發明可以說是這類鐵證的先鋒。

一九六〇年代初，人們見證了北韓與其莫斯科前贊助者們的分裂，金日成以紅軍領袖之姿抵達北方，急於向別人證明自己民族主義者的身分、推銷自己，更重要的是：證明自己身為國家領袖的地位。有鑑於此，白頭山的神話應運而生。

白頭山（中國稱長白山），是北韓最高的山，坐落於中韓邊界上。這座山因為有著延續好幾百年的薩滿教傳統淵源，一直被視為全國最神聖的地方之一。因此當我們知道一九六〇年代初的北韓歷史被改寫也不用太驚訝，當時的官方宣稱在一九三〇至一九四〇年代時，金日成曾大規模領軍，駐紮在白頭山深處進行機密軍事行動（事實上在這段期間，他大部分的時間都被流放至俄羅斯）。

「標語之樹」便是在這時發現的。根據官方說法，當時的游擊隊在營區附近的樹上刻下了革命標語。在一九五八年（而不是大部分刊物所說的一九六一年），官方媒體和北韓民眾表示，在白頭山上發現了十九顆上面繪有標語的樹。不用說，這些標語確定了這裡就是金日成的游擊隊當時主要的所在位置。這些樹被置於玻璃箱內保護，而樹上被修復的銘刻也成為了官方安排朝聖的對象。

那麼樹上到底寫了什麼呢？「金日成將軍是國家的太陽」、「兩千萬子民！金日成將是我們國家解放後偉大的領袖」（值得注意的是，這些銘刻應當只會提到小型游擊隊指揮官）。有些標語甚至有明顯的時空錯置，出現「主體思想」的字眼，但是一直到一九五五年十二月，「主體思想」這個概念才在金日成的演講中首次出現，且到一九六〇年代初才成為北韓官方的意識形態。

伴隨北韓政治的每個重大事件，許多「驚人發現」也會隨之出土。一九七〇年代金正日正式被晉升成為國家領導的繼承人後，開始受到許多關注。除了身為偉大領導人的兒子外，年輕的他並沒有任何政治背景。因此，北韓開始宣傳金正日曾經是游擊隊行動中的活躍成員。這些職業級的「神話製造者」甚至都不會感到不好意思，因為在戰爭結束時，金正日也不過是個三歲兒童。

因此，「標語之樹」又被拿來重操舊業，當時新發現的樹上的銘刻，直接提及了關於新生的準領導人以及他的母親的內容。游擊隊顯然欣然接受了新的發現，因為北韓研究人員又找到了兩百多棵樹，上頭有著對這位嬰兒的讚詞。（內文如：「韓國萬歲！偉大的太陽已降生！」）不用說，這些樹是在金正日被提拔為繼承人後才開始發現的。

到了一九九〇年，這些樹仍然不停地「被發現」。當時，北韓當局欣喜地公告在國內又找到了一萬三千顆的標語之樹，彷彿在樹上寫字是當時抗日游擊隊最愛的消遣。北韓官方甚至「決定」在平壤市內找到這種樹，即便游擊隊根本沒有來到這裡（顯然他們是為了鞏固這座城市的特殊性）。

這些從偽造「最近的過去」累積下來的經驗，又被套用於更遙遠的過去。因此我們有很充足的理由去相信，許多在北韓的考古發現，其正當性都和標語之樹一樣——「檀君墓」*可說是最知名的「新出爐」考古遺址的一例，但這又是另一個故事了……

偉大的歌舞

每個北韓人都已對「五大革命戲劇」滾瓜爛熟。事實上，官方一直將這些戲劇形容為「北韓表演藝術的巔峰」。

老一輩的讀者可能還記得，一九六〇年代的前上海女演員江青，也就是毛澤東的妻子，曾在中國創立了「革命」戲劇，她的嘗試對北韓造成極大的影響。但是，北韓鮮少——或者從不承認各種外來的影響力，因此北韓民眾尚不知道這種革命戲劇的根源，還以為是北韓獨特的文化現象，是由偉大領袖金正日引領的潮流。

事實上金正日確實對這種「革命戲劇」的發展有重要貢獻。一九七一年，二十九歲的金正日被指派為黨中央委員會的文化藝術部部長，這是他繼承國家至高權力的第一步。顯然宣傳和藝術領域是他相對安全的一塊墊腳石。

新官上任後，金正日奔波於「革命戲劇」的創造，這也成為日後北韓戲劇的核心劇目。從一九七〇年代到一九八〇年代的數年間，所有北韓的戲劇劇目都包含了這些鋪張華麗的「五大革命戲劇」。

然而這些戲劇似乎沒有很盛行，或許是因為即使場景和音樂的鋪張華麗也無法掩蓋情節的無趣。其中，《松和堂》（*Songhwadang*）可說是其中最粗製濫造的了。它是一部反宗教的宣傳作品，據稱是一九二〇年代末時由金正日執筆寫作，這齣劇在一九七八年改頭換面，人氣達到了巔峰。

據稱這些金正日所復興的戲劇，曾經在一九三〇年代由滿洲的抗日游擊隊表演過，革命戲劇理當是根據這些情節而來。這些說法並不是不可能，游擊隊確實曾經編寫並演出簡單的宣傳劇來「洗腦」農民。或許一九六〇年代的退役老兵仍依稀記著當時的劇情，後來被套用在五大革命戲劇上，但沒有人能肯定。

「革命戲劇」和美國音樂劇有驚人的相似之處，如同百老匯音樂劇製作，結合了舞蹈、

* 檀君朝鮮是一個關於朝鮮族起源的神話傳說，是後世朝鮮半島對傳說中檀君所建立的國家的一種稱呼。朝鮮半島現存有關這一傳說的最早文字記錄見一二八〇年代高麗國師一然所著的《三國遺事》。

音樂與對白，由台下的合唱團敘述劇情。「革命戲劇」的劇情十分簡單，情緒澎湃且傳達了鮮明的政治訊息。大量的綴飾、特效和華麗的場景稍稍彌補了直白的劇情。

北韓「革命戲劇」的音樂和其原型——中國革命戲劇有極大的不同：在中國，江青採用中國傳統曲調，但北韓革命戲劇採用的基本上是西洋曲調，雖然表演的御用樂隊中包含了西洋和韓國的樂器。官方則說：「革命戲劇的音樂融合了中西傳統中最好的元素。」在俄羅斯人耳裡，這種音樂像是一九五〇年代的蘇聯流行歌，用韓國旋律稍加點綴，但不用說，這樣的說法在北韓的刊物上絕對看不到，因為：所有戲劇中的元素都是北韓特有的。

這些音樂劇的劇情帶有極為明顯的政治意涵，例如《血海》（*Sea of Blood*）是在講述一九三〇年代一位兒子加入共產黨游擊隊的農婦的故事，而這位農婦最後也成為共產黨的鬥士。（有看過蘇聯文學的人應該對這套路不陌生；有人讀過高爾基的《母親》〔*Mother*〕嗎？）

《吾黨忠誠的女兒》（*Loyal Daughter of the Party*）講述了一位英勇的隨軍護士，在韓戰時期對抗「美國帝國主義者」的故事。這位女孩唯一的願望就是：希望有生之年能見到金日成。但是這個願望無法實現，因為邪惡的美國佬殺了她。她臨死前的遺言是：「我好想見到總司令……」

《賣花姑娘》（*Flower Girl*）的故事敘說一位女傭被殘忍的地主虐待的苦楚，最後這個女孩加入了反抗勢力。地主最終受到了懲罰，而革命的正義戰勝了封建資本家的邪惡。

《賣花姑娘》可說是這些戲劇中最著名的，在一九九〇年初，這部戲劇甚至成為南北韓論戰的中心。一九九一年時的一場南北韓對談中，北韓以文化交流的名義希望在首爾上演《賣花姑娘》，但南韓拒絕了，於是北韓代表團拒絕繼續開會，除非南韓代表答應在首爾上演這部戲，這場對談最終成了僵局。

這些戲劇排場十分豪華，有數不完的花絮、精心設計的聲光特效，舞台也非常的寬敞，像是這些戲劇的發源地「萬壽台藝術劇院」，舞台有一百公尺高、一百五十公尺寬；另一個知名的場地「平壤大劇院」也有差不多的規模。

各位可能察覺到，我對表演音樂的水準隻字未談，由於對這方面不甚了解，我沒有立場做出任何評論。但我一位著名的音樂家朋友曾在一九八〇年代造訪北韓，給了這些音樂相當苛刻的評價，苛刻到我決定暫不引用他的話，這是為了公眾的善良風俗著想。當然他也可能是錯的，但他現在在美國數一數二的交響樂團擔任小提琴手，所以我猜他應該很清楚自己在說什麼……

製造歷史

事實證明，強盛的共產主義和民族主義脫不了關係。早期的共產主義革命者確實貫徹了國際主義的精神，但實際上運作的共產主義國家，有些甚至比它們敵對的資本主義者更狂熱於民族主義。此外這些共產國家還有一項特徵：在政治上非常重視歷史。歷史書寫被視為為了體現現今的政治理念而產生的一種政治宣傳手段。在大部分的共產國家確實如此，而在北韓，這種政治化的歷史占據極大比例——我們可以從北韓的「高句麗狂熱」略觀一二。

為了了解這個狂熱在政治上的重要性，我們必須先回顧西元七世紀，新羅如何在朝鮮半島建立統一的國家。在這之前的好幾個世紀，朝鮮半島被三個王國所劃分：東南的新羅、西南的百濟，和北方的高句麗。高句麗的領地甚至延伸至現在我們所知的中國東北，但在這個故事中最重要的是，高句麗在朝鮮半島上南端的邊界大致和現在的北韓的邊界吻合。這些王國為了爭奪霸權而相互爭戰，也和中國發生衝突，在當時他們並不是統一的帝國，而是勢均力敵的王國。

在西元六世紀末，剛統一的中國開始入侵最初勢力最大的高句麗王國，但是遭到慘敗。中國接著與新羅聯手，迫使高句麗必須兩頭爭戰。高句麗最終在這樣的軍事壓力下崩解，新羅以勝者之姿登場（雖然為了存活，它們必須再次擊退中國），一個統一的「韓國」誕生了。

你可以看出若以北韓的觀點來看這個故事，會有哪裡不對勁嗎？至少有三項：第一，韓國是被「南方」的王國統一；第二，為了統一志業，朝鮮半島上的王國和強大的外國聯手；第三，這個強大的外國在統一之戰中扮演了關鍵角色。

北韓官方歷史學家把這些都看在眼裡，今昔的類比相當簡單：新羅，位於南方，可視為大韓民國的前身；而高句麗，在其歷史的後期階段定都於平壤，自然就視為朝鮮民主主義人民共和國的前身；中國，身為當時的強國，就像是西元七世紀版的美國。歷史必須被改寫，必要的時候，還要被再造，以凸顯北方高句麗的霸權，以及減少南方勢力在歷史中的份量。

因此在一九六〇年代初期，針對西元十五世紀前左右的事件，北韓官方的史學家開始將其篡改為一個新的、政治正確的版本。他們宣稱高句麗是當時所有王國中最先進的，並體現了所有可能的美德，尤其體現了「尚武精神」。高句麗王國的成就被頌揚，但是其他兩個最初的王國所達成的成就，雖然一樣重要，卻被輕視了。金日成自己也曾昭告，高句麗是韓國過去最光榮的時代。

根據新版歷史，新羅並沒有真正統一韓國，因為高句麗大部分的疆土並不在其掌控之中，因此，這個「混亂」的南方王國配不上韓國第一個統一王朝的美名。為求公允，這個稱號必須歸給「高麗」，一個在西元十世紀時取代新羅的王朝。從北韓官方的角度觀之，他們偏好高麗更勝過新羅，因為高麗植基於北方（其首都開城位於現在的北韓），而高麗和早就滅亡的高句麗之間的關聯也備受強調。

在一九七〇年代初，金正日點出了北韓考古學上的重大缺失：考古學家一直無法確定東明王陵的位置——其為高句麗王朝最重要的領導人之一。據金正日所說，他的陵墓在十五世紀前遷至平壤附近，之後便杳無音訊。受偉大領導人明智的指示所鼓舞，考古學家立刻製造出了指定的墳陵，及時將之「重建」為一個旅遊景點，也順便成了高句麗狂熱的聖地。這個墳墓毫無疑問是高句麗時期的某個葬地，但它和東明王的關係，保守一點地說，十分令人質疑。然而，北韓的「歷史學家」的職責不只是研究文物，在有政治需求時「製造」文物的這種能力也受到人們的認可。

事實上，北韓同樣也善於摧毀不該存在於「官方認證版歷史」中的真實文物：至少對於兩千年前，存在於朝鮮半島的早期中國郡的遺址，北韓是這麼做的。中國的占領，實際上對於韓國文化的發展和現今國家地位的形式奠下根基——大概就像是同一時期，羅馬對不列顛尼亞（Britannia）和高盧（Gaule）的統治，替後來現代英國和法國的出現建立了基礎。但在北韓版本的歷史中，它們不該被任何人占領，因此這些郡存在的證明都被以考古清算的名義摧毀，典型的「主體思想」作風啊……

美國夢（北韓版）

一群有著皮諾丘般的鼻子的肥胖的美國士兵，獰笑著將一位尖叫的韓國女子的胸部切下。另一群邪惡的美國佬，正忙著用刺刀要脅著婦女和小孩跳入壕溝，接著極有可能將他們活埋。這些照片在北韓的美術館裡隨處可見。美國人被描繪成：「兩隻腳的狼、帝國主義混蛋、從惡棍國度來的人、喪心病狂的殺手、奴役南韓的奸險剝削者。」

這種反美的訊息是官方政治宣傳重要的一環。即使平壤高層一直是好萊塢電影的狂熱粉絲，北韓民眾卻被灌輸了完全不一樣的故事。美國人被形容是比日本人更惡劣的敵人。畢竟，日本可是被光榮的領導金日成，和他百戰百勝的游擊隊擊退的，可不是嗎？但美國仍在那兒，虐待並剝削貧窮的南方——絕望與饑荒之地，那兒的人都想從他們的枷鎖中解放。

北韓人被這種反美的宣傳轟炸，這樣歇斯底里的宣傳甚至在史達林時期的蘇聯達到意想不到的高峰，數十年來都持續進行至今。

根據北韓版本的歷史，至少從一八六〇年代開始，邪惡的美國人就一直盤算要征服韓國人民。整個韓國當代歷史，本質上來說，就是一段在抵抗背信棄義的美國佬的侵犯的歷史。

所有的美國傳教士都可說是邪惡的間諜，而他們最大的興趣就是時不時以一些變態的手法殺死韓國小孩。美國的外交使節都是嗜血的瘋子，一天二十四小時都在謀畫要怎麼把韓國人斬草除根。韓戰是美國精心策畫的侵略行動。根據北韓官方版的事件記載，韓戰是南韓在美國命令下發起的戰役，自一九五〇年六月起便是如此，但英勇的北韓部隊在幾小時內就發起強力的反擊，擊退南韓的入侵。這種說法和一般的戰爭規則背道而馳（不可能有人能在這麼短的時間內扭轉戰事），但在北韓，大眾認為這是無庸置疑的事實。

反美國主義是學校課程中不可或缺的部分，就連像數學這種無辜的科目也無法倖免。從第一年開始，北韓小學生就必須修習帶有反美情節的數學課，從下面小考考題中可見一斑：「英勇的朝鮮人民軍大叔摧毀了六台豺狼般的美國畜生的坦克車，接著又摧毀了兩台，他們總共摧毀了幾台坦克車？」當孩子長大後，他們可以應付更大的數字，題目便改成：「在一場戰役中，朝鮮人民軍的叔叔打敗了八十七位美國豺狼畜生，他們殺死了其中五十一個畜生，剩下的當作人質，請問共有多少人質？」（各位應該可以猜到，這是二年級的教材，因為這運算更複雜了些。）課本上當然也不忘提到南韓悲慘的處境：「在南韓一座被美國豺狼占據的城市，有兩千八百八十四位學齡兒童無法就學。他們當中有一千五百六十一人在幫人擦鞋，其他人在乞食。問在這座被美國佬占據的城市中，有多少兒童在行乞？」

北韓人被要求定期參與集會，可以說是歐威爾式的噩夢在真實生活中最相近的類比：集會中，人民必須閱讀令人害怕的，且通常極為寫實和殘暴的故事來了解美國（或日本）的罪行，並且要宣誓他們為無辜韓國人的悲慘處境復仇的意願。這些會議在過去皆是強制出席，但近年來逐漸放寬，官方通常對不想參與的人睜一隻眼閉一隻眼。

有鑑於這樣的背景，當我們聽完近來的一位脫北者，和南韓一位學者分享關於怎麼使用景福宮的卓見，也不用太驚訝。這座皇宮位於首爾市中心，在一九一〇年代為了建造殖民政府大規模的總部，有部分被日本人拆除，而這裡也是一些帝國主義者的醜陋事蹟發生的地方，包含了韓國女王被日本特務及其韓國同謀殘忍殺害一事。在知道這些事件之後，這位脫北者立刻想到該如何善用這個遺跡：「看了歷史博物館和景福宮後，讓我想到（日本）總督還有那些日本混……何不在『復仇集會』時，用這個地方來宣誓對日本激進帝國主義的復仇？」

我們可以把這些當作這個全世界最怪異社會的另一古怪之處，但我們必須面對：早晚有一天，北韓人會成為兩韓統一政權的公民，而他們這種病態的愛國主義會滲透到韓國文化主流。北韓人的第一個世代將會沒什麼機會重新教育自己：低薪又缺乏外語能力的他們，和韓國以外的世界互動的機會，將十分有限。

心理上來說，北韓人很可能會有這些嚴重的問題：當他們習慣於每天衣食溫飽後（目前對他們來說還很新奇），他們一定會發現，在統一的韓國，前北韓人很可能因為能力的不足、以及各種歧視問題而淪為次等公民。因此，他們會需要代罪羔羊，而在製造代罪羔羊的能力方面，沒什麼能與民族主義媲美。更有可能的是，北韓人的想法會滲入韓國社會，使其變得更加排外。也或許，政治人物為了迎合他們的迷信，或追求他們的選票，在措辭和政策上會更具排外色彩？不論是前者還是後者，都不是什麼開朗的前景——而且一定是先對北韓不利的……

第三章　藝術與媒體

聽收音機的日子

數十年來，北韓的政戰官身處在一個思想操作極為容易的環境，羨煞了其他共產國家的同仁。大部分的政治宣傳者都必須與敵方陣營、外國媒體及地下組織製造並傳播的觀點抗衡。在大部分的共產國家，收音機成了「非法資訊」最主要的來源，因為它操作簡單、相對便宜且容易攜帶。最重要的是，收音機能接收到長距離外，亦即國外電台傳來的信號。西方的俄語電台曾對蘇聯人民的世界觀造成極大的影響，在一九七〇到一九八〇年代，蘇聯全境有許多民眾收聽過美國之音（Voice of America）、英國廣播公司（ＢＢＣ）和自由電台（Radio Liberty）的廣播節目，而這也是致使其瓦解的原因之一。

這麼看來，北韓官方長期以來對收音機嚴加控管，可說是一點也不意外。蘇聯官方曾試著干擾那些以其民眾為目標的外國電台，而北韓則找出了一個更便宜有效的解決方式——

直接禁止可調諧無線電接收器的販賣與使用。我無法研究出這條禁令何時頒布，但很明顯在一九六〇年代時已經生效。

北韓店鋪裡買得到的無線電接收器波長均已固定，只能從官方的廣播電台收到信號。因此當全家人聚在身形龐大的「大同江」（Taedonggang）收音機（以一九六〇年科技製造的老式收音機）旁邊時，他們只能收聽經官方核准的，充滿意識形態的資訊。

當然，只要有一點專業技術，要把接收器改裝成真正的收音機並不是難事。為了防止這種事發生，警方會定期抽檢所有向政府登記的接收器。確保民眾「正確」使用收音機也是「人民班」（一種地方聯保制度）幹部的重要責任。人民班幹部有權在任何時刻闖入任一間民家確認是否有人使用未註冊的無線電接收器，就連夜半萬籟俱寂之際也不例外。

如果一個北韓人能夠取得外幣，他／她便能在國內為數眾多的外幣商店買到外國製造的收音機。不過在購買後，這台收音機隨即會送到警方的工作站動點小手術，將它能接收的波長固定住，確保它只收得到來自平壤官方的廣播（但近年來這樣的做法已逐漸減少）。

官方的控制無法滴水不漏，在一九八〇年代中期，我的北韓朋友當中至少有一人擁有能夠調諧的收音機，並和家人一起收聽外國的廣播節目。軍方的通訊專家也能運用他們的設備收聽國外（大部分是南韓）的廣播，並經常為之。當然，這是件冒險的事，一個北韓人如果收聽南韓廣播被逮到，可能會送進勞改營。電影劇作家鄭松山便是個例子，他在一九九五年被判處十二年徒刑，罪名是在軍事訓練時收聽南韓廣播（鄭的運氣還算不錯，他後來成功叛逃到南韓）。

因此一個「好的北韓人民」只應收聽國內的廣播節目；當他們打開那台「政治正確」、無法調諧的收音機時，除了本地頻道，還能聽什麼呢？

北韓的廣播史始於一九四五年十月，電台於一九四六年正式命名為「平壤廣播電台」，一九四八年改名為「北韓中央放送局」，時至今日，這個電台仍是北韓國內廣播媒體的支柱。

外國人（或南韓人）對北韓廣播的印象大都是「非常怪異」。節目中音樂和簡短的報導通常交替播出；每個準點通常以新聞作為開端，內容幾乎和《勞動新聞》報紙上一模一樣。接著便是數分鐘關於金日成、金正日或其他崇高政治思想的進行曲或一般歌曲。緊接在歌曲之後的是五到十分鐘的短講，不是評論北韓境內的情況有多麼繁榮，就是報導南韓的生活有多麼悲慘，抑或讚揚主體思想的智慧。《勞動新聞》上的文章也時常在廣播上播出。

南韓學者煞費苦心地分析了北韓的廣播節目，根據一項最近的估計，二〇〇〇年朝鮮中央廣播電台的節目有百分之三十四・二的時間在讚美金日成或金正日、百分之二十八・八鼓勵工人更努力勞動、百分之十七・四解釋或提倡主體思想、百分之十二講述南韓大眾受苦受難的故事，以及那些「南韓傀儡」的詭計。

北韓大部分的廣播節目都和《勞動新聞》上的文章一樣無趣，對從未接觸其他資訊的北韓人來說也是如此。不過有些針對特定聽眾放送的節目如「軍人時間」或「青年拓荒者時間」，在目標族群間廣受歡迎。

朝鮮中央廣播電台也播出一些外語節目，包含俄語、中文、日語、阿拉伯語和西班牙語，這些節目的內容仍是呆板生硬的政治宣傳。相當不幸地（或說幸運地？）北韓人對於和西方的公關活動相當不擅長，因此從未達到什麼成效。問題很明顯不在訊息本身，畢竟我們見證過一些令人聞之色變的政權，成功拉攏西方政壇（或其左傾／右傾分子）並獲得衷心的支持。

因此最大的問題在於訊息的呈現方式，以及北韓媒體對外國聽眾思維的渾然不覺。大部分的講稿皆由韓文直接翻譯，並含有大量典故和術語，讓外國聽眾覺得既怪異又無法理解。

對偉大的領袖和親愛的領袖浮誇的讚詞，在翻譯成品質不佳的外文版本後往往造成反效果，讓北韓成為笑柄。我還記得一九七〇年代我還是個青少年時，在我的家鄉前蘇聯的列寧格勒，許多理髮店裡都有一疊疊的《朝鮮》（*Korea*）雜誌，它是本畫風浮誇的政治宣傳月刊。為什麼理髮店裡會有這種刊物呢？我懷疑真正的答案會讓月刊的編輯很沒面子：這些雜誌是訂來讓等待理髮的客倌消遣用的。北韓的政治宣傳對俄國人來說相當怪異，不只因為它看起來像蘇聯政治宣傳的誇大版本，品質低到不能再低的俄文翻譯也造成了意想不到的「笑果」。

朝鮮中央廣播電台並不是北韓廣播體系中的唯一戰力，還有許多其他電台，不過它們大部分都以南韓聽眾為目標。

我必須提一下平壤廣播電台（非指存在於一九四〇年代的同名電台）。平壤廣播電台建立於一九六七年，其定位為「第二個朝鮮中央廣播電台」，並於一九七二年得其名並沿用至今。該電台播出的節目經過一番調整，意圖迎合南韓人和海外韓裔人士的口味。電台還有一個FM頻道，以南韓北部為放送目標，大都播出音樂節目，以古典音樂為主要類型。除此之外還有廣播劇和書本朗讀節目，內容大都是頌揚北韓並批判南韓。

平壤廣播電台並沒有隱藏自己的來歷，不過北韓也從事過一些「黑色宣傳」。幾十年來，北韓的「救國之聲」自稱是在南韓領土某處放送的「祕密電台」，並由當地的左派地下組織主導，甚至連北韓的各種百科全書也記載著這種說法！我不知道有沒有人會蠢到相信這樣的謬論，不過「救國之聲」一直堅守著這樣的身分，直到二〇〇三年關台為止。事實上，救國之聲的放送地點位於北韓邊境的幾個城市，自一九七〇年開台以來便雇用了一些叛逃至北韓，或綁架而來的南韓的播音員和編輯（有些案例實在很難說是叛逃還是綁架）。

近年來，北韓發生了重大的改變。能夠自動調諧的收音機數量遽增，大部分是在過去十年由中國走私而來，並廣泛運用於收聽南韓廣播。許久之前，北韓官方處心積慮想讓人民與外面的世界隔絕，但一個國家不可能永遠滴水不漏，至少在二十一世紀不可能……

有線廣播

每天早上五點整，朝鮮民主主義人民共和國國歌在無數北韓人的耳畔響起，為他們全新的一天拉開序幕。

你可能聽說過，北韓的有線廣播系統獨一無二，在世界上任何地方都找不到類似的配置。這種說法並不太對：如同北韓許多其他建設，這種「第三廣播」其實是模仿蘇聯而來：自一九五〇年代起，蘇聯官方要求每棟平房都需裝置有線廣播設備。「有線廣播」不只是共產世界的專利，在一九五〇及一九六〇年代，類似的設備在南韓也相當普遍，直到一九七〇年代電晶體收音機出現後才式微。

北韓自一九四〇年代開始發展有線廣播系統，並於一九七五年宣告境內所有城市和村莊都能聽到廣播。

「有線廣播」的優點何在？首先，它的成本相當低廉。建置廣播網絡的確需要一筆花費，但其使用的天線設備相當陽春，比無線廣播便宜了一大半。基本上一套設備包含一個擴音器，以及一個音量調整桿。頻道則永遠只有一個。因此，無法負擔相對昂貴的無線設備的人們也很容易買到這樣簡單的玩意兒。

北韓會對有線廣播如此偏執，當然還有政治方面的考量。首先，無線設備能夠藉由調諧收聽外國廣播，對政權造成威脅。即便官方販售的收音機無法調諧，熟悉無線設備的國民仍可能改裝收音機，並因此從外國廣播中聽到一些「異端邪說」。

傳送的訊號不會被攔截，是有線廣播的另一個優點。因此透過有線廣播播報一些不想讓國外聽到的消息，是絕對安全的。一九八〇年代北韓與蘇聯的關係惡化，蘇維埃共產主義即將垮台，即便如此，北韓官方仍未公開批評他們往昔的資助者。反之，在「第三廣播」上則很容易聽見一些批判的言論，而人民總是聽得津津有味。

有線廣播還有一個優點：能夠選擇性地只對某個區域進行廣播。這個優點在官方進行防空演習或其他軍演時被善加利用。「第三廣播」也在國家要舉行重要活動時扮演關鍵角色。官方透過廣播來指揮某個區域的居民：告訴他們該在何時到何地歡迎外國貴賓、該穿什麼衣服、該做什麼事。北韓官方也預期外賓可能會和國民說話，並明令國民被問到一些「常見問題」時該如何提供「標準答案」。

自一九八〇年代起，所有的新公寓都須裝置有線廣播設備，若是較老舊的建築，則直接透過窗架上的小孔將線路拉進屋內。不只住家，辦公室內也須裝設廣播器，而廣播線路通常也和公共場所的擴音器相連結。今天當我回憶一九八〇年代在北韓的生活時，我仍清楚記得那無所不在的「背景音樂」——不曾間斷的軍隊進行曲，偶爾穿插當地的新聞廣播。

國內的有線廣播網絡統一由朝鮮遞信省經營，並由各地的郵局維護所有線路及擴音器。在國家統治力較強的時期，官方要求每年進行一次線路檢查，但今天這個規定已如許多其他的規定一般遭到忽略。

「第三廣播」的內容通常包含音樂、新聞及教育節目，皆具濃厚的政治宣傳色彩。早上的廣播通常以金氏家族成員的英雄事蹟揭開序幕，整個白天則以簡短的新聞及音樂互相穿插。許多年前聽眾只能從廣播聽到一種音樂——軍隊進行曲，但如今北韓風的流行音樂也經常在節目上播出。晚上的節目則是以連載形式播出的「廣播劇」以及小說朗讀。

儘管意識形態重重，北韓人非常喜歡他們的「第三廣播」——收聽不用花上什麼錢、訊號穩定，有些節目也相當受歡迎。即便有些家庭擁有電視機，在更多人的家中，「第三廣播」是唯一的娛樂來源。

勞動新聞的「表面價值」

一九九七年十月，兩韓關係面臨了另一個危機。這個危機嚴重到北韓必須暫時中止輕水反應爐的建築工程，儘管這項工程對國家經濟是多麼重要。平壤方面表示，只有這樣的做法，才足以回應在南韓技術專家宿舍駭人的發現（這些專家也參與了反應爐的建築工程）。

到底發生了什麼事呢？北韓人在垃圾桶裡發現最新一期的《勞動新聞》，被蹂躪地破損不堪！「所以呢？」一天到晚對報紙不敬的西方或南韓讀者可能會這樣問。他們真是愚蠢至極！因為北韓人對報紙，尤其是對《勞動新聞》的態度是截然不同的。這份報紙的首頁上總會有金日成和金正日神聖的肖像，光是這樣就足以讓它獲得特殊的待遇了。《勞動新聞》由朝鮮勞動黨中央委員會發行，雖然名字聽起來不像，但這個組織實際上是北韓各項事務的最高統治機構，是黨的喉舌，因此每一期的《勞動新聞》都受到黨和領袖的認可。《勞動新聞》令人不禁聯想到蘇聯的《真理報》，我指的並不是一九七〇年代較為溫和，甚至有點輕鬆的《真理報》，而是史達林統治晚期，用字強烈而惡毒的《真理報》。

這並不令人意外，《勞動新聞》創立於一九四六年，而在創立初期是由一群擁有韓國血統的蘇聯記者經營的，其報導形式與慣例主要由一位韓裔蘇聯記者奇錫福建立。奇最終遭到肅清並逃回蘇聯，而不難想像地，他的名字被從所有的北韓歷史書中抹去。

《勞動新聞》不只引進同時期蘇聯媒體的整體風格，更徹底模仿了一些細節。在我看來，二〇〇〇年的《勞動新聞》和一九五〇年的《真理報》像得可怕：不只是其中蘊含的意識形態，連報紙的版面、單元配置及風格也幾乎一模一樣。

另一項脫胎自蘇聯媒體的特色，便是不具名社論所具有的特殊意義。《勞動新聞》上的所有內容，原則上都通過了官方高層的審核，社論則被視為「黨的原聲」。《勞動新聞》社論的主題和思想皆得到官方最高層的背書，有時甚至是由金正日本人批准。

西方人總是覺得共產世界的官方報紙讀來索然無味（其實共產國家的人民也這麼覺

得）。不過，沒有哪個共產國家的報紙像《勞動新聞》一般無聊，而這可是北韓官方的旨意：《勞動新聞》的主編經常提醒寫手，他們的任務在於教育，而非娛樂。在《真理報》或中共《人民日報》上偶爾找得到的「人情趣味故事」，也不見容於《勞動新聞》的版面。

這樣的「嚴肅條款」到近期才稍微鬆綁，報上偶爾會出現關於運動或流行演員的文章，即便裡頭還是得加上幾句金正日的金玉良言，以及對偉大領袖的讚詞。

一份《勞動新聞》通常有六頁，直至近年報紙的內容配置都非常一致。今天的《勞動新聞》不一定完全遵照傳統的格式，但版面上大致維持相同。報紙的前四頁是來自北韓官方的素材，包括冗長的社論，以及報導北韓工、農、兵英雄事蹟的文章，讚歎領袖們的偉大與智慧的專文則偶爾出現。第五頁則全是關於南韓生活的慘澹，以及南韓同胞在「美軍占領」下的受苦受難（美國大兵恣意射殺平民，孩童在街上乞食，學生必須賣血換學費）。第六頁則是國際新聞。

《勞動新聞》裡的文章並非每篇都攸關於豐功偉業和英雄事蹟，有時也會告知讀者，國內有些問題尚待解決：某地的官員處理民眾陳情效率欠佳、某間小型工廠生產數額未達標準、某個黨內組織在教化方面努力不足，未向學員灌輸正確思想。這些批判都通過了官方最高行政組織的認可，而榮登《勞動新聞》的國民，職業生涯大概毀了，這還是最幸運的情況。

那些在一九九七年十月造成軒然大波的南韓工程師最後怎麼了呢？他們獲准繼續完成工程，條件是要對《勞動新聞》致上足夠的敬意……

我只是想買台電視

在北韓的宣傳雜誌裡，平壤民居的客廳總是有個明顯的特色：角落有台巨大的電視機。這樣的做法不明智地透露出一個訊息：在北韓，電視仍被視為罕有之物、富裕的象徵。

在北韓，許多較貧窮的家庭完全買不起電視機。關於這點並沒有確切的統計數據，研究者樂觀估計，全國上下約有兩百萬台電視機，而這代表北韓家庭裡擁有電視機的還不到一半。在鄉村地區或較偏遠的城鎮，僅有約百分之二十五的家庭擁有電視機，電視機因此成為相對富裕的指標。

近年北韓的計畫經濟遭遇危機之前，大部分的電視機皆透過勞動單位分配到人民手上，而不只電視機，其他如手錶等的耐用消費品亦是如此。北韓人先透過所屬的勞動單位申請購買電視機的許可，他／她的名字便會登錄在等候名單上。當工廠、作坊或學校接到電視機的許可配額時，便會分發給名單上的人。換句話說，政府並非直接將電視機分發給人民，而是給予他們從國營商店購買電視機的權利。如果你有足夠的錢，卻拿不出政府的許可，沒有一家店會把電視機（或手錶或收音機）賣給你。

在北韓，買台電視通常要等上好幾年，等待時間的長短通常取決於購買人所屬的勞動單位：對政治越有影響力的工廠或機構，得到的耐用消費品配額就越高。重工業因此享受許多特權，軍工廠更是獨占鰲頭。

當然要另尋管道取得電視機也不無方法。就算是在政府嚴格查禁黑市的一九八〇年代，人們也能透過私人交易取得電視機。這些日子裡，耐用消費品是非法交易的主要物件，不過價格高得令人咋舌：一台普通的黑白電視機，價格約為國內平均薪資的五倍。

一九八〇年代，許多北韓人也試圖參與俄羅斯遠東地區的大規模伐木計畫，而購買電視正是主要的動機。

即將送到購買人手上的電視機。（攝影：安娜・費菲爾德〔Anna Fifield〕）

若能撐過一年危險而艱辛的工作、省吃儉用，就能存到足夠的錢買台蘇聯產的電視機，帶回家當作富裕的象徵和闔家歡樂的來源（或拿到黑市上變賣，換取鉅額利潤）。

日本則是取得電視機的另一個管道，許多家庭煞費苦心地遊說他們住在日本的親戚買台電視送他們。有些人收到電視後會隨即變賣，或拿來賄賂官員以獲得某些特權（我知道的一個例子是拿電視來交換移居大城市的權利）。

當然，電視機就如同其他耐用消費品，能在大部分的強勢貨幣（硬貨幣，保值貨幣）商店買到，不過通常得花上一大疊的「帝國主義貨幣」。

近年來因為分發電視的官方組織完全停擺，人們只能透過私人交易或強勢貨幣商店來取得電視。等候名單看似持續加長，卻沒人真的拿到電視。

北韓的電視大部分是進口的，以俄羅斯製的黑白電視為大宗，中國和羅馬尼亞製的電視機也相當常見。在羅馬尼亞的技術支援下，北韓在一九七〇年代晚期興建了一座工廠，每年能製造十萬台黑白電視，不過北韓人民對進口電視的偏好遠勝國貨（當然是在買得起的前提下）。

北韓於一九七四年四月十五日開始放送彩色電視節目，而那天正是金日成的六十二歲生日，而南韓直到一九八〇年十二月才開始。北韓在這方面領先了它的宿敵六年！這再次提醒了我們，多年前北韓還能和南韓站在同一個舞台上競爭，但今天北韓在各大領域皆明顯落後，就連電視廣播系統也不例外。

關於彩色電視廣播標準，不同於南韓使用的（首先由美國制定的）ＮＴＳＣ制式，北韓選用了由歐洲人發明的ＰＡＬ制式，與中國相同。

北韓官方採取了特殊措施，讓觀眾無法收到外國的廣播訊號。這樣的措施在北方的邊境格外重要，因為該處很容易便能收到中國的訊號（包括韓語節目）。在較早的年代，警方會收回所有邊界區的電視稍作改裝，來防止這種情況發生。在一個案例中，改裝後的電視機按鈕都還在，但其中有個失去功能，導致怎麼轉台都只有一台。一如下文所述，鄉村地區能收到的官方頻道只有一台，因此也只有一個按鈕有所作用。如果電視機上有老式的轉台旋鈕，則會被固定在朝鮮中央電視台的刻度上，我的脫北好友們記得是第九台。各地的警察局會在旋鈕上貼上一層又一層的紙，再用鎖將其牢牢固定。官方也會不定期檢查電視機上的鎖，確保沒人偷偷收看中國的節目。今天官方對這些規定的態度似乎放鬆許多，而大批自中國走私的電視機也讓官方防不勝防。

北韓的電視現在只有三個頻道：朝鮮中央電視台、朝鮮教育文化電視台和萬壽台電視台。

朝鮮中央電視台是三個頻道中歷史最悠久、規模最大的。它在一九六三年三月以「平壤電視」之名開播，並於一九七〇年易名為「朝鮮中央電視台」。朝鮮中央電視台也是唯一全國上下都能收看的頻道，涵蓋率約全境的百分之七十五。

即便是在能源充足的一九八〇年代，朝鮮中央電視台的每日放送時間還是很短：平日從下午三點到十一點，週日及國定假日則是從早上十點直到晚上十一點半。一九九〇年代晚期由於饑荒和能源危機，每日的放送時間減至兩到三個小時。

電視台一天的節目從新聞開始，接著便是兒童節目。兒童節目播完後是數小時的紀錄片或劇情片，呈現北韓在經濟、教育、科學、農業等方面的精湛表現，當然也少不了對金氏王朝的讚頌，偶爾也會播些電影或電視劇。近年來，朝鮮中央電視台播出的電影和電視劇增加了，約占全部放送時間的百分之三十。然而節目的重複性極高，放送的電影、戲劇和表演節目種類實在太少，少到連短短的放送時間都不夠播。

萬壽台電視台則在多年的測試後，於一九八三年正式開播。此電視台只在週六、週日及國定假日播出，且只有平壤周邊能夠收看。比起朝鮮中央電視台，萬壽台電視台的節目較不具宣傳色彩（較有趣），大都播些電影和表演秀，也包含外國節目。當然，電影要具備足夠的政治訊息才得以播出，多為年代較早的蘇聯、中國或東歐戰爭片。

據謠傳，萬壽台電視台的製作單位還有另一個任務：錄製外國電影或電視節目，為金正日提供靈感。

一九七一年，北韓的第二大城市——開城有了自己的電視台。開城緊鄰非軍事區，因此開城電視台在照料城內需求的同時，還要針對南韓發動政治宣傳。一九九七年開城電視台一分為二，其中一部分成為了「朝鮮教育文化電視台」，專長於思想操作的另一支部，則歸入「朝鮮中央電視台」之下。

衛星電視則是將節目放送到國外的另一途徑。雖然北韓官方禁止人民使用衛星天線，自一九九九年起，朝鮮中央電視台的節目皆由泰國的一家衛星電視公司播出。

也許電視在北韓就是種「高科技娛樂」了，那兒還沒有網際網路呢。就算有，在現行的體制下也不可能普及。因此，北韓人民能獲取的資訊實在是少到可憐，而這便是我們的下一個故事。

新聞報導

北韓人對這個世界該有什麼認知呢？就讓我們來看看二〇〇五年四月二十五日的電視新聞。我幾乎是完全隨機地挑了這個日子（其實挑這天收看新聞有個小小的原因，但稍後再談）。

三十分鐘的頭條新聞首先花了許多時間，報導各國媒體對金正日訪問中國的反應。穿著連身韓服的「阿姨系主播」先費了數分鐘閱讀一張超長名單，上頭寫著所有報導該次訪問的所有外國報紙（還包括了尼泊爾和柬埔寨的報紙，當地人相當關心關於金正日的任何消息）。阿姨主播激昂的語氣令大部分的南韓人大開眼界，也許他們只有在教會聽一個特別激動的牧師如火如荼地講道時，才能見到類似的奇景……

連換氣都沒換似的，阿姨主播接著播報第二則新聞：一幅描繪金日成和金正日站立在長白山上的巨幅畫作今天揭幕。揭幕儀式在東北方的港都清津市進行，大批群眾穿著他們最好的那套衣服準時參加，現場秩序格外良好。民眾聆聽官方的講話後便能上前向兩位領袖的聖像致敬。

下一則新聞中，一位美麗的女記者採訪幾位軍官，詢問他們對這個特別的日子有什麼感想。四月二十五日正是北韓的建軍節。每位受訪的軍官都長篇大論地讚頌「長白山三大將軍」的偉大與智慧，分別是游擊大隊的指揮官金日成、他的兒子（在該場戰役時還未出生）和他的妻子（在游擊大隊擔任廚師和裁縫）。軍官們感謝命運賜予他們機會，為偉大的將軍和親愛的領袖——金正日服務。每個人的回答都持續了數分鐘，且沒有任何口誤或停頓。你／妳大概能想像他們花了多少時間背稿和練習。

第四則新聞報導軍方對金氏王朝極深的仰慕。軍方代表前往金日成遺體所在之處——錦繡山太陽宮，向這位偉大的領袖以及他生前使用過的物品致敬，包括他的私人火車車廂，以及賓士轎車。新聞中也穿插著軍人和高官在二十二公尺高的偉大領袖塑像下，以及平壤各處的紀念碑下放置鮮花的畫面。同時一位男性主播接手播報，想盡辦法在接下來的十分鐘裡，訴說金氏家族成員的偉大，並讚頌那些隨時準備好為國人捐軀的軍人。

主播接著告訴觀眾，當天有場建軍節的紀念音樂會，說完便開始播放一支影片，拍攝人們在平壤一處大廣場上參加跳舞派對的盛況。鏡頭大都集中在穿著制服的少男少女上，他們看似在早春的這個夜晚跳舞跳得很開心，主播同時解釋道他們很驕傲能成為偉大領袖旗下的軍人，隨時準備好為主體革命奮力一戰。

再來的兩則新聞則是關於工人的成就，以及他們對親愛領袖的愛戴。主播接著報導一場兒童音樂會，並解釋這場音樂會在在反映出北韓兒童在親愛領袖明智的領導下，擁有快樂的童年。

下則新聞也和兒童有關——一群小學生用箱子為鳥類製作棲身之所。這的確是件值得表揚的事，但就連這樣的新聞，也能報出滿滿的意識形態！記者表示這群兒童要把箱子放在金日成將軍的舊居附近，毗鄰這位開國元老與他父親經常漫步的森林。

最後一則新聞報導了一位來自日本的仰慕者，向金正日獻上了一朵海棠花。

沒錯，這就是北韓的新聞報導——毫無新聞可言，只有關於金正日和金日成的各種讚美無限循環著，沒有一點一滴關於外面的世界，或中韓邊境現況的消息。

北韓人民在四月二十五日能聽到的新聞真的就是這些了，而當天世界媒體正報導著龍川郡發生的一起火車爆炸事件，情況相當危急，來自世界各地的醫師、工程師及救難隊全力協助救災。平壤方面公開承認了這起意外，而眾人普遍認為這個動作是北韓改變的重大跡象。然而國內新聞仍只報導那些酷似服裝模特兒的微笑舞者，以及年邁的將官對親愛領袖超常智慧的讚詞。

接收這種新聞訊息的北韓人民對外面的世界一無所知。不過人們的眼睛是雪亮的——近年來隨著科技的發展，以及政府控制的逐漸瓦解，北韓人民開始有能力過濾官方的資訊，北韓社會也因此產生了重大改變。

那些年，北韓人一起看的電影

北韓是個擁有許多「死忠影迷」的國家，至少根據目前取得的資料是這樣沒錯。一九八七年北韓的官方廣播表示，每個北韓人每年平均會上電影院二十一次。南韓社會學家在一九九〇年代中期對脫北者進行了一項研究，得到了差不多的數字——每年十五至十八次。光就數據上來看，南韓人每年平均只去了二．三趟電影院。

為什麼北韓人看電影看得這麼勤呢？「國民義務」占了很重要的角色——政府會強迫人民觀看某些電影。不用說，這些電影的每個畫面、每句台詞都滿溢著政治訊息，敘說著黨和領袖們的偉大。

不過許多時候人們上電影院是出自自願，因為這是國內最唾手可得的娛樂形式，而且經濟實惠。在近年的漲價及經濟改革之前，一張電影票大概是〇．四到一．五北韓圓，約為國民平均月薪的百分之〇．五到百分之一。

除此之外，北韓的生活形態無法提供除了看電影以外的其他娛樂。餐廳又少又貴，一般平民幾乎進不去、吃不起；我從沒聽過有「網咖」這種東西；旅遊既不常見也不易安排。

北韓政府相當支持電影院的發展。許久以前，國家社會主義的創始者列寧以政治宣傳的角度表示：「電影是所有藝術中最重要的一種。」北韓人如今仍恪守他的教訓。事實上，金正日本人也特別關注電影產業（裡頭美女如雲或許是一個原因）。

公道點說，金正日在大學時期就是個電影迷。他曾在一九六〇年代早期藉著自己的職權，進口了數量稀少的外國電影，並安排了私人的觀影活動。他接著啟動了所謂的「第一〇〇號行動」，旨在取得外國電影的複本，並運送到北韓（大部分是透過大使館）。他在一九六〇年代接管了北韓的電影產業，這也給了他許多認識漂亮女性的機會（他向大眾公開的情人大都是女演員），不過他確實運用了自己的政治權力，來提升北韓電影產業的技術層面（若說美感層面沒什麼提升的話）。

數十年來，革命的熱忱與敵國——「美帝」及其「南韓傀儡」的暴行，一直都是北韓電影的重大主題。不過北韓的影迷對這些政治訊息早已習以為常，能夠自動過濾，把注意力放在對「現實生活」的描繪，亦即家庭和人際關係的議題上。

非寫實的動作片在北韓也相當受歡迎。當然，那些下場淒慘的壞蛋還是原班人馬——美國帝國主義者、日本軍國主義者、以上兩者的走狗，或更久之前那些反動組織的首腦。即便要吞下大量的政治訊息，北韓人仍很樂意觀賞一部好的動作片（人們在看詹姆斯・龐德〔James Bond〕電影時不也是這樣？）。第一批這樣的電影出現在一九八〇年代中期，當時北韓人一窩蜂地衝到電影院觀看像《洪吉童》（*Hong Kil-dong*）或《命令０２７》（*Order #027*）等片，前者的時空背景訂在十七世紀，敘說一個北韓版的俠盜故事；後者則描繪北韓突擊隊在韓戰中的無往不利。

外國電影也在一九八〇年代重新進入北韓。一九五〇年代時，蘇聯、中國和其他共產國家的電影常出現在北韓的大銀幕上。一九六〇年代北韓和蘇俄的關係開始惡化，而益加解放的蘇聯被視為改革主義的危險來源。即便禁令時嚴時鬆，接下來的二十年左右，北韓人民很少在銀幕上看到蘇聯電影。及至一九八〇年代早期，官方才解除對部分蘇聯電影的禁令。

儘管沒有公開的統計數據，我們可以推知北韓史上最賣座的電影應該是《二十世紀的海盜》（*Pirates of the 20th century*）。這是一部一九七九年的蘇聯電影，描述俄羅斯水手如何用爐火純青的武藝教訓橫行在南太平洋的海盜。這部片的劇情可說荒腔走板，演技也相當粗糙，但裡頭有豐富的特效和武打畫面，甚至還有女性半裸的畫面（我不太確定後者是否逃過了北韓審查官員的剪刀）。

若要談些「較有品味」的片子，北韓影迷非常喜歡俄羅斯導演梁贊諾夫（David Riazanov）的愛情喜劇，他的電影在俄羅斯中產知識階級間也大受歡迎（筆者對身為其中的一員深感驕傲）。其他熱門的類型還包括蘇聯時代的間諜片，大都由尤利安．謝苗諾夫（Yulian Semenov）的小說改編，他是個相當多產的作家，寫過無數的偵探及間諜小說。這類電影不僅包含著「正確」的意識形態（勇敢的KGB探員即時擋下美帝的陰謀），也擁有北韓電影不可能達到的細膩度（謝苗諾夫筆下奸巧的美國人，和北韓電影中具攻擊性卻無比單純的美國北方人不可同日而語）。

印度電影在北韓也相當普遍。儘管在西方知名度較低，孟買「寶萊塢」生產的大量音樂劇和通俗劇在東南亞和一些前共產國家廣受歡迎。這些電影充滿許多甜言蜜語和鋪張的情緒、單薄的角色、容易預測的劇情、簡單粗糙的對話以及平庸無奇的演技，不過裡頭也有許多歌舞片段，以及令人屏息炫目的場景，可說是將逃避主義發揮到極致。即便北韓人幾十年來大量攝取了充滿意識形態的電影，片中最強烈的情緒是對領袖的愛（或對敵人的恨），寶萊塢電影中甜美樂觀的劇情仍對他們充滿吸引力。

若你有機會在北韓跟當地人說話，你一定會注意到，他們對一部電影最棒的評語就是「裡頭沒什麼思想教化呢，特別有意思」。人們早已厭倦各式各樣的思想教化，至少他們對單向而直接的政治訊息相當反感。而不只是電影工作者對官方的思想箝制感到不悅，就連他們的上司也漸有同感。至少在最近的十個年頭，北韓不僅經歷了經濟危機，也經歷了政治思想上的鬆綁。

其實北韓二〇〇〇年代早期的賣座電影，對於官方要求的政治說詞都只草草帶過。《活著的靈魂》（*Living Ghosts*）是近期的一部代表作，敘說北韓史上最慘絕人寰的一次意外——滿載著朝鮮工人，要自日本前往朝鮮半島的日艦「浮島丸」於一九四五年八月沉沒，造成數千人罹難，嚴重程度超越了《鐵達尼號》（*Titanic*）。北韓人長久以來皆認為日本的極端主義者早在艦上裝設了爆炸裝置，意圖炸沉這艘船艦。

其實《活著的靈魂》明顯受到詹姆斯．卡麥隆（James Cameron）一部名片的影響，這部電影並未在北韓的電影院上映，但透過錄影帶廣為流傳（亦即北韓的菁英階層大概都看過）。《活著的靈魂》是北韓電影史上用了最多臨時演員，和最多電腦特效的電影，是個全新的嘗試。當然，劇情中包含了一段虛構的愛情故事，但仍免不了加入大量的政治宣傳敘述。

浮島丸的悲劇是段遙遠的歷史，因而能夠加油添醋，拿來當作通俗劇的背景故事。另一部賣座電影則以更近期的事件為題，二〇〇一年上映的《慈江道的人們》（*The People of Chagangdo*）也許是北韓至今最血淋淋的寫實作品。「慈江道」是北韓最北的省份，在一九九六至一九九九年的饑荒中災情非常嚴重。片中人民將玉米和著木炭吃的畫面寫實得令人驚訝，儘管旁白一如往常地解釋道，人們在苦難之中仍然對金正日不改忠心。無論如何，這部片坦誠的程度始料未及，也隨即受到眾人的矚目。

這樣「大鳴大放」的時期會持續多久？北韓還能禁得起更為公開的自我表述嗎？蘇聯的解放時期持續了三十年，中國則已持續了二十五年（且還在繼續）。不過這兩個政權的領導者比較幸運，他們不必在意富裕的資本主義鄰國，也沒有所謂「南中國」這樣的眼中釘。這也許是北韓如此特立獨行的原因之一？

第四章　工人的天堂？北韓的社會結構

嚴明的階級

「我很愛他，但我的父母不讓我嫁給他：他的出身成分太差了。」一位脫北的中年女性這樣描述她的初戀。這聽起來不是什麼稀奇的故事：父母常因為某些現實考量要拆散年輕情侶，但究竟什麼是「出身成分」呢？

沒有一個北韓人會不知道「出身成分」的意義。儘管朝鮮民主主義人民共和國稱其秉持「平等」的信念，國內人口卻劃分成幾個世襲的群體，且群體間的流動性可能不比封建時代的歐洲莊園來得高。人們在群體中的身分（亦即上述的「出身成分」）大大影響了他／她的職涯、教育和結婚對象。過去的十年間，「出身成分」的影響力稍有下降，但仍是一股強大的力量。

這套體制自一九五〇年代晚期開始發展，當時金日成想肅清政敵、完全控制整個國家。

在一九五七年五月三十日，朝鮮勞動黨中央委員會政治局頒布了一項名稱又臭又長的決議：〈呼籲全民全黨齊心戮力推翻反革命分子〉（簡稱「五三〇決議」）；這項決議為北韓史上首次大規模政治清算的根據。

北韓在這之前也發生過政治清算，但形式大不相同，先前的對象是某些明確的「敵人」（地主、基督教傳教士等），或「有過失」的黨內幹部，因他們皆（可能）是金日成執政上的障礙。但這次他要盤查的卻是所有北韓成年人的政治信用！每位北韓人民都須接受調查，並分配到某個群體之中。

這是套獨一無二的體制：在其他共產國家，一個人的出身確實會對他／她造成影響；政治犯的親屬可能在應徵某些工作時會吃閉門羹，但沒有一個國家的階級體制像北韓一般具體而完備。在一九二〇年代和一九三〇年代初期，蘇聯的體制歧視仕紳或其他「敵對階級」的後裔，但這樣的體制維持不到二十年。在筆者出生的一九六〇年代，許多俄羅斯人便公開炫耀他們真實或虛假的貴族血統。北韓的狀況則不可同日而語。

首先，〈呼籲全民全黨齊心戮力推翻反革命分子〉的行動執行緩慢。直到一九五九年，朝鮮勞動黨中央委員會才成立一個特殊機構來管理它。此機構的成立造成了大眾的恐懼，一如蘇聯一九三七到一九三八年的「大清掃」。新成立的調查機構由金日成的弟弟金英柱領導，較低階的各個黨務委員會也創立了類似的機構，在全國上下一共雇用了七千人左右協助調查事務。

這項調查行動將全北韓的人口分為三個主要族群：「敵對勢力」、「中立勢力」和「友好勢力」，這樣的分類大致沿用至今，被分派到哪個族群基本上由家庭背景決定。

於是北韓開始發展一套不平等的世襲階級體制。這套體制受到毛澤東統治的中國影響，其在一九五〇年代也實驗過類似的做法。不過北韓的體制更加精細，且持續了更長的時間。

在一九五七到一九六〇年的肅清期間，許多「被揭發的反革命分子」遭到審判。約有兩千五百人被（公開）處決、十萬人左右受到較輕的刑罰。

朝鮮內閣頒布的「法令第一四九號」是本次肅清行動重要的一部分。這道法令禁止被歸類為「敵對勢力」的國民居住在邊界或海岸線附近、平壤和開城方圓五十公里內，或其他任何大城市方圓二十公里內。北韓的領土並不大，因此這樣的禁令等於是強迫「敵對勢力」遷移到荒僻北方山區的幾個省份，據信共有七萬人被迫遷移。

一九六一年初，揭露及遷移「反革命分子」的行動終於完成。然而國內的軍事狂熱與日俱增，同時金正日為鞏固其獨裁統治，要求進行更追根究柢的調查，以確保人民的忠心耿耿，另一波全新的行動於是在一九六四年展開，在一九六四和一九六九年間由特此創立的「六二〇組織」執行。這個組織重新制定體制，將所有人民分為三大階層、五十一種類別，這樣的體制在四十年後的今天依然存在。

為了讓讀者更易了解北韓的階級制度，我會在以下列出各階層中的一些類別。

就讓我們先從「好寶寶」開始吧。「核心階層」包含十二個類別：（1）來自工人家庭的工人；（2）前農場工人；（3）前貧窮佃農；（4）國家機構職員；（5）朝鮮勞動黨黨員；（6）革命家遺族；（7）愛國烈士遺族；（8）解放後受高等教育之知識分子；（9）韓戰中遭殺害的平民的遺族；（10）韓戰中遭殺害的士兵的遺族；（11）現役軍官家族；（12）榮譽軍人。

「動搖階層」包含九個類別，為了讓文章簡潔些，我就不多贅述。不難想像，「壞孩子」的數量拔得頭籌。「敵對階層」包含：（1）背景複雜的工人，亦即雖然在解放後成為工人，解放前曾是企業家或文官；（2）前富裕佃農；（3）前小盤商或中盤商；（4）前地主，亦即一九四六年土地改革前持有五畝以上土地者；（5）親日或親美分子；（6）日本官廳反動官僚；（7）戰爭期間逃往南韓的富裕家庭；（8）戰爭期間逃往南韓的貧窮家庭；（9）一九五〇年代自中國回歸之韓裔人士；（10）一九六〇年代自日本回歸之韓裔人士。

因為「嫌疑敵對分子」的完整名單實在太長，我就在此打住。除上述的類別外，還包括基督教徒、天主教徒、佛教徒、僧人或妓女的後裔、囚犯的親屬等等。不僅不同階層擁有不同的權利或特權，同一階層內的不同類別亦是如此。顯然當個富有佃農的孫子不會比當政治犯的兒子慘。由日本回歸的韓裔人士的定位較具爭議性：官方不讓他們接觸一些敏感的職業類別，並嚴加看管，以從他們留在日本的朋友或親戚身上榨取金錢或專業技術。

於是每個人所屬的分類，亦即「出身成分」，便決定了他／她的命運。「出身成分」影響了一個人找到好工作，或接受高等教育的機會、居住在平壤或其他大城市的權利、生活水準、犯罪時罰則的輕重及許多其他面向。因此，屬於「敵對階層」的人基本上沒有機會在北韓的頂尖大學就讀。「出身成分」也決定了一個人的婚姻：儘管你／妳已經準備好要犧牲自己，家人還是不會允許你／妳和「出身成分」相差太遠的人結婚。

在某些情況下，北韓人民是有可能提升自己的「出身成分」的。例如一個擁有牧師祖父的無辜小伙子可以到軍中服役，來洗清自己的「不良出身」。這類「翻身」的故事所在多有，因此在下層階級之間似乎有種「向上流動」，向上爬升的「出身不良者」逐年增加。不過，不良的「出身成分」也有可能持續數個世代，禍及「敵對人士」的子子孫孫。

我們完全無法獲知每個階層中的人數，就連約略值也無法推得。現存（且常被引用）的估計數據可說毫無參考價值。也許到朝鮮民主主義人民共和國崩毀前，我們都無法得知真相。不過上個十年的經濟危機顯然對整個體制造成極大的傷害。酷似封建社會的「出身成分」體制即將告一段落，不過在過去的數十年裡，許多人的生命因此黯淡無光，也有許多人因此而享盡特權，沐浴在榮華富貴中。

代代相傳

北韓的左派人士最常犯的錯誤，莫過於將他們的國家視為平等社會的最佳實踐。物質上的平等確實是共產實驗背後最主要的驅力之一，但在二十世紀，有個冠冕堂皇的實驗出了大錯。共產領袖承諾（且經常篤信）他們的勝利會終結物質上的不平等，讓他們創建的新社會中的所有人民同樣富裕。不幸地，事實並非如此。儘管嚴重程度可能不及資本社會，大部分共產國家的人民之間仍十分不平等，北韓也不例外。

共產勢力的掌權通常會帶來一段顛覆社會階級的時期。工人和農人的兒女成為當權者，歧視先前的菁英階級，即便後者因為受過較好的教育，最後通常能夠扭轉戰局。無產階級之中的佼佼者通常會妥善利用這樣的機會，迎接全新體制的到來。

不過接下來有個問題總會發生：一旦原本的「輸家」掌權，他們最終會變得和之前的當權者沒兩樣。這些「革命的先鋒」假以時日便會老去，對他們的「平權法案」失去熱忱。就像先前的菁英階級一般，他們要自己的子子孫孫繼承得來不易的社會地位。嚴格說來，這與他們秉持的意識形態背道而馳——共產主義強調「機會均等」的平等精神，而這樣的堅持被默默地拋諸腦後。

因此每個生活在一九七〇年代的蘇聯人都知道這個笑話：「一個將軍的兒子有可能成為

元帥嗎？當然不可能，因為元帥也有兒子要顧啊！」在一九七〇年代，蘇聯的社會流動性明顯降低，政府官員的後代通常也會成為官員……或反動的知識分子（有不少反共地下組織的頭頭是蘇聯高官、KGB探員或黨幹部的後裔，而且數量出乎意料地多），而工人的兒子還是工人。不過也存在著一些例外，筆者的母親來自工人階級，但他兒子的命運比想像中來得好，不過這樣的例子隨著時間而日漸減少。

在北韓類似的狀況很早便發生，可能比任何共產國家都來得早。我曾看過一份一九五〇年代的文件，記錄一位俄羅斯外交官與時任金日成綜合大學校長——俞宋勳的對話。俞是位傑出的知識分子和教育家，稍後便與金日成發生衝突。他抱怨大學的入學（潛）規則對他造成龐大的壓力，且每次在入學期間，他的辦公室外都會停著一整排的汽車。在一九五六年的北韓，只有社會頂端的人能擁有汽車。有太多太多高級官員前來遊說俞校長，要他讓他們的子女能夠進入大學就讀，使得真有實力卻沒有家世背景的學生難以擠進大學的窄門。

即便這方面沒有什麼相關研究可循，但這類問題在北韓明顯比其他共產國家來得猖獗。也許世襲的階級制度讓較低階的政府官員也能將權力傳給他們的後裔。如果領袖超乎常人的智慧和慈愛能夠傳給他的兒子，那麼在他身邊的屬下和黨幹部們，理當也能將自己的「革命熱忱」和「忠貞不二」傳給他們的兒女。當然令人咋舌的「出身成分」體制也鼓勵了這種行為，北韓官方承認世襲的特權，這種狀況在世上的共產國家中相當少見。而掌握大權的金氏家族本身就是個例證，他們有一大票近親都在社會的頂端打滾。

在金日成的親族之下，另有兩大派系掌控了北韓的政治權力——「長白山」和「洛東江」。前者的地位較高，大都是一九三〇年代隨金日成征戰的游擊隊後裔。後者則是在韓戰期間領導北韓軍隊的將領後裔。國內的高官不是來自這兩群人，就是跟他們有密切的關係，通常是姻親關係。

菁英階層的子女過著和市井小民截然不同的生活，他們有自己專屬的學校，例如萬景台革命學院，一所只有菁英階級或榮譽軍人子女才能就讀的寄宿學校。他們接著到如金日成綜合大學般的頂尖大學就讀，畢業後直接取得高階的工作機會。當然，他們從來沒嚐過玉米和劣等米的組合——在大饑荒發生前夕這已成了大眾的主食，且其質量每下愈況。

北韓與封建國家有諸多相似之處：皇族和開國軍閥的後代一出生便能享受特權，這也是菁英階級對平民百姓的苦難無法感同身受的原因。畢竟，在中世紀的城堡裡住得舒舒服服的人，實在很難在意底下農奴的窮困。

除了這些高官，在金日成時期的北韓還有另一群人也享受了許多特權，儘管政府當局有時不太喜歡他們。沒錯，我指的是拿得到外國貨幣的那群人。

有時候這些特權是政府當局賦予的，當作效忠國家的獎勵，名單上的常客包括外交官、國際航線的船員、參與海外計畫的人士（特別是西伯利亞東部的伐木計畫）等等。這些人可以用他們的美金或日圓，在平壤和其他大城市的強勢貨幣商店買到高品質的貨物，有些物件被拿到黑市轉售以換取暴利。但因為北韓強勢貨幣商店的價碼偏高，更划算的做法是在海外購買物品再帶回家。一位在西伯利亞森林辛苦三年的伐木工，賺到的錢至少是一位北韓工人平均年薪的一百倍。

在某些狀況下，北韓官方的立場就比較模糊。富人中有些是一九六〇年代因著官方的政治宣傳才自日本遷徙至北韓的韓裔人士。這些人在日本的親戚很願意匯錢給他們，而政府相當鼓勵這種做法。這些自願返國者也會到強勢貨幣商店消費；如果親戚們寄來的錢夠多，買個一整籃的蘋果應該沒問題。有些更富有的親戚會匯來更大筆的款項，以購買在平壤居住的權利，或一層高級公寓——這種公寓通常只保留給黨幹部入住。

值得一提的是，北韓人很少奢望有機會提升自己的社會地位，但他們對社會的不平等感到厭惡，也對占據較高社會階層的人感到嫉妒。我的看法可能有點厭世：就算當今的社會體制被推翻，平民也不會有任何向上流動的機會。根據其他前共產國家的經驗，統治階級仍會是同一群人（大聲鼓吹著另一套信仰），或是一些不討百姓喜歡的南韓高官。唉，這前景實在有點慘澹……

女權國家？

回顧一九〇〇年代初期，除了馬克思主義，沒有任何政治運動能提供女性發聲的機會。

當時世界各地的女性仍沒有投票權，且在法律上處處受限。馬克思主義在政治、社會及經濟上對性別平等的貢獻絕無僅有。

一九一七年共產黨在俄羅斯掌權後，隨即訂定了當時世界上對女性最有利的法律。新法廢除了女性在政治及社會活動上的禁令，離婚規定變得寬鬆許多，墮胎也合法化了。有陣子共產黨政府鼓勵女性從事傳統上的「男性職業」，如空軍飛行員、大學教授或拖拉機的司機。

這種狀況並沒有持續很久。當權的共產主義者本質上仍篤信民族主義，且社會傳統的包袱使他們益加保守。一九三〇年代後期，政府的態度便轉了個大彎：再次頌揚傳統的「家庭價值」、許多家庭法律經過修法又回歸保守，試圖提升社會地位的蘇聯女性也面臨了玻璃天花板的難題。

因此當史達林體制在一九四五年進入朝鮮半島北方時便打著女性賦權的名號，背後卻有著更多保守而模稜兩可的政治操作。這套做法被北韓政府沿用至今。

從白紙黑字的規定上來看，一切似乎進展得不錯。一九四六年七月的性別平等法讓女性擁有選舉權（在一個史達林主義國家顯然沒有意義）、禁止一夫多妻或一妻多夫，並放寬離婚相關規定。不久之後女性便有產假可請，在數次修法之後，已增加到一百五十天，亦即產前兩個月、產後一個月。在一九四〇年代末期，政府成功終結所有賣淫勾當，善良風俗持續直至近年。

北韓的政治宣傳致力於根除某些數百年來的性別刻板印象。從一九五〇年代起，政府便規定男女童均須受小學義務教育，有些女性繼續升學，大學畢業後取得白領職位。有些職業最後多由女性擔任，例如教師或醫師，即便兩者在北韓的社會地位遠較在南韓來得低。

在剛建國的十年，北韓沒什麼時間在社會制度上做些大膽的嘗試。女性的工作權僅是紙上談兵：直至一九五〇年代末期，這個赤貧而滿目瘡痍的國家根本無法提供足夠的工作機會。因此不管官方媒體怎麼大力鼓吹，絕大部分的女性仍在家擔任家庭主婦，和她們的母親和祖母一樣。

然而韓戰後的重建工作需要大量人力，女性參與工作的議題因此不再是紙上談兵。一九五八年北韓內閣通過了名為「於各領域經濟活動提升女性參與」的決議，是為重大的轉捩點。這個決議使得參與經濟活動的女性人數大增；「在一個理想的世界裡，女性應該全職工作。」

北韓職業婦女的人數的確在一九六〇和一九七〇年代增加不少，並於一九八〇年左右達到高峰。除了政治宣傳和需要掙錢以外，還有一個原因促使女性加入職場：家庭主婦的待遇與處境每下愈況。一九六〇年代中期，國家的控制力透過縝密的連坐體制——「人民班」深入家家戶戶。所有不具全職正當工作的女性都必須參與「人民班」的活動，而這些活動既粗重又無趣。她們常須打掃公共廁所、充當工友、在家製作指定物品，偶爾還要到鄉村地區協助農務。

簡而言之，在北韓當家庭主婦跟當職業婦女差不多忙，唯一的差別是家庭主婦幾乎拿不到什麼收入。不過在那個年代，收入其實沒那麼重要，重要的是糧食配給。家庭主婦每天只能領取區區三百克米糧，擁有正當職業的女性則能領到七百克。

到了一九八〇年左右情況再度改變，職業婦女的人數開始下降。原因很清楚：北韓的經濟進入停滯期，勞動力需求因而降低。當局因此不再鼓勵女性就業，有時甚至設法說服女性婚後不要從事全職工作。

就連在勞動力需求達到頂峰的時期，大眾在政府論述的影響之下，依然默認女性要盡可能負擔所有的家務。這讓婦女難以發展她們的職業生涯，在一個沒有家電、無法雇用人力來協助家務的社會尤其如此（後者是由於官方強調「平等」，以及社會慣例使然）。因此在低階經理或雇員之上的層級，幾乎見不到女性的蹤影，就連女性比例極高的機構，通常也由男性掌管。例如在北韓的中等學校，教員大部分都是女性，校長卻幾乎都是男性。在十年大膽的社會體制實驗之後，女性參政的比例仍低：從一九六〇年代早期開始，北韓政治高層的女性幾乎全是金日成的親屬，但這又是另一個故事了……

金字塔頂端的女性

從我們有記憶以來，共產黨的政治菁英幾乎清一色都是男性。我們對著名共產領袖的印象，不外乎一群偏老的男人，穿著縫得差勁的灰色西裝或中山裝。而在他們的祕密聚會中，從未見過女性的身影。

情況並非一直如此。早期的共產主義在一九〇〇年代有段混沌的歷史，而當時這個圈子裡有諸多女性，有些對共產傳統的形塑貢獻良多。波蘭裔德國社會主義思想家／政治家羅莎・盧森堡（Rosa Luxemburg）即是一例。另一個著名的例子則是一位激進的女性主義作家——亞歷山德拉・柯倫泰（Alexandra Kollontai），她後來躍升為一位傑出的蘇聯外交官，也是蘇聯史上第一位女性外交人員。

當共產主義於一九四五年來到北韓時，北韓對女性權利已有相當的尊重。但訂定正式的平等條例仍是當務之急，即便投票權在一個史達林主義社會不是特別重要，因為由官方推薦的候選人，得票率每次都是百分之一百。

北韓的決策機構——最高人民會議中也有一些女性成員，大約占整個「議會」的百分之二十・一，不過她們的角色通常是乖乖為政府的法案投下同意票。這些女性「議員」由有關當局親手選出，她們通常是「模範工人」，因此在任何層面上都不能算是獨立的政治行為者。

一九四〇和一九五〇年代的北韓有兩位活躍的女性政治家。一位是一九三〇年代初期在前蘇聯擔任情報員的朴正愛，她在戲劇性的一九四五年來到了平壤。她流利的俄語讓她與蘇聯軍方建立密切的關係，且她既沒有強大的野心，也不是個奸巧的人物。她在接下來的幾年成為蘇俄政治局的成員，並在一九四〇年代晚期躍升為北韓十大重要政治家之一。朴正愛很快便成為金日成最忠誠的擁戴者之一，並在協助他鞏固權力上有極大貢獻。然而她的作為對自己的生涯毫無幫助，畢竟她並不屬於金日成的「游擊隊派系」，終究在一九六〇年遭到肅清。她幸運地逃過一死，並在多年後稍微恢復了自己的地位。

許貞淑的故事和朴正愛大不相同，她主要透過家族關係進入政治圈：她的父親是著名的左翼知識分子許憲。不過她也有靠自己達成的資歷：國共內戰時，許貞淑曾在共軍的一個團擔任政治委員。她於一九五〇年代擔任包括司法部長的數個要職，在一九六〇代初期卻遭到肅清。如朴正愛一般，她稍後重新回到了政治圈，但不再有機會擔任任何要職，被派到一些有名無實的職位上。

這兩位女性堪稱北韓的盧森堡與柯倫泰。不過一九六〇年代後在北韓政治圈內的女性，或多或少都與金氏家族有關係。

儘管逝世後擁有女神一般的地位，金日成的第一任妻子——金正淑在生前並沒有什麼政治地位。相反地，偉大領袖的第二任妻子——金聖愛即便言行低調，實際上卻握有官職。她是朝鮮婦女總同盟的委員長，這個力量強大的組織負責了全國女性的「政治工作」。

金日成唯一在世的女兒（亦即金正日的妹妹，已於二〇一四年去世）金敬姬曾是「金家女性」最有權力的一位，但丈夫張成澤去世後，她的遭遇究竟為何仍待確認。張成澤曾是金正日逝世時，官方考量過的緊急繼承人，因為當時親愛領袖的任何一個兒子年紀都還太小無法繼位。

金氏家族的另一位女性成員——金正日長年以來的其中一位妻子高容姬，近年來亦有取得政治地位的跡象。

但總而言之，北韓的政治圈仍由男性主導，以東亞的視角觀之亦是如此；女性在這個區域的政治圈並不怎麼活躍。

第五章 平壤

神祕的首都

北韓官方的史學家費了許多筆墨（他們仍不太使用電腦）來證明平壤一直都是北韓政權的中心。在東亞文化裡，首都是一個王朝和政權的化身，因此極其重要。政權的正統與否也與其歷史息息相關，因此擁有一個歷史悠久的首都是最理想的狀況。

不過就算用比較寬鬆的標準來看待平壤悠長的歷史，也會發現北韓官方的說法誇大不實。從紀元的第一世紀起，平壤就是個重要的軍事要塞，並於西元四二七年成為了高句麗的首都。高句麗是當時爭奪朝鮮半島控制權的三大王朝之一。高句麗於西元七世紀末瓦解，而平壤仍是個重要的地方性都市，不過國家決策轉而在慶州、開城等都市商討確認，因她們是政府與法院的所在地，一三九四年起則移駕漢城（二〇〇五年改名首爾）。

平壤的命運在一九四五年八月底底定。正如同一時間點的其他重大決定，決策者都是蘇聯。一九四五年八月二十五日，梅列茨科夫（Meretskov）元帥與剛在朝鮮半島擊敗最後一批日軍的蘇聯第二十五軍將軍奇斯賈科夫（Chistiakov）會面。梅元帥問奇將軍他的總部想蓋在平壤還是咸興（開城並未在選項之中，因為根據一九五〇年前的安排，它位於三八線的南邊）。

奇斯賈科夫選擇了平壤，但這並非出自於歷史的考量，當時的他對韓國歷史一無所知。平壤位於中央的位置才是這位將軍下決定的主要原因。

將二十五軍總部設置於平壤的決定，讓這個城市成為一塊強力磁鐵，吸引了諸多忙著建構這個北方共產政權的韓裔左派人士。他們的努力獲得蘇聯軍隊的鼓勵、贊助與保護。有些名不副實的蘇聯民政廳（一個不折不扣的軍事組織）也於平壤設立，自該處管理整個國家。民政廳接著把權責逐步轉交給原本就位於平壤的北韓組織。

一九四八年九月九日，朝鮮民主主義人民共和國於平壤正式宣告成立，平壤自彼時起便一直是北韓政府的根據地，僅在韓戰期間短暫中斷。然而一九四八年的第一次制憲會議表示朝鮮民主主義人民共和國的真正首都是……漢城。朝鮮民主主義人民共和國（以及它南邊的宿敵，大韓民國）宣稱對整塊未分割的朝鮮半島，擁有絕對正統的主權。

從北韓官方的觀點來看，南韓政府是個非法的傀儡政權，一有機會便須根除。在擊敗南韓後，首都必須遷到漢城（二〇〇五年一月十九日改名「首爾」），而非原先的平壤。南韓官方也有類似的說法，唯一的不同在於誰才是非法傀儡政權、誰對朝鮮半島擁有正統而不可分割的主權？

韓戰結束後，「解放南方」的機會顯然相當渺茫。北韓當局因此開始大肆宣揚他們「實際上的首都」——平壤。自一九五〇年代末起，北韓媒體便開始用「革命首都」來稱呼平壤——雖然它並非真正的首都，但也極具特殊意義。為了證明此點，官方開始重寫歷史，讓平壤「讀起來」比實際上重要得多。

就這方面來說，對高句麗的崇拜十分關鍵。高句麗是西元一至七世紀之間，爭奪朝鮮半島控制權的三大王國之一。因為它的領土與今天的北韓大致吻合，首都也位於平壤，北韓官方於是開始宣揚高句麗的歷史淵源，宣稱它較朝鮮其他古王國來得優越。平壤近郊的高句麗遺跡被官方小心翼翼地「恢復」，重拾往日榮光。

據報在一九七〇年代初期，金正日因

平壤的群眾。（攝影：安娜・費菲爾德）

為考古學家無法找出東明聖王陵墓的所在位置，而強烈譴責他們。東明聖王是高句麗最赫赫有名的君主之一。一九七四年考古學家「製造出」金正日指定的墳墓：一處高句麗時期的墓地，在發現進一步的證據之前，就被冠上「東明聖王陵寢」的名號。

這些做法要傳達的訊息很明顯：高句麗是第一個真正的朝鮮國家，且其首都位於平壤。在東亞的文化傳統中，古代的歷史事件常用來當作政治宣傳的利器，因此高句麗的這段淵源格外重要。

一九七二年，修正後的憲法終於將平壤定為北韓的首都，取代了掛名已久的漢城。官方的政治宣傳隨即開始拿「乾淨而富裕」的平壤與「骯髒而赤貧」的漢城兩相比較，而平壤的形象正是偉大的領袖及親愛的領袖兩人無邊智慧的鐵證。

官方對平壤「卓越歷史淵源」的考據與尋覓並未因此停止。在全新的氛圍之下，官方認為約兩千年前建立的高句麗還不夠古老，因此堅稱平壤是第一個古代朝鮮半島國家——古朝鮮的首都。這個國家實際存在於西元前一千年左右，但北韓與南韓的民族主義史家都堅稱它的歷史更為悠久，從西元前三世紀就開始了。關於古朝鮮我們知道的並不多，但北韓以外的史學家大部分認為這個國家存在於今天的中國東北以及遼東半島。

同一時間，北韓考古學家聲稱他們發現了全新的古文化，並命名為「大同江文化」。根據他們的說法，這個與古朝鮮有些淵源的文化，是全世界最先進的文化之一。在北韓官方的歷史中，這種只有北韓「學者」才知道的優秀文化，絲毫不比美索不達米亞或古埃及文化遜色，更是現代人類文明的數個起源之一。不用說，這種優異的文化曾在今日的平壤附近蓬勃發展。

最後一個「創舉」則在一九九三年出現。沒錯，當然偉大的領袖（這次是金日成）又親令考古學家去探究他們偉大的歷史。而考古學家再次火速發現目標，沒有讓領袖失望。我懷疑如果某位領袖一聲令下，北韓科學家就能瞬間製造出高溫超導體的話，他們過去的生活能過得多舒服！垂垂老矣的金日成要他們找到傳說中的君主——檀君的陵墓。檀君是熊女和傳說中為古朝鮮開天闢地的天帝子所生下的兒子。當然，發現地點位於平壤近郊，而這樣的「發現」再次證明北韓的首都有著五千年悠久的歷史！

但如果奇斯賈科夫將軍在一九四五年八月那戲劇性的一天決定把總部設在咸興，一切又會如何呢？檀君的陵墓是否會在同一時間，於咸興近郊出土呢？還會有人宣稱「咸興文化」是人類歷史上所有重大突破的起源嗎？我認為這個問題的答案是肯定的。

向紀念碑致敬！

一九七〇年代中期是平壤高官最自信滿滿的年代。他們引領的經濟成長使國家相對穩定、相對繁榮。金日成純熟的政治操作讓他順利消除異己、鞏固權力，並為家族政治奠下足夠的基礎，詳細的過程至今在共產世界仍不為人知。

高層之間歡欣鼓舞的氛圍，催生了一些規模浩大的建築計畫，旨在創造「朝鮮勞動黨時代的永恆紀念碑」。在平壤室內和近郊約有十數個雄偉的紀念碑，但其中兩個因為高昂的花費及巨大的規模而特別突出——凱旋門和主體思想塔。

凱旋門於一九八二年揭幕，以紀念金日成七十大壽，建造的地點正是一九四五年十月十四日蘇聯軍隊在一場大型公共集會中，向北韓人介紹金日成的廣場。官方將這個事件操作成朝鮮歷史上的轉捩點，而北韓的書本文獻中當然沒有提及偉大的領袖只是集會中的其中一位講話者，也未提及這個集會的目的在於「對解放人民的紅軍表達感激之情」，而非感謝金日成。

「凱旋門」的設計模仿了為紀念拿破崙而建造的巴黎凱旋門，然而北韓的版本卻比原版來得高大。法國嚮導常說巴黎凱旋門是「世界上最大的凱旋門」，而這分明是在欺騙無知的旅客。巴黎凱旋門只有四十九．五公尺高，而平壤的仿作卻達六十公尺高、五十公尺寬，上頭有著大大小小的浮雕，描繪「勝利的偉大領袖　光榮歸國」。建築上的七十朵杜鵑花也提醒觀者這棟建築的目的是紀念偉大領袖的七十歲生日。

拱門的兩側有著「一九二五」和「一九四五」的年份。一九二五年十多歲的金日成離開國家前往滿洲，直到一九四五年才光榮回歸。

不過若與另一座在一九八二年揭幕的建築相比，凱旋門便會相形見絀。「主體思想塔」是過去二十年來平壤最重要的地標。它的形狀透露著源自外國建築的影響，不過北韓的任何印刷品都不會承認此事。「主體思想塔」的形狀大致模仿美國的華盛頓紀念碑，但規模更加宏大。平壤的版本有一百五十公尺高，頂端有著夜晚會點亮的巨大金色火炬。這把火炬又為塔高添上了二十公尺，因此建築的實際高度為一百七十公尺。思想塔內部設有大型觀景台開放遊客參觀。

「主體思想塔」共由兩萬五千五百塊花崗岩磚構成，每一塊代表截至這座塔揭幕之日，金日成所活過的每一天。

在主體思想塔的底部有座雕像，前蘇聯的遊客看見時總會不禁微笑。因為當嚮導正費盡唇舌頌揚雕像的原創性時，他們馬上就看出雕像的靈感從何而來。這座雕像可說是維拉．穆西娜（Vera Mukhina）〈工人和集體農莊女莊員〉（Worker and Collective Farm Girl）不折不扣的複製品，原作是史達林時代最具代表性的視覺象徵之一。

北韓版本與原作唯一的差異在於加入了第三個角色——知識分子。這位動作怪異，舉著巨大毛筆的男性站在工人和女莊員後方的中間位置。知識分子手持的毛筆與工人手上的鎚子，以及女莊員手上的鐮刀一樣大。一如來自蘇聯的原作，這座雕像象徵著全國人民上下一心，戮力為黨打拚。

思想塔內也有其他的雕像，象徵著北韓人民的幸福以及他們對偉大的領袖及其主體思想的愛戴與忠貞。這些雕像的名稱非常淺顯易懂：「主體工業」、「大豐收」、「智慧之地」、「長壽之地」、「主體藝術」、「堅不可摧的堡壘」。各式各樣的匾額也妝點著思想塔的牆面，這些匾額來自世界各地的主體思想研究組織。

我常常在想，這些紀念建築在金氏家族垮台後，命運會如何？它們會被視為過去殘酷的遺跡而遭到摧毀嗎？我認為答案是肯定的。或許金氏家族之後的第一個政權的當務之急，就是好好保護那個時代的紀念建築，或好好說明他們的來龍去脈。我不太相信剛脫離金氏家族統治的北韓人，還願意活在這類建築的陰影之下。但不論如何，它們仍會在人們心中留下難以磨滅的印象。

來罷，我們要建造一座城和一座塔，塔頂通天……（創世紀第十一章第四節）

一直到一九八〇年代晚期，北韓和南韓日常生活的許多方便，都為彼此之間無止盡的競爭所支配著。現在比賽結束了，南韓毫無懸念地大獲全勝。然而激烈的競爭在兩韓的土地上都留下了痕跡，有些痕跡至今猶存，提醒人們那些逝去已久的激情……

我個人認為南北韓爭奪權力和國際地位的當下，最龐大，或至少是能見度最高的代表物，應屬那棟在平壤天際線上矗立十五年的巨大建築。到訪北韓的遊客不可能忽略那棟尚未完工的柳京飯店*，它是個令人屏息炫目的水泥金字塔，高度竟達到了三百三十公尺。

* 柳京飯店已於二〇一六年十二月十四日竣工，二〇一七年七月二十七日開業。

這棟建築的歷史始於一九八〇年代早期，當時兩韓的差距還不大，而北韓官方仍認為自己有能力與南韓競爭。南韓的朴總統則對高樓大廈有強烈偏好，許多摩天大樓在他的贊助之下完工。南韓建築計畫中最亮眼的傑作為人稱「63大廈」的「大韓生命63大廈」，完工於一九八五年，不久後便是一九八八年的漢城奧運。

同一時間，平壤的高官在得知宿敵的成就後相當不悅。金日成似乎也將高聳的建築視為進步與經濟實力的象徵；他想要一棟專屬於自己的摩天大樓，柳京大廈的建築計畫因此誕生。

官方將這座大廈的功能定位為飯店，但這實在是個令人不明就裡的決定，因為北韓的首都實在吸引不了多少觀光客，且大部分供外國旅客住宿的飯店都有不少的免費客房。不過整個建築計畫並非經濟導向，而是攸關驕傲與盛名。這棟飯店後來便以平壤的舊稱「柳京」命名（城裡的確有許多柳樹）。

在延宕一些時日之後，工程終於在一九八七年展開。由於開工時間比預期的晚，飯店無法趕在一九八九年的青年聯歡節前完工，不過許多人仍希望柳京飯店能於一九九二年，國家要慶祝偉大的國父金日成八十歲大壽時開張。

這的確是個野心宏大的建築計畫，飯店完工時預計將有一百零五層樓、三千七百間客房、許多大型的會議廳、餐廳及其他設施。建築的總占地面積預計為四十三萬平方公尺，最高點達到三百二十三・三公尺，比漢城的「63大廈」還高出四十公尺。建築的總體積會是「63大廈」的兩倍。飯店的設計為金字塔形，底部每邊長約一百六十公尺。施工時的技術支援將由一家法國建築公司負責。簡而言之，這棟建築若完工，將是當時世界上最精緻的摩天大樓。

不過壞消息很快傳來，一九八九年一波反共產革命席捲了東歐，而長期贊助北韓的蘇聯情勢急速惡化。即便政府當局從未承認，北韓的經濟非常依賴其他共產國家直接或間接的經濟援助。突然中斷的金援加上收購北韓貨物的市場迅速消失，導致了重大的經濟危機，稍後狀況更是慘不忍睹。

崩潰的經濟使得「一〇五大樓」（柳京飯店）不可能及時完工。當時整棟大樓的外觀已經完善，但裡頭尚未安裝任何設備。在為了付款事宜和合約權責爭執很長一段時間後，法國的合作廠商在一九九〇年宣告退出（和北韓合作還想賺到錢？那些法國人也太天真了）。據傳在一九九〇年代後期，未完成的建築在風吹日曬雨淋之下開始侵蝕、風化。

曾有一些人想要拯救柳京飯店。一九九八年，國際飯店市場的龍頭之一——德國凱賓斯基集團（Kempinski Hotels）曾與北韓協商，但很快便宣告破局。一九九九年北韓向南韓的大宇集團尋求技術支援，數年後又轉向LG集團求援，皆未成功。二〇〇五年，南韓仁川市終於願意接手整個建築計畫，並擔下重啟所有工程的巨大成本。

也許北韓史上最偉大的計畫——柳京飯店，已經注定承受多舛的命運。但它仍有可能在未來的某一天建造完成，成為那個時代不可磨滅的紀念碑，但前提是要有人願意出錢……

口琴屋

北韓人都住在哪兒呢?經常言過其實的官方刊物表示都市人口大都住在多層的公寓建築,農人則住在小而美的單層或雙層建築中。當然,實際的狀況大不相同。

北韓的確有些多層公寓建築,但絕大部分都位於平壤或其他大城市,小城市裡的建築則很少超過三、四層樓。多層公寓讓人聯想到進步與繁榮,因此北韓官方多將它們建於平壤,藉以展現北韓社會體制的「成功」。

北韓東岸的主要港口——元山市的高樓建築寥寥無幾,且全都蓋在岸邊,讓外國船員經過時能看見。然而城內的供水系統不良,因此這些光彩亮麗的大廈並不受當地居民歡迎。就連在生活水平較高的一九八〇年代,較高樓層的供水也是斷斷續續,且沖水馬桶有時沖不了水——因為水源不足。

最早期的北韓公寓被稱為「口琴屋」,因其外觀看起來與口琴極為相似。屋裡有道貫串其中一側的長廊,每一戶都能透過這道長廊進出。整棟建築的平面令人想起傳統的朝鮮農舍,而這樣的平面設計也能在一些南韓公寓建築中找到。

「口琴屋」裡的每一戶包括一間房間和一間很小的廚房,住戶的活動空間很少超過三坪(約十平方公尺)。這種建築通常也不高,很少超過四層樓。

「獨戶公寓」則是最高級的房型。這種公寓的配置與一九九〇年代的南韓公寓相同。公寓內有樓梯，每一層樓的三到四戶有不同的出口進出，住戶因此享有最多的隱私。公寓裡可能有電梯，但即便在一九八〇年代的「好日子」裡，一天也只運作幾個小時。每一戶至多可能有四個房間，總面積約為二十到二十五坪（約六十五到八十平方公尺），以北韓的標準來看已經相當寬敞。不過，這樣的房型只提供菁英階級入住，所謂的菁英不只包含黨幹部或高級軍官，著名科學家、演員或音樂家也可能享受同樣的待遇，但近年來這些人在北韓的社會地位大幅跌落。

在較新的公寓建築裡，每一戶都有自己的廁所及浴室，但在平壤較老舊的公寓中只有公共浴室及公共廁所。在一棟「口琴屋」裡，通常是十戶共用一間廁所。在較小的城鎮，多層公寓裡通常完全沒有抽水馬桶，因此住戶必須到屋外自行解決。就連在首都平壤，住屋的供水也相當不穩定，沖水馬桶旁上常需安裝巨大的水缸，以確保有水可用。

大部分的公寓只供應冷水，熱水則可遇不可求。熱水要來之前住戶會先收到消息，以便善加利用這種罕有的機會。在許多公寓建築裡，連冷水也需按照時間表供應，通常是在早晨或夜間。

從一九七〇年代中期開始，較高級的公寓建築皆裝上了國產的電梯，並配備一位女性電梯服務員，她的責任便是隨時待在電梯內部。大部分的住戶都竭力想和這位「電梯小姐」保持良好的關係，因為她知道他們許多生活大小事，而在一個史達林社會裡，這是件非常危險的事。不過在過去十年間，電梯服務員的重要性已大幅降低：首先，政府當局對於輕微的「踰矩」開始睜一隻眼、閉一隻眼，而電梯本身也因為要節約少得可憐的電力，而經常關機。

那……房子的產權歸誰呢？基本上（幾乎）全部的房屋都歸國家所有，由國家扮演房東的角色。唯一的例外是韓戰前由個人興建，並經過大幅改裝的房屋：只有這樣的房子才可能歸居住者所有，但數量少之又少。

不過「租戶們」若得到地方政府辦公處的同意，則允許交換住宅。這樣的做法許久之前即相當普遍，但近年來常用來掩飾真正的房地產交易。高級住宅的居民若需要金錢，便會移居較小或位置較偏僻的房屋，再從中抽取「差額」。當然這都是不為官方所知的「線下交易」，就像金日成在一九九四年過世後許多默默進行的勾當一樣……

佳餚美饌在北韓

韓國人熱愛外食，每個在南韓住上一段時間的人都會這麼認為；到餐廳吃飯是國內最常見的休閒活動之一。就這點而言北韓人倒沒什麼不同，不過北韓的高級餐廳的確不易尋覓：共產國家在滿足消費者的胃口這方面一直都不是太在行，但這並不代表北韓的城市裡找不到好餐廳。也許好餐廳的稀少和難吃的餐點使得在北韓的覓食經驗更值得一提。

過去的二十五年間，平壤的美食生活大致由兩家餐廳來定義——「玉流館」和「清流館」（我不得不承認知名國際飯店的餐廳也扮演了重要角色）。

「玉流館」位於大同江左岸，於一九六〇年開始營業，自彼時起便是首都平壤的一大地標。它是棟模仿傳統風格的龐大建築，裡頭有數間獨立的飯廳，以及數間別緻的宴會廳，最多能容納兩千名顧客。顯然所有的共產政權都對巨大的食堂有特別偏好（例如同時期的蘇聯餐廳規模通常大到令人難以置信）。

「玉流館」是由北韓官方認可的傳統韓式餐館，體現了活生生的烹飪藝術。據報這家餐館最近與當地的大學合作，派出一支特殊研究小隊到鄉間蒐集傳統北韓菜餚的資料，以便在菜單上推出新菜（我疑惑在饑荒之時下鄉蒐集新菜色是否有些不近人情？）。

「清流館」的知名度可以媲美「玉流館」。它在一九八〇年才開張，建築外觀酷似船艦。清流館坐落於普通江畔，是大同江一條細小但時而湍急的支流。餐廳共有兩層樓：一樓是間大型飯廳，二樓則有數間小飯廳和宴會廳。

兩家知名餐廳都以傳統菜餚見長，尤其是北韓的典型菜餚——冷麵。雖然南北韓的烹飪方式有些不同，但南韓遊客對這兩家餐廳的菜餚通常抱持相當高的評價。

有些南韓人將「玉流館」和「清流館」稱為「大眾餐廳」，我相當同意這種說法。這兩家餐廳並非只接待政商名流或願意花錢的外國遊客，北韓平民也可入內用餐。

不過這並不代表任何人走在街上突然想吃盤冷麵，就可以直接進餐廳。北韓居民必須持有票券才能入內，而這些票券極難取得，不是要靠關係，就是要排上數小時的隊。票券有時也會經由工作單位發放給人民。這些票券必須花錢購買，且其功能只是「入場券」，餐點還必須另外付錢。直到近年北韓經濟持續美元化，這種狀況才改變：只要有錢，就能買到票券（不過當然要先「有錢」……）。

在鄉間也有一些與「平壤美食兩大巨頭」類似的餐館，每座大城市也會擁有一座自己的「特色餐廳」，這些餐廳的名稱通常有個「館」字或「閣」字，兩者都由漢字而來。數個世紀以來，東亞國家的餐館名稱多以這兩個字作結。

除了玉流館和它一些不甚知名的競爭對手外，北韓也擁有一些較小的食堂，雖然數量不及南韓，但在大城市裡還不算太難找到。在過去，強勢貨幣餐廳和「平民餐廳」有明確的分野，前者嚴格禁止平民進入。不過近年來二者之間的劃分已經逐漸模糊。

北韓的招牌菜是冷麵還有……狗肉！有趣的是，後者在北韓不叫做「狗肉」。金日成用他無邊的智慧告訴人民，這個名字太粗野了，應該要叫做「甜肉」！

與筆者一樣住過蘇聯、北韓或南韓的讀者一定會察覺，北韓餐廳的食物受到俄國／蘇聯烹飪傳統的影響。菜單上常常能見到俄式沙拉——口味厚重而營養豐富，上頭淋著大量的沙拉醬。北韓公眾食堂的食物與你／妳在首爾看到的食物完全不同，而餐廳內部的擺設讓我想起一九七〇年代在蘇聯度過的年輕歲月（昏暗中數盞明亮而顏色詭異的霓虹燈、白色的桌巾和有點不搭嘎的桌椅）。

餐廳是北韓最早重新開放的私營企業之一，在官方仍嚴密控管經濟的一九八〇年代晚期算是個領先時代的現象。近年來這些私營食堂如雨後春筍般開張，象徵了史達林式經濟的瓦解。

當然，經濟較寬裕的人們還有其他覓食之處。招待外國遊客的飯店也接受當地人民入內，二〇〇〇年代初期更有許多新開張的餐廳。二〇〇五年一位長住平壤的西方人甚至用「餐廳潮」來描述這樣的現象。

根據日本某份支持北韓的報紙，二〇〇五年平壤已經有五百家餐廳，收費水平大都超過北韓平民所能負擔。這些餐廳的目標客群包括外國遊客、黑市商人和政府官員，而這些人的數量已龐大到能夠撐起為數眾多的高級餐館。

在平壤，你／妳可以到「銀河」品嚐新鮮的生魚片，到「阿里郎」吃吃烤鴕鳥肉，而在另一家小型釀酒廠，你可以找四個朋友，五個人花十五塊美金就能一嚐產地直營的黑啤酒和美味的冷麵！每個人只要花三塊美元真是太划算了！但如果我們再想想，三塊美元正是一個北韓工人的平均月薪時，好像就沒那麼划算了……

說說溫突和月亮村吧

平壤看起來是什麼模樣呢？北韓的刊物說它是個充滿寬敞的大街、高樓大廈和宏偉的紀念碑的城市。北韓政府機構曾將印有平壤影像，內容誇大不實的雜誌免費發放到世界各地（現在他們改口說要收費，但沒什麼人願意捧場）。刊物上頭的影像十之八九是真實的，平壤的確是個美麗的城市，有許多的高樓、公園和紀念碑。不過除了官方呈現的這些面向以外，平壤也有不少的破舊房舍、陋巷和公共井。

北韓政府於一九七〇和一九八〇年代進行的大規模建設計畫成效顯著，許多區域已有一排排的公寓，成為約五十萬平壤人民的家。但是其他兩百萬人住在哪兒呢？答案很簡單：他們住在舊式的單層建築裡，與他們父母的居住環境如出一轍。

如果你／妳敢走出平壤市中心逛逛，馬上就會發現完全不同的景象。乍看之下，城市近郊的建築只是比「鬧區」不做作一點，行道樹的外側便是公寓住宅區，因此如果從汽車或巴士裡望去（造訪平壤的外國人通常搭乘這兩種交通工具），映入眼簾的仍是一座現代城市的樣貌。然而這只是種錯覺，蓋在街道兩旁的現代建築遮住了街區內叢集的簡陋房舍。低矮的住屋填滿了整個街區，卻成功躲過外人的窺視。

越是遠離市中心，政府花在掩飾舊屋上的氣力就越少。在平壤的東半部，亦即大同江的左岸，簡陋房舍多到不可勝數。除了建設年代較晚的紋繡區有許多現代建築沿著大同江畔排成狹窄的一列，和通往市中心東緣的新生活街和大同圓街，平壤東半部的其他區域盡是低矮磚房構成的一片汪洋，以幾條泥巴路劃分開來。

平壤最常見的單層住屋顯得十分老舊，與首爾最貧窮區域——「月亮村」的屋舍有幾分類似，儘管前者貧困的程度更慘不忍睹。這些低矮的屋子通常有著用磚瓦或石板搭建的屋頂以及用灰泥塗成的牆壁，門窗面對著窄小的後院，整棟屋子占地約二十平方公尺（包括無法活動的區域），而後院的大小還不到房屋占地的一半。

這樣的屋舍通常包含兩間緊鄰的房間，以及有著「溫突」*取暖設施的廚房。屋內空間小到晚上必須把地板當床睡，白天屋內通常沒有人：大人在工作，小孩不是上學就是在附近的社區玩耍。

「溫突」的燃料是由煤屑壓成的煤磚，在今天的首爾也能見到那些煤磚的蹤影，當地人稱之為「煤炭」（煉炭）。也許北韓房舍最突出的特點是煙囪，通常由彎曲生鏽的鐵製水管製成，以奇怪的角度伸出牆外，為這些房舍增添幾分狄更斯（Dickens）時代的古雅。

貧民區的房舍密度相當高，土地總面積的百分之三十到四十左右都由房舍所占據，屋與屋之間只有極小的院子和狹窄的泥巴路。屋內有最陽春的供水設施，但沒有排水溝，因此居民必須使用公共廁所。有的房子裡有水龍頭，有的沒有。屋舍間偶然出現的典雅涼亭便是井亭，是鄰近地區社會生活的中心。井的旁邊通常會有一個小院子，當婦女們在取水、洗衣或閒話家常時，孩童就在那裡嬉戲。

---

* 溫突：朝鮮傳統居室與休息睡眠的房屋取暖建築設施。因為冬季寒冷而漫長，一般的床無法抵擋冬天的寒冷，他們用溫突作為取暖設施。溫突的地熱來源於烤熱的石頭。現代公寓中，韓國人也偏好地暖的方式取暖，可以看出他們對傳統溫突的繼承。

平壤鮮為人知的這一面比起矯飾的統一區和光復區更能代表城內的真實狀況，不過菁英階級居住的新建公寓裡也有不少趣事，但這又是另一個故事了……

第六章　日常生活

沐浴在社會主義中

南韓人愛洗桑拿浴。儘管公共澡堂在今天的南韓隨處可見，甚至吸引許多外國觀光客造訪，但令人訝異的是，公共澡堂一直到一九二〇年代才引進南韓。那北韓呢？社會的貧困是否就代表北韓人從沒聽過桑拿浴？

令人驚奇的是，事實並非如此。北韓的公共澡堂設施規模之大，可能沒有一間南韓澡堂比得上，服務品質也不會輸給南韓。這間「蒼光院」是個極寬敞的洗浴場所，於一九八〇年三月向民眾開放。根據北韓媒體二〇〇一年初的報導，開幕二十年來，累計已有三千七百萬人次造訪蒼光院。

蒼光院可說是個「超級澡堂」。建物結構以花崗岩和大理石打造而成，具備游泳池、成排的按摩浴池和淋浴設備、蒸汽室等。蒼光院有自己的酒吧、食堂，向普羅大眾開放，並非獨厚支付外幣的外國人或裙帶關係良好的黨內菁英家屬。

然而這不代表人人都能入內，必須要有入場券才能進去洗個澡，且洗澡時間也有所限制。事實上，蒼光院每天接待約五千名澡客，但想入內的人數遠遠超過這個數字。因此有人凌晨四點就在澡堂外大排長龍，有人則透過工作單位或鄰里人民團體取得入場券。外國人比較幸運，可以在特定日子（星期六）使用澡堂，這一天專門保留給外國人獨享整棟設施，讓當地人相當不滿。不過外國人是奉上強勢貨幣，才得以享受特權。

壯觀的蒼光院地位獨特，但並非獨一無二。一九八〇年代，平壤出現一小批高級澡堂。與蒼光院相比，這些澡堂並不大，但以「正常」北韓公共澡堂的標準來看，水準甚是驚人。然而即使是住在平壤的特權階級，也未必有機會去蒼光院洗澡，他們平常只能去較寒酸的公共澡堂。

在鄉下地區，整個一九八〇年代時建造了不少小型洗浴設施，因此每座城市都有簡化版本的蒼光院，邊界城市新義州的恩德園便是一例。

那麼私人洗澡設施呢？幾乎沒有。幾乎所有鄉下房屋都沒有洗浴設備。這種情形很常見，甚至多樓層的建築也沒有，尤其在平壤外更是如此，頂多廚房有個水龍頭就很不錯了。只有少數北韓人能在家裡洗澡，也非常少人擁有私人浴室。有些稍微好一點的公寓附有小型澡堂，專供住戶使用，但只有少數平壤頂級公寓才會有自己的浴室，而這些豪華居所僅歡迎菁英入住。

因此北韓平民必須選擇：在家燒一缸熱水洗澡，或是去公共澡堂或工作單位的小型洗浴中心。多數人選擇後者，因為即使在最寒酸的公共澡堂，都比在自家廚房洗澡舒服多了。在城市裡，每個區域大都擁有自己的澡堂，較大的廠房和工廠在更衣室附近通常也有自己的淋浴設施。

許久之前，北韓官方曾盡力確保人民會定期洗澡。這是一九五〇、六〇年代「衛生提升運動」的部分措施。這個運動很成功，但若以已開發國家的標準來說，北韓人並不算很常洗澡，一般人大約兩週洗一次。我不會批評他們這樣是忽略個人衛生，因為隨時開水龍頭都有熱水的情況下，保持乾淨很容易，但如果必須花時間去澡堂才能洗澡，那可就困難多了。

典型的澡堂是一間大浴室，裡頭有一小池熱水。人們蹲在浴池周圍的磁磚地或水泥地上，用小桶子舀出熱水沖洗身體。日子好的時候，政府會配發給每個人品質較好的肥皂，其中最優異的當然出產自平壤化妝品工廠。近年來，當公共分配體制出現問題時，人們便須到黑市購買肥皂，或使用品質較低、原本用來洗衣服的肥皂。市場上還有另一種新產品：洗髮精，以前沒人知道這是什麼。現在洗髮精在平壤富裕家庭之間越來越受歡迎，不過一般北韓人仍然用肥皂洗頭。

最重要的還是熱水。即使在經濟狀況最好的一九七〇年代，熱水供應仍不穩定，洗浴中心夏季只能提供冷水。北韓的大城市均使用蘇聯式的熱水供應系統：熱水的加熱設備並非附在每棟房子裡的小型熱水器，而是大型熱能發電廠。加熱後的水會透過隔熱水管，以幫浦打進家家戶戶。如此依靠中央系統的運作方式，讓北韓人民在國家發生危機時特別容易受到影響。

一九九〇年代中期的石油危機使情況更為嚴重。大部分公共澡堂現在每個月僅開放數天，或只在重大節日（例如金正日的誕辰）前開放。到了一九九〇年代晚期石油危機達到高峰時，即便在平壤最高檔的旅館，一天內也僅供應數小時的熱水，且僅供外國遊客使用。一般民眾必須在自家洗澡，前提是他們若還願意把燃料用在這種小細節上。

當然，洗衣服也是個問題。更不用說洗衣機是多麼罕見的舶來品，少見程度好比富裕西方國家的私人飛機。因此人們大都自行動手洗衣服，使用品質低劣的肥皂而非洗衣精，畢竟即使在經濟狀況較好的時期，洗衣精仍難以取得。這表示北韓人民無法太常換衣服，都市人大約每週洗衣一次。

不過我得再次強調，歷史研究早就發現，保持清潔的成本並不低。

幫派和犯罪活動

首爾令外國人印象深刻的一點，是這座大城有著極高的實體安全性（physical security）。若以大部分西方社會的標準而言，南韓犯罪率確實非常低，這點尤其顯示在街頭暴力犯罪的發生率上。南韓也有不少政府貪污、偽造和侵吞公款的問題，但首爾極少發生當街行凶搶劫或武裝搶劫的事件，更幾乎沒有殺人案。破壞公物是西方社會的大問題，但也幾乎未見於南韓；儘管存在青少年幫派，數量也不多。

但北韓的情況就大不相同了。金氏王朝的祕密國度從未公布任何犯罪數據資料，但非官方的證據顯示，北韓的確比南韓更常發生街頭暴力犯罪。以西方都市的標準來看，平壤也許很安全，但青少年幫派也是日常生活的一部分。

沒錯，遇到衝突時，南北韓人對於最終採取蠻力解決的態度大不相同。長期以來，我一直以為這是我個人的主觀想法、不甚可靠的印象，但近幾年南韓人開始遇到大量的脫北者，多數南韓人都有相同的感受。

近幾年來，脫北者必須強制參加學習南韓生活方式的入門課程，提供該課程的是一家特殊訓練中心「統一院」。這間訓練中心風評不佳，因為學生之間常發生嚴重肢體衝突。有時連教職員工也會遭到攻擊，這在南韓是令人難以想像的事，畢竟南韓尊重師長的概念根深柢固！我聽說這件事時，倒不太驚訝。直到一九九〇年代中期為止，脫北者多來自菁英階級，但現在並非如此。他們來自北韓各種社會階層，包括市井小民，而這些人早已準備好在任何必要的時候使用拳頭。

自一九七〇年代以來，流氓次文化一直是北韓的傳統特色之一，幫派大部分的成員是來自社會較低階層的青少年，直到他們去服兵役為止（通常是十八歲）。

在較大的省城，結幫派情形特別普遍。據說有些城市劃分成數區，以免有人不小心闖入敵對幫派的勢力範圍。若不小心侵犯他人地盤，可能導致嚴重暴力衝突，其結果難以預料。

幫派從事的犯罪活動五花八門：當扒手、從食物攤上偷食物、拿走腳踏車和放在中庭的家庭用品等。近年來，流氓有了新的選擇和機會。據稱現在常發生行凶搶劫事件，即便他們顯然不敢攻擊外國人。攻擊外國人可能會招來祕密警察的注意，他們的資源、決斷和殘暴程度都遠遠超過一般刑事警察。

不過，犯罪活動可能並非幫派成員的主要生活。和其他鄰里的「敵人」打群架，和巡警玩捉迷藏，還有其他危險活動，都讓北韓年輕人的生活充滿冒險的刺激。在這方面南韓年輕人就大不相同，他們在青少年時期忙著準備大學入學考試，沒時間去做傻事。北韓年輕人則不需要擔心未來，在「出身成分」制度下，家庭背景早已決定學業和就業之路，僅有少數例外。這讓年輕人多出許多空閒時間，教育程度較低的年輕人也以自己的方式善用了這段時間……

只要幫派不造成社會動盪，政府通常對他們睜一隻眼閉一隻眼，因為大部分幫派成員很快就會去服兵役，退役後回鄉成為北韓社會的中堅分子，這種預測也往往正確無誤。

在前蘇聯和其他前共產國家，街頭幫派從社會轉型的過程中獲得了龐大利益，從事收取保護費的勾當和半合法的買賣交易。在一九九〇年代，曾經的小流氓已轉變為暴徒集團，掌控許多前蘇聯國家的中小企業，至少在首都以外的區域握有大部分控制權。未來北韓也許會步上同樣的後塵，但至少目前看來，街頭暴徒知道自己的角色，向人勒索保護費的更可能是警察而非罪犯。

不過，經濟危機使犯罪率大幅上升，搶劫和偷竊皆隨之增加。為了生存，人們不怕鋌而走險。雪上加霜的是，軍人也越來越常涉入暴力犯罪，士兵偷食物、與市民起衝突的狀況，近十年來屢見不鮮。

北方社會參與幫派活動的人數眾多，形成與南方截然不同的暴力團體和友愛情誼。我常在想，習慣與順從、溫和的罪犯相處的南韓警察，要如何應付北方的暴徒？但我對此抱持樂觀的態度，問題遲早會一步步找到答案。韓國人善於解決看似不可能的問題，早期脫北者的命運也再次確認了這個事實。

高濃度烈酒

韓國人自認是酒國英豪，真的是這樣嗎？去過俄羅斯（或澳洲）的人可能有別的看法，但無可否認，韓國人真的很會喝酒，有時候甚至飲酒過量。此說法對南北韓都適用，但曾是同一個國家的兩方，在六十年分裂期間，飲酒傳統也起了巨大的變化。

北韓最常見的酒精飲料是燒酒（soju）和啤酒。北韓也生產葡萄酒，但品質低劣，不大受歡迎。葡萄酒也不符合人們的傳統口味，北韓人不是認為「太甜」就是「太酸」。在南韓，葡萄酒一九九〇年代開始才逐漸打開市場，但即使是現在，南韓也尚未完全習慣西方進口的葡萄酒（坦白說，當地釀造的葡萄酒也很難喝，沒有比較好）。在北韓，西方葡萄酒仍是稀有的舶來品，大部分人沒有機會取得。當然，社會頂層還是有一小群「行家」，早就習慣舶來品和異國風味，但那些人只占整體人口的極少數。

另一方面，北韓啤酒相對來說品質良好，至少是可以飲用的程度。在近幾年發生經濟危機之前，平壤和其他大城市裡酒館林立，如同其他零售和服務業，皆由政府經營。現在，人們可直接在無數的私人餐館中點啤酒來喝，這些餐館近十年來已遍布整個北韓。但普遍來說，北韓並不以啤酒著稱，傳統的高濃度烈酒才是首選。

最上等的北韓烈酒只供出口，或只有一小部分國家菁英得以飲用。諷刺的是，這類烈酒在北韓被視為難以取得的奢侈品，但一九九〇年代後期開始，便可輕易在首爾購得這些酒，只是在當地既不特別昂貴，也不特別受歡迎。品質稍差的飲料會提供給稍低一層的北韓菁英，最劣等的則屬於一般民眾。

有些北韓烈酒非常奇特，例如「蛇酒」是用「真的」蛇釀造，可憐的爬蟲類被放在罐子裡，浸泡在濃度高達百分之六十的酒精中。「蟻酒」的釀酒方法類似，只是受害者換成螞蟻。在北方，「蛇酒」是高端奢侈品，只有統治階級的最上層（或賺取外匯的人）才有資格享用。蛇酒有「壯陽」功效，眾所周知，而北韓文化和整個東亞文化圈一樣，對於增加男性雄風的追求永無止境。不過，只有少數頂層菁英喝得起這種飲料來提升性慾。

蔘酒的價格則稍微友善一些，但仍是奢侈品，一般人無法購買。其他昂貴的酒類包括平壤和Taegukjang（대극장，「大劇場」之意，是平壤戰後早期的重要地標）酒。

至於普羅大眾喝的烈酒，原先以玉米作為釀造原料，但「親愛的領袖」金正日於一九八四年決定，這樣浪費糧食穀物不恰當。於是從那時起，量產烈酒的原料改為橡實。在某些情況下，橡實甚至可拿來以物易物，交換烈酒：向當地釀酒工廠繳交特定數量的橡實，即可換得一瓶土產酒！

如同其他北韓物品，烈酒也須受配給制度規範。依照官方指派的階級，每個北韓人可獲得不同數量、不同品質的酒，只有幸運的頂層官員可以無上限地享用。若要享受這種特權，必須要是「每日配給分配小組」的一員，也就是政治局官員、黨中央委員會部長（地位相當於政府內閣部長），或菁英部隊的將軍。其他次等階級，甚至連內閣副部長，都必須遵照配給限制。

直到國營配給制度於一九九〇年代中期崩潰之前，北韓平民每年重大節日前（不用說，最重要的當然是金日成和金正日的誕辰）可配給到數瓶烈酒。國定假日當天晚上，民眾會拿到配給券，可供他們購買一瓶燒酒和三瓶啤酒。

在某些家庭重要節慶，例如婚禮或喪禮，人們必須前往地區辦公室領取一些「特別酒」。為了證明符合資格，他們必須提供正式官方文書，證明家裡確實舉辦婚禮或喪禮。

一般標準是每個家庭五瓶，這在大部分情況下並不夠，人們會另想辦法取得酒類。近幾年來，由於公共配給系統失去作用，人們必須透過替代管道才能取得酒類。

想買酒，最簡單的是去當地市場。北韓政府長年試圖消滅私釀酒買賣市場，但最後他們不得不放棄這場苦鬥，因此從一九八〇年代開始，活絡的私釀酒交易就成了北韓市場生活很重要的一環。目前沒有確切統計數字，但私釀酒似乎占現今整體北韓酒類消費市場的絕大部分。釀酒原料來自各種穀物，包括玉米、橡實、馬鈴薯和高粱，酒精濃度通常約百分之二十。

政府原先對經濟的全面控制，近年來已瓦解，小型私營酒館開始出現。這類酒館通常很簡樸，令人聯想到南韓的路邊帳篷酒攤。不過也有較昂貴的餐館，專門迎合外派人員或有能力支付外幣的北韓人的胃口。近來據報導出現微型釀酒廠，可能有黨幹參與營運，該釀酒廠製造出來的黑啤酒品質優良，付上一筆重金即可嚐嚐。

在北韓，酒精是社交潤滑劑，在其他地方同樣如此。一瓶烈酒可能是購買某些服務的付款方式，一般也建議在鄉下路邊想搭便車時，最好隨身帶著一瓶酒。不過，和南韓人不同的是，北韓人民對於女性飲酒非常反感。較年長的婦女喝一兩杯可能沒問題，但大部分情況下，教養良好的女性根本不應該喝酒。

有幸取得外國貨幣的北韓人可能會想去強勢貨幣商店。在平壤的Rakwon（「樂園」之意）超市或其他無數當地分店，幸運的強勢貨幣持有人可以購買所有世界知名品牌的商品，只不過價格是國際市場上的兩倍。

幸運的是，只有菸酒是北韓人少數可取得的成癮物品，北方的非法藥物濫用問題並不嚴重。朝鮮民主主義人民共和國十分積極地經營鴉片生產，但此特殊「產品」僅供輸出海外市場，不提供內銷，也就是說：生產這種成癮物質，是為了對外人下毒……

「收訊不佳，溝通不良」

共產國家的政府常因為某些原因而忽略通訊建設。在鋼鐵廠、發電廠和紡織工廠受到重視的同時，共產政府往往將電話或便捷的個人通訊設備視為奢侈品，而理所當然地忽略。

北韓在這方面也是一樣。在一九四〇年代末期，政府當局接管了日本留下的通訊網絡，以當時亞洲的標準來看頗為先進，但這套設備卻沿用了很長一段時日。就連在國家的重工業迅速發展的黃金時期，通訊設備的進步也極為緩慢。

在家中擁有電話至今都是特權的象徵。一項最近的統計數據顯示每一百位北韓人平均擁有五．二條電話線路，然而這個數據還包括占了許多比例的辦公室電話，事實上國內只有百分之二十的電話線路安裝在私人住宅中。

現存通訊網絡的落後讓情況雪上加霜。到了一九九〇年代中期，全北韓只有平壤使用自動交換機。在過去的十年間，自動交換機終於引進各大城市，但在較小的城鎮及鄉村地區仍需透過接線生人工交換——這是一九三〇年代就從已開發國家消失的技術！除此之外，電話線路常常不穩，且打電話到其他城市既昂貴又耗時（有時候要數小時才接通）。

長久以來，私人電話是受到政府認可的特權階級象徵：只有黨幹部、警察和高階管理人員能夠享有。不過近幾年情況開始改變，政府已開放人民購買國營電話公司的號碼。一個號碼要價約兩百到三百美元，這個金額對一般勞動者是遙不可及的數字，但對一位成功的黑市商人來說十分合理。通話以分計費且相當昂貴，這是一般平民無法使用電話的另一個原因。

公共電話則在一九八〇年代引進北韓，但僅限於數個大城市，且機台數量相當稀少。因此如果北韓人民要打一通緊急電話到別的城鎮，他們通常會直接去郵局。近年來由於經濟危機和日益增加的犯罪率，北韓人民必須申請一個ＩＤ並繳付訂金，才能使用郵局的電話，因為有許多人打完電話就從此銷聲匿跡。

國際電話費則相當高昂——每分鐘五美元以上。換句話說，講一分鐘就要花掉北韓人一個月的平均薪資！此外，許多國家並不在服務的範圍內，例如北韓大部分的電話都無法打到美國，只有某些大型旅館內的電話才有辦法。南韓在這方面當然毫無限制。有趣的是，從南韓無法直接打電話到北韓（不過你／妳可以從香港或其他第三方國家轉接過去）。

另一個北韓特有的現象是買不到電話簿。官方將電話簿視為管制用品，不許一般平民使用。南韓和其他國家的專家從北韓走私了少許的電話簿作為研究之用：本子裡的資訊透露著北韓許多仍不為人知的政府架構。

不過仍有一些大家都知道的電話號碼：報警要打一一〇、急救請打一一三、發生火災則撥一一九。

許多平壤的觀察專家認為，現在的政府當局比從前更了解現代通訊的重要性，但資金的短缺和政府內部的危機使其無法採取任何實質上的行動。

較樂觀的一群人將行動通訊的發展視為北韓開始改變的跡象之一。行動電話於二〇〇二年的夏季引進北韓，一開始僅限最高階的官員、警察和保安人員使用，但後來平民也得以使用行動電話，只要他們有意願、有能力支付七百五十美元的空機及線路啟用費，以及昂貴的通話費。據估計，二〇〇二年夏季平壤共有三千人申辦行動電話。

但這樣的自由並沒有持續太久。二〇〇四年，北韓官方一聲令下沒收所有的行動電話，只有少數高官能在嚴格的控管下繼續使用。實施此種嚴厲手段的原因至今未明，但據各方謠言指出，此事與二〇〇四年四月在龍川郡發生的爆炸案有關。一輛滿載爆裂物的火車突然爆炸，把附近的一切炸得粉碎，並造成數百人罹難，此案至今仍疑點重重。

針對此事，北韓官方難得坦承，公開承認爆炸案確實發生（北韓媒體通常不會提起國內發生的任何天災人禍）。官方的報導堅稱這是場意外，但打從一開始就有謠言指出這其實是場暗殺：以厚重裝甲保護的火車曾在爆炸發生的幾小時前載著親愛的領袖經過龍川站。據傳原先要用來把親愛的領袖和他的隨扈炸得粉身碎骨的爆炸裝置，是由行動電話觸發的！

我們無法掌握爆炸案發生後的確切發展，但可以確定二〇〇四年夏季，北韓人民失去了使用行動電話的權利（上述的少數特權人士除外）。到了二〇〇四年年尾，有些外國居民獲准繼續使用，但到了二〇〇五年七月全北韓只有區區一百人申請復話。

不過邊界地區的狀況大不相同，那兒有許多富人使用行動電話，但連接的是中國的網絡。這是中國的電信公司在邊界附近蓋了許多基地台後才有的現象，原本的目的是服務當地客戶，但業者出乎意料地在邊界的另一端也覓得不少客戶。

這些「境外客戶」通常先請朋友、伴侶或親戚向中國電信業者支付所有的費用，再領取走私過境的中國手機。中國手機對邊界地帶為數眾多的（走私）商人無比重要：他們藉此交換行情、商品的需求狀況、走私的手段，甚至是邊界上衛兵的動向。

這些手機只能在邊界附近通話，實際的收訊範圍因所在區域，以及與附近中國基地台的距離而定，正常狀況下不超過十到十五公里。

人們也用這些走私過境的手機來聯絡中國甚或南韓的親戚，這讓習慣控制所有通話的政府當局非常擔憂，有些報導指出北韓官方曾試著找出使用中國行動電話的人，但他們顯然鎩羽而歸。

北韓發展通訊的過程困難重重。一個國家若沒有先進、穩定而普遍的通訊網絡，就不可能擁有蓬勃發展的現代經濟，但這樣的網絡也會讓平民有諸多機會「結黨營私」，或暗中交換小道消息。北韓官方認為這對政權是相當大的威脅，而這樣的認知相當明智。他們試著兼顧控制和通訊，卻徒勞無功。除了軍事科技外，史達林主義和高科技的相容性並不高，而這大概是件好事。

北方的惡習？

在一六一〇年代，菸草自日本進入朝鮮半島，並迅速受到當地人民歡迎。在短短的數十年間，朝鮮人民不論男女都抽菸，而細長的菸斗成為了上流人士權力地位的象徵。

南韓的禁菸運動在一九九〇年代早期開始奏效，但南韓至今仍是世界上菸癮最重的國家之一。北韓的狀況就更嚴重了，說是每位反菸害人士的夢魘一點也不為過。

至少百分之九十的北韓男性有抽菸的習慣，其中還有一大部分是菸不離口的老菸槍。他們並非不知道抽菸的風險，北韓的學校教導學生抽菸有礙健康且容易上癮，媒體偶爾也會提及此事，但人們似乎沒把這些訊息聽進去。北韓男性通常在十七、八歲就染上抽菸的習慣，從此「至死不渝」。

相反地，年輕和中年女性抽菸則是個禁忌。在南韓，抽菸的女性非常不受認同，但在北韓，對於這種「踰矩行為」的看法更加嚴苛。正如一位脫北者所言：「一個北韓女人一定是瘋了才敢抽菸。」只有五、六十歲的年長女性較不受限，而大部分有抽菸習慣的女性也是快五十歲時才開始。

此外，北韓人特別偏好氣味濃烈的菸草，這讓吸菸對女性形象造成的負面影響更加嚴重。西方人平常抽的紙菸在北韓相當少見，只有菁英階級才能享用。

菸草的嚴重短缺和普遍性的需求，讓香菸成為各種場合送禮及賄賂的首選。黑市商人比誰都還了解，一包香菸通常能說服檢查站的衛兵，別太仔細查驗他的文件，而數包香菸則能讓他們在某些關鍵時刻假裝沒看到你。

北韓出產的香菸共有三十多種，一如其他消費品受到配給系統的嚴格管制。每位男性能根據官方建立的階層制度，配給到一定數量的菸草。金正日及其直系親屬抽的菸則由「萬壽無疆研究所」內的專門實驗室製造；「萬壽無疆研究所」是個負責維持金氏領導人珍貴的健康的特殊研究機構。政府官員則常抽「七寶山」及「樂園」——由大成菸廠製造的過濾嘴香菸。大成菸廠也出產一些供出口的香菸，近幾年有些品牌在首爾的商號裡買得到，而數十年來北韓的各種香菸都能在前共產國家便宜買到。

哪些菸廠負責製造仿冒的名牌香菸則不得而知——這是北韓官方賺取外匯的另一種手段。在一九九五年，台灣警方發現二十個可疑的容器準備運到北韓，裡頭裝著拿來製造仿冒香菸的材料。遭仿冒的其中一家公司表示，這些材料製造出的假香菸，零售價值共為十億美元。

外國香菸在北韓大受歡迎。在能夠選擇的情況下，駱駝和樂福門香菸比起任何國內品牌更得高階黨幹部的青睞。中國和俄國牌的香菸人氣也不在話下。

品質較差的「大眾香菸」則由平壤菸廠製造。這些香菸沒有濾嘴，大致可分為兩類，用進口紙捲成的較為昂貴，用當地紙品捲成的品牌則較便宜。

強勢貨幣的持有者則再次占據強勢地位：他們很容易便能在強勢貨幣商店買到進口的香菸。美國進口的濾嘴香菸是最熱門的選擇，在公眾場合抽美國菸是炫耀財富的最好方式。

官方配給的香菸對許多人來說是不夠的，因此一般老百姓更愛捲菸葉來抽，在市場上相當容易買到且價格低廉。不少農夫在自己的農地上種植品質較低的菸葉，另一群人則從集體農場偷取菸葉來販售。評價最高的香菸產於國境北方與中國接壤處，那裡的菸葉味道特別濃厚，因此價格比南邊省份味道較淡的一些品牌高出一倍。在北韓，評斷「好」香菸的標準直截了當：尼古丁含量越高越好。因此私人攤販的廣告詞通常會是：「濃香菸」、「特濃香菸」或「濃到你無法呼吸」！

除了菸葉，香菸也能在市場上買得到。但價格高得相當不合理：一包國產的濾嘴香菸動不動就要半個月的平均薪資。

對菸葉的愛用者來說，捲菸紙才是最大的問題。品質最好的紙非《勞動新聞》日報莫屬，但通常只有大小黨團的祕書能夠藉由訂閱來取得。與祕書沒有私交的人只能使用其他報紙，而且他們要非常小心，絕不能撕毀上頭任何一張偉大領袖的圖片！這在北韓是嚴重的踰矩行為，甚至會被當政治犯處置。

女性抽菸則是另一種踰矩行為。許久之前直到一八八〇年代，朝鮮半島上的女人和男人都抽菸，不過在日本殖民時期結束時，抽菸便被視為高尚女性不該從事的「不得體行為」，至少對某個年齡以下的女性是如此。在南韓，五、六十歲的阿姨們抽菸是很常見的事。但在北韓幾乎看不到五十，甚至是四十五歲以下的女性抽菸。有些（可信度仍待商榷）報導提及，在一九六〇年代曾有女性因為吸菸而遭逮捕並送往勞改營。就算那些故事所言非真，每一位資料提供者都告訴我，吸菸成癮的女性在北韓絕不會有什麼好下場。幸運的是，很少人願意冒這個險。不過國內的老菸槍們大概把她們該抽的份都抽完了……

七器到手，富可敵國

「他們家真他媽的有錢欸，七種玩意兒都有啦！」你／妳在北韓街頭可能會因為這樣的說法而一頭霧水，不過每個北韓人都知道所謂的「七器」是哪些東西。在北韓，這七種器物象徵著崇高的社經地位。名單上的物件變動過不少次，而在二〇〇〇年代初期包含：電視機、電冰箱、洗衣機、電風扇、縫紉機、錄影機和照相機。

僅有極少數的北韓家庭擁有「七器」中的每一樣。在一九九〇年代中期，整個「套裝」在黑市上的平均價碼是三萬北韓圓，大約是一個工人平均年薪的三十多倍，在南韓則等同於六億韓圓！當今的價碼略有不同，但購買上的難度基本上差不多。

在所有的器物當中，電視機是最普遍的。今天大約百分之四十的北韓家庭都擁有電視機，即便在國內的分布情況十分不平均。

錄影機曾有一段時間不在「七器」的行列之內，但情況似乎正在改變。直到數年以前，擁有錄影機的人數仍相當稀少，只有個位數百分比。近期中國DVD播放器的普及，造成走私到北韓的二手錄影機價格大幅下跌。二〇〇一到二〇〇二年，平壤市內每十戶就有一戶擁有攝影機。這些攝影機最常見的用途是觀看經由中國非法走私的南韓影劇。

大約百分之二十的北韓家庭擁有相機，其中有大部分是蘇聯製的舊式手動相機，雖然光感不錯，但業餘使用者不易操作。你／妳必須擁有足夠的專業知識和技術才能拍出一張好照片，而這些知識和技術在先進國家通常專屬於專業攝影師。北韓人需要正式用途的照片時通常會前往照相館，讓專業攝影師為他們拍攝、沖洗照片。

電扇則較為普遍。當然，北韓人從沒聽過「空調」這種東西，不過只要有支電扇，就能讓濕熱的北韓夏天好過一些。

洗衣機和電冰箱就真的是奢侈品了。一九七〇年起國產的洗衣機便開始出現，但就連在平壤也沒有太多家庭能買得起。

縫紉機在北韓相當重要，因為大部分的人仍自己用手縫衣服。北韓的狀況約和一九〇〇年代西方成衣工業尚未興起時差不多。在配給系統仍正常運作時，北韓人會收到政府配給的布料，再自行縫製成衣服。因此，縫紉機是相當實用的工具。

北韓人民能夠透過國營商店以低價買到電視機和「七器」中的其中幾樣，不過須等上數年取得允許後才能購買，在其他商店裡則絕對買不到。然而洗衣機和電冰箱無法透過官方途徑購買，就連在「太平盛世」時也不行；唯一的取得方式是透過黑市。近年來配給系統完全停擺，黑市便成了擁有「七器」的唯一途徑，前提是要有辦法拿得出平均年薪三十多倍的鈔票……

制服的國度

許多人認為，共產政府愛看他們的人民穿著制服。這樣的想法無疑是種刻板印象，但許多刻板印象中的確有著幾分真相，而制服這檔事也不例外。共產國家穿著制服的人口比例的確讓人眼睛為之一亮。

北韓在這些注重儀容的國家中可說是鶴立雞群，北韓各大城市的街上，穿著制服的人數非常驚人：一天的任何時分，你／妳身邊穿著（類）軍服的人可能高達四分之一。我認為北韓可能是世界上最重視制服的國家。

這些身穿制服的人是誰呢？為數最多的當然就是軍方人員了，北韓有支令人印象深刻的軍隊，總人數至少有一百二十萬。沒有一個共產政府能抗拒那誘惑，不把軍人當作免費的勞工來利用，但北韓可說是把軍人利用到極致了。許多北韓軍人鏟子拿得比步槍還熟練。

每年春天，軍人須奉派到鄉村地區種植水稻或玉米，而這批「作戰行動」至少會持續兩個月；到了秋天便負責收割。此外，他們一年到頭都可能被派到國家的各個角落充當建築工人。

北韓政府一天到晚要軍人做些無關軍事的雜事，有些令人難以置信，例如到山中採集草藥，或載運生活用品。政府甚至要求武裝部隊生產自己大部分的糧食，朝鮮人民軍擁有自己的農場體系，規模相當龐大，且多由義務役軍人負責營運。

簡而言之，北韓軍人大部分的勤務基本上都是與軍事無關的雜務。在此僅舉數例：一九七〇年代軍方單位建造了平壤的地鐵；一九八〇年代幾個步兵師在南浦特別市興建西海水閘；一九九〇年代初期，北韓軍人協助鋪設了平壤電車的軌道。說朝鮮人民軍的角色等同一家巨大的國營建設公司一點也不為過。

研究者估計北韓軍人平均有三分之一到二分之一的時間在從事農業或建築工作。只有少數幾個菁英戰鬥單位，例如在非軍事區附近的駐軍，才能「倖免於難」。因此朝鮮人民軍的成員不只是軍人，還是農夫和建築工人。

這些軍人工作很沒效率是顯而易見的事實，而在北韓，絕大部分的事業都是如此。安德魯．赫洛威（Andrew Holloway）在他的平壤回憶錄中曾引用一位一九八〇年代平壤常客的話：「我從沒看過有人這般努力工作，成就卻如此渺小，不管是製作手工藝品或造橋都一樣。」

平壤市內隨時都有許多執勤中的軍人，守護著政府建築或其他「重要地點」。例如平壤市中心有個用柵欄圍起來，占地廣大的區域，裡頭住著許多政府菁英；通往這座「小天堂」的大門總有許多表情嚴肅、身材健壯的女性嚴加看守（因為某些原因，這裡的衛兵大部分都是女性），她們身穿整齊的軍服，手上拿著AK-47突擊步槍。平壤市內或市郊的山丘上頭，也有許多軍人日夜駐守著防空砲台。

平壤市內的男女警員也非常多。女警主要的工作是指揮交通，這在一個二〇〇〇年代初期才有紅綠燈的城市極其重要。當時紅綠燈出現在主要幹道的交叉口，女警們也暫時消失了一陣子，不過沒多久紅綠燈馬上遭到置換——女警

平壤曾經有過紅綠燈，但不久後著名的「交通服務員」便重出江湖。（攝影：克里斯多福·莫里斯）

指揮交通的效果還是較佳，且她們的薪資低到不成問題。踏著整齊優美步伐的交通指揮官早已是外國攝影師和北韓官方畫家的靈感來源。官方在找人時顯然把相貌和身材都加入了篩選條件之中。

另一方面，打擊犯罪的「普通警察」在平壤並不太常見。不管在北韓或南韓，街頭犯罪發生的頻率都非常低，因此市街上並不需要太多警察來嚇阻犯罪。

不過並非所有身穿制服的人都是軍人或警察，北韓境內的許多群體也須穿著制服。首先是「突擊隊」的成員，這些年輕男女大都在建築工地勞動，有時則在工廠裡做些技術層級較低的工作。

年輕人一從高中畢業，就會被徵召到這個單位裡。更確切地說，政府會根據高中畢業生的學業成績和家世背景來決定他們的未來：「有關係」和／或功課好的繼續念大學，大部分的送去當兵，運氣較差的一批則分派到「突擊隊」。「突擊隊」還依性質分為數類，其中「高速青年戰鬥小隊」的地位最高，待遇接近正式的軍事單位。隊員參與一些具政治意義的重要建築計畫，例如豎立偉大的領袖的雕像，或建造紀念碑來讚美他的榮耀。不過其他多數役男運氣就沒這麼好，奉派到其他名聲、待遇較差的單位。

「突擊隊」的組織比照軍隊，以「旅」為最大單位。隊員們集中在軍營裡住宿，並接受基本的軍事訓練。換句話說，他們的生活與義務役軍人差不多，但分配到的物資及社會地位卻比義務役軍人低上許多。「突擊隊」的成員穿著綠色制服，他們的軍階反映在徽章而非肩章上。

另一批穿制服的人則是地鐵和鐵路工人。每一位地鐵工作人員都穿著深藍色軍事風格的制服，上頭別著說明位階的一些標誌。有些地鐵職員是被「徵召」到該處服務的，在服役數年後，他們一樣必須回到營區，接受軍事管理。地鐵和鐵路工作人員大都是有著圓形臉龐的年輕女性，明顯來自鄉村地區。儘管工作內容累人，鐵路人員的社會地位相當崇高。不過根據官方的說法，在平壤做什麼工作都很棒。

穿著制服的還有其他數種職業，礦工便是其中之一，即便在平壤很少見到他們的蹤影。在朝鮮民主主義人民共和國，礦工也以「連」和「營」為單位接受軍事管教。

當然，所有學校的學生都須穿著制服，就連大學也不例外。在較早的年代，政府要求學生在校內和校外都須穿著制服，不過在一九九〇年前後這項規定逐漸鬆綁，而今天絕大部分的學生都只在上課時間穿著制服。小學生和中學生甚至要列隊上學，一路高唱進行曲讚頌親愛的領袖的無邊智慧！

這些關於制服的大小事，讓人們把北韓社會和軍事管制畫上等號。這樣的看法的確有些道理，但並非千真萬確。北韓人民不是機器人，即便官方亟欲用一種酷似機器、泯除個人特色的方式來展示他們。

第七章　娛樂與時尚

時尚一波接一波

西方世界對共產國家的既定印象之一，就是城市裡的女性都穿著醜陋且單調的服裝。事實有一部分確是如此，因為在國家社會主義之下，輕工業絕不可能發展得太好。有些共產國家的政府刻意使用最樸素的衣著來妝點他們的女性同胞，毛澤東的中國便是最明確的例子。不過其他的共產國家很少刻意忽略時尚，只是由於某些意識形態上的考量，他們即便費盡心思也無法將時尚駕馭得很到位。

令人驚訝的是，北韓在時尚方面並不如其他層面一般「與世無爭」。世界各地的時尚潮流總是有辦法來到平壤，即便時間上遲了些。在一九五〇年代，許多富裕的北韓男性和女性模仿他們在蘇聯及東歐電影中看到的穿著，而當時的蘇聯正極力模仿西方的流行風格。當然這些富裕且擁有高學歷的都會女性在北韓非常稀少，大部分的女性都相當貧困，只穿得起最傳統的服裝。

若硬要找出北韓時尚的「空窗期」，可能是一九六〇年代。當時的民族純粹主義，以及來自毛澤東的中國的影響，使政府當局開始圍堵蘇聯（亦即西方）的時尚。在這十年間，所有的女性都須換上改良過的傳統服裝：白色上衣和深色裙子。與舊式傳統服裝最大的差別在於，新版的裙子短了許多，只有及膝的長度。

到了一九七〇年代，時尚回歸北韓境內。一九七〇年四月，金日成下了一道「訓令」：「製造更多彩色服裝，以滿足不斷茁壯的平壤市，以及其他城市的需求。」當然，布料的短缺一直都是北韓時尚產業發展的最大困難。不過這道政令等同為新的時尚潮流背書，因此在一九七〇年代，越來越多女性拋棄她們的（類）傳統服飾，穿上具西方現代風格的衣著。

於此同時，南韓的時尚也開始影響北韓。當然，只有極少數人有辦法親眼看見南韓人、閱讀南韓的雜誌，或觀看來自南韓的電影，不過這些北韓菁英很快便開始模仿南韓最新的時尚潮流。市井小民接著模仿上流人士，於是「南韓穿搭」很快傳遍全國各地。一九八〇年代北韓都會女性的穿著與一九七〇年代流行於南韓女性間的穿法像得可怕。這也代表南韓逐漸被視為值得模仿的國家，至少在消費文化上是如此。

一如其他共產政府，北韓官方試著控制這一切。在一九八二年，金日成曾對最高人民會議（北韓的最高權力機關）表示：「女性穿著無袖或低胸的服裝與社會主義的生活形態背道而馳！」

不過在一貫地把這樣的發言當作「史達林式的愚蠢」，好好嘲弄一番之前，我必須更謹慎一些。約莫同一個年代，南韓官方對迷你裙的抵制也越來越嚴厲，甚至訂定法律來規範迷你裙的長度（不可短於膝上十七公分）。北韓官員則要他們的人民穿著適當長度的裙子，「以恪守社會主義的生活形態」。就算是在相對開放的今天，北韓女性的裙子仍須「安全地」蓋住她們的膝蓋。

長褲則是另一個爭議點，北韓政府長期以來禁止平壤及其他主要城市的女性穿長褲工作時穿長褲是「合法」的，但下班以後，端莊的北韓女性便必須「穿得像個女人」，亦即穿上裙子。穿得不夠得體的女性可能會被街上的巡警送回家。所幸到了一九九〇年代中期，政府對穿長褲開始睜一隻眼、閉一隻眼，而今天各大城市的女性已經可以依個人喜好穿著長褲（不過一有機會，政府還是會大力宣導少穿長褲）。

不過就算有這些純粹主義的禁令，時尚在北韓仍存活了下來。一九八八年於平壤舉行的「世界青年與學生聯歡節」（World Festival of Youth and Students）讓時尚產業進一步蓬勃發展。這場規模龐大的國際左派青年聚會吸引眾多的外國人來到平壤，是許多當地人一生中見過最多外國人的一次。本次活動讓北韓居民再次對現代時尚燃起濃厚的興趣，在一九九〇年代初期，北韓甚至將這次典型的資本主義文化狂歡譽為一場「服裝秀」！

當然，只有一部分的北韓女性能穿得像她們的南韓同胞一樣。大部分的北韓女性都太窮了，不過她們總是努力嘗試。

近年來，經由中國走私而來的南韓影帶對北韓上層社會的穿著與髮型影響重大。南韓的時尚從沒這麼快傳到北韓過；上一年在首爾流行的事物，這一年就能在平壤街頭看見。二〇〇五年夏天，數名商人在中國的丹東接受訪問，丹東市是中國與北韓合法、半合法或非法交易的大本營。他們表示某些型號的窄管褲在北韓女性之間相當流行——「那些身材穿得下的」。這些長褲大都在中國依照南韓的樣板縫製。

這樣的風潮甚至成了北韓官方關切的焦點，他們認為年輕人願意模仿南韓的生活形態，代表他們越來越嚮往南韓的民主和富裕。他們說的應該沒錯：我還記得一九七〇年代牛仔褲和美國音樂在蘇聯相當流行，蘇聯政府認為這是個政治上的威脅。當時許多知識分子不同意這樣的看法，甚至大肆嘲笑，但事實終究證明蘇聯政府當時說對了。若說做不出好看的牛仔褲是蘇聯瓦解的原因也許太誇張，但對西方消費品的嚮往的確是蘇聯年輕人對其體制失望的主要因素。看來這樣的故事正在北韓重新上演。

放假的時候到了

沒有人不喜歡假日。即便統治者想要藉由假日傳達一些不食人間煙火的政治或宗教訊息，被統治者仍會把假日視為休閒放鬆的好日子。這件事不知從何開始就是真理，而在北韓也不例外。儘管北韓的假日以共產國家的標準來看，政治意味仍相當濃厚，但北韓人民喜歡放假的心絲毫不受影響。

北韓的假日基本上分為三類，第一類是「政治節日」，例如金日成或金正日的生日。目前一年共有十個這樣的節日，而節日清單時有增減。第二種是從一九八〇年代末開始實施的「傳統節日」，例如政府在一九八八年宣布「秋夕」（或稱「韓國感恩節」）全國放假一天。第三種則是「職業假日」，例如九月五日的「教育節」，或八月二十八日的「海軍節」，特定行業的國民在當天得以休假。

每年的政治節日從二月十六日——金正日的誕辰紀念日開始，慶祝活動持續兩天，方能紀念這個偉大的事件。當時在任的偉大領袖在一九四二年生於前蘇聯，但官方的政治宣傳堅稱這個偉大的歷史事件就在北韓境內發生，而且還是在長白山的山坡上。

每年的三月八日，舉國上下慶祝婦女節。北韓在這方面遵循了前共產陣營長久以來的傳統。幾十年前，婦女節的宗旨在於慶祝「女性大眾」的革命意志，但隨著各大共產政權逐漸失去先前力挺女性的理想，現在的婦女節改而慶祝母親的偉大和太太的辛苦，政治意味已沖淡許多。

每年四月，全國官民歡慶一個重要的政治節日——國父金日成的誕辰紀念日。金日成生於今平壤近郊萬景台的一個村落，而這座村子、以及偉大的領袖／共和國的太陽數不清的雕像，都是官方要求人民前往朝聖的地方。「人民班」的領袖會確認每個人是否確實前往指定的雕像朝拜，並在雕像前方放置花束。將花束放好之後，忠臣的子民必須對開國領袖的銅身滿懷敬意地鞠躬。平時在北韓各大城市不甚常見的花束，會在這個特別的日子分配到人民手上。

緊接在後的是四月二十五日的軍人節，在一九九六年才成為全國性的假日，顯然是為了強調金正日「軍事第一」的政策。

五月一日是「國際勞動節」，長久以來被全球的共產黨人及左翼人士視為工人團結合作的象徵。我們能在這個節日聽見甚少提及的國際精神。共產政權通常有極強的國家意識，而北韓更是其中之最。但在每年的這一天，官方仍會說說這個節日有何國際上的傳統，即便慶祝的規模較其他節日小了許多。

七月二十七日是北韓的「祖國解放戰爭勝利節」。一九五三年的這天，兩韓簽訂停戰協定，韓戰宣告結束。北韓一向堅稱韓戰是美國和南韓掀起的，最終的結果是勝利的，因為他們已將「侵略者」逐出親愛的祖國。

八月十五日則是「祖國光復節」，這是唯一一個南北韓皆會慶祝的非傳統節日。在一九四五年的這一天，日本結束了在朝鮮半島的殖民。接著便是九月九日的「共和國創建日」。一九四八年的這天，平壤的最高人民會議在朝鮮半島的北部宣告了共產政權的建立。

十月十日是朝鮮勞動黨的創建日，官方的歷史堅稱一九四五年的這天，金日成創立了現正統治國家的朝鮮勞動黨（這其實是由官方史家捏造的其中一段歷史）。

一年的政治節日在十二月二十七日告一段落，當天是慶祝立憲的「社會主義憲法節」。

除了十個政治節日，北韓人也慶祝傳統節日，現在有五個受到官方的認可，不過數量一直都在改變。

北韓政權和傳統文化的關係從來就不是件簡單的事。《春香傳》（*Tale of Ch'un Hyang*）便是一個最好的例子，這是個關於使道（官名）的女兒及一個年輕男子的傳統愛情故事，首先被官方譽為北韓精神的象徵，後來卻被詆毀成封建價值的表述，經過一段時日，官方再次高聲讚頌這個傳統。

北韓官方對民俗傳統的態度同樣搖擺不定。在一九五〇年代，大部分的傳統儀式都遭到禁止，因為官方認為這些儀式帶有高度的宗教性，而宗教是種必須徹底根除的，邪惡的迷信行為。因此像秋夕（韓國感恩節）或陰曆新年等傳統節日在當時並未獲得官方的認可。

政府當局在一九六〇年代採取了更激烈的手段來消除這些「落後的傳統」，將昔時慶祝的節日全部廢除，而堅守舊傳統的國民可能會在眾人面前被羞辱一番。

不過這些傳統最終得以回歸。政府當局在一九七二年允許人們遵用一些傳統的喪葬習俗，是政策改變的開端。自彼時起，人們終於能夠好好清掃祖先的墳墓，奉上供品安慰他們寂寞的在天之靈。

一九八九年官方進一步承認「四大傳統節慶」並將其定為國定假日，不過這些節慶的地位遠不如金日成或金正日壽誕，以及朝鮮勞動黨創建日等政治節日。八大政治節日（加上每年的元旦）是無條件的休假日，而「四大節慶」雖然也是公眾節日，但「勞動的大眾」

必須在下個星期天補上班，這樣的規定至今皆未曾改變。

由於數十年的禁令，北韓人們早已忘記如何慶祝這些節日。北韓媒體近年來付出許多努力教育人們：廣播和報紙上的文章向人們解釋如何製作「打糕」（一種糯米點心），以及「柶戲」（一種與節慶息息相關的傳統遊戲）的玩法。媒體也告訴人們節慶時該穿什麼服裝、進行哪些傳統儀式。

陰曆新年是「四大節慶」中的第一個節日，日期是陰曆上第一個月的第一天（通常是陽曆的一月底或二月初）。南韓也會慶祝這個節日，但隆重程度遠不及北韓。

第二個節日是相當重要的「秋夕」，它在一九八八年獲得官方認可，足足比其他三個傳統節慶早了一年，重要性可見一斑。秋夕的日期是陰曆第八個月的第十五天，國外常稱之為「韓國感恩節」。一如他們在南韓的同胞，北韓人也在秋夕當天掃墓，並向祖先奉上傳統的供品。不過因為大眾運輸系統的載客量相當有限，在北韓掃墓要比在南韓困難多了，但人們還是盡全力遵守這個習俗。

南韓並沒有慶祝剩下的兩個節日，或精確點說，這兩個節日未被列為國定假日。就像秋夕和陰曆新年一樣，「端午」和「寒食」節都帶有中國的淵源，並在許久之前就成為了朝鮮傳統的一部分。

寒食節的日期是冬至後的第一百零五天（通常是四月初）。根據傳統，人們在這天不許在自己家中的爐灶點火，節日因而得名。端午則是陰曆上第五個月的第五天，標示了夏天的開始並紀念祖先的在天之靈。

除了這四個傳統節慶，北韓還有另一個非政治亦非傳統的節日——為期兩天的陽曆（西曆）新年（每年一月一日及一月二日）。陽曆新年的各種活動並不特別鋪張，而北韓官方也將這樣無辜的節日漆上了政治色彩——在每年的一月一日，人民必須到最近的偉大領袖雕像朝拜；他們必須深深鞠躬，並宣誓自己會永遠效忠。

這些「山盟海誓」是否真的發自內心？許久以前應該是的，但在這一、二十年間情況改變了不少。無論是因為習慣、恐懼抑或殘存的熱忱，北韓人仍恪守這樣的規定。傳統啊，一但建立，就很難消除了吧……

休閒活動

在過去，北韓人基本上沒有時間從事休閒活動：他們總是忙著尋找食物和收入，不過情況正逐漸改變。我在一九八〇年代中期第一次造訪北韓，儘管這個國家當時還是個極端的獨裁政權，只要有心，人們還是能找點樂子。

北韓人民在經濟發展尚佳，但思想控制嚴厲的一九七〇和一九八〇年代如何休閒？有電視的人會在家看電視，其他人則去看看電影（如同其他地區，電影院是約會的最佳場合）。不過這些由官方提供或認可的娛樂通常相當無趣。電視節目總是說著金日成在中非農夫和南韓店員之間飽受愛戴的故事，電影則盡是些工人辛勤工作的模範事蹟，一切的一切都是為了跟上萬能的領袖的腳步。

不過北韓人的一項專長讓他們得以自娛娛人——他們擅長安排作息，挪出專屬於自己的時間，並與眾人同樂。南韓人以及世界上其他人都曾經擁有這種能力，但在電視機和電腦遊戲普及後，在個人主義和財富水漲船高後就喪失不少。

在北韓，野餐是最受歡迎的休閒活動之一，在取得簡單的食物還不太難的一九八〇年代尚稱可行。事實上，兩韓人民都非常喜愛在戶外或山區吃吃喝喝。每當假日來臨，便能看到大批的人們造訪平壤市內的公園。有時大群的野餐客旁會停著一輛巴士，表示整個工作單位都在和他們的家人野餐。人們有時會搭起簡易的桌子，或在地上放塊大一點的布料，接著便開始大快朵頤。人們會輪流唱歌、玩遊戲、進行一些陽春版的運動比賽，而跳舞是一定少不了的。

社交舞曾於一九五〇年代中期在大城市的年輕男女之間廣受歡迎，卻在一九五〇年代末被視為一種糜爛的消遣而遭到禁止，直到三十年後才解禁。在一九六〇及一九七〇年代，官方只允許充滿政治訊息的「革命舞蹈」——這種舞蹈並非雙人舞，而是一大群人一起跳。有些舞蹈的名稱簡直是意識形態的化身，例如小學生常跳的「我沉甸甸的機關槍」；不過野餐客們跳的團體舞則較具實際內容。到了一九八五年左右，政府終於再度允許人們在公共場合跳雙人舞。在一九九〇年代之前，錄音機在北韓都是種奢侈品，雙手因此充當了樂器的角色。

打牌也是相當熱門的休閒活動。南韓人喜歡使用日本的「花牌」（十六世紀葡萄牙卡牌的變體），北韓人則大都使用由蘇聯進口的歐式卡牌。一九七〇年代晚期，政府禁止人們在公共場合玩牌（但人們仍會在朋友家裡玩）。到了一九八〇年代，這樣的禁令才解除。

朝鮮人很會唱歌，而北韓人更是如此。在週末的晚上，你／妳常能看到一群人圍著一位吉他手席地而坐。在大部分的地區，吉他無疑是最受歡迎的樂器。

人們在街上總是哼著歌，曲目和收音機裡聽到的完全不同：他們喜歡抒情的曲調，而非軍事風格的進行曲。然而這些抒情歌曲裡頭仍有關於偉大的領袖金日成（一九八〇年代起則是親愛的領袖金正日）的訊息。在北韓沒有一首曲子的歌詞和政治脫得了關係！一直要到一九九〇年代末南韓的歌曲開始流行，且得到政府的批准後，北韓人民才聽到第一批與政治無關的歌曲。

在重要節日，人民大學習堂附近的金日成廣場會舉行跳舞活動，政府會邀請在平壤的外國居民共襄盛舉——晚間七點半準時開舞，活動將持續約一個小時。男性通常會穿上自己最好的一套西裝，女性則穿著色彩最絢麗的一套傳統洋裝前來。

北韓人們並非被洗腦洗得徹底的機器人，他們的樂趣也非來自邊踢正步、邊唱親愛領袖的歌。他們也會工作、戀愛、維持家計、養兒育女、享受性愛、（在經濟狀況許可時）享受美食、和老闆吵架、聊聊八卦、喝得爛醉，正常人類會做的那些事情，肯定也少不了他們的份。

第八章 婚姻、性，和愛情

誰是我的理想伴侶

在北韓佳麗（或她們父母）的眼中，理想的丈夫應該具備哪些條件呢？這個問題很難回答，因為青菜蘿蔔各有所好。有些女性的夢想是嫁給藝術家或流行歌手（沒錯，北韓也有所謂的「流行偶像」）；有些人不太在意社會地位或財富，只想嫁給自己愛的人；也有人認為喜歡與否或社會地位都不重要，嫁個堂堂正正的人才是最明智的選擇。不過，北韓也有些為了成功、財富或安逸的生活才結婚的「物質女性」。

這些較現實的女孩子挑選的對象隨著年代而改變，而這段改變的歷程訴說了北韓的社會史。在一九七〇年代，黨幹部或軍官是女孩們理想的結婚對象，因為這些男性權力大、特權多。他們的兒女能獲得最好的教育，優渥的糧食配給也能保證全家人衣食無虞；相較之下，嫁給市井小民雖然餓不死，但也吃不飽。看重金錢的女性也會優先考慮這類型的結婚對象。

到了一九八〇年代情況開始改變：黨幹部被外交官、國際貿易專家和……水手比了下去，換句話說，能夠定期接觸外幣的人成為了首選。水手列在名單上的原因在於他們經常造訪國外港口，因此會拿到一些以外幣支付的小費（他們能用這些錢在海外買東西再拿回國內兜售，換得一筆不小的利潤）。

自一九八〇年代起，強勢貨幣商店在北韓菁英的生活中越來越重要，擁有「帝國主義者的貨幣」或日圓的幸運兒能夠買到一般平民夢寐以求的商品或服務。能藉由工作領到外幣的人們因此受到極大的關注，尤其是未來結婚對象，以及他們雙親的關注。

在過去的十年間情況再度改變。一九九〇年代中期的饑荒嚴重破壞了北韓官方數十年來費心建立的社會階層。人們在官方階級制度中的位置重要性銳減，相較之下個人的財力重要得多。在今天的北韓，富有的黑市商人成了那些「物質女性」及其雙親首先關注的對象。

許多黑市商人來自出身成分低劣的家庭，不過人們今天大都會忽略這點。在過去，不良的出身成分可能會毀掉一個人的人生。舉例來說，一位脫北者的二表哥或一九四五年前地主的孫子基本上無法取得任何權力，甚至連個白領職位都難以取得。如今他們的家世背景已不會阻撓他們在市場上賺錢，或在中韓邊境走私貨物，而在今天的北韓社會，錢是最重要的東西，有錢還真能使鬼推磨。

人們對另一個族群的態度也有所改變——一九五〇年代末、一九六〇年代初從日本移民到北韓的十二萬戶韓裔日本人。這個族群的定位一直都很模糊：政府當局認為他們在政治上不可靠，但在經濟上相當「有用」（以他們的專業技術和從日本「吸金」的能力而言）。出身成分高的家庭對他們總是敬而遠之，因為這些「日本人」常和官方有所齟齬。日本家庭的婆婆也以對媳婦嚴苛為名，而這在北韓社會並不是個小問題。今天這些考量已經不復存在，這群「歸國者」因為能輕易地從日本取得外幣，而成為婚姻市場上的佼佼者。

在今天的北韓，富有但出身成分低的個人（或家庭）與社會階層高但口袋空空的人聯姻的狀況非常普遍。這樣的婚姻令人想起十九世紀歐洲，富有的企業家常和貧窮的貴族結為連理。不過出身成分低的有錢人從這樣的「交易」中能獲得的越來越少，因為重視出身的年代已經漸漸遠去。

出身成分優良，工作又好的男性（外交官、水手、飛行員等）在尋找結婚對象時必須特別小心。配偶的出身成分絕不能有問題，因為她們的家人只要出了一點小錯，就可能毀掉他們的職業生涯。

我們會不會太現實了呢？希望不會。不過也有許許多多的年輕男女完全不在意這些現實的考量。無數的好男好女在對方家庭遭遇嚴重問題時挺身而出，而他們的故事絕對值得一提……

政治宣傳、性，與愛情

在一九八〇年代中期，蘇聯經濟改革剛開始的那段日子，蘇聯和美國大眾有過幾次電視直播會議。在其中一場會議上，有人要求一位蘇聯女孩說說蘇聯平民的性生活，她的回答讓她一夕爆紅：「我們在蘇聯不做愛的。」

早期的共產主義對女性相當支持，且對性抱持著開放的態度，不過這樣的自由並沒有持續太久。一九三〇年代起，蘇聯官方對人民的性活動感到不安，能不提就盡量不提。因此在史達林的蘇俄，極端的禁慾主義和某種程度上的父權思想定義了整個社會的性規範，而這樣的思想在一九四〇年代末傳到了北韓。

不過若與北韓官方在這方面花費的心力相比，史達林旗下的官員還算有所保留。有時北韓乍看之下真的是個「不做愛」的國家，但事實並非如此……

回顧一九八〇年代，我有位俄國的女性朋友時年二十多歲，在一家北韓和蘇聯合開的企業擔任口譯員。她絕對不是個保守的女性（不管電視會議上怎麼說，蘇聯的「性革命」在一九八〇年以前就已經到來），但她仍對北韓女同事開黃腔的頻率有些震驚。整個夏天當女孩們獨處時，北韓女性總會不斷詢問蘇聯男孩們的性偏好，並與同胞們興高采烈地討論相關的話題。這些對性愛與致勃勃的北韓女性對我的朋友造成不小的衝擊，因為這與蘇聯時代晚期人們對北韓人的印象完全不搭：他們不都是被洗腦洗得徹底，隨時踢著正步的機器人嗎？

當然，北韓官方對性的態度截然不同。北韓的每一位小說讀者都知道，性慾一定和「壞人」有關——暴虐的美軍士兵、狡猾的日本間諜、殘忍的地主、城府極深的南韓資本家性慾總是特別強。那些「好人」們——想法單純、奮力工作的北韓人基本上與這種「低下的欲望」無關。他們之間只有「純純的愛」，沒有一絲任何肉慾感。而在官方的宣傳藝術中，北韓社會被描摹成一個「無性社會」。就連柏拉圖式的男女關係，在北韓歷史上的某些時期也會受到官方的質疑（不過過去二十年來，官方對「純純的愛」的標準已經寬鬆許多）。

北韓社會真的與性愛如此無關嗎？答案是肯定的，也是否定的。北韓人在他們的日常生活中無疑需要遵守許多規範，而這些規範大部分來自儒家思想，而非共產思想。

不過，並非人人都恪守儒家提倡的這些「性道德」：數個世紀以來，受到規範的似乎都是女性或下層階級。在古代朝鮮，男性菁英階級將調戲女性視為一種正常的消遣，甚或一件值得誇耀的事，宮女和嬪妃則為他們提供了宣洩的管道。

這段歷史在今天的北韓仍有幾分真確。數十年來，平壤的紈袴子弟及親愛領袖的風流性事為人津津樂道。當然這些故事可能是南韓右派分子捏造的政治宣傳，不必盡信。但有許多獨立的報導指出，北韓的權力階級自認不受官方的道德規範限制。

我指導的研究生有一份研究，讓我更加質疑北韓菁英分子對外宣稱的「清心寡慾」。這份研究聚焦於一九五〇年代的北韓文學與作家，與性愛幾乎無關。不過在研究過程中，研究者蒐集了大量的第一手資料——私人信件、訪談、未出版的手記等等。這些資料的內容完全顯示一九五〇年代平壤菁英分子淫亂的程度，完全不下同時期的好萊塢。前者和後者的表面功夫都做得恰到好處，成功掩蓋了令人咋舌的事實；有些證據讓我懷疑後來幾十年的狀況也如出一轍。

菁英們的生活真是精采……但市井小民的生活受到的限制可多了。一直到一九七〇年代，絕大多數的婚姻仍是由雙方父母所安排，而女性一直到結婚都必須保持貞節。同儕壓力和官方毫不間斷的宣導達到奇佳的效果。在一九六〇和一九七〇年代，年輕男女若偷偷談戀愛被發現，通常免不了在大眾面前被好好訓斥一番。

在今天的北韓，仍有些社會群體不能談戀愛。勞改營的成員若被發現有性方面的接觸，便會送到眾人面前舉行「公眾批評大會」，且官方會無所不用其極地羞辱可憐的「犯行人」，把他們的行為用最具體的方式說給大家聽。

不過自一九八〇年代中期以來，政府當局對於愛情的限制減少許多，他們仍期望人們直到結婚才發生性行為，但總算能用正常的眼光看待愛情。全國男女的結婚形態於是開始改變：自一九八〇年代以降，北韓開始有了「為愛而婚」的潮流，而今天的年輕男女也多是「為愛而婚」（這點和南韓十分相似）。

不過北韓大眾對於和男性廝混的女性仍然頗有成見，她們這麼做等於拿自己的名聲開玩笑。當然，北韓缺乏所謂的「約會場所」，全國上下幾乎完全找不到咖啡廳或酒吧。不過這對有情男女來說算不上什麼困難，馬息嶺公園美麗的山坡，或普通江徐徐江水旁的海濱步道都是年輕情侶約會的首選（有時年長一點的也會來）。

不過要是情況越演越烈，要解決可就不容易了。沒有一間旅館願意收留一對未婚情侶（而要是為了那件事的話，已婚的可能也不行），而且北韓大部分的旅館一間房間都要住上一、二十人。唯一的希望就是找位同理心強，家裡又剛好有空房的朋友，或……其他更冒險的選項。無論如何，婚前性行為自一九八〇年代起在年輕男女之間就相當普遍，且似乎只有少數的男性到結婚才獻出他們的「第一次」，通常是在接近三十歲時，晚到令人有些驚訝。相較之下，傳統的「貞潔」觀念仍對女性有較強的約束力，不過比起她們父母那一代，婚前性行為已不再是個禁忌話題。

不過官方的意識形態認為只有婚姻之內的性行為才是恰當的，但這樣的「結合」很多時候並非由情侶兩人主導，即便也有心甘情願的例子。這就帶到了我們的下個主題……

關於結婚這檔事

幾十年來，北韓人民都必須閱讀描述偉大的領袖或親愛的領袖的無邊智慧，或慈悲大愛的傳奇故事。在閱讀的過程中，讀者有時會接觸到一些孤兒的故事——通常是韓戰中偉大的游擊隊戰士的遺孤。故事中的金日成或金正日耳聞這個孤兒尚未結婚，便為他／她安排了一樁婚事，結婚對象理所當然來自廉潔高尚的革命家庭，而這對夫婦從此以後過著幸福快樂的生活，並經常讚揚偉大領袖的無邊智慧。

我們很容易便能預期西方人讀到這篇政治宣傳時的反應：他們將之視為北韓政權壓榨人民的另一個證據，並批評北韓官方甚至連私領域的個人自由也要侵犯。但這些故事並不是寫給西方人看的，而是寫給輩分較長的北韓人，他們深刻地理解為兒女尋找適合的結婚對象是身為父親最重要的責任。金日成為孤兒找到了一個來自「優良革命家庭」的伴侶，等於是盡善所有好爸爸該做的事。

在一九七〇年代末以前，北韓絕大多數的婚事仍由父母安排。大部分的父母會扛下為兒女尋找理想伴侶的責任，一如朝鮮長期以來的傳統。有許多人的新娘是老闆或黨祕書找來的（對老派的北韓人來說，找結婚對象與親情息息相關，而非個人的戀情）。不過近來情況改變了許多：老式的「包辦婚姻」逐漸由「愛情婚姻」取代，由即將結婚的兩人自行做主。

儘管北韓毫無社會學研究可參考，根據一些人的估計，「愛情婚姻」顯然在年輕一代的婚事當中占多數。近日叛逃成功的脫北者認為約有百分之七十到八十的婚姻是由情侶自行做主，並取得雙方家長的正式同意。有趣的是，北韓二十多歲的年輕男女，似乎比他們的南韓同胞更不願意接受包辦婚姻。

老一輩之間的情況則截然不同。在南韓，越年長的人們越想要父母替他們安排婚事，在北韓也是一樣。

根據北韓的家庭法，男性的合法結婚年齡為十八歲，女性則為十七歲。不過在一九六〇年代，官方對於婚姻又有另一套截然不同的規定。當時的北韓報紙寫道：「偉大的故土和祖國希冀年輕男女在為國家人民盡忠職守後，再來好好維護婚姻的美麗傳統。」換句話說，年輕時應該努力勞動，別讓家庭煩惱讓你／妳無法專注於效忠領袖、祖國及勞動黨的光榮志業！一九六〇年代末以來的政治宣傳大都包含這樣的訊息。

金日成也為這件事開金口，親自

北韓的下一代，或許是國家的主人翁。（攝影：安德雷・蘭可夫〔Andrei Lankov〕）

「教育」人民：「女人二十八歲結婚，男人三十歲結婚再好不過了。」這樣的情況持續了一段時間，但北韓官方稍後對此事也不再這麼堅持，今天的北韓男女通常在二十七、八歲結婚，比南韓人們稍晚一些。

有些族群的結婚限制則更為嚴苛。學生基本上不准結婚，即便這樣的禁令在今天已稍微鬆綁。軍隊裡的士兵和大多數的士官也不能結婚，我曾注意到有對情侶因為做愛時被發現，雙雙被以不名譽的罪名除役。

或許在一九七〇年代的北韓，鼓勵晚婚是種間接卻有效的家庭政策。將結婚的年齡延後是降低生育率的有效方式。

而在一九九〇年左右，早婚的禁令悄悄解除，但這並不代表政府鼓勵早婚，只是能夠通融罷了（當然雙方還是得達到法定年齡）。北韓大眾似乎不覺得早婚是件好事，但還是有些人早早完成終身大事。

那離婚在北韓又是怎麼樣的一件事呢？不管是在北韓還是南韓，離婚率都隨著時間節節攀升。一如往常，我們無法取得任何確切的統計數據，不過以一些零碎的證據來推斷，一九七〇年代幾乎沒人離婚，到了一九八〇年代離婚人數激增，並在一九九〇年代末期饑荒肆虐時達到歷史高峰。

離婚也反映出過去十年間家庭與性別角色的劇烈改變——在這樣不幸的事情發生後，通常是女性，而非男性擔下照顧兒女的責任，但這又是另一段故事了。

終生大事

每個星期天早晨在北韓的各大城市，尤其是風景秀麗的區域，往往都能看見新婚男女們拍著婚紗。最熱門的地點通常也有著最多的金日成塑像，在北韓的各大城市皆是如此。新郎和新娘必須在此對領袖和國家宣誓「永遠忠誠」。有些人或許是真心的；有些人則把它當一般傳統看，沒想太多。無論如何這是他們幸福快樂的日子，而且會擺上銅像的地點風景通常無懈可擊！

大約十年前，北韓的第一家結婚禮堂在平壤開幕，每年接待約一千對新婚夫婦，廣受人民歡迎。其他大城市也有結婚禮堂，但數量相當稀少。有趣的是，結婚典禮的開端就和偉大的領袖相關：「在偉大的領袖金正日同志的賜福之下，崔先生和朴小姐今天即將結為夫妻。」

比起結婚禮堂，北韓人的婚禮更常在新郎或新娘的家中舉行，但這並不代表可以省略對領袖們和黨的讚詞；這些無論如何都是義務！即便沒有在眾人面前進行。在北韓和南韓都擁有崇高地位的專業證婚人，必須在宣布兩人結為夫妻的同時提及金日成和金正日的大名。新人通常也會對著家屋裡一定會懸掛的領袖肖像深深鞠躬。

在北韓，證婚人通常由地方上的黨幹部和／或各行各業的經理擔任。後者通常是新郎或新娘受雇公司的總經理或高階主管（在南韓，新人的親屬也會邀請德高望重的人來擔任證婚人）。

婚禮的細節隨著地區而有細微的差異，但基本上都會分為兩個部分：先在新郎家舉行第一場慶祝活動，再到新娘家舉行一次。如果婚禮要在一天內舉行完畢，早上人們通常會先待在新娘家，過了中午再一同移駕前往新郎家（當然前提是雙方要住得夠近，而這在北韓是常態）。如果婚禮要舉行兩天，第一天便稱為「女方大喜日」。人們在新娘家裡好好慶祝一天後，第二天再前往新郎家繼續慶祝。

在大部分的東亞國家，婚禮通常在算命師所挑選的「吉日」舉行。人們也相信雙方的出生日期要「合得來」，並用一些表格來確認。基本上北韓人不在意日子是吉是凶，或雙方的生日合不合得來，但有些脫北者表示，一九九〇年代初期開始，各種舊時的迷信再度流行了起來，許多找不到算命師的北韓女孩轉而向「博學多聞的阿姨們」求助，親屬們也相當重視算命師的意見，有些人甚至因為算命師的預言而放棄了計畫好的婚姻。

從禮車裡頭走出來無非是新娘抵達會場最氣派的方式，對政府菁英以外的階級來說，這已經是最最奢華的待遇。車輛通常由好心的地方官員或新娘／新郎公司的高階主管提供，但很少會是「真正的禮車」。大部分的情況下，新人必須將就使用國產的復興汽車（Kaengsaeng）——蘇聯四輪傳動車的翻版，與一九四〇年代的吉普車有許多相似之處。但在許多情況下，這樣的「奢侈待遇」在執行上也有困難之處，到新郎家的交通工具只好以卡車取代，而參加婚禮的賓客通常都坐卡車前往。即便北韓的婚禮的規模大都比南韓小，基本上也會有三十到五十位賓客參加。

值得一提的是，兩韓政府都曾發起一些運動抵制過度奢華的婚禮。自一九六〇年代起，南韓官方便公開表示昂貴的喜宴是種揮霍，應該把這些錢省下來，投資在工業發展上，政府也通過了特別法，壓低婚禮的花費。

古代朝鮮一直以來都有豪奢婚禮的傳統。而北韓官方對這種傳統的質疑約與南韓同期，除了視之為金錢上的浪費，也認為這種婚禮具有顛覆政府的意味。一九六〇年代，政府官員表示喜宴是「黨派之爭」的溫床（亦即讓人民之間有「非官方」的聯繫），更導致了「教條主義」（這個詞通常拿來形容蘇聯的各項傳統，但在這裡顯然指的是任何負面的價值）。這樣的狀況持續至一九八〇年代才改變，因為當時政府當局決定借用民族精神的力量，因此開始提倡「優良的傳統習俗」。同一時間，南韓湊巧也開始放寬對「奢華傳統」的抵制。

但無論如何，婚禮都是昂貴的。根據古老的傳統，新郎的家庭須負責兩人的食宿，而新娘的親屬則提供家具。在今天的北韓，絕大多數的人都住在政府的房屋裡，並繳納少許的租金（在經歷改革後，北韓的租金與其他國家相比仍十分低廉）。因此新娘家庭的負擔沉重許多，大部分的家庭在女兒才十多歲時，就開始籌措她的婚禮。

富裕的新娘家庭通常會提供家具和其他家庭用品，包括整套「七器」或其中的幾項。

「七器」在北韓是極端富裕的象徵，包括電視機、電冰箱、錄影機、洗衣機、電風扇、照相機和縫紉機。不過經濟狀況普通的新娘家庭通常只會提供一些廚具、棉被以及木製的棉被櫃。

大部分的北韓家庭屋內布置相當簡單，棉被因此不僅有保暖的作用，還須充當裝飾品，因此在北韓常能聽到一個笑話：參加婚禮的賓客不是來看新娘，而是來看棉被的！

按照慣例，新娘的家庭會為新郎購買西裝，新郎家也會為新娘購買嫁衣，而這對北韓人來說不是筆輕鬆的花費。

賓客也須餽贈一些禮金給新人，這點和南韓十分相近。不過摯友通常會買給新人一些有價值的東西，而非直接「送錢」。在一九九〇年代中期通貨膨脹爆發之前，五到十五北韓圓（平均月薪的百分之十到十五左右）是個恰當的數字，好友或親戚給的會再多一些。這樣的標準拿到南韓來看大概是十五到二十萬韓圓，比起大多數人參加婚禮時餽贈的禮金多了不少。

在過去，婚禮是向政府申請額外配給的充分契機，要拿到烈酒和米飯基本上沒問題。近期的危機改變了這個狀況。在一九九〇年代，政府當局持續提倡簡樸的婚禮，其中一道規定是，一場婚禮使用的米飯不得超過五公斤；這些規定常讓主辦人覺得礙手礙腳。

不過今天的北韓國力更加衰弱，在執行各項政令上都不如從前嚴格，富有家庭甚至刻意忽略這些限制，貧窮家庭則本來就有簡樸生活的習慣。但這一切真的這麼重要嗎？一場婚禮畢竟只是一場婚禮，在漫長的人生中只是一個小亮點罷了……

從妓生到拉皮條

許多北韓人認為一九〇〇年代以前，朝鮮半島上是沒有賣淫這檔事的，是好色的日本人帶來了這樣的陋習。與其他許多官方創造的神話相比，這點倒是頗有依據。「妓生」*的確存在於古代朝鮮的「教坊」中，但只有非常富裕的菁英階級男性才有機會接觸到。以芸芸眾生為對象的性交易雖然不是沒有，但非常少見。就這方面而言，朝鮮的確與鄰近的日本及中國十分不同，便宜親民的性交易顯然是日本人在一九〇〇年代初期輸入的文化，並在一九三〇年代變得相當普及。「妓生」也是在這個時期失去了先前的地位，與專業性工作者的界線越來越模糊。

韓戰爆發之前，結合菁英俱樂部、餐廳和妓院功能的「教坊」在北韓各大城市相當普遍，而在一九四五到一九五〇年間，甫建立的共產政權有時也會選擇教坊作為祕密集會的地點。蘇聯替金日成和朝鮮民族主義者曹晚植安排的第一次會面，便是在當時著名的教坊「花房」舉行。兩人於一九四五年九月三十日見面，而這次會議可說是決定了北韓的未來。一些照片記錄了當天的情況：金日成、曹晚植和數位蘇聯軍官坐在桌前談話，他們的後方則有數位佳麗隨侍在側。

然而北韓社會結構的改變讓妓生難以生存。一九四〇年代晚期，北韓政府發起了廢娼運動。在韓戰爆發的前夕，許多教坊已經被迫關門，而在一九五〇年代末期世襲的社會階級制度中，曾在教坊工作的人被歸類為「敵對階級」。這表示曾是妓生的女性和她們的兒女都無法享受各種權利，包括大學教育以及在平壤的居住權。

在一九六〇和一九七〇年代，北韓官方花了許多力氣提倡早期朝鮮村莊的傳統價值。在他們亟欲創造的烏托邦裡，賣淫、濫交、外遇或婚前性行為完全沒有一席之地，且當時的政府有能力嚴格執行所有規定。而要管理當時的大眾也不是件多困難的事，因為許多人的價值觀與政府提倡的如出一轍。即便平壤菁英階級的紈褲子弟仍有辦法和漂亮的演員及歌星廝混，但這些小頑童的冒險經歷與性交易扯不上什麼關係。

賣淫這檔事何時重返北韓？我們不甚清楚。可能的轉捩點出現在一九八〇年左右，當時政府當局在小而奢華的普通江酒店附近開了家「安山俱樂部」，來自東南亞國家的女性在此為外國遊客「服務」。當局嚴格禁止國內女性接觸這樣的「骯髒勾當」，俱樂部存活的時間也不長。

海倫-路易絲．杭特也提及在一九七〇和一九八〇年代，有些造訪北韓的外國人承認曾與當地年輕女性進行性交易，但我們可以推測那些女性可能不是只為了金錢而已，刺激感

* 妓生：朝鮮半島的傳統藝妓，在古代為朝鮮國王等提供歌舞表演。

或許也是原因之一，又或許有些「交易」背後有著北韓情報單位的祕密安排。我認識的一位俄國工程師也曾在一九八〇年代晚期跟我炫耀自己與一位美麗的北韓女子進行性交易。但這些個案之間並沒有任何關聯。

事態在一九八〇年代末，平壤舉辦第十三屆世界青年聯歡節時有了重大的轉變。這個活動吸引了成千上萬的外國人來到平壤，而其中有些對性交易相當感興趣。持續有謠言傳出警方在活動期間收到上級的命令：對國內女性和外來客之間的性接觸裝作視而不見，只要雙方你情我願，不要惹出太大的麻煩就好。

同一時間在警方的默許之下，專業性工作者開始在各大旅館勤奮地做起生意，如今這樣的勾當仍持續著。旅館人員經常誇大女孩們的「等級」，畢竟強勢貨幣的誘惑實在令人難以抗拒……

而在一九九〇年代初期，一切都改變了。前共產陣營的瓦解造成北韓經濟全面崩潰。據估計，到一九九〇年代中期有四分之三的工廠停止運作。而在一九九五年的洪水過後，政府已無能力發放糧食，放任鄉村地區絕大多數的居民自生自滅。

在這樣的局勢之下，政府已無任何心力維持任何的規範。個人商業行為於是興起，數百萬的居民開始靠自己賺錢維生，不再依賴國家體制。各類小販占據了大街小巷。

國民之間的性交易也應運而生，並蓬勃發展。有錢的商人們需要簡易的宣洩管道，並向一貧如洗、無家可歸的女性購買。這些女性通常會在市場、大型商店和餐廳附近現身。同時，有些私營食堂也開始提供「特殊服務」，在顧客飽餐一頓後進行娛樂。業者能從娼妓賺得的工資中抽取百分之二十的佣金。性交易也成為了私營旅店重要的收入來源，而這種類型的旅店在過去十年間如雨後春筍般興起；也有些人把自己的住宅借給娼妓使用，並收取租金。

人們有時用「賣花女」來委婉地稱呼妓女，但較不動聽的稱呼當然還是比較普遍。在一九九〇年代中期，每次服務的費用約為一百到兩百北韓圓，亦即兩到五美元左右，隨著時間和空間而有所不同。這對一般北韓平民來說算是不小的數目，因此吸引了許多人入行。二〇〇〇年代初期北韓貨幣崩潰、通貨膨脹爆發時，一次性交易收取的北韓圓以指數增長，但對應的美元價值幾乎不變。

在一九九〇年代末，以強勢貨幣進行的性交易也再度復甦。這次的交易型態既非國營，也非俱樂部；妓女們在國際飯店附近高聲招攬嫖客，並在汽車後座賺取她們的十塊美金，看似少得可憐，但仍高於平壤當時的平均月薪。這些身不由己的女性也冒著極大的風險。前蘇聯的經驗讓我們懷疑，她們當中是否有不少人和祕密警察合作，充當線民或誘餌。不過話說回來，若她們被逮到，可能會被趕出平壤，這是相當嚴重的懲罰！

所以就連世上最純粹的史達林主義國家，也無法根除性交易。人類的原罪還是無法消泯啊。

第九章　讓北韓動起來

解放腳踏車

東亞享有「腳踏車愛好者的天堂」的美名，在世上的確沒有一個地方自行車如這兒普及。但北韓的狀況卻大不相同。一直到一九九〇年代初，在平壤騎腳踏車都是會被取締的，也沒什麼人在北韓的其他城市騎車。我不太清楚這個奇怪的禁令存在數十年的背後原因，但或許是因為，北韓的「公關」專家認定腳踏車是低端科技，因此不應該在這個發達的「革命之都」出現。不論理由是什麼，幾十年來，腳踏車是不允許出現在北韓的街道上的。

即便是外國人也不免受到這項禁令的約束，一九七〇年代中期，一位訪問北韓的挪威大使因為將他的腳踏車帶到平壤，而引發了輕微的外交衝突。在折騰人的交涉過後，他終於獲准在平壤騎腳踏車——但僅限於假日。

這樣的情景在一九九二年改變了，這項禁令突然取消。過去的十年間，平壤的腳踏車數量激增。這樣的改變也影響了鄉村地區，鄉間的腳踏車數量也明顯增加了。現在，北韓政府不僅開放，還積極提倡騎乘腳踏車。一九九〇年代末，平壤的市政機關甚至建造了腳踏車專用道。

但北韓政府並非鼓勵所有人民使用腳踏車。在一九九六年，政府認為腳踏車不適合女性使用。北韓媒體對此有所解釋：因為「美好的國家風俗」不允許這樣放蕩之舉，因此女性被禁止騎乘腳踏車，據稱這規定是出自於金正日明智的指導。

如果這件事早十年發生的話，這項禁令將可能會昭告在每日提醒中，然後強迫執行，直到永遠。但現在時代不同了。起初，警察們努力實施這項禁令，一些女騎士的腳踏車因此被沒收，但在風頭過後，女性開始抵抗這項禁令。但即使到現在，女性在路上騎自行車的畫面還是有些不尋常。電視與報章媒體偶爾會播報反對此事的故事與報導，並解釋如此不體面、不淑女的行為對「革命之都」平壤的女性而言是不妥當的。但這項禁令在鄉村似乎執行得較不嚴格，因為在那兒，人們的交通除了腳踏車以外沒有其他替代方案。

在平壤，腳踏車被要求要出示車牌，而騎士須到地方警局參加考試並通過才能取得駕照。車牌形狀是小小的圓形，上頭印有紅底和白色數字，並標示註冊的地區，位置則固定在腳踏車的前輪。

「腳踏車駕照」制度於一九九七年引進平壤，而一九九九年後更嚴格規定駕駛必須取得腳踏車車牌和駕照，但鄉村地區有時似乎會忽略這項規定。為了取得駕照，北韓人民必須在考試中展現足夠的交通規則知識。然而「無照駕駛」的腳踏車騎士數量卻不斷增加：近年來，許多鄉村地區的腳踏車都沒有車牌。

對一般北韓人民而言，一輛腳踏車可能就是最貴的民生用品，因此他們引以為傲——有點像汽車之於現代西方家庭（或南韓）。擁有腳踏車不只是為了方便，更是身分的象徵。並非每個北韓家庭都能買得起一輛腳踏車：根據估計，有三分之一到二分之一的北韓家庭過著沒有腳踏車的生活——不是因為他們不需要，而是連最便宜的腳踏車都超出他們的預算。因此，現在北韓有一則笑話充分展現了一般民眾的心聲：「老婆可以借，腳踏車不能借。」

在北韓，最顯著的身分象徵就是一輛日本製的腳踏車，需要花上一個普通工人好幾年的薪水，意味著這種東西只有少數特權階級才負擔得起，相當於「北韓的捷豹和保時捷」。這種腳踏車大都是從日本進口的二手車，但人們仍認為它們比國產車高貴許多。

北韓最有名的國產腳踏車品牌是Kalmaegi（海鷗）。這些腳踏車據說是由坐落在北韓北部的城市——清津市裡的監獄犯人所製作。在一九九〇年代，這些腳踏車要價大約兩千北韓圓，換句話說就是平均年薪的十倍。如今在二〇〇二年的薪資物價改革之後，它們的價格又飆升了，但是與國民平均年收入的比例還是和以往差不多（這些數字固然不是完全準確，因為如今很少人的薪資真的達到官方所定的工資水準）。

也有些比較便宜的國產品牌，像是Chebi，或稱燕子。它的價格是一輛正版海鷗的三到四成，但被認為較不耐用，且製造過程較為粗糙。而中國製腳踏車的名聲更差，但在北韓也很常見。

腳踏車在北韓非常容易被偷，在近十年街頭犯罪的案件數飆升，而腳踏車正好又是北韓最值錢的動產之一，自然吸引了罪犯的目光。我知道一個例子：一位平壤高樓公寓住戶最近賣了它的車，因為電梯故障了一陣時日，這對他這樣的中年男子來說很麻煩，因為他要每天扛著他的車走到十樓，而且將車鎖在一樓又太危險，所以他決定把車賣了。

就像一位脫北者說的：「在北韓如果你騎日產車，穿著『金正日風的毛衣』，然後每次去市場消費都會花五千北韓圓（相當於三美元），你就是上流中產階級。」

二〇〇〇年後的幾年，中國式的載貨三輪車也開始在北韓城市街頭現身，但多是用來運送重物到國家各處。我們可以說，這是北韓式的休旅車。

那麼汽車呢？直至今日，私人轎車仍是少數。這麼說吧，北韓人可以負擔轎車的程度，大概就像美國人能買得起私人噴射機。然而，少數特權人士的確有車，不過這就是另一篇故事了……

汽車產業

外國觀光客對北韓平壤最常見的形容之一，就是將北韓首都形容為「鬼城」。其中最大的原因就是因為他們沒有瘋狂的汽車交通，汽車交通已成為現代已開發國家大城市的標誌，首爾也不例外。南韓是世界第五大的汽車製造國，因此這點並不令人意外。

有趣的是，脫北者對南韓都有著類似的印象：當我問及他們第一次來到南韓，印象最深刻的是什麼？最常見的回答就是「有很多車」。

然而，北韓的汽車工業雖然沒超越過南韓，但至少在某個時代能相提並論。

北韓的汽車工業開始於一九五八年十一月，那時德川汽車工廠開始製造二・五噸的Sungli-58卡車，亦即勝利58。這台車是北韓針對蘇聯當時最常見的卡車GAZ-51的複製品。

五〇年代蘇聯卡車的複製品仍是主要的運輸方式。（攝影：安娜・費菲爾德）

它原始但健全的設計很符合戰後北韓的狀況。總體來說，這個車款在當時是一大成功，而在一九七〇年代，過去的德川汽車工廠改名為勝利汽車工廠。之後的幾年，德川汽車工廠也在一九六〇年製造了六噸勝利1010、在一九六四年生產了十噸的Chaju。

北韓媒體從未提及他們的設計是以蘇聯為原型，而且許多技術上有困難，無法自製的零件都是由海外進口。勝利58被譽為「自家實力」的展現。然而不可否認的是，汽車的大量生產是個重要成就。南韓也約莫在這個時間開始嘗試發展汽車工業，但一直到一九七〇年代初才有起色。

在此同時，一九六〇年代的北韓開始製造新型的車輛，也大都是以蘇聯的車輛為原型。最重要的型號莫過於Kaengsaeng，又叫「復興」。這是針對一九五三年製的、頗負盛名的蘇聯四輪驅動車GAZ-69的複製品。它牢靠的設計主要針對軍事需求，以及適合在偏遠地區操作的性能。「復興」再次成了一個非常好的選擇，且被沿用至今。以各種實際考量而言，它仍是北韓唯一被大量製造的小型車，因為擁有五百公斤的商業載重效能，而廣泛運用於送貨。

在一九六一年，德川工廠嘗試開發一款新型小型車——勝利145，在一九七〇和一九八〇年代更嘗試開發更多小型車款。一些車型如「長白山」和「平壤410」雖然上市，卻沒有大規模生產。長白山和平壤410都是Mercedes 190的簡化複製品。然而，北韓大部分的小型車多用來作為高官、將軍和那些不屑用國產車的人的專車。北韓的頭頭們偏好國外品牌和Mercedes，而Mercedes因為是金正日愛用品牌，所以特別受歡迎。想當然，要買這些奢華的車必須身懷鉅款，不過這對那些頭號菁英來說根本不是問題。

北韓也在另一處國內工廠製造自己的無軌電車。這家工廠也生產巴士，部分是用日本零件組裝而成。然而，國內的巴士有許多是進口車輛，大多來自匈牙利的伊凱洛斯（Ikarus）和捷克的斯柯達（Skoda）。

現在在朝鮮民主主義人民共和國有四家汽車工廠。根據估計，北韓工廠平均每年能製造三萬三千輛車，其中約有兩萬輛是由德川製造。如果和南韓超過四百萬輛的製造能力相比，這還是小數目，只占了百分之〇．七。實際生產的數目又比預估的製造能力少：一九九九年，北韓工廠只製造了七千三百輛車，和同年南韓的三百萬輛相比，只有微不足道的百分之〇．二五。

北韓境內的車輛總數為二十七萬輛，而小型車大概占了兩萬到兩萬五千輛。

從一九九〇年代中期開始，南韓就一直在研究北韓的汽車產業，因為他們渴望找到便宜的、潛在的、聽話的勞工。北韓汽車工業至今至少有一項起色——有一批車款已經從工廠走向市場並受到關注。或許在幾年後，我們能看到北韓汽車工業的復甦，至少朝鮮半島上他處的愛好者會讓我們這樣相信。我們只須等著看：目前為止只有當南韓方面願意註銷各種損失、並且將利益讓一些給他們的北韓「夥伴」，這些「韓國內部公司」才能合作融洽。

而此時，北韓大部分的街道仍很空曠，偶爾有些製造廢氣的汽車會從濃厚的煙霧中穿過，但這又是另一個故事了……

以蝸速產生的熱氣

信不信由你，北韓可以說是全世界使用汽車替代燃料的先驅。約有七至八成的車不靠汽油運轉，而是靠在地製造的可再生能源作為替代能源。環保專家的夢想成真了嗎？其實不然。

每個去過北韓鄉村的人都會發現，那裡的卡車或巴士都裝有一個像鼓的裝置，並會排放濃濃的黑煙，對科技不太了解的記者有時會誤以為是蒸汽汽車，但其實它跟蒸汽一點關係也沒有。這些機器不需要消耗汽油，而是用木頭和木炭來製造氣體，而這些氣體接著會被過濾、注入一個稍微改裝過的內燃機。車上大型的鼓狀物就是產生可燃氣體的地方，而濃煙則是當氣體被點燃後，因化學作用產生的副產物。

這種能製造可燃氣體的車輛（在北方也被稱作「煤炭車」）並不是由北韓所發明。在一九四〇年代，當二次世界大戰在歐洲引發嚴重的能源短缺問題時，許多歐洲車輛加裝了氣體產生器，以便能靠供應量源源不絕的木材來運轉。有些國家（像是德國或俄羅斯）甚至曾短暫量產這種利用特殊燃料運轉的車。這種車型也用於日本和殖民時期的朝鮮，在戰後因為原油供應恢復正常而遭到淘汰。

關於石油的問題對北韓經濟來說總是非常棘手。這個國家缺乏原油資源，因此非常依賴原油進口。當初這些油大多來自蘇聯或中國。因為戰略考量，這兩個國家都給予平壤所謂的「友情價」，比國際市場上的原油價格還低。然而，即使是國情最好的時候，進口原油仍一直是北韓沉重的經濟負擔。

因此在一九七八年，北韓官方決定讓一些卡車加裝氣體產生器。最初是以勝利58作為實驗對象，這種車當時是國家的貨物運輸主力。而實驗結果相當成功，因此一九八〇年代中期，政府提出了大規模的改裝計畫。到了一九九〇年代初，北韓七成至八成的卡車和公車，幾乎包含鄉村的所有車輛，都靠木炭、木材，甚至是玉米梗運轉；氣體產生器也安裝在許多巴士上。

這是個幸運的決定。在一九九〇年代初，北韓的「友情價」被取消了，這些前盟友開始以國際市場油價收費。這項改變造成的衝擊因為當時改裝計畫的成功而減緩不少。

然而，如果這麼簡單就能以永續性燃料讓汽車運轉，那麼全世界的汽車產業為什麼沒有爭相效法北韓呢？唉！氣體產生器永遠都不是個汽油引擎的可行替代方案——北韓可以以他們的經驗作證。

首先，這些改裝過的引擎效能極低。一般來說，勝利58能載運二．五噸重的貨物。然而若使用氣體產生器，即使在最理想的情況下，它也只能載運比兩噸多一點的貨。氣體產生器本身十分笨重（典型的產生器容量約一百八十公升）。此外，駕駛在旅途中還要攜帶一些木炭，而這些笨重的燃料又壓縮了載重空間。

此外，氣體的效能也不比汽油，因此這種引擎產生的動力也少得多。這樣的結果造成車輛的速度相當緩慢——時速最多只有三十公里。這種車通常在上坡時最為吃力——對一個國土百分之八十是山區的國家來說，這可不是小問題。

即便這在北韓可能不是個重大的考量因素，這類車輛的排放物也是個棘手的問題。儘管偶爾會出現反對聲浪，環保對北韓來說還是件陌生的事。就這方面而言，北韓和一些窮困國家沒兩樣。

充當客運的牽引機，不過村民必須先拿得到燃料。（攝影：柏恩德．賽勒〔Bernd Seiler〕）

氣體產生車輛的另一個問題在於裝置需要一段時間加熱。即使天氣溫暖時，也要花半個小時來加熱氣體產生器。而它只有在充分加溫後，才能為引擎產生足夠的氣體。北韓的氣體產生車輛也必須要有另一位「車內組員」，也就是需要一位技師在車輛行進時操作氣體產生器，這被視為一個很不錯的工作，但還是比不上擔任駕駛。事實上，在北韓擔任駕駛被視為一種特權，而這又再是另一個故事了……

好想當司機啊！

「在北韓時，他享有許多特權，因為他是一位研究中心主任的司機！」我近來讀到一句和一位無法融入南韓生活的脫北者有關的句子。唉！這是典型的脫北者的故事。在這個例子上我們可以解釋成，這位不幸的脫北者無法排解自己失去過往「半個特權階級」的地位——也就是說，他過去是個司機！

那些和逃往南方的脫北者有過工作經驗的人或許會注意到，他們想都不想就選定了一個職業去做職業訓練。這些脫北者選擇司機當職業的人多到不成比例——他們的職業選擇通常都和許多（過去的）特權有明顯關聯。當然，在南韓情況完全不是這樣，但是他們諸如此類的印象還是花了幾年才消失。

駕駛也是特權階級，或至少半特權階級這種想法，可能會讓西方讀者感到吃驚。這使筆者本人也十分震驚，因為筆者的母親就是蘇聯時期輕軌列車和巴士的駕駛。然而，在北韓有正當的理由將司機視為社會中富裕的一員。

儘管近期出現了一些變化（這要大大歸功於南韓慷慨的補貼），北韓的車輛仍是少之又少。據估計在北韓大約有二十五萬輛車——也就是一百位市民大概會有一輛車，約比現今的南韓低了二十五到三十倍。因此當南韓或者外國遊客造訪平壤時，不用對它的陰森和空曠感到太過驚訝。

幾乎所有的北韓車輛都是國家的財產。在一九六〇年代，有些從日本來北韓參觀，或比較富裕的南韓人會把他們的車一起帶來，有時官方也允許它們在路上行駛。然而大部分（也可以說全部）的人最後卻受官方逼迫，要將他們的汽車交給國家。在北韓，要擁有私家車並開上路是一項艱鉅的挑戰，因為在這裡根本沒有任何建設是個人駕駛能利用的。

自一九八〇年代中期開始，官方允許市民購買私家車，但他們必須以強勢貨幣購買，而且價格通常比國際市場類似的車款昂貴。汽車維修和燃料也必許以同樣的「帝國主義」的貨幣支付。根據近期的報導，政府當局開始允許私人巴士的營運，並且有少數的二手巴士被企業家從中國進口到韓國。如果這個報導屬實（筆者特別強調是「如果」），這將是一個重大的轉捩點，但直到最近，私家車輛仍相當少見。

北韓境內的車輛以卡車居多，絕大部分的汽車集中在平壤，且只有最高階的官員能夠使用。其中有些車輛相當昂貴：北韓菁英階級對歐洲品牌的狂熱可以追溯到一九七〇年代，

Volvo、Mercedes和BMW都是他們最愛的品牌。這些車種在平壤之外相當罕見，而對大部分的北韓人來說，「汽車」指的通常是國產的四輪傳動車——「復興」，好一點的話便是蘇聯在二十五年前出產的伏爾加（Volga）汽車，而這種汽車就算它最受歡迎的年代，也算不上「豪華」。

不像西方國家或南韓，在北韓只有極少數人擁有駕照。取得駕照的管道有數種，而顯然最普遍的方式莫過於到每個省份，和一些大城市的專業駕駛學院就讀，申請人必須出示上司的推薦才有機會入學。也有許多高中生一畢業便被送往駕駛學院作為軍事訓練的一部分：軍隊需要駕駛，因此政府當局必須確保有些年輕人在入伍之前就擁有駕駛技能。在駕駛學院的課程結束後，學員必須參加考試。

駕駛學院提供的訓練都是全天的，學生在訓練期間必須住在學院宿舍。他們花六個月研習交通規則、訓練駕駛技能及維修技能。在北韓，駕駛必須在任何情況下照顧好自己的車子。

取得駕照的另一個途徑則是透過工作。北韓卡車的低性能讓司機必須攜帶一名隨車技工，又稱司機助理。如果一位男性擔任司機助理滿兩年，他（但不是她）便有資格報名駕照考試，若順利通過便能取得駕照。

北韓的駕照共有四個等級，人們必須擔任某個等級的駕駛數年並通過考試，才能升級自己的駕照。第四級駕照的持有者可以開卡車；持有第三級駕照可以開大客車和四輪傳動車輛；擁有第二級駕照便能開自小客車上路。沒錯，北韓官方認為駕駛自小客車比開卡車和四輪傳動車輛來得困難！不過如先前所述，只有ＶＩＰ們才能搭乘小客車，而他們只敢把生命交託在最有經驗的駕駛身上。

而女性駕駛在北韓幾乎沒聽說過，在一九七〇年代就連外籍女性或外交官夫人也難以取得北韓駕照，開車在北韓被視為男性的特權！

那為什麼北韓人認為司機擁有許多特權呢？因為他可以藉由載客收費賺到極多的錢。過去十年黑市的興起讓帶著貨物的商人成為主要的乘客群，而他們出手通常相當闊綽。此外小客車乘客通常都是特權階級，因此司機就像平壤貴族的管家一般，常能從雇主手中拿到點什麼。

想飛並不容易

南韓的航空業領先世界是眾所皆知的事實。即便領土面積不大，南韓在一九九九年的航空運輸量排名全球第六。北韓的情況就大相逕庭，但這並不代表這個與世隔絕的國家沒有航空服務。

北韓的民航史始於一九四六年十二月，當時北韓與蘇聯聯手創立了一家以投資為目的的航空公司，飛機和機組員皆來自俄羅斯。一九五〇年代初期，這些飛機經由中國瀋陽飛往西伯利亞東部的赤塔。

一九五四年，北韓的國營航空公司正式接手一切事務，並取名為「朝鮮航空」（北韓官方自稱「朝鮮」，南韓則自稱「韓國」），一九九三年又改用古王國的名稱更名為「高麗航空」。以政治的角度而言，後者較為適切且方便外國旅客記憶，因為在許多語言裡，「北韓」的發音比較接近「高麗」而非「朝鮮」。

高麗航空一直都由朝鮮人民軍管轄，公司隸屬於朝鮮人民軍空軍之下的民航局。因此每位機長都是服役中的空軍軍官，若戰爭突然爆發，航空公司的幾架飛機隨時都能轉為軍機使用。

一九五八年，第一條連接平壤和北邊兩個城市——咸興和清津的航線開始營運，但這條國內航線一點也不受歡迎，國內旅遊的種種限制和人民的低收入都讓他們無法搭機旅行，因此航空公司先是減少班次，最後則完全中止了這條航線。南韓的「國家航空」碰巧也在一九五〇年代晚期遭遇類似的問題。

但和南韓不一樣的是，北韓從未建立完整的國內航空網絡；「國內航空服務」在北韓是否存在可能還是個備受爭議的問題。各國的旅遊指南常寫道，高麗航空仍維持平壤和咸興之間的航線，但我還沒遇過任何一個搭過這條航線的北韓人，而大部分的脫北者都堅稱北韓根本沒有國內航空服務，自他們有記憶以來也未曾聽說。因此我推論平壤飛咸興的航線並非定期營運，而是外國使節或國內特權人士有需要時才營運。除此之外，北韓只有一個民航機專用的國內機場——位於平壤附近的順安機場。前往其他城市的不定期班機皆會降落在軍用機場。

自一九五〇年代末起，北韓的國際線開始營運，第一架飛往他國的飛機於一九五九年二月起飛。班機自平壤飛往北韓兩大盟友及贊助國——蘇聯和中國的首都。

直到一九七〇年代中期，朝鮮航空的班機都只飛往上述兩個國家。但以北韓在國際社會中的邊緣地位而言，每週定期飛往莫斯科和北京的航線已經很夠用了。一九七四年朝鮮航空加開了一條從平壤飛往伯力的新航線，伯力是蘇聯在西伯利亞南部的大城。這條新航線在當時相當實用，因為越來越多的北韓人受雇於西伯利亞的跨國企業，要前往遙遠的彼方當伐木工。

於此同時，北韓購買了它們的第一批噴射飛機——蘇聯製的Tu-154，使航線得以延伸至歐洲保加利亞首都索菲亞及德國柏林。北韓的「特別班機」也曾造訪其他國家，通常是為了達成某些外交任務。不過直到一九九〇年，定期營運的仍只有五條國際航線：莫斯科、北京、柏林、索菲亞、伯力，一週通常有一到兩個航班。

一九九〇年代，北韓客機也開始飛往東南亞的各個城市——澳門、曼谷和香港，不過因為需求量低，航班依然不多。因此在筆者寫作本書時，也就是二〇〇五年底，平壤機場每週只提供五個固定航班：兩個飛往北京、兩個飛往瀋陽、一個飛往海參崴。很久以前，「兄弟盟邦」的航空公司也有飛往平壤的班機，但低迷的需求量和日漸重要的經濟考量使他們中止了這些航線，所以基本上在北韓的機場只會看見北韓的飛機。一週五個班次的營運量代表平壤是全東亞最不繁忙的首都機場。

高麗航空的機隊全由蘇聯製的老舊飛機組成。一名外國遊客表示這是件「迷人」的事，不過他是位航空歷史迷。老實說，他得知整個機隊的組成時應該會非常興奮：二〇〇〇年左右有五架由雙渦槳發動機驅動的AN-24，其中兩架更是一九六六年從蘇聯買來的！機隊另有兩架Il-18（來自一九五〇年代蘇聯的渦輪螺旋槳客機）。高麗航空也擁有數架噴氣式民航客機：四到五架較大的Il-62（其中一架僅限官方使用）、三架Tu-134和三架Tu-154。

對大部分的北韓人來說，搭機旅行既是特權，更是夢想，是通往神祕美好的「外面的世界」的一大途徑。高麗航空老舊的飛機仍被視為夢想製造機，只有幸運的少數能夠搭乘。對市井小民來說，到遠方旅行的方式通常是搭火車，而這又是另一個故事了……

穿越時空的鐵路

共產國家大都以鐵路作為主要的交通方式。共產政權大都在二十世紀的前半葉得勢，稍後私有車輛和高速公路網便在富裕的西方蓬勃發展，改變了西方人的生活形態。然而「汽車革命」未曾在共產政權控制的區域造成太大的影響，除了東歐的幾個國家以外。也許對共產思想家來說，汽車的個人主義色彩太強，或者在這些國家，除了軍事以外的科技發展遲滯，因而導致了這樣的結果。

不論原因是什麼，北韓的交通至今仍相當依賴鐵路。截至二〇〇一年，北韓境內的鐵路總長共為五千二百二十四公里，約是南韓的兩倍。南韓已經數十年沒有建造新的鐵路（除了最近的子彈列車），而北韓卻不斷增建新的路線，令人驚奇。北韓鐵路的總長一直都在穩定成長：從一九七〇年的四千零四十三公里增加到現在（二〇〇一年）的五千二百二十四公里，而南韓鐵路的總長在這個期間幾乎不變。

大約四千五百公里的北韓鐵路擁有標準的1435 mm軌距，剩下的大部分是窄軌鐵路，其中另有一百三十公里為配合俄國的標準軌距而特別興建：這段鐵路連接俄羅斯邊境的哈桑車站以及北韓的清津，是從前兩國貿易興盛的歷史軌跡。

據估計，鐵路占北韓貨物總運輸量的百分之八十六，這大概是南韓在一九五〇年代末的狀況。今天北韓鐵路的相片的確讓人想起一九六〇年代的南韓。

大部分的鐵路（總長的百分之九十八）只有一道鐵軌，而簡陋的信號設施及科技（基本上與殖民時期沒兩樣）更壓低了鐵路的載貨量。火車行駛的速度根據各地的狀況而有很大的差異，維護狀況尚佳的平壤到新義州線時速約六十公里，而在一些次要的鐵道上可能連二十公里都開不到；三十到四十公里似乎是最常見的狀況。

北韓人在鐵路電氣化方面有不小的成就，他們顯然想要把對（昂貴的）石油的依賴降到最低。今天北韓的鐵路有百分之八十均已電氣化，反觀南韓只有百分之二十一。這讓電氣火車的應用相當廣泛，不過有些地區仍在使用一九三〇和一九四〇年代的蒸汽火車，人們仍能看見殖民時期的Mika蒸汽火車吐著黑煙在鐵道上前進，它已經是位七十歲的老爺爺了！

若北韓政府打算翻新鐵路，簡陋的鐵軌和信號設備會是個大問題，但火車本身也差強人意。首先，它們太老舊了，大部分的火車頭和車廂都是數十年前由蘇聯進口，或依據蘇聯的設計圖在北韓組裝的。再者，這些火車並未得到應有的維護。

這樣的狀況導致意外頻頻發生，最嚴重的便是二〇〇四年四月的龍川火車爆炸事件，龍川是位於中國邊界上的一個城市，這次爆炸炸毀了整座城市的一大半。根據官方報導，爆炸是由「滿載硝酸氨的車廂轉軌不當導致的電流接觸」造成。不過在九個小時前，載著親愛的領袖金正日的火車才剛經過此站，因此有些人猜測這其實是場暗殺。

雖然說是暗殺也不無可能，但這次我選擇相信北韓官方的說法：以暗殺來說，爆炸發生的時間太晚，且將爆炸視為人為疏失的結果相當合理（又或許是稍早親愛的領袖的重裝火車經過此地時造成的破壞導致了本次意外）。

這並不是北韓境內第一次大規模的鐵路意外。通常這些意外不會被報導出來，因為北韓總是遵循共產黨的傳統之一：隱瞞任何與工業發展相關的災難——一個管理得宜的國家，是不會有任何差錯的！而如果差錯真的發生了，「壞消息也不該報導出來，才不會讓我們的人民失望」（最近一位北韓官員向我的俄國同事這麼解釋）。

北韓的鐵路占據了全國約百分之九十的總載客量，不論是有權有勢者還是市井小民都是鐵路的愛用者。金日成和金正日都以搭著火車，而非搭飛機出國的習慣聞名於世（有時也因此被嘲笑）。在所有的領袖之中，金正日對飛機特別反感，與他的父親如出一轍。沒有人知道他很少搭飛機的原因，但最可能的解釋是，他有嚴重的飛行焦慮。

北韓平民則是因為另一個原因而搭火車：他們沒有其他長程的交通工具能選擇。此外，北韓人們在購買車票時必須出示通行證，否則便無法離開自己的原居縣市。甚至在國情最穩定的年代，車票還是常常完售，黑市商人因此成為取得車票的唯一途徑。他們先向官方的售票處購買車票，然後以三倍或更高的價格售出。這讓筆者歷歷如繪地想起他在前蘇聯的年輕時代，黃牛勾當在一九八〇年代末開始大量出現，政府對社會和官僚的控制日益鬆綁是主要的原因。

乘客在進入月台前須出示車票、身分證件及通行證，由一位警官（通常會配備武器）和一位站務人員檢查。在乘客之中常能見到的軍人則使用另一道入口，由站務員和憲兵檢查證件。在金日成的年代，這些檢查相當嚴格，今天則寬鬆許多。有時一點賄賂便能讓沒帶通行證的人順利進站，在一些小站尤其如此。

北韓的長途火車依據速度和停靠的站數分為三種：最快的是「特快車」，慢一點的是「尚快車」，最慢的則是「一般車」。每輛車上可能會有三種等級的車廂：頭等艙只有外國人或菁英人士能夠搭乘，車廂基本上模仿蘇聯的臥鋪火車，每個車廂有四個鋪位，洗手間和淋浴間則位於走道的盡頭。這種車廂只能在往來大城市之間的某些快車上才能找到。

二等艙也提供睡鋪，但舒適度不如頭等艙，而大部分的乘客必須搭乘沒有睡鋪的三等艙。

北韓的火車內通常會有木製長凳供乘客乘坐，但就連在國情最佳的年代，座位仍然不足，人們必須坐在地板上。近年來的各種危機讓情況更加惡化，有時乘客必須坐在火車上方，這讓外國的新聞記者有許多拍照的機會，但乘客本身一點都不覺得好玩。許多車廂中破損的窗戶也影響了搭乘體驗，但乘客別無選擇。

一般車廂基本上沒有座位號碼，因此站務人員一宣布「開始上車」，旅客便衝向月台，希望能搶在其他旅客之前上車。我親眼見過這樣的景況，相當令人難以置信：拎著大包小包的老老少少同時向火車奮不顧身地衝去，這真的是「先搶先贏」！

二〇〇三年，北韓政府在火車上加上了「座位號碼」，意圖規範這種混亂的狀況。此舉減少了載客量，也讓之前的「百米大賽」從此絕跡。

北韓鐵路的狀況差強人意，但近年來南韓正密切討論重建北韓鐵路一事，因其商業發展需要北韓鐵路的協助，不過要讓北韓的鐵路網能順利營運可要投資不少錢！重建和修復北韓鐵路網的一天必會到來，但代價可不是開玩笑的。

深埋地底的璀璨

史達林主義國家總愛執行一些昂貴的大部頭計畫。數十年來，莫斯科地鐵鋪張卻華美到有些怪異的地下宮殿，展現了蘇聯在科技與藝術上的水平。於是其他共產政權有樣學樣，不只將地鐵視為方便的城市交通，也將其作為由大理石、混凝土和花崗岩構成的政治宣言。北韓也不例外。

自一九七〇年代起，平壤地鐵便是城內大眾運輸重要的一環。除載運乘客之外，它還有另外兩個較不明顯的目的：作為巨大的防空避難所，以及展現北韓的設計和建築風格。

官方在建造地鐵時相當重視軍事考量。過去幾十年來，北韓隨時都在忙著為戰爭做準備，不管對象是美國還是南韓，不論是侵略戰還是保衛戰，而建造大型的地底設施便是這些軍事準備的一部分。

平壤地鐵的深度相當地深，超過地下一百公尺（據說是世界上最深的）。每個

平壤地鐵內。（攝影：克里斯多福・莫里斯）

車站裡都有密不可破的鋼鐵大門，將車站和隧道完全隔開。其中一個地鐵站——光明站從未啟用，列車總是略過此站不停。光明站位於錦繡山太陽宮，亦即金日成故居的下方，明顯作為政府在緊急狀況下的掩蔽之地，或許附近不遠處有座碉堡。

平壤地鐵的另一項軍事特徵則是連接手扶梯和車站之間綿長的通道，也許是為了控制群眾，或尚有其他提升地鐵軍事價值的用途。

透過建築內外的風格展現北韓的「主體社會主義」則是地鐵的另一個重要任務。一如它模仿的蘇聯地鐵，平壤地鐵站的裝飾相當華麗。站內處處是拋光過的大理石、馬賽克、花窗玻璃、壁畫、巨大的銅製吊燈以及其他類似的裝飾。

北韓的每個地鐵站都有自己的主題，例如凱旋站是為了紀念金日成「光榮回歸」平壤。凱旋站位於一九四五年十月十四日，蘇聯軍官首次向平壤市民介紹年輕的金日成的地點。站內的壁畫描繪著大眾在得知金日成回歸時的欣喜若狂，這也是官方政治宣傳相當強調的一件事。

建造地鐵本身也是個政治宣言。北韓的官員費盡心力確保他們的地鐵比南韓早開張。就這點而言他們做到了：第一班列車在一九七三年九月出發，平壤的地鐵足足比漢城早了一年啟用。不過自從那刻開始，地鐵站裡的時間彷彿靜止了：接下來的幾年間北韓官方沒有擴建任何新路線，整條地鐵仍只有區區三十四公里長。

除了作為防禦工事和展覽廳以外，地鐵也是種交通方式，但運輸量差強人意。北韓的地鐵網絡可說是相當稀疏，只有十七個站和交會於一點的兩條路線。這兩條路線都貫穿了平壤的西部，卻都沒有跨過大同江（根據一些不為人知的謠言，跨越大同江的意圖導致了一九七〇年代的一場大災難），表示城市的東半部完全與地鐵系統絕緣。

北韓的地鐵在中國的技術支援下完工，列車也自中國進口，不過官方一直以來都在掩蓋這個事實，甚至移除了寫有列車產地的金屬板。北韓在塑造自給自足的形象方面相當堅持！

北韓地鐵的列車短到只有三個車廂，班次也不甚多，班距約為七到十五分鐘。地鐵的營運時間也時常改變：在一九九九年是上午五點半到晚上十一點半，在一九八〇年代中期晚上十點半就關門，現在則是晚上十點結束營業。

雖然平常搭乘地鐵的人並不多，但尖峰時刻人潮仍會多到無法控制。最大的問題在於，人們沒有如搭乘公車般「先下後上」的習慣，因此車子一停，人潮便瞬間往車廂內湧去，許多人還沒來得及下車就又被推回車廂內。人們爭先恐後、醜態盡出，與地鐵站內偽古典式的璀璨華美形成強烈的對比。總之，史達林主義在製造良好印象方面還蠻在行的……

電車的故事

在一九九〇到一九九一年的冬天，平壤市中心陷入了一陣施工狂潮。街道上滿是充當工人的軍人，擴音器大聲播著軍隊進行曲和不段重複的口號。人們必須咬緊牙關努力勞動，因為偉大的領袖認為平壤需要電車，而且一切要趕在一九九一年四月十五日——金日成的生日前完工。

命令下達的當時，要如期完工顯然有極大的困難，因此在二月施工的速度加快許多。不管天氣多麼惡劣，人們總是不眠不休地勞動。許多軍人在嚴寒之下仍脫去自己的禦寒外套，只穿著汗衫做工。這完完全全是北韓官方大肆宣揚的「高效率戰鬥」！

一如北韓其他的施工地點，所有的工作都以徒手進行，視線所及沒有任何一台施工機械。軍人們用巨大的鑿子鑿開路面的水泥和柏油，徒手搬運軌道並調整位置。這項工程最後如期完成，平壤電車在一九九一年四月誕生／重生。

很久以前，平壤這個準北韓首都是朝鮮半島上擁有電車系統的三個城市之一，另外兩個是漢城和釜山。平壤電車早在一九二三年五月二十日就開始營運，但韓戰使「第一條」平壤的電車軌道破壞殆盡。美軍在一九五一到五三年對平壤的密集轟炸幾乎把這座城市夷為平地，除了一堆堆冒煙的瓦礫什麼都沒剩下。戰後政府也沒有重啟電車服務，而在一九五〇年代中期，電車在世界各地的城市規畫者眼中已經過時。

北韓政府為何在一九八〇年代晚期重啟遺忘多時的電車服務？原因仍不甚清楚。當然金日成的一時興起扮演了重要角色，而這可說是個合理的決定。平壤是座大城市，而城內的交通系統亟需改善。平壤的地鐵挖得太深，因此要擴建既困難又昂貴，在經費短缺的日子更是難上加難；巴士又太過依賴進口燃料了。

平壤的第一條電車路線在一九九一年開張，第二條接著在次年開始營運。今天的輕軌電車系統共有三條路線，總長約五十公里，這大概是首爾電車系統一九六〇年代初期的總長度，不久後軌道便拆除了。有趣的是，一九九一年平壤的人口數也和首爾一九五五到一九六〇年的人口數大致相等。

除了兩條標準軌距的路線之外，另一條窄軌的「錦繡山線」則連接錦繡山太陽宮以及最近的地鐵站。錦繡山太陽宮是金日成不朽遺體的歇息之地。這條窄軌路線於一九九五到一九九六年，金日成的官邸被改建為陵墓時竣工，且並未與另兩條「標準」的路線相連接。

電車本身是海外的舶來品，北韓官方並未宣揚這個事實，但也沒有極力隱瞞。這和他們在一九七〇年代的做法大相逕庭，當時所有中國製的地鐵車廂都有數塊金屬板遭到拔除，以便掩藏它們的來歷。

一九九〇年北韓政府向ČKD/Tatra公司購買四十五個電車車廂，該公司位於仍由共產政權統治的捷克斯洛伐克。ČKD/Tatra是當時全球最大、聲譽最佳的電車公司之一。北韓政府接著又下了數張訂單，於是三種款式、兩百二十五個捷克製的全新電車車廂運到了平壤。

北韓官方很快便發現，購買全新的車廂非常昂貴，於是從一九九〇年代中期便開始從歐洲購買二手車廂。一九九一年啟用的第二條路線以東德的捷克製車廂為主力，它們曾在萊比錫（Leipzig）、德勒斯登（Dresden）和馬德堡（Magdeburg）的市街上來來去去。北韓官方稍後改裝了這些車廂，媒體不出所料地報導這是在「為革命首都創造新型的電車」。「特別的」錦繡山線也使用進口的二手車廂，這次它們來自瑞士的蘇黎世（Zürich）。這些窄軌電車的年齡已達半個世紀（製造於一九四七到一九五四年），但狀況仍十分良好。

在可預見的未來，當車潮淹沒平壤的市街時，電車的命運會是如何呢？我希望它能繼續存在，即便朝鮮半島最近的趨勢對遺產保存的擁護者不太樂觀：沒有幾個國家像南韓一樣，能這麼輕鬆地拋棄自己不久之前的過去。（有軌）電車也許會留下，但無軌電車的希望就很渺茫，而後者正是平壤今天最主要的交通方式，就讓我們繼續看下去……

復古：無軌電車

平壤是個很大的城市，這代表居民必須通勤上班，而在所有可用的交通工具之中，無軌電車是最普遍且安全的選擇。

什麼是「無軌電車」呢？就是一台裝有電動引擎的巴士，電力透過巴士上方的兩條電纜線透過集電桿一路供電。平壤的無軌電車系統使用600-650 V的直流電，電力由集電桿流進引擎。

「無軌電車」對這本書的讀者可能相當陌生，但請注意，它在進步的西方城市裡曾經相當普及。而在東亞，上海的無軌電車自一九一四年開始營運至今。

在美國和西歐，無軌電車大都在一九六〇年代消失（以洛杉磯（Los Angeles）為例，電車服務於一九六三年中止），除經濟效益不佳以外，也干擾了其他交通方式。今天還擁有無軌電車的城市寥寥無幾，溫哥華（Vancouver）和西雅圖（Seattle）是其中兩個例子。無軌電車在南非相當普及，而紐西蘭的首都威靈頓（Wellington）也有小型的無軌電車系統。無軌電車真正的地盤則是前蘇聯以及東歐的前共產國家。截至西元二〇〇〇年，仍有一百九十個左右的前蘇聯城市擁有無軌電車系統。也許平壤是在「兄弟盟邦」的影響之下將無軌電車作為主要的運輸方式。

對北韓來說，選擇無軌電車是合理的。因為無軌電車在其他國家會出現的兩個問題，在史達林主義國家都不是問題。首先，無軌電車的經濟效益非常低，但史達林主義經濟本來就不以效率著稱。再者，無軌電車會干擾其他交通方式，但北韓並沒有太多其他的交通需要擔心。

平壤的第一條無軌電車路線於一九六二年四月啟用，連接東部老城區的平壤火車站和大同江西岸的農工展示館（展示館稍後被夷平以利建造主體思想塔）。其他路線陸續搭建完成，這些奇怪的電車終能往返平壤各地。除了平壤之外，在咸興、江界、清津和平城都能見到無軌電車的身影。

比起一般的柴油巴士，無軌電車最大的優勢在於無需依賴進口燃料，有電即可行駛，而北韓的電力相當充足。就算在近日的經濟危機發生前，國情較穩定的年代，平壤的柴油巴士也僅僅在尖峰時刻行駛。尖峰時刻一過，這些耗油的傢伙便停止營運，由其餘的電動車輛代勞——無軌電車、地鐵，一九九〇年後還多了有軌電車。

與柴油巴士不同的是，無軌電車由平壤電車工廠製造而非進口。電車的車廂很顯然是「手工」的，因為工廠內顯然沒有可用的油壓機。車廂的鋼鐵外皮都是由工人用鐵鎚「親手打造」，因此平壤無軌電車的表面總有許多凹痕。不過這項科技儘管跟不上時代，在北韓駕駛和維修工人的犧牲奉獻、「勤能補拙」之下，無軌電車真能安全上路。

平壤市內有多條無軌電車路線，這些路線並非以數字命名，而是以終點站的站名命名。數字代表的並非路線，而是在同一條路線上停靠的站次。例如有三輛從第一百貨開往寺洞區的無軌電車，依據同樣的路線行駛，但分別停靠不同車站，他們便被命名為1、2、3路電車。這樣的命名方式還不算太難理解，而就算不易理解，也很難改變，因為這都是金日成本人英明的指示！

在大部分的商店都能買到無軌電車票，之前一張票的價格是十錢（約略是一百北韓圓），不過最近漲價到一北韓圓，以黑市匯率來看則相當微薄，不到〇．〇一美元。

直至一九九〇年代早期，每輛車上都配有列車長來查驗乘客的車票。約莫十年前這些列車長消失了，乘客必須在上車時付費。與地鐵「人人自危」的風格不同的是，搭乘無軌電車的旅客通常會乖乖排隊，尖峰時刻則不在此限。

列車長通常由女性擔任，而駕駛幾乎全是男性。但今天情況已經改變，許多無軌電車的駕駛也由女性擔任。

也許無軌電車總有一天會走入歷史：這些笨重的車輛將與遲早會充滿平壤市街的汽車格格不入。但它應會成為一個時代的象徵，象徵北韓人在金氏政權下度過的六、七十年。人們會記得他們搭著無軌電車去參加思想集會、軍事演習和批判大會。他們也乘著無軌電車去和戀人幽會、去上他們喜歡的班，或探索城市的未知領域。就算在最嚴酷的統治之下，人們仍試著過正常的生活，而無軌電車或許會成為這種「正常」的象徵。

第十章　老大哥在看著你

赤色恐怖

若沒有國家安全機構，一個國家就不算完整，而在比較獨裁，或我們碰巧不喜歡的那些國家裡則經常稱作「祕密警察」。北韓當然也有這樣的機構。「國家安全保衛部」是北韓國安系統的核心，而因為這個機構的祕密性質，少數知情的人又三緘其口，我們知道的並不多。

在國家安全方面，朝鮮半島上的「小冷戰」與兩大強權之間「大冷戰」的生態截然不同。在美蘇冷戰的高峰期，美國出版社出版了一大批關於蘇聯KGB（國家安全委員會）的著作，而蘇聯官媒也生產了許多關於美國CIA（中央情報局）和FBI（聯邦調查局）的讀物。即便這些出版品的內容帶有嚴重的偏見，裡頭仍有許多有用的資訊。這樣的情況從未發生在朝鮮半島上：因為某些原因，南韓官方對他們所擁有的「保衛部」情報全力保密。

不過我們仍能得知一些資訊。自北韓建國以來，祕密警察系統就在保安部旗下運作。一九七三年二月，祕密警察改由新成立的「國家政治保衛部」統御，部長是金日成的遠親金炳夏，他也是當時權力最大的高官之一。

然而和「偉大的家族」有親屬關係，並不一定有實質上的幫助。在獨裁政權之下擔任祕密警察機構的主管是件相當危險的事，從史達林許多親信的下場便能略知一二。金炳夏在一九八二年遭到肅清，並從此消失在這世界上。當時整個保安部也遭到徹底的肅清，上千名被認為與金炳夏有瓜葛的軍官被送往集中營（他們的家人也是，「集體責任」可謂北韓體制的核心）。當時的集中營衛兵回顧：一九八〇年代初期，新的「罪犯」被一卡車一卡車地送進來，他們隨即領會了前一批犧牲者的命運……

一九九三年，「國家安全保衛部」取得了它沿用至今的名稱，並與「武裝力量部」及「保安部」直接向國家領導人負責，而非向內閣負責。沒有人知道「保衛部」當今的部長是誰，但很可能是由金正日本人親自督導。比較確定的一點是，偉大的領袖相當熱愛間諜冒險，對任何偷偷摸摸的事情也極感興趣。

「國家安全保衛部」的架構有部分模仿蘇聯的KGB，包辦在其他國家可能由多個機構負責的職務內容：海外情報（與蘇聯的「第三部門」合作）、政府通訊、維護重要的戰略設施。不過最重要的還是打擊間諜行動和國內的異議分子。

「國家安全保衛部」利用廣大的線民網絡來追蹤、根除「可疑分子」。所有重要的工廠和機構都有特務監視員工的政治傾向，確保祕密警察系統的效率。

一如其他獨裁政權下的人民，北韓人在說話時要非常小心，因為就連最不經意的言詞也可能被冠上「顛覆」的罪名。例如一九七〇年代有位獸醫在診治一隻豬時說了句：「在這世界上只有豬能活得開心。」他因此被視為反革命分子而遭到逮捕、凌遲，最後慘遭槍斃，他的家人則被送往集中營。告訴我們這個故事的人是位集中營的衛兵，後來成功逃離北韓。

關押國家真實或想像、現在或未來的敵人的眾多集中營，也是由「保衛部」來管理。我常常在想，這些保衛部軍官的命運會是如何。我覺得他們可能永遠不會受到刑罰（一些罪大惡極，或時運不濟的除外）。他們長時間以來的罪行罄竹難書，很難調查清楚；若是更久以前的惡行，可能早就毀屍滅跡了。

忘卻加害者，緬懷受害者

姜哲煥可能是曾被關押在北韓集中營，後來成功逃往南韓的那群人中最著名的一位，像他這樣的人並不太多，但確有逐年增加的趨勢。他告訴我們在北韓最大的集中營——「第十五號集中營」監禁期間親眼見證的一件事。

一位婦女的兒子在監禁期間身亡，她在遺體旁嚎啕大哭，說道：「你怎麼這麼快就走了？你為什麼要離開這個被詛咒的世界呢？」她接著用完全一樣的語調說道：「你為什麼要離開這個在偉大領袖的英明領導下，變得如此幸福的世界呢？」讓這位婦女的世界觀一秒改變的原因很簡單：她注意到一位明顯是線民的人漸漸走近。

這是個北韓式黑色幽默的好例子，也告訴我們線民的無所不在，以及他們的生殺大權。目前共有十五到二十萬人關押在北韓的集中營中，曾被監禁者更是不計其數。

北韓的祕密警察單位——「國家安全保衛部」擁有相當廣大的線民網絡。叛逃的保衛部軍官宣稱在正常情況下，平均每五十人就有一位線民監視，而在「政治思想控制困難」的區域，線民的密度也就更高。

李秀蓮的丈夫和父親都是自日本歸國的韓裔人士，她告訴我們一件「不令人意外」的事。在一次喝酒派對上，眾人酒酣耳熱之際，包括李秀蓮的丈夫的七位成員中，有四位承認自己是線民。當然七個人都是自日本歸國的韓裔人士，政府當局將他們視為「危險族群」。

我常常在想，那五十萬名間諜會有什麼下場。人們常說德國在處理自己共產時代的事物上立下了很好的典範。沒錯，前東德國安機構「史塔西」（Stasi）的檔案現已完全開放，共有兩百四十萬曾遭此機構追蹤的人到場檢視他們的檔案資料。若有天兩韓統一，何不採用同樣的方式呢？

說實話，我不認為兩者可以相提並論。惡名昭彰的「史塔西」，似乎只有用歐洲富裕、穩定和民主的標準來評判時，才這麼面目可憎。在東德，如果一位同事向政府當局密告了一個人的「不當行為或言論」，他／她會有什麼下場呢？他／她可能會喪失升遷或到國外旅遊的機會。但在北韓同樣的狀況可能會讓那個人被槍斃，或在集中營裡被折磨至死！他／她的家人很有可能也會被送進集中營。職業生涯不如意和全家人喪生還是有不小的差別，對吧？

所以我說，一旦這樣的真相被揭露，仇恨與報復是免不了的事，可能接下來的幾十年間都會殘留在這個國家的精神裡，揮之不去。為了伸張正義，付出這樣的代價值得嗎？

再者，許多時候迫害人民的主事者並非這些線民，即便從白紙黑字上看似如此。丈夫是保衛部線民的李秀蓮告訴我們，有次他先生收到上級的命令，要他上報一段與一位同是韓裔歸國者的談話。談話內容可說一點問題也沒有，只是那位可憐人說了幾句有些微批判性的話。但李秀蓮的先生被迫重寫他的報告，讓那個人說的話讀起來比原先激烈許多。他不情願地照做了，因為他深知自己如果拒絕，也無法幫助那名受害者，而且可能連自己也會被逮捕。數週以後，那位可憐人遭到逮捕，並全家送往集中營。

這是一則真實的故事——李秀蓮並不是因為什麼誘因而自白，可能只是說了比較對得起自己的良心。否則每位北韓線民在情急之下都會堅持是官方要他們寫假報告，真相就不得而知了。

北韓數十年來的極權統治造成了許多傷痛，就算兩韓未來以最良善的方式統一，也難以輕易抹去。也許面對未來的挑戰，忘卻加害者、緬懷受害者會是最好的方式，儘管聽起來不甚理想，用其他的方式解決後果可能更不堪設想。

我的阿姨班長

每天清晨，在北韓各地的城市和村莊總會見到一群群的婦女（有時還跟著幾個男人）從家屋或公寓裡走出來，手上拿著掃把和畚箕。他們並不是工友，因為北韓各大城市的住宅區並沒有「工友」這種職業。以北韓官方政治正確的觀點來看，工友這職業與社會主義的精神背道而馳，至少許久以前一位北韓人是如此對我說的。

他們究竟是何許人也？其實是當地居民依據「人民班」組成的每日清掃小隊，這樣的團體活動占據了北韓人民日常生活中的許多時間。

一個「人民班」通常由三十到五十個家庭組成。在以獨棟屋舍構成的社區，一個人民班通常包含某個區域的所有居民；在公寓建築中一個人民班則可能包含共用一個樓梯的所有家庭（如果建築較小便是兩到三個樓梯）。任何年齡或性別的北韓人民都無法置身「人民班」之外，基本上每個人與生俱來就是人民班的一份子。

每個「人民班」都由一位「人民班長」領導，通常由中年女性擔任。在平壤和其他大城市，人民班長會獲得小額補助和大量配給（北韓的貨幣直到近期都只有象徵意義，配給的重要性高出許多）。基本上一位家庭主婦每日會獲得三百克的米糧，但如果她接任人民班長的職位，便能拿到七百克，差異不容小覷。

在鄉間，人民班長是個無給職，但不時會有一些「好康」可以拿，因此這個職位相當搶手。「人民班」是向政府領取許多消費品（如：肥皂）的單位，而「班長」往往能拿到比一般人更多，且品質較好的物資。這或許是種輕微的貪腐行為，但貪腐及賄賂近年來在北韓並不算什麼新鮮事。

然而並不是每個人都想成為「人民班長」，因為這個職位不僅業務多，有些工作還相當麻煩。首先，人民班長必須監視她「地盤」內的每一個人，確定他們沒有做出任何踰矩行為。追蹤任何到她地盤內留宿過的人、驗明身分證件並向警方報告，也是其職務之一。在公寓建築內通常會有一位六十多歲的女性特派員負責檢查文件，並記下訪問的細節，人民班長的職責便是確保這些資料記錄翔實並妥善保存。

此外，人民班長還須對無現職工作的成員進行「思想教育」——主要是退休人士和家庭主婦。這些「阿姨」們被強迫參加「思想讀書會」，並在會中探討最近勞動黨針對養豬或鋼鐵作坊的新政策，以及聆聽又臭又長的講話，主題大都換湯不換藥。當然，人民班及班長最重要的職責，還是維持鄰近地區的整潔與和睦。

在許多國家屬於市政人員的職責，在北韓都是人民的義務。除了每日的清掃，「人民班」還得負責垃圾清運、維護供水及污水系統，甚至維修通往臨近地區的公路。把這些事交到「人民班」手上有時並不是個明智的選擇，因為這些「阿姨們」的專業程度絕對比不上技術人員。不過這種方式能讓政府省下一些經費，而北韓官方深信錢就是要這樣省的。

垃圾清運是「人民班」的一大職責。北韓的城市裡沒有垃圾桶，卻有一些獨特的，長得像個大門的設施。這些大門大到卡車可以從下方通過，而垃圾就堆在這些大門平緩的頂部，並用柵欄圍住以防灑落。在每週的指定日，一輛卡車會抵達「垃圾大門」。這並不是輛專門運用垃圾的垃圾車，只是輛普通的卡車。司機會將半個車身開進大門，以便載運的垃圾能輕易地移除。當然，整個過程都是由當地的「人民班」阿姨們手動，並由人民班長指揮。她們會爬到垃圾堆的上頭，手上拿著軍用鐵鍬和鏟子。在鄉間，清運垃圾的方式沒這麼「有創意」，但主要的勞動者一樣是「人民班」的阿姨們。

另一項不討喜也賴不掉的職務則是「倒夜香」。在北韓，只有大城市有抽水馬桶，一位在東歐的北韓學生曾跟我說，他到平壤之前從沒看過抽水馬桶。而就算是在大城市，也有許多區域仍使用傳統的方式處理人們的排泄物。

在小一點的城鎮和鄉村地區，住戶須共用大型的公共廁所，並定期清理「水肥」。地方官員只提供卡車，剩下的則交給當地居民自行處理。每個人民班都會分派到某個村莊清運水肥，以便稍後使用。

話說回來，「晨間打掃」還是最固定的每日工事。每天早上都會見到不同的婦女認真打掃社區：據規定，每一戶每天至少須派出一位代表參與清掃工作。

從一九七〇年代開始，「人民班」的女性就須參與各種活動。政府可能要她們到鄉間進行為期數天的「愛國勞動」，或要她們在家製作從大到小的各種東西。基本上只有家庭主婦強迫參加「人民班」的這些活動，擁有固定職業的人便能「倖免於難」。

因此一九七〇和一九八〇年代的婦女常說，以「人民班」的勞動量而言，待在家裡一點好處也沒有。一位參與人民班勞動的家庭主婦的實際工作量並不會少於職業婦女，領的還是少得可憐的三百克米糧，而非全職工作者的七百克。因此女性待在家並不會獲得什麼經濟利益，除非她有能力且願意擔任人民班長。

也許從政府的角度來看，協助監視和控管居民是人民班長最重要的任務，這樣獨特的體制在其他史達林主義國家也相當少見。

是誰夜半來敲門？

子夜之後急促的門鈴，或震耳欲聾的敲門聲……這些一直以來都是警察社會的象徵。北韓人的確會在熟睡之中被這些聲音吵醒，上門的也真的是警察。但大部分的情況下，這些「長官」拜訪的目的並不是把人抓到集中營（雖然還是有可能發生），而是執行他們的例行公事——「住家檢查」。

定期檢查民家是北韓警察的職務之一。直到近年，北韓的家家戶戶每年都必須接受兩到三次的「住家檢查」。若遇到任何需要加強戒備的狀況，警察們也會進行額外的檢查。例如當金正日要造訪某個城市時，當地居民便必須接受令人發狂的深夜住家檢查。「住家檢查」也時常在國定假日前夕執行，確保慶典進行時不會發生任何不樂見的狀況。

「住家檢查」的主要目的顯而易見：確認住家內有無未經許可卻「非法留宿」的住客。北韓數十年來都擁有世界上最為活躍且效率最佳的監控網絡，而對人口移動的嚴格控管是一大重點。

如果一個北韓家庭有住客來訪、過夜，必須主動向人民班長報備。人民班長會檢查訪客的身分文件。若訪客是國內其他省份或地區的永久居民，則必須出示「通行證」。要前往其他省份的每個北韓人都須向當地的警察單位申請此證，當然不是想申請就能申請到，申請者需要提出正當的理由。

所有過夜訪客的資料都會登記在一本特別的簿子裡。每天晚上人民班長會將一份報告交給警方，上頭寫有訪客的姓名、性別、戶籍地、身分證號、通行證號，以及過夜的天數和事由。

為了確保沒有人違反上述規定，警察會進行「突擊檢查」。「突擊隊」的成員通常由一位警員和人民班長組成。若檢查的區域附近有軍官的眷屬，軍人也可能加入行列之中。有些情況下連特務也會加入戰局。

「住家檢查」的最佳時機是子夜過後沒多久。一些警員會在門邊或街道旁就定位，確認沒有可疑人士徹夜逃離後，再正式開始搜索行動。他們敲門進入屋內四處查看，把每個可能的「藏身之處」都檢查過一次，包括衣櫃、碗櫥、箱子、陽台等等。警員們搜索的目標主要是間諜或罪犯，但他們的「收穫」則通常是鄉下來的親戚、屋主的好友，以及……一大票不幸的情侶。

在北韓，在別人家被抓到卻拿不出許可證可不是件有趣的事；是種刑責較輕的犯罪行為！警員若發現這樣的行為，便會向非法住宿者和屋主的工作單位呈報，這代表他們須在下次的「批判大會」在眾人面前坦承自己的犯行，情節較嚴重者甚至可能直接送往集中營重新教育。

各類違禁品當然也是「住宿檢查」搜尋的目標。搜索團隊會定期進屋檢查收音機的旋鈕是否封死，無法收聽外國廣播，也會留意是否有任何可疑物品。搜索團隊由至少兩位來自不同機構的人員組成（一位警員和一位人民班長），因此賄賂是件很冒險的事，或至少是件昂貴的事。

據報近年來這類「住宿檢查」的頻率已減少許多，但還不能說是「時代的眼淚」。於此同時，一種令人生畏的新組織——「巡警隊」應運而生。這種組織創立的宗旨在於打擊近年來與日俱增的暴力犯罪。每天的午夜到清晨，巡警隊都會在街上巡邏。若他們覺得住屋內有可疑活動正在進行，也有權進門搜索，且往往會「搜出問題」。因此北韓人民若要在半夜偷聽外國廣播，音量最好調到連蚊子也聽不見！

你可能會問我，那北韓憲法真的保障人民的居住隱私嗎？那當然！只是在這個最注重保密的國家裡，憲法和現實生活常常天差地遠罷了。

關於證件

每個北韓人都要有自己的身分證明，並在必要時出示。我知道幸運的民主國家居民聽到這句話時可能會偷笑。不過等一下，美國人和西歐人有時不也需要出示身分證明嗎？在這個汽車年代，駕照已成為大部分已開發國家最普遍的身分證明，但北韓的狀況當然不是如此。

人民出門須帶身分證件這件事並非一個警察社會的重要指標，但這項措施對亟欲掌握每位人民所有底細的獨裁政權來說，是一大利多。

一如許多其他制度，北韓的身分證件亦是模仿蘇聯而來。最主要的身分證件是「國民證」，而它直到十數年前都長得像本護照。「國民證」是一本有塑膠書套的十二頁小冊子，第一頁上貼著持有者的黑白照片，酷似一九四〇年代的蘇聯身分證。這並不是件令人驚訝的事：「國民證」於一九四六年九月首次發行，當時蘇聯軍隊仍完全控制北韓。

一九七二年起，北韓公民在滿十七歲時可向官方領取「國民證」，每十年須換新一次。

此事務由北韓保安部，亦即北韓的警察單位負責，人民若需更改任何身分資料，亦須洽詢此單位。

這本小冊子記載著持有者的許多資料。除了出生地、居住地和生日以外，婚姻狀態也記錄得相當詳細。人民結婚時，官方會在上頭蓋個特別的章，來證實這個重要事件。若不幸離婚則會追加另一個章，代表婚姻狀態有所變更。

一九九八年，北韓政府發行了新的「國民證」，上頭的資訊和先前一樣，外觀則與蘇聯傳統完全脫鉤。沿用至今的「新型國民證」是一張小小的塑膠卡片，與南韓身分證的形式相同。證上有著白頭山的照片，官方聲稱這是金正日的出生地（事實上他生於蘇聯，他的父親金日成在一九四〇年代初曾流放該地，不過這是另一個故事）。

北韓的身分證件還有另一個特殊之處：平壤居民和其他城鎮居民的證件有相當明顯的區別。平壤的居住權一直都是重要的特權之一，因為平壤居民能享受許多「好康」，包括比國內其他區域品質好上許多的飲食及消費品。一直以來，政府當局對從鄉村地區遷入平壤的移民嚴加限制。

每一位平壤居民都擁有一張特殊的「國民證」，說明他們在首都居住的權利。而為了警方作業方便或與一般「市井小民」作區隔，這些幸運的「天龍人」的國民證上印著巨大的「平壤居民」字樣。來自鄉下的「土包子」一輩子可能很難見上首都一面，因為任何人都必須得到特殊許可才能進入平壤，而這樣的許可相當不易取得。

不過也有一些族群不拿一般的「國民證」。北韓官方並不會發給軍人、警察和國安人員普通的國民證，他們有自己的證件，這點和蘇聯的做法相同。

罪犯則是另一個沒有「國民證」的族群。北韓人若遭到逮捕，警方便會沒收他的國民證，直到從監獄或集中營釋放才發還。

官方會發給未滿十七歲的國民「出生證明」，也須經常出示。這張證件最常用的狀況是父母代為領取孩童的配給時。

在北韓，許多情況下都須出示身分證件，比方說，沒有「國民證」和「通行證」是買不到火車票的。在許多地區，警察也會隨機抽驗證件。因此北韓人沒帶證件幾乎不敢出門。「國民證」可能是所有北韓證件中最重要的一張，但絕對不是唯一的一張。事實上，每個北韓人手上擁有的證件數量都相當驚人，但這又是另一個故事了……

北韓旅遊大不易

一位脫北者最近跟我說，他初次在首爾車站買票時覺得非常不安，原因很簡單：他身上沒有「通行證」。買票卻沒帶證件和他所有良善的直覺背道而馳。

的確，除了到緊鄰的縣市之外，北韓人須持「通行證」才能離開自己居住的縣市。許可證由地方政府的「第二部門」發放，這個單位主要由警員組成，並與當地警察局和地方政府共同營運。

北韓人民須在購買火車票或跨城市公車票時出示「通行證」，供售票員仔細檢查到滿意後才售出車票。旅客在上車時還須檢查一遍「通行證」。在車站附近偶爾也會有警員突擊檢查，要求人們出示證件。

如果一個北韓人在外縣市流連，卻拿不出相關證件，他／她便會被逮捕，處罰後遣返回原居住縣市。欲潛入平壤未遂但情節輕微者，通常送往改造營進行兩週的無薪勞動，潛入其他地區未遂的懲罰可能更輕一些。

「通行證」在北韓也是不小的學問，官方發給的通行證也有複雜的階級關係（其實我認為幾十年來通行證制度大大小小的各種改變，會是個很好的博士論文題目）。等級最高的是能夠通行國內所有區域的「特別證」，只有最高階的黨幹部及軍警才能持有。這種通行證需要金日成（或稍後繼任的金正日）的親自核准。一拿到這張證件，持有者的身分地位就會瞬間三級跳。

另一種特殊證件則發給因為工作需要而必須往來各地的人。例如「司機證」讓專業駕駛能夠駕車往來各縣市，但他們仍無法使用其他交通方式前往其他縣市。

市井小民們也有自己的通行證，根據事由上的不同，政府會發給差旅或私人行程通行證。武裝部隊的成員則領取特殊的「旅行通行證」。

「私人行程通行證」在有重大理由時才發給，通常是近親的婚禮或喪禮。申請者須用文件證明近期有近親死亡，或婚禮即將舉行。申請一張「私人行程通行證」須檢附的文件量相當驚人。不光是大人物們持有的「特別證」，各式各樣的通行證上都註明了持證者姓名、目的地，以及有效期限。在出發地和目的地途中的區域逗留基本上沒有問題，因此許多北韓人利用這個漏洞，多去了不少地方。

不過北韓人民很少以休閒為目的前往外縣市。國內旅遊雖非完全不存在，但仍是種相對少見的消遣。北韓人民大部分的旅遊行程皆由各大官方組織排定，而這些行程的目的通常是思想灌輸，而非娛樂，例如北韓學生常須造訪金日成或金正日立下某些英雄事蹟的「革命歷史現場」。此類團體的領導會持有所謂的「團體通行證」，上頭附有所有成員的名單。

能到平壤「觀光」則是種得來不易的特殊待遇。在國家秩序尚佳的年代，平壤高層每年會釋出一定的名額，供各地方政府派遣居民到平壤參訪，活動由朝鮮勞動黨中央委員會全額資助。通常來自鄉間的北韓人民一生可能有一到兩次的機會到「革命首都」參訪。

在一九九〇年代北韓共有三種通行證，其中兩種稱為「確認碼通行證」。這個怪名字的由來，是因為這些通行證需要平壤保安總部的核可。平壤的官員在檢查申請者的個人資料後，便會核發特殊的「確認碼」，寫於通行證上的表格內。當然，旅行的原因要夠正當，平壤的官員才會點頭發證。

拿著這種「確認碼通行證」可以進入北韓的哪些區域呢？首先是平壤市內，以及其他擁有重要軍事設備，以及其他機密設施的地區，例如核武研究所，或將線民運送到南韓的間諜船基地。持有「紅條通行證」便能進入這些軍事重地參觀。「紅條通行證」是「確認碼通行證」的其中一種，申請者須經過官方最嚴格的檢查始得配發。這張通行證的對角上有條泛紅的直線穿越整張證件，因而得名。

第二種憑「確認碼通行證」放行的區域是邊境區，包括鄰近中國及非軍事區的方圓數十公里內。人們須持有「藍帶通行證」才能進入這些區域，讀者應該能夠想像這張通行證與上一張的區別在哪。

第三種通行證便是上頭沒有「確認碼」的一般旅行通行證，由各縣市警察局自行核發。這類通行證只在鄉間有效，與任何上述的「一級戰區」天差地遠。

北韓的通行證體制在一九九〇年代中期幾乎完全瓦解——當時的大饑荒使其無法正常運作。一九九六年左右國家的配給系統全面停擺，數百萬北韓人在國內四處流竄尋找食物，政府對他們的行為也只能視而不見。我們並不清楚當時政府對遷徙的規定放鬆了多少，也不清楚政府這樣的改變是為了人民好，還是因為自己無能為力。總之自一九九七年起，北韓人已經擁有完全的遷徙自由，除了平壤和某些敏感區域以外，都能暢行無阻。

大饑荒過後，政府又恢復了通行證體制，不過自二〇〇二年起生效的新制度比先前的規定寬鬆許多。在今天的北韓，政府通常會在一到兩週內發放通行證，並能透過賄賂加快作業時程——只要給得錢夠多，當場拿到通行證也是常見的狀況。賄賂的價碼因目的地而異：鄉間的小城鎮約是兩到三塊美元，取得一到兩種「確認碼通行證」則需十塊美元左右。

有件令人驚豔的事更值得一提：北韓官方近年來開始發放另一種通行證，持證者可以合法跨越邊界到中國旅行！取得此種通行證須花上六個月左右的時間，也須接受「有關當局」（保衛部的兩個單位）的特殊安全檢查。不過申請並不保證成功，因此高額的賄賂可以讓政府官員快快想通，曾有人遞出一百美元的「鉅款」，不過通常在五十美元上下。對北韓平民來說這是一筆不得了的金額，不過申請者大都在邊界地區從事一些走私勾當，因此一百美元對他們來說並不是特別昂貴。即便需要花錢賄賂，他們也覺得取得證照相當值得，不僅生意做得更安心，也能做個「奉公守法」的好公民。身為北韓人的他們明顯偏好法律的庇護，不論在這之前是否無法無天。

望南走去吧，年輕人！

在研究獨裁國家的極權統治時，往往會遭遇一種弔詭的狀況：政府對人民的控制越嚴密，外頭對該國現況知道的越少。一九六〇年代晚期毛澤東的權利達到巔峰時，該政權的恐怖及暴行鮮少為西方媒體所報導，而當毛澤東的接班人繼位，統治手段趨向溫和時，西方媒體卻開始大肆報導「中國對人權的侵犯」。幾十年前蘇聯在赫魯雪夫的改革之後，狀況也如出一轍。

在上述的兩個例子中，當時的西方知識分子都扮演了重要的角色：一九六〇年代故步自封的「進步思想家」熱愛毛澤東，一如一九三〇年代他們的前輩熱愛史達林。一九七〇年代早期，有許多人說是索忍尼辛多卷關於史達林滅絕營（Vernichtungslager）的著作開了他們的眼界，但事實並非如此：索忍尼辛並非世界上首位敘說史達林政權的恐怖作家；在他之前就有人寫過，然而當時在學術及知識圈統御一切的左派思想家選擇忽略這些著作。索忍尼辛的書會在一九六〇和一九七〇年代受到重視的原因，在於當時蘇聯已經「過時」了，史達林的粉絲也轉而崇拜毛澤東……

不論如何，如果一個獨裁政權日正當中、殺人不眨眼，關於監獄、拷刑室和刑場的任何資訊幾乎不會外流，因為沒有幾個人能活著告訴我們他們的故事，而倖存的少數大都選擇隱姓埋名。這些暴行都在冥冥之中進行，而一些不明就裡的局外人甚至會高聲談論該政權的「偉大成就」，並對數百萬農夫挨餓致死，或警察在城鎮隨意逮捕居民的零星報導不以為意，譏為「政治宣傳」。更弔詭的是，那些「偉大成就」很有可能是真的，因為對自己的人民殘忍，和做某些事情的高效率是兩回事。

我知道接下來的論述可能有些爭議性，但近日以來北韓集中營的資訊外流，似乎說明政府當局的控制力逐漸下滑。至少國境北方邊界控制的瓦解，讓許多囚犯有辦法逃脫，並向南韓及其他海外聽眾分享他們的故事。在不得已的情況下，政府當局無法一如先前一般嚴厲，可能也增加了受刑人活著離開集中營，和他們跨越邊界逃脫的機會。

不過這些故事在南韓並未得到太多的認同。南韓的左派人士對學界和媒體的控制力日益強大，而左派的知識分子往往忽略關於北韓恐怖統治的報導，一如一九三〇年代歐洲校園裡的史達林崇拜者，或一九六〇年代的毛澤東支持者。但在近十年來，脫北者的證詞吸引了許多關注，其中包含前受刑人及獄卒的現身說法。最著名的朝鮮出逃者——姜哲煥的著作，在近期吸引了南韓及其他國家的目光。在南韓，同情右派的人們特別重視這些前受刑人的證詞。

最新的證詞證實了知情人士長期以來的猜測：北韓政府對待真實或疑似政治犯的手段已經遠遠超越了史達林本身。

北韓的集中營分為政治犯以及一般罪犯兩種，前者由「保衛部」，亦即祕密警察單位管理，後者則由「保安部」——一般警察單位負責。一般囚犯通常會經過正式的審判，政治犯則直接送進營區服刑。

政治犯通常會被告知自己的刑期，但有些人甚至連這個極其重要的資訊都被蒙在鼓裡。這樣的做法進一步超越了史達林所施予的「正義」：就算在蘇聯最慘澹的日子裡，官方仍認為「袋鼠審判」（kangaroo trial）*是有必要的，且囚犯一定會知道自己的刑期。而根據政

* 袋鼠審判：也稱袋鼠法庭，用於一些被人認為是不公平的法庭審判或者裁決。這個名詞起源於十九世紀美國，當時一些法官在偏遠地區巡迴辦案，其收入來自辦案數量甚至被告的罰金，因此將這種到處奔跑辦案而不重視公正的法庭稱為袋鼠法庭。

治情勢，他們的刑期時有變化，但政府均會明確告知。

金氏政權在另一方面也超越的史達林：囚禁罪犯的所有近親。針對某些「犯行重大」的政敵，史達林的確會一併囚禁他的妻子和成年兒女，但並非對每位囚犯都如此對待。

北韓的集中營首先由「保安部」負責，在一九七二年改由祕密警察控管，今天這些營區則由「國家保衛部第七部門」管理。

到一九八〇年代末為止，北韓境內有十二處左右的集中營，編號由11到27不等。第17到21號、23號、24號營並未留下任何紀錄，但這並不代表它們不存在。

一九九〇年代初期，營區編制發生重大的改變：官方關閉了大部分的集中營，並將受刑人遷移到五個較大的營區。規模最大的兩個營區（15號耀德集中營和22號會寧集中營）約有四到五萬名被關押的人——用史達林的標準來看也是個驚人的數字。即便營區內的死亡率極高，我們可以合理推論，北韓人民中約有百分之三到百分之五待過集中營。這些以編號來稱呼的集中營位於北韓領土的北邊，距海遙遠，並和中、俄邊界有段距離。選取這樣的位置是為了減低脫逃者跨越邊界的可能，不過近年來有些人仍成功跨越了邊界。

根據現有資料，第十五號耀德集中營是最大的一個，共有四到五萬名被關押的人。營區位於一個山谷中，兩旁的山坡相當陡峭，幾乎沒有逃脫的機會。被關押者根據犯罪類型被關押在數個村子裡，村與村之間，或與營外的任何聯繫都是嚴格禁止的。在營區內持有任何一份報紙都是重罪！

第15號集中營分為兩個區域：革命教化區和絕對控制區。前者收容「有教化可能」的囚犯，而這些囚犯有獲釋的機會；後者則近似於納粹德國的滅絕營，囚犯將遭到終生監禁。「革命教化區」的被關押者多是（被冤枉的）政治犯的家庭成員，儘管貧困且受到嚴格控管，他們在裡頭過的生活還算正常：一家人能夠住在一起，且村裡有些小花園，甚至還有小學和中學。

第15號集中營的被關押者在金礦場和數種作坊裡工作。營區同時必須製造出足夠的糧食配額，以便運送到國家的各處。被關押者每天只能領到兩百到三百克的玉米，若要「加菜」只能自行捕殺老鼠，或採集其他能吃的東西。

位於會寧的第22號集中營狀況相去不遠，該營區拘留的大都也是被肅清者的親屬。這座集中營的總面積屈居第二，被關押的人數卻不比最大的15號集中營少。《遠東經濟評論》（*Far Eastern Economic Review*）在近期公布的營區的衛星照片。在前被關押者的協助之下，一位特派員利用舊時的蘇聯軍方地圖找出營區的確切位置，並向空拍業者「下訂」了該區的照片。據信南韓和美國的情報單位許久之前就擁有這些營區的高解析度照片，但未曾公開。

即便死亡率高，第15號和22號營算是相對自由的營區；其他「政治犯集中營」的情況相對糟糕許多。在目前所知的營區中，第14營的狀況最慘不忍睹。被囚者在礦坑、玻璃工廠和釀酒廠裡勞動，甚至連在營房內也沒有行動自由。營養不良、經常性的被毆打及礦坑內的意外事件，讓這個營區的死亡率相當驚人。

北韓集中營的未來會是如何呢？它們會像納粹滅絕營一樣成為博物館嗎？或也許未來的韓國政府另有打算：他們會為了國家的團結，在接下來的數十年對金氏政權的滅絕營輕描淡寫，直到所有加害者及被害者都安然死去，直到這個議題全然成為歷史的一部分。第二種做法聽起來或許有些消極，但可能是最好的選擇？只有時間能告訴我們答案……

理想世界

北韓的歷史是場悲劇。高壓統治、饑荒以及大規模的政治恐怖都與其歷史密不可分。但這個國家的開朝元老們就該被視為禽獸嗎？他們打從一九四〇年代中期開始就是冷血的殺人狂嗎？我想兩個問題的答案都是否定的。令人不勝唏噓的是，創立這個世上數一數二殘暴政權的，其實是群滿腔熱血的理想家。他們想創造一個更好的社會，甚或是地球上的一片樂土，且他們相信自己知道該怎麼做。這群人無法容忍任何人反對他們的意見：只有「鐵的意志」和不屈不撓的信仰，才有辦法實現理想的未來，但這一切的結果卻是場災難。

一九四〇年代中期的中堅分子有哪些人呢？一九四五年時金日成是個有些名氣的前游擊隊長。一九三〇年代，還是個高中畢業生的他參加了抗日聯軍；若他當時沒有從軍，可能會是個成功的商人。他非常信任的一位同袍崔庸健與他有著類似的命運。金科奉原是一位傑出的韓語語言學學者，長期流亡於共產黨在中國控制的區域，後來官至朝鮮最高人民會議常任委員會委員長兼國家元首，如今已被遺忘。武亭則是當時中國共產黨軍隊中位階最高的韓裔軍人。朴憲永和其他有南韓背景的北韓開朝元老，大都參與過一九四五年前最激烈、最危險的抗日戰役。簡而言之，這些人為了人民的幸福，的確犧牲了自己的安逸及榮華富貴。

要理解一九四〇年代末，許多南韓知識分子叛逃到北方的原因並不困難：北韓政權斷然與其殖民過去劃分，且領導人皆是民族主義的篤信者，不是來自抗日聯軍，就是流亡多時光榮回歸。北韓政府不雇用曾與南韓合作的人是個迷思，只是一九四五年後的南韓政府雇用他們的機會還是高上許多。

總之一九四五到一九四八年的北韓領導者是群理想家，他們深信自己知道通往樂土的「唯一正道」。為了人民未來的幸福，他們會毫不留情地消滅這條「榮耀之路」上的任何障礙，對異議分子絕不忍讓。一九四六年，北韓的學生領悟了一個不樂見的事實：任何反對政府政策的公開集會遭到的懲罰，都會比一九二〇和一九三〇年代嚴厲得多。參與集會者不只會被學校開除，且幾乎百分之百會遭到逮捕，強制送往西伯利亞（當時的北韓還沒有監獄，需要蘇聯老兄幫個忙）。所有的反對勢力皆被政府高層的鐵拳一一擊破，而這些夢想家對這樣的行為不以為意，至少他們無須親自面對這種血腥。畢竟在他們的眼中，所有的受害者都是需要根除的「敵對階級」或「反動分子」。

這些理想主義者的思維接著讓他們體悟，將權力集中是必要的。個人的野心也驅使這些人為了站在金字塔的頂端而明爭暗鬥。這件事舉世皆然：金字塔頂端的那個人，都是無數勾心鬥角、陰謀陽謀下的得勝者。唯一的差別是，在史達林的體系之下，敗者不只是失去權力，而是完完全全被抹去。除了極少數的例外，這樣的體制不讓任何人有機會好手好腳地離開政治圈，就算這個人再有誠意也不可能。這讓權力鬥爭這件事更加殘酷，北韓的理想家們很快便互相掣肘，陷入政爭之中。

即便當初被捲入這場鬥爭之中並非自願，金日成終究成為了這場殘酷遊戲的東家（根據一些報導，他在一九四六年不太願意擔任國家元首）。他首先聯合所有派系打擊最弱勢的「南方集團」，並於一九五三到一九五五年將他們完全肅清。這個集團的主要成員遭到刑求，不得不在一場公開審判上「承認自己的罪過」，較次要的成員則直接「消失」，一點痕跡都未留下。其他可能威脅金日成權力的派別也面臨了相同的命運，而在一九六〇年代後期，就連金日成游擊隊時期的許多戰友也被送往集中營，昭告眾人：只要握有一點權力者便無法倖免。

這是否代表金日成是個特別狡猾又伶俐的操盤手？答案也許是肯定的，但與他不相上下的大有人在。在其他的史達林主義國家，不同的派系先後贏得了政爭，但結論總是如出一轍：只有政變能推翻一位掌握大權的獨裁者，而敗者總是遭到誹謗，被視為間諜和叛徒。

而他們的故事中最諷刺的部分，莫過於這些政權的創始者並非憤世嫉俗的政治操盤手，而是滿腔熱血的理想家。

第十一章 這個體系是如何運作的？

蒙蔽於黑暗之中

幾十年來，北韓人民不斷接收到的訊息是：自己的國家是全世界的一盞明燈，而各國人民都對北韓的繁榮與成功倍感欣羨。對北韓這樣的國家而言，這實在是相當大膽的說詞，因為即便是在光景最好的時期，共產主義的兄弟盟邦們仍然視北韓為貧窮、低度開發的國家。為了取信於民，這類的政治宣傳必須免於遭受任何競爭與挑戰，於是北韓政府封鎖了一切其他資訊的來源。在這方面，幾乎沒有任何一個共產國家像北韓一樣有效率。北韓政府讓人民無從取得對政府不利的、未經政府授權的知識訊息，於是也無從得知國家疆界以外的世界。

鮮少北韓人民有任何機會離開自己的國家。唯一屬於非權貴階級又同時具有海外經驗的只有西伯利亞的伐木工人，他們從一九六〇年代後期開始，陸續被派遣至西伯利亞南部的蠻荒之地。然而，這個地方鳥不生蛋、人煙罕至，因此這些伐木工人與在地居民的接觸也極為有限，而北韓政府也採取了相對的因應措施。

除了這些伐木工人以外，其他有權出國的北韓人民皆屬社會上層階級，也就是說，他們都經過了精挑細選，理論上具有一定的政治可信賴度。這些少數權貴包括了外交官、北韓船隻與飛機組員，以及少部分經許可參與國際交流的人士，而這些交流多半都是學術性質。這些人位高權重、容不得閃失，而且他們也知道如果有任何不當行為，自己的家人將付出高昂、慘痛的代價，因此這些權貴鮮少會帶來麻煩。此外，這些人也不太可能將國外的生活回頭說給國內的同胞聽，頂多也只是在同為權貴的同事之間分享而已。

當然還有留學生。一九五〇年代中期，開始有一些北韓學生赴海外留學，其中大部分都是前往蘇聯。這些學生都經過了審慎的挑選，要不就是學業表現出色的年輕人，或者是政府高官的子女。然而，這並不表示這些學生都能抗拒外面世界的吸引。一九五七到一九五八年期間，有一些北韓學生就曾經叛逃，因為當時平壤拒絕依循蘇聯的自由化政策，但那時蘇聯希望將這套政策強加於所有共產主義國家。一九五九到一九六〇年期間，北韓召回了所有留學生，而在往後的十年裡，沒有任何北韓學生有機會出國念書。

到了七〇年代中期，平壤重新開始送留學生出國，不過規模非常小，在任何一個時間點都只有數百名北韓留學生被送出國。這些留學生同樣經過了審慎的挑選，並且會持續受到監控。

在北韓的前十五年歷史裡，北韓人民還可以購買外國書籍——不過當然，也只有共產兄弟盟邦所出版的書，而且絕大多數都來自於蘇聯。然而，打從一九六〇年左右起，情況開始有所改變。從前的「共產主義兄弟盟邦」也開始被視為意識形態污染的來源。的確，就當時平壤的標準而言，蘇聯確實是自由得不像話，而東歐國家又更是如此。

毫無疑問的，當今的北韓是不允許上網的。北韓在這方面至今依舊獨特，或許是全世界唯一一個幾乎沒有網路使用者的國度。金正日本人據說十分熱愛上網，不過除了菁英所屬的上層階級之外（大概就幾十個家庭），沒有人聽說過網路是什麼東西。學術機構雖然擁有自己的數位網路，可以在北韓境內運作，但是與網際網路之間的連結有限。除此之外，這個數位網路只能透過工作場所連線。一直要等到二〇〇四年底，北韓境內的某些西方企業與外交機構才開始能夠上網——當然價格相當昂貴，而且僅限於外國人使用。

大約自一九六〇年開始，所有的外國新聞刊物再也無法自由販售，而外國也包括了理論上相對友善的盟邦。重要的圖書館還是會訂閱外國報紙，但是會將報紙存放在圖書館的特殊區域。在這些區域當中，只有獲得信任的人才能取得這些具有顛覆性的素材，而這些人會得到祕密警察單位的特許。所有來自海外的印刷品都是以這種方式處理。這套體系其實是從蘇聯學習來的，但即便是在蘇聯也從未如此嚴格。

當然，對北韓的領導階層而言，廣播是令人頭痛的一大問題。於是他們發想出了一種既天才又獨特的方式，以確保廣播的政治安全性：在北韓販售的收音機都無法切換頻道。這些收音機都固定在單一頻率上頭，也就是隸屬於官方的平壤廣播電台。

然而人民勢必也得和過去切斷聯繫才行，這樣才能獲得保障。喬治・歐威爾就曾精準體認到，一個真正的史達林式獨裁政權也必須要能夠掌控過去才行——或者應該說是掌控民眾對歷史的觀感和記憶。於是，所有五年、十年以上的出版物都會被限制閱覽，並且與顛覆性的外國素材存放在圖書館相同的特殊區域。

即便是偉大的領袖的演講也不例外。這些演講不時會被重新改寫，藉此迎合持續變化的政治情勢。如果偉大的領袖曾經提及某一個人，但是這個人後來成為了被政治清洗的受難者，那麼我們可以確定的是，在往後的版本當中，演講裡關於這個人的指涉勢必會有所修改。不過一般民眾理論上不會知道這些事情：畢竟，黨和領導人是不會改變看法的，因為他們的一切言行永遠都是對的、都是無庸置疑的。

來到平壤的外國遊客會與本地居民隔離開來，並且持續受到監控。為了確保萬無一失，每一個旅行團或者甚至每一名遊客都會由兩位導遊陪同。導遊的任務不只是控管遊客，還必須彼此相互監控。如此嚴格的監控機制當然得讓遊客自行買單，所以北韓的旅遊業者會對國外的同業收取高昂的費用。當然，很少人會願意支付一週一千三百美元的平壤行程，不過即便遊客短少，平壤當局似乎也不以為意。雖然許多人都在談論發展北韓的國際觀光，但是北韓的領導階層顯然認為，遊客所帶來的觀光收入並不足以抵銷讓這些危險人士入境的政治風險！

大部分的這些政策在其他共產國家也都屢見不鮮，但幾乎沒有任何國家走得如此極端。然而，過去十年的發展提供了我們寶貴的一課。高壓和控管是需要花錢的，所以唯有健全的經濟才足以支撐。這些成群的監控者和警察消耗了許多資源，但是並沒有生產出任何的東西（當然除了造就出政治穩定之外）。打從一九九〇年代初期以來，北韓的經濟開始急速衰退，於是上述的這些措施也跟著有所放寬。如此的放寬做法似乎並非任何政策使然，只是單純反映了政府找不到錢資助這些計畫。當然這也意味著，不利於政府的資訊正逐漸流入北韓境內，而一般民眾也開始懷疑，自己是否真的生活在勞動者的天堂，並且也開始檢視政府持續餵食給他們的其他諸多「事實」……

永遠的新兵訓練營

當我一九八〇年代造訪平壤時，這座城市最奇特、最古怪的風景之一就是軍人無所不在。到處都是身穿軍服的人：他們在街上行軍、在工地裡工作、守衛著防空砲台，此外還做很多其他的事情，而且這些事情不見得與他們的軍事任務有關。

北韓軍隊之所以能見度這麼高有其合理的原因。雖然北韓的人口相對不多，但是卻支持著全世界第四大的軍隊規模。朝鮮人民軍估計有一百二十萬人。在承平時期裡，幾乎沒有任何國家曾經擁有如此高的軍隊成員：我們可以說，就人數而言，北韓的軍隊差不多相當於印度軍隊的規模，但印度可是全世界人口第二多的國家。

為了維持如此大規模的常備軍，北韓徵集人民從軍的時間也格外漫長：自從九〇年代中期以來，男性軍人必須服役到三十歲為止，而女性軍人也必須穿著軍裝到二十六歲。這意味著，北韓男性平均有十年以上的時間都在當兵——對一般男性而言，服十三年的兵役似乎是常態。

長久以來，北韓菁英階層的子女一直都很樂意、也很有辦法逃避兵役。主要的逃避途徑之一是：北韓法律規定大專院校的學生得以免服兵役。這種做法正好也是效法蘇聯的類似法規，而蘇聯的菁英也同樣普遍利用相關法規來逃避兵役。大學生必須參加強制性的預官訓練課程，而雖然這些課程也很辛苦，但是和真正操勞的兵役比起來實在是小巫見大巫。

即便如此，令人意外的是，非權貴背景的北韓人民十分樂意服兵役——至少截至一九九〇年代中期以前是如此。當兵很大一部分的吸引力在於，密集的政治宣傳提高了朝鮮人民軍的英雄形象。不過，這其中也存在比較沒那麼理想主義的動機。

首先，軍人享有良好的物資配給。在一九九〇年代的大饑荒之前，身穿軍服的男孩、女孩們各個豐衣足食，冬天都有保暖的衣服可以穿；留在農地裡工作的人待遇遠遠比不上他們。雖然軍隊裡紀律嚴格，但是北韓人民一輩子反正也都活在嚴格的紀律之下，因此軍隊的紀律並不是什麼新鮮、特別的事情。北韓人民認為，只要付出一點代價，他們就能享受到軍中良好的物資配給，以及社會階層晉升的機會。

在家鄉，軍人的親屬也享有地方政府的優惠待遇。此外，軍隊還提供了各種形式的訓練。

對許多人而言，這些訓練平常完全沒有機會參與。退役之後，人們可以保有一技之長，例如駕駛、無線電操作等等，而這些技能可以讓人們不再只從事農耕、採礦這些艱苦又重複性高的工作。

還有最後一點原因：朝鮮人民軍是進入朝鮮勞動黨很好的敲門磚。取得黨籍之後，退役軍人回到家鄉便有資格從事一些低階的管理工作。整體而言，即便是「出身成分」相對較差的人（「出身成分」是指一個人的身家背景，能決定一個人的政治可信賴度與職業發展），透過服兵役也都有機會改善自己的社會地位。

因此，毫不令人意外的是，「出身成

平壤的年輕軍人。攝影者：克里斯多福・莫里斯。

分」奇差的人（政治囚犯、叛逃到南韓者等等的後代與近親）根本不會收到兵役徵集令。而同樣的道理也適用於從日本回來的歸僑的親屬，這些歸僑於一九六〇年代返回北韓。除了少數的特例之外，北韓政府認為這些歸僑的政治可信賴度太低，無法放心將武器交到他們的手上。

當青少年還在就讀高中的時候，他們就會在地方上的動員站登記，而這些動員站是由朝鮮民主主義人民共和國的國家安全保衛部所管理。這些青少年會進行一些健康檢查，接著保安警察會檢視他們的家庭關係，藉此確保任何有可疑親屬的人不會被指派至菁英單位。舉例來說，當年地主的侄子的孫子就不會得到信任，所以無法從事守衛平壤或巡邏南、北韓之間非軍事區的工作，但是他和類似的人員可以在地方上的某些工地裡操作挖土機。

朝鮮人民軍擁有異常高的女性比例，大約占整體軍事人員的百分之十。女性通常不需要服義務兵役，但是政府會鼓勵她們志願從軍——而且時常積極地施加壓力。在某些案例當中，女性也有可能受到兵役的徵集，但是這種情況並不常發生。

這些女兵之所以受到吸引，原因同樣也是教育、晉升、黨籍等等機會，而當然也還有理想上與物質上的誘因存在。她們通常擔任無線電操作員、文書或是醫療人員，不過也有許多人在防空砲台或是海岸防禦單位任職。某些防空與艦艇砲台的成員清一色都是女性。

然而時至今日，兵役似乎正在喪失昔日強大的吸引力。新的「先軍」政策（國家事務中，一切工作以軍事為先，以軍事為重）或許會讓某些高級軍官致富，並且彰顯出這些高官的政治地位，不過對廣大的軍隊成員而言，近期的經濟崩壞已經導致嚴重的資源匱乏。儘管菁英單位仍舊豐衣足食（畢竟他們的任務就是要平定糧食暴動與軍隊叛變），但是一般士兵卻時常嚴重營養不良。而在新的、越來越市場化的社會當中，舊的「出身成分」體制也變得越來越不重要。

集權主義下的健康醫療

整體而言，共產主義是昂貴又血腥的一場失敗。然而，這並不表示所有共產政權在國家管理的各方面都是失敗的。這個世界太複雜了，無法簡化為非黑即白的二元分析。即便是最糟的社會體制也會有一般人普遍欣賞的某些特色，而即使是最好的社會體制也會有其醜陋的一面。史達林主義也不例外，而其中就包括了金日成在北韓的實際體現。

其中一個領域就是健康醫療，或者至少可以說是基本的健康醫療。共產主義的政治宣傳有時會誇大這方面的成功，但是即便如此，該領域的成功也確實不假。和資本主義社會比較起來，共產國家的人民平均壽命一般都比較高，在嬰兒死亡率方面也相對較低，而在許多公共衛生的關鍵指標上也都是如此。

北韓也不例外。在一九九〇年代的饑荒破壞了國家基礎體制以前，北韓人民的平均壽命相當高。一九九〇年代初期，這個數字一度來到了七十歲，與發展蓬勃許多的南韓比起來並沒有太大差別。目前世界衛生組織預估，北韓人民的平均壽命大約是六十六歲，不過這個數字之所以偏低，是因為近期的危機對健康醫療體系造成了破壞。

根據估計，北韓當今的嬰兒死亡率落在千分之四十五。這個數字稍微高於中國，但是卻遠低於大部分的開發中國家。同樣地，這個數字計算的時間點也是在大規模的社會震盪之後。一九九〇年代初期，北韓的嬰兒死亡率只些微高於南韓而已（千分之二十五相對於千分之二十一）。

然而即便是在光景最好的時期，北韓的診所仍舊面臨著嚴重的資金短缺問題，因此上述的成就也更顯得矛盾。北韓大多數的醫院都位於廢棄的大樓之中，房間既狹小又擁擠（十個住院病人共用一間病房是常態），而設備器材差不多是西方國家醫生一九五〇年代的等級，甚至是一九三〇年代的水準。

在北韓社會裡，醫生絕對不屬於權貴或高薪的群體。和西方醫生的養尊處優不同，北韓的醫療專業人員無論在社會地位還是薪資方面，與一般的白領文書人員並沒有什麼不同。在北韓仍由父權所主導的社會裡，男性逐漸從醫療專業當中流失，於是醫生絕大多數都是女性。

藥物的取得也有所限制。由於相對新進的藥物鮮少能在醫院取得，因此抗生素便成了黑市交易當中的主要品項之一。只有在服務政府高官的幾間特別診所裡，才足以定期施用抗生素。

既然如此，那麼北韓是如何維持這麼高的公共衛生水準呢？最簡單的答案有點令人意外，那就是政府不計隱私控管每一個人的能力。這是警察社會的一項根本特色，不過對於維護公共衛生健康也可能帶來非常大的助益。

所有北韓人民都必須接受定期的健康檢查。這些檢查十分簡易——最多就是照個胸部X光，但是卻能有助於及早發現健康問題。健康檢查都是強制性的，沒有任何北韓人民可以逃避，因為檢查的背後可是整個國家機器在運作（至少截至九〇年代後期的社會動盪為止是如此）。免疫接種也是同樣的道理，而衛生與水源供應也都會經過審慎的監控。

就連醫生的低薪也不見得是壞事，因為這讓北韓這個貧窮的國家足以養得起眾多醫生——平均每三百七十個人中就有一位是醫生，比例差不多與美國旗鼓相當！醫療服務過去幾十年來都是免費的，不過近年貪腐問題日益加劇，以至於現在為了接受治療，人們往往需要私下付錢給醫生，而藥物如今也不再是免費的了。

北韓健康醫療體系的管理依循的是蘇聯模式，而即便資金持續短缺（至少就西方的標準而言），該體制依然能造就良好的成果。每一個小地區通常由一百到兩百個家庭組成，而地區上都擁有一位在地的醫生，並且已經服務當地居民多年。人民沒有選擇自己醫生的自由：如果有任何病痛，你必須向指派到你所屬地區的醫生求助。由於醫護人員比例如此高，因此醫療人員總能在住家不遠處提供服務。

如果病況嚴重惡化，那麼醫生會將病患轉診至當地的醫院，而如果必要的話，病患還可以進一步轉送至更好的醫療院所。病患甚至有機會前往平壤，進入某些特定疾病的專責醫療機構。

在共產主義的體制之下，高階官員享有自己專屬的醫院，而這些醫院一般民眾無法進入。金氏家族的成員看的是長壽學院（Longevity Institute）中的醫療院所，而高層幹部則是在豪華且人力充沛的烽火（Ponghwa）和南山（Namsan）醫院接受治療。

當然，高端醫學存在著相當嚴重的問題。精密手術只有為高官服務的特殊院所才會提供，例如平壤的烽火醫院。救護車服務的短缺是另外一項問題。過去十年左右，原本就不充足的藥物進一步變得越來越稀缺，而不論官方的指示為何，病患都得自行購買必須的藥物。

不過，大部分會威脅生命的都不是什麼複雜的疾病，反而是乍看之下無關緊要的病痛。如果能及早發現，又如果附近就有醫生的話，這些病痛很容易就能獲得治療。北韓的健康醫療系統正是有能力做到這一點。

黨的遊戲

就像所有列寧主義國家一樣，北韓也是以列寧主義政黨為基礎。在北韓，這個政黨叫做朝鮮勞動黨，不過朝鮮勞動黨的結構與運作完全複製了整個蘇維埃陣營當年的各個共產黨。

朝鮮勞動黨相當龐大，然而沒有任何外人明確知道這個黨究竟規模有多大。能夠取得的最新數字已經有點年代了：這些數字源自於一九八〇年。當年，根據官方的公告，朝鮮勞動黨一共擁有「大約三百萬名黨員」。從那個時候至今，朝鮮勞動黨的黨員人數已經增加到了四百萬左右，但是確切數字仍舊是北韓謹慎保守的許多國家機密之一。

因此，在一九八〇年的時候，每六個北韓人當中（或者每四名北韓成年人當中）就有一位黨員。在共產世界中，這個百分之十六的比例是相當高的，因為其他共產國家的黨員通常只占總人口的百分之七或百分之八不到。在很大的程度上，這點反映了北韓的傳統：打從一九四〇年代後期開始，金日成就希望朝鮮勞動黨是個大黨！

人民為什麼會成為朝鮮勞動黨的黨員呢？官方的意識形態會立刻告訴你：因為人民受到了內心澎湃的欲望鼓舞，希望為國家與偉大的領導人奮鬥效力。的確，這正是民眾在公開場合上應該發表的說辭。或許有些人確實受到了鼓舞，基於對國家的忠貞加入了朝鮮勞動黨。在一九四〇、五〇年代的時候，像這樣的鼓舞確實曾經比比皆是。

時至今日，對大部分的人而言，真實的原因往往有所不同，而內心的動機並沒有那麼高尚。朝鮮勞動黨的黨員證對於職涯晉升有其必要性：在北韓，如果要得到任何管理職位，朝鮮勞動黨的黨籍是必要的。即便是某些比較好的藍領工作，通常如果沒有那張令人夢寐以求的黨證也是無從取得。我還曾經聽過一種說法，那就是在北韓必須要成為黨員才能夠擔任職業駕駛。

然而，西方常有的觀點並不正確：並不是所有的黨員皆享有特權。成為黨員只是具備了享受特權的資格，並不是必然擁有獲得特權的權利。不過就像前文所提到的，如果不是黨員的話，那麼這些特權可是完全沒有資格享受！

理論上而言，每一位北韓公民都有機會加入朝鮮勞動黨。有意入黨者必須提供兩位黨員的推薦信函，而這兩位黨員也將為這名新人的行為負起責任（至少就某個程度上來說是如此）。接著，在相關的朝鮮勞動黨單位裡，欲入黨者的候選資格會由未來的黨員同袍進行討論。在正式審核通過之後，新進黨員會有一段試用見習期，而之後就會收到黨證，這張黨證必須極為小心地保管。

就實務上來說，入黨名額扮演了至關重要的角色，而名額是由上而下進行分配的。朝鮮勞動黨的書記與其在地的親信會挑選出人選填補名額，而受到徵詢的人鮮少會拒絕入黨。一個人的出生和家庭關係——也就是北韓惡名昭彰的「出身成分」——也會在入黨時被納入考量。

在軍隊當中，入黨名額相當的充裕，因此有不少北韓人會試著利用服役期間加入朝鮮勞動黨，如此一來，重返平民生活之後便可享有更多的成功機會。在工廠裡，尤其是在公家單位，入黨的名額相對有限許多，所以曾經有報導指出，在北韓有人為了加入朝鮮勞動黨而行賄官員。

北韓政府期許朝鮮勞動黨的黨員必須服從、可信賴。的確，和一般民眾比起來，黨員得出席更多的會議與思想教化課程。除此之外，有些違規行為從北韓一般的標準來看根本微不足道，但是如果是發生在黨員身上，黨員仍然必須遭受批判。

再者，朝鮮勞動黨黨員必須依循自身的一套懲處體制。如果有一枚「警告」或是「嚴重警告」的戳記蓋在黨員資料檔案上，那麼該黨員未來的職涯發展將會蒙受永久的負面影響——除非這些戳記得到註銷（幸虧註銷的做法也不算罕見）。

最嚴重的懲罰是開除朝鮮勞動黨的黨籍。這件事情十分罕見，而且通常都是一個人遭到逮捕、判刑之後的「連帶懲處」。如果因政治上或者是一般罪行而遭到刑事定罪，那麼後果絕對都是開除黨籍：任何被定罪的罪犯都不被允許繼續留在朝鮮勞動黨裡。即便是在出獄之後，通常黨也不歡迎當事人再重新回到黨內。

這四百萬黨員真的像平壤的盟友和敵國時常說的，都是北韓政權的死忠支持者嗎？我不敢說得如此肯定。有一些人確實出於本身的理念，對於金正日相當忠心耿耿。然而，對於絕大多數人而言，黨籍代表的只是獲得更多機會的管道，因此與黨員本身的實際理念沒什麼太大的關聯。

緊緊繞著傳動帶

史達林曾經生動地描述工會、學生團體與其他協會的角色，而這些正是現代西方所謂的非政府組織（英文簡稱為NGO）。史達林說，這些組織對共產社會的功能就像是「傳動帶」（輸送帶）一樣。共產黨是社會中主要且唯一的動力引擎，而所有的非政府組織必須將黨的動能傳遞給民眾（後來毛澤東則將民眾描述為「大齒輪中的小齒輪」）。

這樣的觀點在所有共產社會中相當普遍，但是在不同的時空當中，追求這項理念的力道也有所不同。在追隨史達林同志與毛澤東主席的教導方面，北韓也同樣走上了極端。每一位北韓的成年人都必須隸屬於特定的組織，並且參與該組織的活動。和其他共產國家比起來，這一點是非常大的差異，因為在其他國家裡，會議、思想教化與無薪「志願」工作的重擔主要都落在黨員的身上，此外還有較小的一部分會落在黨的青年組織成員上頭。在北韓，義務參加的會議、宣傳與類似活動適用於所有人（而且非常耗費時間）。在北韓的用語當中，這些都被稱之為「組織生活」。

朝鮮勞動黨的黨員於是形成了某種潛在的菁英群體，即便一般的黨員（也就是至少百分之九十的所有黨員）根本沒享受到什麼好處。黨員必須要參加特別的思想教化與研習課程，而且還得參加許多由自身工作單位所組織的活動。

所有介於十四到三十歲的年輕人都是朝鮮勞動黨青年組織的成員，而該青年組織名為金日成社會主義青年同盟（簡稱為黨青）。有一些成員會在三十歲之前加入屬於「成年人」的朝鮮勞動黨，因此提前放棄青年同盟的成員會籍。如果超過了三十歲，那麼從事工業的人「組織生活」會由朝鮮職業總同盟管理，而從事農業的人「組織生活」則是由朝鮮農業勞動者同盟管理。

在北韓有相當多的家庭主婦，而即便是家庭主婦也有相應的意識形態指導。顧名思義，家庭主婦都是朝鮮民主女性同盟的成員，因此必須參與同盟下屬的社區委員會所安排的會議。

這五大組織實體——朝鮮勞動黨、黨青、朝鮮職業總同盟、朝鮮農業勞動者同盟以及朝鮮民主女性同盟——構成了五條主要的「傳動帶」，能夠確保全體人民依循領導人的意志前進。

「組織生活」的主要內容是永遠開不完的會議。一九七〇年代，也就是情勢最糟的時期（或者應該說是最好的時期），北韓的經濟相對穩定且政治管控森嚴，而當時像這樣的會議每天可能會占據好幾個小時。在會議當中，與會者可能要聆聽金氏主體思想理論的冗長演講，有時候還必須進行「討論」，討論的形式不外乎背誦出牢記的標語、引述領導人的發言。相互批判的會議會定期舉行，而在會議當中，屬於同一個工作單位的成員必須譴責同事的錯誤行為，並且為自己的錯誤行為公開懺悔。

「組織」也負責為動員活動提供人力，舉凡種稻和收割的活動，或者是在工地從事一些無給薪的工作。

這些「傳動帶」可以確保的是，人民的空閒時間絕大部分都是與自己工作單位的成員一起度過。在所有的活動當中，有一些其實相當有趣，例如團體登山遠足或者是跆拳道課程。另外一些活動就沒這麼吸引人了，像是義務出席政府舉行的集會。政府之所以推動這些活動，一方面是為了提升社會凝聚力，另一方面則是因為個人主義被視為一種危險的、本質邪惡的現象，所以必須加以遏止。

必須承認的是，在不同的組織當中，組織成員所承受的壓力也大相逕庭。身為一位黨員說實在相當辛苦，即便到了今天，這可能仍然意味著無數小時的各種會議與動員。黨青在某種程度上相對簡單，而職業總同盟和農業勞動者同盟則屬於比較輕鬆的團體。女性同盟是所有組織當中最不嚴格的：幸好家庭主婦與年長的退休女性能免於某些壓力，但是這些壓力對其他人來說則無從迴避。

然而，千萬別以為所有的北韓人民都高度景仰這種「組織生活」。的確，乍看之下北韓人民明顯比南韓同胞少了個人主義色彩，但是近期一位脫北者表示：「在我一生當中，所有最美好的時光都是當我有機會逃離『組織生活』，並且與朋友、家人相處的片刻。」

隸屬

北韓的官方主體意識形態主張，每個人都擁有兩種身分——即生理上與政治上的身分。生理身分是由一個人的父母親所決定的，不過政治身分更為重要，是由黨與偉大或親愛的領袖所提供，這位偉大的領袖會透過自己的智慧，為每一名社會上的「良好」成員指派一份政治任務。

這意謂的是，幾乎所有的北韓人民都必須是特定政治組織的成員。如果年紀還太小的話，意識形態的引領會由兩個緊密相連的組織來提供——少年團以及青年同盟（也就是黨青）。

青年同盟成立於一九四六年一月，完全複製蘇聯共青團（Komsomol）的模式。青年同盟原本的名稱是「民主青年同盟」，後來於一九六一年更名為社會主義勞動青年同盟。而到了一九九六年，青年同盟再次更名為現行的名稱——金日成社會主義青年同盟。

在一九四〇年代後期，身為青年同盟的成員曾經是一份殊榮也是一份責任。時至今日，無論是任何意圖或目的，加入青年同盟已屬於強制性質，適用於所有北韓青年：一九九〇年代中期，青年同盟擁有大約五百萬成員。

在中學期間，北韓人民只要年滿十四歲就允許加入青年同盟，但是如此早就加入的權利只開放給少數最優秀的學生，而他們的加入會得到學校行政單位的核可。當學生年滿十五歲時，就會有更多人能夠獲准加入。如果是年紀更長的學生，那麼加入青年同盟就屬強制性質了。因此，到了畢業之際，幾乎所有的學生都已經是青年同盟的成員。北韓官僚體制的運作也會假設，所有介於十六到三十歲的北韓人民都是青年同盟的成員，所以沒有人能夠免於不加入。

北韓人民會一直待在青年同盟直到三十歲為止。然而，青年同盟的官員則沒有年齡上限，而且他們大部分一點也不年輕！目前的委員長金京浩出生於一九四三年——完全不年輕，而且或許是全世界年紀最大的青年組織首長了。

就結構上而言，青年同盟大致依循著朝鮮勞動黨的模式。青年同盟由自己本身的中央委員會進行管理，並擁有完整的區域委員會架構，能夠深入到學校、工廠或者軍營的層級。同一個班級的所有學生、同一個連隊的所有士兵以及同一個部門的所有年輕工人都隸屬於同一個特定的青年同盟單位。

雖然就技術上而言，青年同盟委員會是由選舉所產生，但是每一個職位只會有一名事先挑選好的候選人，所以就實務上來說，委員會成員和其中的幹部都是指派的。青年同盟的主要目的之一在於：為將來有意做官的成員提供訓練場域。在北韓年輕一輩的行政官員當中，絕大部分都是從青年同盟開啟了職業生涯。

對於一般成員而言，強制加入青年同盟意味著額外的——而且往往十分繁瑣的——責任。成員必須參加定期的會議，而這些會議可能每週會舉行數次。除了其他的事務之外，青年同盟還必須進行眾所周知的「相互批判會議」。單位中的所有成員都必須出席，並且花上幾小時的時間告解自己的違規行為——同時舉發其他同僚的違規事項。

青年同盟的活動也有比較不那麼沉重的。青年同盟委員會必須負責監督成員的空閒時間，因此他們會安排遠足和出遊行程，帶領成員參加音樂會以及許多其他類型的青年活動。那如果是年紀更小的北韓人民呢？這些孩子也不完全沒有適當的精神引領。所有的北韓孩童都是政治組織的成員，而該組織的任務是要灌輸孩子們「革命情操」，此外當然還有「對偉大的領袖的愛」。這個組織的名稱叫做少年團，成立於一九四六年六月，打從一九五〇年代中期開始，年齡介於九到十三歲的學生幾乎都必須義務加入。不過，在學校班上成為第一位少年團的成員可謂一大殊榮，因此孩子們都爭先恐後想成為獲選的少數。

少年團幾乎完全比照蘇聯相對應的組織，該組織曾經被稱為「青年先鋒」（Young Pioneers）。少年團主要的儀式也緊密依循著蘇聯的模式，不過北韓並不會承認這一點，因為任何外國的影響對這個民族主義思想強烈的政權而言都是詛咒。然而蘇聯本身其實也並非原創：一九二〇年代，當時蘇聯少年先鋒的創始人大幅參考了童子軍的概念——他們當時也非常不願承認這一點！

最高的少年團單位是學校層級。少年團使用了大量的軍事用語：學校組織旗下包括了許多「支隊」，而支隊又由各個「小組」所組成。正常而言，每個班級都是一個「支隊」，而一個「小組」通常包括了五到十名成員左右。少年團的成員會穿著特別的制服，制服主要的標誌是一枚三角形的紅色領帶。傳統上來講，這枚領帶象徵著朝鮮勞動黨、黨青與少年團三者之間的永久團結一體，不過實際上，這也是從蘇聯少年先鋒借來的標誌。少年先鋒團其實也不是這枚領帶的發想者——同樣也是在一九二〇年代，當時他們只是善用了童子軍領帶而已！

少年團是一個刻意儀式化的組織，巧妙利用了孩童對於儀式、宣誓和遊行的喜愛。在北韓的學校生活當中，少年團的入團典禮是格外重要的一場活動，許多人都抱以非常興奮、期待的心情迎接這項隆重的儀式。入團典禮通常是在某一個公開場地舉行，教師、家長與地方官員都會出席。勞動黨的官員會宣讀莊嚴的誓詞，接著由孩子們複誦，然後家長與教師再走向孩童並且遞上紅色領帶。

毫無疑問的，莊嚴的誓詞中包含了對國家、對黨的忠誠，當然還有對金日成的效忠。近幾年來，金正日同樣也被加入了這份空洞的清單上頭。少年團的格言是「做好準備」，而團員會以一種特別的方式彼此打招呼，看上去好像是在行軍禮（曾經做過童子軍的人想必會很熟悉）。

那少年團的每日活動又是什麼呢？少年團的成員必須從事許多公共服務，例如蒐集廢鐵與紙類以進行回收（並不是因為環保的緣故，環保對北韓社會而言是個相當陌生的概念；這麼做是為了提供產業更多原物料）、打掃緊鄰學校的街道和庭院、飼養兔子以取得兔肉和毛料，另外還要參與各式各樣的軍事訓練。

即使在放假期間，少年團的活動也不會停止。北韓家庭負擔不起假期出遊，因此孩子們暑假也必須待在學校的鄰近地區。少年團有自己規畫的夏令營，讓孩童能在裡頭度過一部分假期時光，通常是一個星期左右。這些營隊是由地方教育機構所舉辦的，其中特別強調少年團的活動。

當然，少年團的軍事色彩非常濃重，所以軍事訓練與遊戲占據了成員活動很大的一部分。除了射擊、投擲手榴彈與挖掘壕溝之外，孩子們還會學習如何在緊急情況下採取行動，如何在森林裡覓食、煮飯，以及如何治療傷口並提供緊急醫療援助。當然，少年團也會聽到不計其數的故事，內容不外乎年輕的英雄戰死沙場，為的是對抗陰險的日本鬼子、豺狼虎豹一般的美國佬，以及朝鮮民族的其他世仇。

所以這是否表示，北韓人民從小就開始被洗腦呢？是，但也不是。少年團就和其他類似的組織一樣，盡其所能地確保下一代北韓人民都是「鋼鐵戰士」，永遠對「偉大的領袖」效忠。然而，再多的思想教化也無法使人們遺忘生活中的現實面。因此，幾十年以後，前少年團的成員很有可能記得的不會是政治課程的內容，而是在夏令營裡曾經一同度過的美好夜晚……

北韓的傳教士

逃往南韓的脫北者曾被問到：有些逃亡者在中國遭到逮捕，並且被遣送回北韓接受訊問，這些人後來的遭遇如何呢？他們遭受到的對待相當嚴酷，但是不見得唯有一死。

遭逮捕的逃亡者會先經歷相對輕度的拷打，而如果這段期間沒有任何危險的自白供詞，那麼逃亡者可能很快就能獲得釋放。雖然不能說非常好，但是和幾十年前的情況比較起來，這仍然是相當進步的現象。我再追問：「訊問者認為什麼樣的活動是危險的呢？」脫北者的答案幾乎清一色相同：「與傳教士取得聯繫，並且將宗教文書帶入北韓。」

曾經有三十年的時間，北韓與阿爾巴尼亞是世界上兩個特例的國家，境內沒有任何組織性的宗教祭拜，也不存在任何宗教的任何一間寺廟或教堂。不過這個情況正在快速改變——而平壤當局很顯然擔心他們沒有辦法完全掌控這個快速發展的新宗教環境。隨著裂痕逐漸出現在國家的「史達林主義」意識形態上頭，北韓政府也正慢慢失去控制能力。

基督教曾經在北韓的政治上扮演重要的角色。的確，現在已經很少人知道，在一九一〇到一九四五年的殖民時期，現今的北韓可是當時韓國基督教的重鎮。基督教的傳教士於一八八〇年代來到韓國，並且在傳教方面取得了顯著的成功。到了二十世紀初期，韓國人已經將基督教與現代、進步連結在一起，而韓國許多早期的現代化推手也都來自基督教家庭。雖然當時基督徒只占了總人口的百分之一到百分之二，但是在知識分子與專業人士當中卻比例相當高。此外，殖民韓國的日本並不是基督教國家，而這點也產生了一定的幫助，讓基督教在韓國的布道能夠免於和殖民主義連結，而這樣的連結在其他許多亞洲國家都對基督教造成了不小的傷害。

曾經有一段時間裡，韓國早期的共產主義與基督教之間的關係頗為緊密，不過時至今日，雙方都不太願意承認這一點。金日成本身就是來自於一個顯赫的基督教活躍分子家庭，他的父親畢業於一所基督教學校，並且積極地支持在地傳教活動，而他的母親則是一位顯赫基督教活躍分子的女兒。這現象其實非常典型：韓國早期的共產主義者當中，大部分都擁有基督教的家庭背景，但在一般老百姓裡頭，基督徒的比例可說是少之又少。

到了一九四〇年代初期，平壤已經成為韓國所有大城市之中基督教徒最多的，大約有百分之二十五到百分之三十的成年人口都是會上教堂的基督徒。在傳教圈裡，這點為平壤這座城市贏得了「東方耶路撒冷」的別名。

因此，在北韓頭幾年的歷史當中，新誕生的共產主義政府必須承認基督教社群的力量，而金日成本身家庭與基督教徒之間的連結甚至能發揮良好的作用。在一九四〇年代到一九五〇年代期間，北韓政治的要角之一康良煜，他當時擔任基督教聯盟委員長，並且正好也是金日成母親的親戚。康良煜甚至曾經是右派刺客的暗殺目標，尤其是從南韓派遣來的特務。

即便如此，左翼基督教在北韓的發展並不成功。大部分的基督教牧師與活躍分子都成了新政權的敵人，原因有以下幾點：大部分的牧師都來自富裕家庭，因此並不樂見一九四六年土地改革期間的財富重新分配，以及後續的產業國有化政策。除此之外，許多基督徒都與西方國家存在私人的連結，並且景仰美國這座民主燈塔，所以在北韓政權強烈的反美政治宣傳當中遭到了排擠。另一方面，新政府越來越嚴苛、高壓的政策也是一項原因。

於是到了一九四六至一九五〇年間，基督教徒成了遷往南韓的主要難民團體之一。當韓戰爆發之際，留下的基督教徒往往幫助的是美軍與南韓軍隊。這樣的事件再次加深了平壤領導人既有的想法：基督徒是政治上不可信賴的一群人。

一九五〇年代期間，反基督教的政治宣傳來到了最高點。所有類型的宗教儀式都遭到了禁止，但是基督教特別被點名為「美國帝國主義的邪惡宣傳」。到了一九五〇年代中期，所有教堂都被迫關閉；一九五〇年代後期，無論是太過不幸、天真還是愚蠢，韓戰之後還留在北韓的教領袖紛紛遭到了肅清，被指控為「美國間諜」。即便有些人為了保命而放棄信仰，這麼做仍無法讓他們完全倖免於難：根據北韓鉅細靡遺的世襲族群體系，這樣的人會成為「敵意族群第三十七號」，並且終其一生都脫離不了這個標籤。

與此同時，官方媒體也開始進行反基督教政治宣傳，並且拿這些宣傳對北韓人民進行瘋狂轟炸。這些政治宣傳指出，早期傳教士之所以從事教育工作，目的是要為長遠規畫的美國入侵鋪路。牧師與活躍分子被描繪成了間諜與破壞者，領取美國中央情報局的酬勞，或者甚至被醜化成了施虐者，會親手殺害天真無邪的北韓孩童。

有些小說作品就描述了傳教士會在他們的「診所」裡殺害無辜的北韓孩童，藉此販賣孩童的血液、眼睛或是身體部位，即便這些事情在器官移植開始前的時代幾乎不太可能，但還是成了精采的政治宣傳。北韓基督徒的「重生」則是另一個廣受歡迎的主題，時常出現在一九五〇年代後期的北韓小說當中。這類故事的主角一開始會先誤入歧途，在傳教士和其他有心人士的刻意策畫之下，愚昧地變成了一名基督徒，不過到了後來，由於某些事件的發生，或者基於個人的痛苦經驗，主角於是發現了基督教義墮落、敗壞的本質。當然，主角接著會對抗這帖「帝國主義意識形態的毒藥」，並且引領其他人走向最終的光明。

即使到了今天，在信川博物館當中（該博物館是一座政治宣傳中心，裡頭展現的多半是憑空捏造的美國惡行），人們還是可以看到一系列的相片，上頭是一九〇〇年左右韓國所有顯赫的美國傳教士，而相片底下附帶了文字說明：「美國傳教士潛入韓國，將匕首藏在自己的衣物當中。」

到了一九五〇年代中期，北韓已經沒有任何一座教堂繼續營運。一如往常的是，北韓的史達林主義者再次超越了史達林本身：即便是在史達林統治之下的最糟時期，仍然有少數的教堂持續在蘇聯的城市當中運作，而且某些牧師也逃過了古拉格集中營的牢獄之災，方法通常都是與史達林的祕密警察建立合作關係。

有一些北韓的信徒仍舊持續暗中信教。北韓「地下教會」的確切規模可能永遠都將不為人知，由於這些教會的保密性，使得嚴謹的調查研究無從進行，而在兩韓統一之後的將來，真實面貌很可能會遭到扭曲，因為宗教組織往往都有誇大與神化的傾向。在兩韓統一之後，許多烈士的故事勢必一一浮現，當然其中有些一定是真的，但是如果缺乏仔細的檢視，這些故事都不該被人們輕易採信。即便如此，地下基督教的存在絕對是毫無疑問的。

一九七〇年代初期，北韓對於宗教信仰的態度有些軟化，不過這種自由化手段一開始的目的只是為了進行宗教出口而已。一九七〇年代，平壤已經放棄了早期的希望，那就是期待南韓也爆發共產主義革命。如果要推翻「首爾的傀儡」政權，平壤需要的是長遠、持續的布局，而與南韓「進步的宗教勢力」合作勢必有所幫助。

於是，某一些基督教組織必須在北韓政府的主導之下成形，藉此作為政治宣傳的利器。一九七四年，朝鮮基督教聯盟（Korean Christian Association）重新出現在政治版圖上頭。該聯盟成立於一九四六年，目的是將宗教活動導引至正確的方向，但是到了一九六〇年，朝鮮基督教聯盟遭到了解散。當然，對於少數存活下來的地下教會而言，朝鮮基督教聯盟的復興並沒有太大的意義。該聯盟唯一的任務就是影響南韓的教會圈子，並且提供一個方便的管道應對南韓的基督教界。的確，朝鮮基督教聯盟進行了幾次極為成功的政治宣傳活動，鎖定的目標正是南韓耳根子軟的左派人士。

真正的轉捩點是在一九八八年，當時北韓的第一座教堂於平壤開始營運。這項任務的完成是由於受到海外基督教圈子的壓力，不過仍然是一道顯著的里程碑。這是北韓當局三十年來第一次承認，在這一塊主體思想之地上，確實還存在著一些宗教活動。然而，許多平壤居民仍就感到相當驚訝，因為十字架長久以來都被視為黑暗帝國主義的象徵，沒想到時至今日，在北韓的首都裡，一座擁有十字架的建築物就這麼赫然出現。

如今，北韓擁有兩個基督教的教會，並據稱擁有一百五十位教徒。不過這個數字有些可疑；實情很有可能是，這些人其實是受到指派的「教徒」，並且都經過了黨的謹慎篩選以及祕密警察的仔細審查。畢竟，這些教徒主要的功能在於，當外國代表團頻繁造訪時可以充當人頭道具。然而，有些曾經造訪北韓教會的人說，即便受到了嚴格的管控，教會的環境氛圍也相當真實。好吧，在北韓的體制垮台之前，我們永遠都無法百分之百確定是怎麼回事。

兩個教會的存在很難說是復興的表徵，畢竟這個國家曾經擁有多達三千個教會，以及二十五萬名左右的教徒。即便如此，這仍可以說是開放的跡象。此外，北韓也開啟了一座天主教教堂，地點同樣位於平壤。

近期，平壤也在考慮設置一座東正教的教堂。原本無人知曉的「朝鮮民主主義人民共和國東正教委員會」（Orthodox Committee of the DPRK）聯繫了俄羅斯的教會領袖——毫無意外的是，過去六十年來，從來沒有人聽說過北韓東正教教徒的任何事情。即便是在一九四五年之際，這些教徒的人數也不過幾百人。俄羅斯官員對這樣的計畫表示了疑慮，而親愛的領袖金正日則向他保證：「別擔心，我們會找到信徒的！」當然他們一定找得到——北韓的「有關當局」知道這件事情可以怎麼做。

不過確實有跡象顯示，一場真正的基督教復興正在北韓展開。自從一九九〇年代中期以來，有越來越多的南韓傳教士前往中國東北，也就是鄰近北韓邊界的地帶，而這裡兩國的邊界幾乎全無管控。這些傳教士幾乎清一色來自基督教，而且各個不同的教派都有。他們對北韓的難民傳教，而且任務非常成功。這點並不難以理解：基督教組織是少數關注難民的團體之一，並且致力於幫助這些難民——這點讓北韓當局非常感冒。新受洗的北韓教徒時常回到國內，並且身上還帶著聖經與宗教文書。北韓政府面對這項問題的態度非常嚴肅。如同前文所述，如果脫北者在中國被遣返，並且遭到北韓政治警察的訊問，那麼他們永遠會被問到：是否曾經與基督教傳教士有過接觸。

有報告指出，地下教會正在成長當中。不幸的是，這些報告並沒有辦法獲得證實。不過，看起來某些地下教會正在北韓境內快速發展——如此的發展與政府當局完全無關，並非源自於官方核准的教會與他們精心策畫的表演。

令人感到不可思議的是，基督教的宣傳在脫北者當中是如此地成功。這些脫北者目前居住在南韓，其中許多人在抵達南韓的頭幾個月就決定受洗。部分的原因在於，右翼的教會十分積極地與難民社群進行互動，而相對地，左派與南韓社會整體對於這些難民的態度則相當冷漠，甚至存在若干敵意。即便如此，我們也可以很清楚看到，北韓人十分樂意擁抱宗教信仰，並且帶著一股不同於常人的熱情。

或許這預示著未來的景況，而平壤也正開始重拾舊有的「東方耶路撒冷」稱號。未來某一天，如果金正日的統治垮台，那麼屆時很可能會出現嚴重的意識形態與精神生活真空，而基督教會輕易地將其填補取代。此外，基督教與南韓蓬勃繁榮之間的連結也會受到關注——並且再加上韓國主流基督徒當中右翼對於北韓的同情。在後金氏王朝的北韓裡，左派至少會有一個世代的時間不易受到歡迎，而且很有可能的是，目前新興的北韓基督教將會在許多方面上，展現出某些相當極端的形式。

崇尚功勛等級

所有的國家都會為國民頒發功勛獎章，藉此表揚某些英勇、卓越的事蹟——北韓也不例外。更有甚者，和大部分其他國家相較起來，北韓的功勛系統尤其精細複雜。

由於筆者曾經是蘇聯的公民，因此北韓的功勛制度看起來頗為熟悉。的確，這套制度與蘇聯的體系有非常多的共同點，而這樣的情況在多數其他共產國家裡也是如此。然而，北韓從來不會承認這一點：對於北韓政權而言，所有類型的外國影響都是禁忌，因為北韓試著將自己塑造成「真正」的國族精神體現者。

如同前蘇聯一樣，北韓也擁有一套三個層級的功勛制度。最上層是兩種特殊榮譽的頭銜，第二層包含了好幾種的「勛章」，最後一層則是一系列的「獎章」，聲望相對沒那麼出眾。

在所有的功勛當中，最高的是「朝鮮民主主義人民共和國英雄」這個榮譽頭銜。這項榮譽於一九五〇年首次引入，同樣也是複製了蘇聯的做法，蘇聯的這項頭銜則是創立於一九三四年。

每一位獲頒此項頭銜的人也會自動受封國旗勛章。除此之外，擁有這項頭銜的人還會獲得一枚特殊的金星獎章。

另一項高端的榮譽頭銜是「朝鮮民主主義人民共和國勞動英雄」。這項頭銜表揚的是勞動而非軍中的英勇事蹟，與「朝鮮民主主義人民共和國英雄」比較起來，聲望沒有那麼高，但仍然比所有其他的一般功勛高出許多。「朝鮮民主主義人民共和國勞動英雄」的獲頒者也會得到一枚特殊的獎章。

大部分的「英雄」們都是在韓戰期間獲得頭銜的。在後來的幾十年裡，英雄頭銜表揚的則是特別的英勇事蹟——而且往往都是過世之後追認。舉例來說，在一九七〇年代期間，有一位祕密警察就在死後獲頒了英雄頭銜。你可能會問：那麼他的英雄事蹟是什麼呢？他當時負責監督一項地下工程，過程之中發生了嚴重的事故——工人們發現，有一枚爆炸裝置將會提前引爆。然而，這位勇敢的警察並沒有逃走：他用自己的身體，掩護著剛固定上牆面的金正日姓名。他在隨後的爆炸之中身亡。

在蘇聯，「英雄」的「金星」雖然就正規的角度而言只是一面「獎章」，不過地位高於所有的「勛章」，而且受封為「英雄」也就意味著獲頒「列寧勛章」，也就是蘇聯當中的最高榮譽。然而在北韓則不同，「金日成勛章」只會用於罕見、特殊的情況，而且地位高於「英雄」的頭銜。

第二個國家功勛的層級包含了各種「勛章」。在過去很長一段時間裡，國旗勛章一直都是北韓境內的最高功勛。國旗勛章設立於一九四八年十月，一共擁有三個等級。一九七二年三月，金日成勛章問世並且成為北韓的最高功勛。除了國旗勛章之外，北韓還擁有另外兩種政府勛章——「勞動成就勛章」以及「三大革命紅旗勛章」。這些通常頒發的對象都是在「革命與建設」當中表現傑出的人——換句話說就是承平時代的勞動工作。

在一般的勳章之下則是各式各樣的「獎章」。有一些獎章的發行是為了紀念特定的活動——舉例來說，像是一場重大的軍事動員——頒發的對象則是活動當中表現傑出者。剩下的則單純是一些「次級勳章」，和上述的類型比較起來聲望沒有那麼高。

北韓政府在頒發功勳方面十分慷慨。過去半個世紀以來，北韓當局已經發出了六百多萬枚勳章——這還不包含獎章。因此，如果是一位北韓的高階文官或是軍方的高層官員，擁有十幾枚不同的勳章算是司空見慣。另外，這也造就了一幅相當奇特的景象。北韓的勳章尺寸通常相當大，因此這些官員的服裝變得宛如中世紀的盔甲一般，上頭閃耀著各式大顆、小顆的星星。大部分北韓的勳章都是星形的。

北韓的國家功勳制度還有另外一項特點，而且這項特點同樣源自於蘇聯。學校、工廠、軍事單位，甚至是城市也都可以獲頒功勳。舉例來說，一九九八年三月，《朝鮮志》（*Korean Annual*）的編輯委員會就獲得了第一等級的國旗勳章！

獲頒功勳者能夠享受到某一些福利。舉例而言，一個人如果得到第一等級的國旗勳章，那麼他就能免費搭乘大眾運輸工具，並且每個月領取一筆津貼補助。在今天這個通膨飛漲的年代裡，這筆津貼可能算不上什麼，但是在一九九〇年代初期以前，這筆錢可是非同小可，約莫是平均薪資的百分之十五。還有最後一點，獲頒國旗勳章的人有資格提早退休：男性可以提早至五十五歲退休，女性則是五十歲。

第十二章 學校

頂尖學校與普通學校

打從開國以來，北韓政府就一直非常重視教育。的確，在平壤真正令人刮目相看的成就當中，教育是少數的領域之一。即便國家的經濟狀況惡劣，北韓仍舊提供了所有國民的基礎教育，而北韓的大學——縱使遠遠落後國際標準——表現依舊不俗，尤其這個國家的人均國民生產總值只有莫三比克的水平而已。

原因很簡單：自從一九四〇年代後期以來，北韓政府一直致力於教育的投資。這點至少受到了三項不同因素的影響。首先，長久以來，對教育格外的敬重一直都是韓國文化的一環。再者，共產主義承襲了歐洲的啟蒙運動，深信教育擁有一股救贖的力量。根據經驗，所有的共產國家如果和經濟實力差不多的非共產國家相比，人民的教育程度都是大幅勝出。第三點，共產主義國家很快就發現，人民的教育乃是國家軍事進步的必要條件。

現今，北韓一共擁有三百所左右的綜合大學與大學。朝鮮民主主義人民共和國承襲了蘇聯舊有的思維，清楚區分了綜合大學與大學的差異。綜合大學訓練的是科學家與學者，也就是基礎知識的專家，而大學的目的則是培養較為實務導向的專業人員——工程師、口譯員、農學家以及學校教師等等。大學的數量遠比綜合大學還要多——而且通常名望也沒有綜合大學來得高。

過去數十年裡，北韓就只有一間綜合大學，也就是位於平壤的金日成綜合大學。這所綜合大學甚至還印在北韓五元的鈔票上面，而且這張鈔票的設計更是完全以教育為主題。金日成綜合大學成立於一九四六年，目前仍舊是朝鮮民主主義人民共和國最頂尖的學府。一九八〇年代後期，北韓的綜合大學數量增加到了三所。原本平壤的金策工業學院升格成為金策工業綜合大學，而原本的開城輕工業專科學院則升格成為成均館輕工業綜合大學。

大學的數量就高出許多了，而有一些大學的受歡迎程度甚至還超過綜合大學。舉例來說，和金日成綜合大學最受歡迎的科系比較起來，外國語大學與國際關係大學的名聲也不落人後。這些名聲來自於務實面的考量：這些大學的畢業生會成為外交官或是口譯員，他們會被派駐海外，或者在北韓境內負責外國人的相關事務。因此，這樣的人比較有機會取得外幣與外國消費產品，而在當今的北韓，這些正是豪奢與功成名就的象徵。

不過，絕大部分的大學地位則遠遠不及於此。依據規定，北韓每一個省份的省會都有一間師範大學，負責培養國中與高中的教師，另外也會有一所醫學大學訓練未來的醫生。

另一個特點則是北韓擁有若干「工廠大學」，這些大學是由大型的工業企業營運，藉此訓練他們的工程師與技術人員。這類學校的課程所學與工作上的實務訓練緊密相關，而學生大部分的時間都在工廠裡頭上工。在大部分的國家當中，這類畢業生都被稱之為技術人員而非工程師，但是在北韓的情況則不一樣。

的確，格外重視技術訓練一直都是共產教育體制的特色，而在朝鮮民主主義人民共和國裡，這項特色更是發揮到了極致。這是刻意為之的結果，而金日成本人也曾針對這點發表過幾次的談話。在北韓的所有學生裡，有超過百分之九十就讀的都是科學與技術，而人們也隱約認為，人文學科就只是沒什麼用的裝飾品罷了。

在北韓的高等學府裡，修業時間從四到六年不等。大部分的大學生念四年，不過在綜合大學當中，修業時間有可能是四年半、六年或者甚至是七年。近年來，修業時間已經有所縮短，但是對任何打算步入北韓學術殿堂的學生而言，高等教育仍舊是一項長時間的投入。

求學生涯

韓國人非常重視大學高等教育。在南韓，能從頂尖大學畢業就意味著未來的職涯已經多少獲得了保障。而在北韓，畢業某方面來說相對不那麼重要——不過仍舊是一件大事情。

中學畢業以後，北韓的青年可以開始尋找工作就業，或者是繼續就讀大學或綜合大學。然而，這並不只是做個選擇這麼簡單而已。首先，如果沒有在地警察單位核發的許可，北韓人民並不能離開自己居住的縣城。此外，和南韓不一樣的是，在北韓的高中畢業生當中，只有少數人可以競爭全國頂尖大學的名額。

在北韓，招收大學新生的流程包含兩個階段。高中畢業生首先必須獲得在地教育委員會的批準，而該委員會只會推薦少數（大約百分之二十）的申請人，讓他們接受大學教育。其他畢業生通常會從事勞力工作，而如果是男生的話也有可能進入軍隊，不過這些畢業生有權利重新申請教育委員會的推薦。

從一九八〇年開始，參加大學入學考試的許可根據的是一場特殊考試的成績，這場考試每年會由中學辦理——這十分類似南韓的做法，另外也和中國的制度有點像。考試的科目包括數學、物理、化學、外國語言，當然還有「偉大的領袖的革命歷史」。

最後，只有百分之二十左右的人是可以穿上大學制服的幸運兒——在北韓，學生上課都必須穿著制服（而許多人在學校之外也穿）。

大學與綜合大學的學生還必須住在學校的宿舍，除非他們原本就居住在學校所在的城市。的確，以往校方會時常鼓勵學生住宿，即便是家住附近的學生也不例外，但是現在情況已經不太一樣了。很少學生會自行租屋：一直到不久之前，自行租屋都還不被允許，即便是現在仍然相當罕見。北韓鼓勵人民採行公社式的生活形態，希望藉此「培養集體的精神」。而確實，這種生活方式也真的幫助學生建立了良好且長久的情誼。

學生的宿舍稱不上豪華——但是以北韓的標準而言還不算差。在比較好的學校裡，通常是四到八名學生共住一間，而在資源相對匱乏的學校裡，一間宿舍十五到二十位學生的情況也並不罕見。

學生的用餐地點是宿舍餐廳。即使是在狀況比較好的時候，也就是一九九〇年代石油危機爆發之前，餐廳提供的食物就很普通——基本上都是米飯或玉米粥加上泡菜，魚和肉幾乎是從來沒聽說過。學生宿舍是免費的，此外政府也提供大學生一套免費的制服、課本，以及一小筆的助學金。

一直到一九九〇年代初期以前，這些援助都還足以支持簡單的求學生活。然而，近期的危機導致北韓貨幣大幅貶值，於是許多學生也開始尋找額外的收入來源。但是，北韓的經濟並沒有辦法提供太多管道，讓學生輕易獲得適宜且薪資合理的兼職機會。因此，北韓學生並不適用於南韓常說的一句話：求學生涯應該要包含三件事情：「打工、戀愛和念書。」

戀愛的部分稍微有點複雜。在一九六〇、七〇年代期間，北韓當局對於兩性關係採取了非常嚴格的限制。不僅婚前性行為違法，就連男女學生之間柏拉圖式的戀愛也會遭到譴責，被認為是輝煌社會主義建設之外的旁鶩干擾。如果情侶在一起被抓到——即便只是兩小無猜的聊天——他們可能都會遭到「批判大會」的羞辱，或者甚至被趕出學校。

目前的狀況依舊如此，不過意識形態的管控人士似乎比較願意睜一隻眼、閉一隻眼，不干涉情侶在非公開場合的行為——只要表面的形象維持住就行了。

這些規矩其實相當嚴格，而且別忘了，北韓的大學生都已經不是青少年。大部分的男性學生都是服完兵役之後才進入大學，而且兵役長達十年之久，所以他們都已經接近三十歲或者三十出頭了。

然而，到了一九八〇年代中期，情況開始有所改變。政府的意識形態管控忽然發現，愛情不見得一定和「革命與建設」有所衝突。於是，愛情又再次出現在北韓的電影和小說當中。不過這其中有一項重要的但書：愛情必須要維持柏拉圖式的形態，直到正式結為連理為止——這點相當符合儒家思想的傳統。但是實際情況真的都是如此嗎？並不盡然……

另外還有其他的限制。平壤並沒有太多適合約會的場所，而且輿論也仍舊反對約會這種傷風敗俗的行為。所以學生必須非常小心，而且——如同在其他的父權社會一樣——女性所面臨的風險又高出許多，即便是完全柏拉圖式的戀愛也不例外。以往，學生曾經完全不被允許結婚。不過早在一九八〇年代初期，年紀比較大的男性學生就已經悄悄忽略了這道禁令，因為他們服完兵役才進入大學，所以年齡已經將近三十歲。雖然這樣的學生結婚算是違反規定，但是也不必然會遭到退學。

除了對性關係和婚姻近乎禁止之外，北韓的學生還有其他的禁令。在大學裡喝酒是不允許的，而且是全面、沒有任何條件地一概禁止。如果有學生被看見在公共場合喝醉，那麼這位學生幾乎可以確定會被退學，而且未來也不太有機會找到好工作。理論上，學生是完全不可以喝酒的。不過實務上來說，學生都是在沒有風險的情況下喝酒，比方在自己——或者是朋友的——私人住家裡。另外抽菸也是嚴重的違規行為。

那麼在理想求學生涯的第三個要素、也就是念書方面呢？整體而言，北韓的大學生比南韓大學生要來的用功，而這有很大一部分是因為文化的差異：在南韓，要考上大學需要相當大的努力，不過大學生涯則通常都被看作學生應得的玩樂時光。若以大部分西方國家的標準來看，南韓教授對學生的要求出奇地低，而學生也不會花太多時間與課本為伍。然而在北韓，情況則大不相同。

北韓學生的假期很短：學生每年要上三十五星期的課。平均而言，北韓學生每週上課三十到三十五個小時——時數同樣高於南韓的大學生。最後一點，北韓的大學修業時間往往比較長——在某些情況裡甚至長達六年之久。

然而，在追求智慧的道路上，北韓學生有兩大障礙必須要克服。首先，有很大一部分的課程（大約百分之二十五的課堂時間）都花在——或者應該說是浪費在？——政治思想教化。另外，春季和秋季還得花上額外的時間從事義務性質的「勞力動員」，此時學生會被分派到農村地區工作。第一次動員會從五月初開始，並且延續到六月底為止：學生必須栽種水稻或是玉米的秧苗。第二次動員的時間比較短：整個九月期間，學生會和農民一起進行收割的工作。

第二個問題則是設備、教材與書籍的短缺，這也使得教學的效率有所減損。即便如此，我們仍必須承認，整體而言北韓的教育水平相當不錯，尤其是在經濟如此糟糕的情況之下。

學生在每學期末得參加期末考試。北韓的評分制度依循的是蘇聯模式，只有四種成績等第：「五分」（非常好）、「四分」（好）、「三分」（及格）以及「兩分」（不及格）。不及格的學生有再一學期的機會補考不及格科目——而如果幸運的話，他們有機會補考到比較高的分數。

大學生活的管理者是金日成社會主義青年同盟的地方委員會。這個委員會可以被視為類似學生會的組織，而學生會在南韓的大學裡影響力相當大——不過兩者有兩點主要的差異。首先，委員會成員與主席的「選舉」純粹只是形式。每一個位子永遠都只會有一位候選人，而這位候選人永遠都會獲選，無論有什麼其他的考量都不例外。這些候選人事前會先獲得大學行政單位與朝鮮勞動黨的遴選。第二點差異在於，委員會不會有任何獨立舉辦的運動，而是扮演俗稱的「傳動帶」角色，提供政府當局額外的管道，對學生「群眾」發揮影響力。

但這並不表示，北韓的學生就清一色全心擁戴北韓政權，即便他們會避免討論政治性的議題，因為這些議題過於危險。許久以前，北韓學生確實曾經非常支持政府，直到大約一九七〇年代才有所改變。近幾十年來，熱情已經逐漸消散，取而代之的則是幻滅、懷疑，甚至是祕密的異議反動。十五年前左右，我聽說了一個地下學生組織，他們據說曾在平壤的大學校園裡發送傳單——而這些傳言最近更獲得了脫北者的證實。當然，一旦被逮捕，異議分子將會遭受嚴酷的對待，並且不太可能有重獲自由的一天，然而反動的力量確實存在。

不過，大部分的北韓年輕人都將政治視為一種譁眾取寵的行動，而且為了自己未來的職涯著想，他們也必須空口說一些華而不實的白話。近幾年來，北韓的大學文化變得比較自由開放，而且學生也不再花那麼多時間進行思想教化——更多時間則是拿來玩樂。

考試成績以及對社會主義青年同盟的參與都很重要，能夠決定一個學生畢業之後的發展。在求學生涯結束之際，學生會參加自身科系所謂的「國家考試」，並且繳交一份大型的研究論文，這份論文大致等同於西方大學裡的學士論文。

在繳交論文並通過國家考試之後，四到五年的求學生涯也畫上了句點。畢業生沒有辦法選擇自己的工作；相反地，一個特別的委員會將檢視畢業生的在校成績、政治可信度，並私下考量其人脈背景，最後將畢業生分發至工作單位。

不過當然，即使存在著種種限制，學生依舊是年輕、有企圖心並且充滿希望的一群——就和世界各地的學生一樣。近十年來，北韓學生雖然遭遇了許多困難艱辛，但是北韓年輕人的觀念與生活方式也變得較為自由開放，而大學在自由化過程中正是扮演了重要的引擎角色。

第十三章　重點在於經濟……

軟弱的法定貨幣

在所有共產國家當中，北韓往往被形容為壓制力最強的政權。總體而言，如此不討喜的描述也大致正確無誤：就某些方面來說，北韓的領導者甚至比史達林本身還要更史達林。即便如此，在某些方面，北韓政府卻展現出令人意外的容忍度。

強勢貨幣交易就是這樣的一個領域。的確，在多數的共產國家裡，本國人民使用外國貨幣都是違法的行為。以蘇聯來說，私下以外國貨幣進行交易形同犯罪，即便是在蘇聯史上相對自由開放的七〇年代，最高仍然可以判處死刑。在大部分的共產國家裡，從海外歸國的公民必須在邊檢入境時立刻換匯。毫無疑問的，這些國家的匯率都是由政府訂定，而且匯率往往極為扭曲藉以圖利政府。

當然，共產國家也都有政府經營的外匯商店，裡頭販賣一般民眾無法購得的貨品，有的時候這些貨品就連特權人士也難以取得。這些商店專為外國人所開設。在某些情況當中，曾赴海外的本國人民也可以在這些特殊商店裡消費，不過使用的是特殊的憑證，藉此取代他們所上繳的外國貨幣。這類型商店的貨品遠比一般商店要來的好，而非法轉讓憑證則是被嚴格禁止的行為。

北韓很顯然是此一趨勢的例外，北韓當局並不介意人民在特殊商店使用強勢貨幣。國外的刊物時常聲稱，這項政策首次推行的時間點是一九八四年，然而實際情況並非如此。根據許多資深的旅外人士表示，打從一九七〇年代中期以來——大概是一九七五年左右——強勢貨幣商店就已經成為北韓生活中的一項特點。

即便如此，一九八五年初可謂一道重要的轉捩點：當時，平壤的強勢貨幣商店開始與一間日本公司進行合資，這家日本公司的經營者是在日朝鮮人。商店於是更名成了樂園百貨公司（Rakwon Department Store）。樂園（Rakwon）也就是「天堂」的意思，和北韓一般的店家比較起來，這家百貨公司也的確像是消費者的購物天堂。樂園百貨公司位於平壤市中心，看起來宛如一間小型的日式百貨公司，不過價格明顯高出許多。

過去以來，有些外國媒體的報導指出，北韓當局於一九八六年之際，終於准許擁有強勢貨幣的所有人前往樂園百貨購物。嗯，或許吧——不過早在一九八四年，平壤的外國觀察家就確定了，強勢貨幣商店已經敞開大門，讓任何持有美元或日圓的顧客前往消費，而且不會盤問任何問題。對這些外國觀察家而言，這種做法開放得令人不可思議。

在北韓所有外幣商店當中，樂園百貨是最赫赫有名的，但絕對不是唯一的一間。一九八〇年代後期，北韓外幣商店的數量大幅增加，這段時間正是一九八九年「世界青年與學生聯歡節」的前夕。當時北韓決定，每一座城市、省份甚至每一個縣都有權利設置一間外幣商店。有時候，好幾個比較小或是比較貧窮的縣則會共享一家強勢貨幣商店。

之後，政府嘗試減少商店的數量，於一九九二年關閉了許多的外幣商店。不過這些商店很快又捲土重來。

現今，北韓全國擁有數十家相對不那麼顯赫的強勢貨幣商店，光是平壤本身估計就有二十到三十間。近幾年來，舊的樂園連鎖百貨公司已經由新的合資取而代之，鎖定的是西方人士客群的品味喜好，這些顧客雖然少但數量仍逐步成長。

你可能會問：北韓出於什麼原因，採行了如此自由開放的貨幣法規呢？一開始，強勢貨幣商店網絡之所以設立，目的是為了賺取日歸朝鮮人的錢。北韓於一九六〇年代說服了這些朝鮮人回到北韓定居，而這是一個非常大的群體，即便到了今天，如果包含子孫與配偶，人口依然有十五到二十五萬人左右。這些日歸朝鮮人當中，許多都還與日本的親戚保持聯繫，並且定期會收到這些親戚寄來的錢。

經過一些思考與實驗之後，北韓當局的結論是，強迫這些人把日圓換成北韓朝鮮幣（而且是極為扭曲的匯率）並不切實際。於是北韓政府決定，如果由政府營運外幣商店，提供昂貴但別處無法取得的商品，那麼這將會是一道聰明的方案。的確，在北韓的強勢貨幣商店裡，商品價格都比日本相同的商品高出百分之二十至五十左右。

因此，北韓政府鼓勵這些從日本歸來的僑民前往樂園與其他類似的商店購物。幾乎所有的商品都來自日本和其他已開發的西方國家，而商店整體的配置也展現了日本經營傳統所帶來的強大影響，商店的獲利則由在日韓僑持有人與北韓政府均分。事實上，人們認為樂園百貨是北韓境內極少數具有經濟效益的合資計畫之一。

當然，並不是所有顧客都來自這些從日本歸來的朝鮮家庭。北韓政府從未嚴厲管制私人換匯，即便是在金日成統治的巔峰時期也不例外。因此，任何人只要有錢就可以購買強勢貨幣——依循的是黑市的匯率。這些匯率比官方認可的匯率高出好幾倍，而即便二〇〇二年進行了改革，這樣的情況也只改變了一小段時間而已。有了強勢貨幣，人們就可以前往強勢貨幣商店，購買任何自己屬意的商品。如今貨幣兌換已經合法化，於是一切甚至更加容易了。雖然這些聽起來美好得令人難以置信，但是別忘了，只有一小部分的人口有機會享受這樣的服務。畢竟，北韓的平均月薪只有區區幾美元而已。

為了促進強勢貨幣的商業活動，北韓政府甚至還發行了一種特別的（其實是兩種）鈔票，這些鈔票在北韓境內就等同於強勢貨幣一樣。這個話題就是我們接下來的故事了……

讓我看看（北韓）貨幣的顏色

一九七九年四月，北韓施行了一套新的、多層級的貨幣制度。這套制度並非真的獨一無二：朝鮮民主主義人民共和國依循中國的前例，而中國則是效法蘇聯早先的若干實驗。即便如此，北韓這套新的制度依舊有一些複雜的特點。

事實上，自從一九七九年以來，北韓開始擁有三種類型的貨幣。這三種貨幣的名稱完全相同，而一開始的設計也非常類似，然而各自卻有著截然不同的購買力。

最低階的類型一般被稱為「朝鮮幣」——等同於中國的人民幣。這一類型的貨幣占了絕大多數，一般老百姓會在所有日常的買賣當中使用，而他們的薪水也是以這類型的貨幣支付。不過，這種貨幣沒有辦法合法兌換外幣，然而黑市裡已經有越來越多的交易者打破這項禁令。

另外兩類貨幣的發行則是以兌換外幣為目的，可以自由兌換成日圓、美元和法郎。這兩類貨幣被稱為「外匯券」，可以使用於特別指定的商店，無須出示配給券，而且這些店家會有彬彬有禮的銷售員，佇立在一排排閃亮的舶來品旁邊，等待顧客大駕光臨。根據規定，外匯券是外國人在北韓使用的貨幣，相當於中國的「外匯兌換券」（Foreign Exchange Certificate）。如果你曾在一九八〇、一九九〇年代初期造訪中國，那麼你肯定還對這些外匯兌換券印象深刻。

不過，為什麼北韓要發行兩種類型的外匯券，而中國只要一種就夠了呢？這就反映了北韓的一些特點。一九八〇年代期間，北韓很大一部分的外國人都來自於「軟」貨幣國家，軟貨幣是指國際金融市場上匯價疲軟，沒有辦法自由兌換的貨幣，通常是信用程度低的國家貨幣。這種封閉的貨幣制度存在於所有的共產國家，而在若干第三世界國家也是如此。因此，如果沒有辦法帶「真正的」強勢貨幣前往朝鮮，那麼就只能將就於價值較為低廉的外匯券，而持有帝國主義美元和軍國主義日圓的幸運兒才能獲得高價值外匯券的獎賞。

一開始的時候，「軟貨幣」的外匯券被稱之為「藍色北韓圓」，而較高級的外匯券則叫做「紅色北韓圓」。我其實很懷疑，現今一般慣稱的「藍」色北韓圓其實是誤譯的結果。韓文裡的「p'urŭn（파란）」同時可以指涉「藍色」和「綠色」，而所謂的「藍色」北韓圓的印刷其實是綠葉色。

接著到了一九八八年，這兩種外匯券的名稱做了對調。或許人們認為，象徵革命的紅色更適合用於財力比較薄弱的外國人，他們多半來自「進步」的共產主義國家，本身的貨幣無法進行兌換。相對地，象徵資本主義的外匯券則更適合被稱作「綠色」北韓圓（誤譯成了「藍色」北韓圓），因為美元正是綠色的！

所以這兩種類型的外匯券有什麼不同呢？還是一樣的差別……購買力。低階的外匯券（我們就以一九八八年之後的習慣為準，將其稱之為「紅色」北韓圓）只能用於某些特定的商店，這些店家的商品雖然已經比北韓一般的商品標準先進了幾個光年，但是如果和接受「藍色」北韓圓的商店相比，品質仍然低劣許多，因為後者才是真正的強勢貨幣商店，而「藍色」北韓圓替代的則是美元、日圓與法郎這些貨幣。

一九八八年以前，外匯券的外表看起來類似於「正常」的紙鈔，唯一的差別在於印上了一枚偌大的長方形圖章，像是某種綠色或者紅色的圖章，而這枚圖章正顯示了這張鈔票是一張外匯券。在一九八五年之前，外匯券只有紙鈔的形式，不過到了一九八五年的一月，政府發行了幣值小於一北韓圓的外匯錢幣。外匯錢幣並沒有「藍色」北韓圓與「紅色」北韓圓的區分，而錢幣上頭有幾顆小的星星，藉此區別外匯錢幣與一般的北韓錢幣。

在一九八八年的改革期間，朝鮮民主主義人民共和國中央銀行發行了新的外匯券種類，外表和一般貨幣變得相當不一樣。然而，後來的歷史事件又改變了一切。由於共產世界的瓦解，「紅色」北韓圓因此變得不再有必要。除此之外，國家對商業的掌控不再強勢，而這也意謂著，真正的美元、日圓與歐元開始取代早先的強勢貨幣外匯券。所以我在想，時至今日，北韓的外匯券可能就只是收藏家的寶物而已了。

北韓的「受薪者」

「北韓人都賺多少錢呢？」「目前北韓的薪資水平如何？」這些都是很自然而然的問

題，即便人們知道，和資本主義比較起來，在社會主義的經濟體當中，一個人正式的薪水有多少並不是那麼重要的指標。

在社會主義之下，物資的取得至少與一個人擁有多少財富同等重要。由於在社會主義的經濟體當中，零售價格多半固定並且受到補助，因此這就意味著，許多的物資並沒有辦法在商店裡購買，而是由國家的官僚體制予以發放。所以，享有較多權力的人往往能取得更多的物資，而這些物資對於「價值比較低」的人而言則是無從取得。

在國家社會主義的經濟體當中，一位黨內的官員與一名技術工人獲得的薪水往往大同小異，然而他們實際的消費水平卻是大相逕庭，因為這些官員去的商店與配給中心一般人無法前往。除了官員之外，另一個享有商品特權的族群是零售體系的雇員。這些雇員永遠都有辦法將一部分物資從公共配給系統當中移轉，然後把這些物資留給自己使用，或者是拿來與掌控其他價值商品的人進行交易。因此，售貨員在北韓被認為是非常優越的職業。

從一九七〇到二〇〇〇年之間的數十年裡，北韓人民的平均薪資相當穩定，月薪從六十至七十北韓圓穩定上升到了一百北韓圓左右。和西方的幣值對照其實毫無意義，因為北韓的物價結構非常不一樣，但是我們大概可以說，這個數字差不多相當於十美元。實際情況可能沒有乍聽之下這麼糟，因為在那段時間裡，一分錢就足以買一張公車票，而主食白米基本上是免費發放，只要持有配給券就能夠領取。

到了一九八〇年代後期，也就是舊有秩序瓦解的前夕，北韓非技術勞工的薪水大約是六十到七十北韓圓，技術勞工或技師差不多是八十到一百二十北韓圓，一百五十北韓圓大概是工程師的月薪，而高階官員與其他特權族群的月薪可以高達兩百五十、甚至是三百北韓圓。然而後來情勢有所改變：通貨膨脹惡化、公共配給制度瓦解，再加上饑荒肆虐，這些都癱瘓了舊有的體系，而直到幾年之前，政府才「調整」了薪資水平，藉此符合新的環境情勢。

二〇〇二年的改革期間（北韓媒體從來都不會稱之為「改革」），北韓國內的工資與物價結構產生了大幅度的改變。有一段時間，外界並不清楚當時的物價和工資水平如何，不過近期世界糧食計畫署（World Food Programme）的研究似乎解答了若干疑問。現在我們知道二〇〇四年所謂「正常」的薪資為何，而當時非官方的匯率趨近於一美元兌換一千八百北韓圓。

根據這項調查，大部分低收入的勞工每月薪資是介於一千七百至兩千五百北韓圓，而平均數大約落在兩千一百北韓圓。收銀員以及幼兒園、小學教師等低階專業人士的月薪介於一千四百和兩千北韓圓之間。對一般人而言，老人年金不會高於九百北韓圓，而女性的年金有時更是低到只有三百至四百北韓圓，尤其家庭主婦更是如此。在與脫北者對談之後，我自己似乎也確認了上述這些數字。

同樣值得一提的是，在二〇〇二年的薪資調漲之後，菁英階層的薪水相對而言仍維持低檔，月薪似乎從來沒有超過一萬北韓圓的水平。一位高階的軍官或是工廠的總經理月薪大概是介於五千到八千北韓圓之間。就所有實際的生活需求而言，這樣的所得只夠收支打平維生，而非菁英階層的薪水又更低於維生的水平了。

二〇〇四年一整年裡，北韓韓圓相對於歐元的匯率在一千六到兩千二之間波動，而到了二〇〇五年，這個數字開始急速向上攀升。為了淡化「帝國主義美元」的重要性，北韓的匯率通常都是以歐元計算。官方的匯率固定在一百五十四北韓圓對一歐元，但是這個數字基本上沒有什麼意義。這意謂的是，二〇〇四年當時，平均的老人年金是每個月五十美分左右，而幼兒園教師的月薪少到只有區區一美元。其實沒有聽起來那麼糟，因為物價也同樣不高——一公斤的蘋果只需要五分錢。但是即便如此，狀況還是挺糟的。

根據世界糧食計畫署的報告，「合作社農民的所得來自於每年對政府的義務性作物銷售，而每一位農民的所得都不一樣，因此一個人的月收入從五百到四千北韓圓不等。」不過農民也有辦法大幅增加自己的所得，方法包括直接從自己的農地販售作物，以及在陡峭的山坡邊上進行坡地栽種。過去十年來，坡地栽種在北韓逐漸變得普遍，雖然官方明令禁止但是依舊存在，而且看起來，坡地栽種的作物有很大一部分都是在公共配給系統之外進行交易。

北韓的失業率相當高，不過都是隱性的。形式上而言，所有人都有一份工作，但由於長期缺乏原物料、零部件、工具機以及電源供應，因此很少有工廠真的能夠產能全開。在許多案例當中，人們都是前往自己的工廠和辦公室，然後坐著、閒著沒事，一天只有幾個小時真的從事有意義的工作。但還是得去上班，否則可能沒有辦法取得糧食配給，而沒有糧食配給會讓處境變得更為艱難，甚至關係到自己有沒有辦法存活下來。

根據對官員的訪談與其他蒐集到的資訊，世界糧食計畫署估計，大約有百分之三十的北韓勞工處於永久或暫時性的失業或者非充分就業。

一如往常的是，女性失業的機率相對比較高，不過也許她們也不在意。為什麼呢？這麼說吧，如果一個人正規的薪水只夠買八公斤的米，藉此補充每個人配給到的兩百公克，你覺得即便有雙份薪水，一個家庭有可能存活下來嗎？答案當然是「不可能」。官方公定的薪資沒有太大的意義，而且時至今日不外乎就是象徵性的數字罷了。如果人們存活了下來，那麼絕對不是靠著正規的薪資……

關於乳酪及其他事項

一九七〇年代初期，我們家開始居住在列寧格勒的郊區，而列寧格勒是蘇聯的第二大城市，當時住家附近有一間新的大型超市。我們家時常前往那間超市購物，而我現在都還記得，那裡的貨架是如何年復一年地變化。雖然狀況時好時壞，但是整體的趨勢卻很清楚：每到新的一年，消費者的商品選擇就變得越來越少、越來越少。一九七〇年左右，超市的冰櫃還提供四、五種類型的乳酪，一九七五年時乳酪只剩下一到兩種，而到了一九八〇年，冰櫃已經一片空盪。由於軍備競賽的壓力以及經濟缺乏效率，蘇聯的經濟體當時正逐漸瓦解，因此消費商品一項接著一項從貨架上消失。

我不禁回想起我的這些童年記憶，因為我讀到了崔奉大和具甲祐兩位南韓學者的研究計畫成果。這兩位學者鉅細靡遺地調查了在北韓最北端、靠近中國邊境的三座城市裡，北韓人民當時究竟能取得哪些貨品。之所以選擇這些城市，是因為在過去十年裡，大部分的脫北者都來自這個區域，因此這提供了研究者大量的資料，能夠進行交叉確認。整體的面貌顯示，北韓政府國有的零售貿易體系逐漸地、無可避免地崩解，並且非常類似我大約二十五年前在蘇聯的經歷。當然，北韓長期走下坡的起始點相對比較低：和北韓比起來，前蘇聯還真的一直都是個非常繁榮的國家。

北韓的穀物配給首次實行於一九四六年三月，不過一開始只有受僱於國家的員工可以領到配給券。在一九四六到一九五七年之間的「社會主義轉型」之後，到了一九五〇年代末期，幾乎所有的北韓人都已經屬於這個受雇於國家的類別：工業已經國有化，而私有商店也關門收攤。因此，在一九五七、五八年期間，配給制度經過了重整，開始包含所有的北韓人民，不過在農村地區，這套制度的運作多少會有些不同。接著配給制度就一直維繫至近期，直到二〇〇二年的改革為止——而改革所造成的影響仍然有待觀察。

一九五八年，北韓政府禁止了穀物的私人貿易，而一直要到一九九三年左右，私人貿易的禁令才正式解除或者悄悄瓦解。在那之前，所有的穀物都必須由國家向農業合作社蒐集，接著再透過公共配給系統重新發放。住在城市的居民會收到配給券，可以拿來兌換穀物。雖然也可以付錢，但是穀物的價格一直都是固定不變的，而且價格基本上象徵意義居多。

當時，穀物與其他民生必需品的價格被維持在非常低的水準。在好幾十年裡，白米的價格都固定在〇．〇八北韓圓（在這段時間裡，平均的月薪從五十北韓圓成長到了大約一百北韓圓）。但是這些價格並沒有那麼重要：一個人即使有錢，也沒有辦法購買超過國家所允許的量。

每一位北韓人都有權獲得一定量的穀物（而且至今依舊如此）。最大的量——每天八百公克——保留給從事粗重體力活的勞工：鋼鐵工人、礦工或者伐木工人。大部分的人獲得的是每天七百公克的配給。大學生與高中生的配給量是六百公克，而年紀更小的學生則是三百到四百公克不等，視他們的年齡而定。退休人士和家庭主婦的配給量也是三百公克。北韓人民還會獲得一些其他的食品，包括白菜、醬油等等，不過從營養的角度而言，他們飲食中幾乎所有的熱量都來自白米和其他的穀物。

配給券是由雇主發放——或者更精確的說，發放的單位是聘雇當事人的國營企業旗下的工作辦公室。通常員工名下的受撫養人也是在同樣的地方領取配給券。退休人士領取配給券的地點則是他們的「人民班」，而學生則是在學校獲得配給券——配給券是長方形的彩色小紙條，紙張的品質不太好。為了防止造假，配給券的顏色會時常更換。配給貨品的實際地點是在一種特殊的配給商店，平均每一千到一千兩百個家庭就會有一間這樣的店面。

一般來說，每一個「通」（區域單位）都會有一個配給中心，服務該區域內營運的所有公司。每一間公司一個月必須提供資料給配給中心兩次，資料包含了目前的員工數量，以及員工名下受撫養者的人數。受撫養者的資料也必須提供，因為根據規定，整個家庭都得在同一個中心領取配給物資，而這個中心也就是家戶長的「工作單位」所屬的配給中心。

白米的配給每十五天發放一次。在指定的日期當天，家庭的代表人（通常是家庭主婦，因為配給時間都在白天）會攜帶身分證與整個家庭的配給券前往配給中心。家庭主婦出示配給券並支付金額，接著就能將一家人接下來十四天的白米帶回家。

如果是在外頭吃飯（例如在公司的自助餐廳或者是出差期間），那麼北韓人必須要出示食堂的配給券。即便是醫院裡的病人用餐也不例外。

我們來想像一位中年家庭主婦，她會定期前往配給中心，時間可能是一九七一年。她出示了三份配給券。她的丈夫是一位文職人員，每天可以領取七百公克的穀物，而她的兒子就讀小學六年級，可以領取四百公克，而她自己身為一位卑微的家庭主婦，領取的是成年人最少量的三百公克。因此，這位女士將為丈夫領取十．五公斤的穀物（十五乘以〇．七），為兒子領取六公斤（十五乘以〇．四），為自己領取四．五公斤（十五乘以〇．三），一共是二十一公斤。如果這是一九七一年的平壤，那麼這些穀物的百分七十都會是白米。

也許七百公克看起來十分慷慨——至少就卡路里而言——然而，即便是在一九七〇年代末期，營養不良在北韓都是一項嚴重的問題。這個問題的原因在於，七百公克當時逐漸成為了理想上的標準，距離北韓國內日益艱困的現實環境越來越遙遠。一九六〇年代期間，經濟情勢還相對比較穩健。不過到了七〇年代中期，北韓的經濟開始走下坡，所有人很快都感受到了這點。

白米配給量的第一次縮減出現在一九七三年，當時北韓的經濟成長速度開始放緩。一九七三年九月北韓政府宣布，「有鑑於危險的國際情勢」，配給量將有所縮減：每個月會犧牲兩天的配給量，藉此作為戰略儲備之用。一九八九年，配給量又進一步縮減了百分之十：北韓當局表示，這麼做是必要的手段，目的是要讓國內為即將到來的世界青年與學生聯歡節做好準備。一九九二年，配給量再度縮減了百分之十，而到了一九九四、九五年左右，穀物開始停止供應給偏遠地區的人民。這些縮減意謂著，在北韓一九九五至一九九九年的大饑荒前夕，一般的勞工已經領取不到五百公克的穀物，而退休人士更是被迫得靠兩百二十公克維生，這數字可一點都不慷慨。

在大饑荒期間，公共配給系統幾乎停擺了好幾年，不過最近幾年，這套系統顯然又悄悄重新開始運作了。由於在謎樣的北韓裡，所有的資料皆建檔保密，因此沒有什麼事情能夠百分之百確定，不過在二〇〇五年初期，公共配給系統似乎是「北韓百分之七十都會區居民的主要穀物來源」——以上根據的是聯合國糧食及農業組織（FAO）的估計。

即便如此，官方的配給一點也不慷慨。根據世界糧食計畫署的資料，二〇〇五年初期，每人的配給量縮減到了兩百五十公克，也就是比國際上建議的最低量還要低百分之四十。於是人們必須在市場上購買自己的糧食，而市場上的糧食相當昂貴，白米一公斤的價格高達五百北韓圓左右。

前文我們不斷使用的是穀物而非白米這個詞，這是有道理的。事實上，配給當中混合了各種不同的穀物。一九七〇年代的平壤，白米占了其中的百分之七十到八十，但是在比較偏遠的地區，配給的穀物則完全都是玉米和大麥——即便在經濟相對較好的時代都是如此。這些穀物非常受到某些營養師的青睞，但是在北韓人民當中卻不受歡迎，兩者的原因其實一樣：這些穀物的熱量偏低。肥胖在北韓從來都不是一個問題。

外交機構一直都密切關注著公共配給系統當中白米與其他穀物之間的比例，他們認為這是北韓實質經濟健全與否的重要指標。

在多數的情況下，玉米都是直接煮熟食用，不過偶爾也會製作成玉米粉，使用在比較複雜的餐點上頭。由於缺乏白米和小麥麩皮麵粉，玉米麵條自然應運而生，成為北韓飲食當中的常見品項——而最近幾年，有一位名叫朴哲松的脫北企業家還試著在南韓行銷這樣的產品，並且稱之為「健康食品」。

在相對貧困的北韓人民當中，對玉米的依賴導致了若干健康方面的不良後果。他們會罹患糙皮病——糙皮病常見於以玉米為主食者，在某些美洲的原住民部落曾經相當普遍。這種病症通常會造成皮膚痛、腹瀉以及精神錯亂。糙皮病在北韓的監獄集中營當中十分常見，因為囚犯都只以玉米作為主食，即便是在經濟相對較好的一九七〇年代也是如此。一開始，只有穀物是由國家統一發放，但是到了一九六〇年代末期，由於糧食越來越短缺，使得政府的管控也日漸提高。在邊境城市裡，幾乎所有的食物從大約一九六七年起都改為配給。從當時以降，豆醬、鹽巴和糖就只能以出示票券的方式購買，而之後糖很快就完全消失在市面上了。一九七〇年代，平壤和比較優渥的大城市也轉換成了這樣的制度。直到大約一九八〇年以前，人們還是有辦法從農村地區出發，前往平壤和其他主要的城鎮中心進行一趟採購之旅。同樣的現象在蘇聯末期的俄羅斯也很常見，當時還有「香腸列車」會從莫斯科開到農村地區。然而，由於北韓存在旅行許可的制度，因此這樣的購物之旅只有少數人有權享受：在蘇聯時代的俄羅斯，任何人只要想去就可以前往俄羅斯，但是對北韓人而言，前往平壤的旅程卻是一項罕見的特權。

然而，這樣的情況沒有持續太久：配給系統掌管的範疇越來越大，以至於到了一九八〇年之際，在平壤幾乎已經沒有任何東西可以自由買賣了，而想當然耳，在平壤之外的整個國家也是如此。國營商店並不是零售店家，而其實是配給中心。這種想以配給取代貿易的傾向幾乎可以在所有實行社會主義的國家中看到，不過在北韓，這樣的傾向達到了理論所及的極致。

較為高檔次的貨品也必須接受配給，但這是一種特殊的配給類型：奢侈品的配給會被包裝成「來自偉大的領袖的禮物」。高品質的衣服布料、上等的皮鞋，更別提手錶或電視機了，這些在當時那個年代都是非常昂貴的品項，而這些品項都會經由配給，或者更好的說法是「頒發」給北韓的人民，作為來自金日成的「禮物」。

當然，商店的櫥窗裡還是有商品，但根據一位年邁的脫北者回憶：「一九六〇年代，商店櫥窗裡陳列的商品雖然品質比較好，但基本上和店裡能買的東西還是一樣的。然而從一九七四年開始，要買到像是商店櫥窗所展示的商品已經不可能了。」

當時國內還沒有饑荒的問題，不過很少人真的能吃得飽。然而，到了一九九〇年代初期，走下坡的速度逐漸加快，而饑荒也在不久之後到來。這是北韓歷史上最慘的一場饑荒，對北韓造成了沉重的打擊。

回到列寧格勒，我舊家附近的大型超市後來怎麼樣了呢？我最近又造訪了一次，並且很驚喜地看到了上百種的乳酪。當年即便是在最好的時代，那裡也只有三到四種乳酪而已……

羅津先鋒經濟特區：豪賭一場

所有長期的平壤觀察家都越來越習慣一件事情，那就是關於「歷史性突破」的宣告。的確，每兩到三年，國際媒體上往往就會冒出若干報導，聲稱一場新的「戲劇性變化」正出現在北韓。截至目前為止，這些預測沒有一項禁得起往後的分析檢視……

我現在還記得，一九八〇年代中期的時候，西方的新聞記者有多麼喜歡臆測：北韓正處於戲劇性變化的前夕。之所以有這樣的期待，是因為北韓的國會於一九八四年九月通過了合資公司法。這項法律獲得採行的同時，中國新的投資導向政策也正逐漸開花結果，而對於北韓而言，依循長期盟友暨贊助者的前例無非是再合理不過的舉措。

然而，人們很快就發現，沒有什麼投資人對北韓展現出認真的興趣。幾乎所有的合資公司都是由來自日本的朝鮮人所開設，他們是「在日本朝鮮人總聯合會」的積極支持者，也就是北韓政府在日本相當有力量的前線組織。而這些人雖然理當對平壤政權抱以同情，但是他們前往北韓進行的投資也多屬玩票性質，從事的只是一些小規模的投資而已。他們願意為自己的愛國情操奉獻，但是也不打算奉獻太多。

一九八六到一九九二年期間，一共只有區區一百四十項合資案件獲得了核可——而只有大約六十五件實際開始運作。超過百分之九十的這些合資公司都是由「在日本朝鮮人總聯合會」所掌控——除此之外，沒有其他人對於投資北韓展現任何興趣。所有這些合資公司的規模也都非常小——例如在平壤市中心的一間咖啡館等等。坦白說，這項政策完全是一敗塗地。

儘管如此，北韓在一九九一年首次嘗試打造經濟特區，在經濟學家的英文術語當中簡稱為SEZ（原文是special economic zone）。這個點子效法的是中國的經濟特區，這些經濟特區在一九八〇年代取得了重大的成功。不過北韓人十分忠於自己的傳統，因此堅決否認偉大的領袖的啟發與決策和外國的計畫有任何關係。經濟特區將在羅津先鋒地區開展，地理位置是在北韓偏遠的東北部，與韓國、中國與俄羅斯相鄰。

和從前一樣，許多人當時高聲談論著即將到來的突破。即便是在南韓，也就是平壤長久以來的勁敵，也有人隨之附和：一九九〇年代中期，有越來越多南韓人希望北韓政權能夠存續、繁榮，而他們想告訴自己，羅津先鋒經濟特區將很快成為北韓通往繁榮富庶的第一步。

經濟特區之所以選擇這個地區並不難理解。當時一般認為，這個區域將能吸引可觀的投資，一方面來自於蒸蒸日上的中國，另一方面也來自於經濟情況尚未崩跌的俄羅斯。平壤聲稱，在不久的將來，羅津先鋒經濟特區會成為「東北亞運輸與製造產業的樞紐」。表面上來看，投資人是受到歡迎的，而當時的稅率和其他法規甚至可以說比中國類似的法規還要更有利於投資。

從北韓的觀點來看，羅津先鋒經濟特區（二〇〇〇年八月，羅津和先鋒這兩座城市合而為一，於是經濟特區也更名為羅先）還有另一點方便之處，那就是它距離人口密集的主要城市都很遙遠。這意味著，資本主義的萌芽比較容易獲得控制，並且獨立於「群眾」之外，否則新的發展毫無疑問將會污染人民的心靈。甚至有流言指出，該區域內所有在政治上可疑的居民都被遷移到了別處，取而代之的是值得信賴的模範勞工。或許當時確實存在這樣的安排，因為幾年之後，當新義州計畫開始進入討論階段時，類似的政策也獲得官方的正式採納。

一九九〇年代初期，羅津先鋒經濟特區時常有外國商人造訪。然而，這些訪客通常僅止於儀式性的演講，或者簽署不具有法律效力的意向書。截至二〇〇〇年為止，實際投資的總量只有區區三千五百萬美元，即便初期的意向書曾經承諾了超過二十億美元的投資金額！

所以中間出了什麼問題呢？問題可不少。首先，北韓的官方遠遠高估了自己國家對外國投資者的吸引力。一九八〇年代初期，外國企業之所以蜂擁進入中國的經濟特區，很大的原因在於這些經濟特區被視為跳板，能夠通往擁有十二億消費者的龐大市場。北韓只有兩千四百萬人口，市場小了許多，因此吸引力也相對低了不少。

除此之外，基礎設施的問題也相當嚴重。該地區唯一的柏油路連接了羅津和先鋒，而即便如此，這條路也只有單線道。如果使用這條該地區最好的道路，全程十七公里路程需要花上三十到四十分鐘的時間。自從殖民時期以來，連結該地區和中國之間的橋梁就沒有改建過。很顯然，平壤期待有錢的外國人將會出錢改善當地的基礎設施。外國人確實出了錢，但規模非常有限。

當然，朝鮮民主主義人民共和國糟糕的信用評等也是個問題，北韓是唯一曾經債務違約的共產主義國家。即使有少數的外國人擁有足夠的勇氣，在北韓進行投資，不願配合的北韓官僚仍然成了進一步的阻礙。除此之外，在地居民總是會不屈不撓地嘗試，想辦法從外國人身上多壓榨一點錢。還有最後一點，周而復始的核子危機也讓投資者卻步。

因此，到了二〇〇〇年，大部分的外國觀察家得出了結論，那就是整個羅津先鋒經濟特區計畫一敗塗地。然而，最近幾年人們又燃起了希望。或許羅先地區終於找到了自己的利基市場。該地區開始吸引大量中國觀光客，這些觀光客來自中國東北蓬勃發展的城市。他們之所以到此一遊是因為有賭博的機會，而賭博在中國受到嚴格的管控。香港的英皇集團在羅先興建了一座賭場和一間豪華酒店，專為這些觀光客的需求和喜好服務。

遊客也會享受一些比較單純的娛樂。中國東北是不靠海的內陸地區，所以許多中國人到羅先為的是想在海邊待上一、兩天。當然，他們也喜歡這種「出國」的興奮感，因為這對大多數中國人而言都是全新的感受。

當然，賭場和海岸度假區遠遠不及曾經承諾的「東北亞樞紐」，但是這總比什麼都沒有來的好。不幸的是，好景並沒有持續太久：二〇〇五年初，由於在一項醜聞當中，某些中國官員將大筆盜用的公款豪賭殆盡，因此北京開始採取強硬態度，因應前往北韓的賭博旅遊行程。生意很快就崩盤瓦解，賭場設施運回了香港，而經濟特區又回到了長久以來的模樣：一個貧困國家之中與外界隔絕的貧困地區，距離所有主要的交通網絡都很遙遠。

然而樂觀者持續聲稱，他們對北韓經濟未來的美好前景深具信心。這一回合，下一場歷史性突破應該會發生在開城地區，在那裡南韓人正忙著建造一座工業園區。或許這一次確實會不一樣，或許吧——我想只要南韓人願意承擔所有重要開支的話……

意外的經濟特區

二〇〇二年九月，全世界都注意到，北韓終於要擁抱資本主義與改革了——或者說這是外國媒體告訴讀者與觀眾的訊息。新義州計畫被認為是重大變革的指標，具有高度的企圖心，打算在中國邊界地帶發展一個經濟特區。

對這個想法報有熱忱的人選擇性遺忘了，北韓的外國投資紀錄是一部多麼可悲的歷史。「這一次將會不一樣！」他們唱和著（現在他們討論開城計畫的時候，我們豈不是又聽見同樣的話了？）。這段歷史確實令人感到遺憾。一九八四年，北韓首次嘗試吸引外國投資，於是北韓國會通過了合資公司法。外國媒體立刻宣稱這是一項「歷史性的突破」。然而，就和許多其他號稱「突破」的北韓事件一樣，這項政策最終一事無成。

一九九〇年代初期，北韓當局開展了另一項計畫。這一次，他們決定在羅津先鋒地區成立一座經濟特區，地點位於北韓偏遠的東北角。和之前一樣，這項利多措施也無人搭理。

記取了所有這些教訓之後，平壤決定在二〇〇二年做一次盡可能大膽、激進的嘗試。北韓決定在新義州這座城市建立一座新的經濟特區。這座城市的地理位置便利，正好處在連結北韓與中國的鐵路和公路之上，而就北韓的標準而言，新義州的基礎建設可以說是相當良好。

打從一開始，這項計畫的某些要素就頗具北韓風格。當時據稱，新義州的所有居民——

估計大約四十到五十萬人——將會被重新安置在其他地區。這些居民不夠好，不配享受資本主義的果實。取而代之的是二十萬名模範勞工，他們將由政府當局依照技術能力與政治可信度親自挑選。

這場大戲當中最不尋常的一幕在於，北韓決定指派一位外國人擔任經濟特區的首長。當時北韓的人選是楊斌，他是一位中國企業家，擁有荷蘭公民身分，據說是中國第二富有的人。當時他的年紀是三十九歲。

二〇〇二年九月十二日，最高人民會議（也就是北韓有名無實的國會）通過了新義州特別行政區基本法，而新義州特別行政區也就是該經濟特區的官方名稱。基本法包括六個章節（政府、經濟、文化、居民基本權利義務、組織架構以及行政區的區徽和區旗），一共洋洋灑灑一百零一項條文。這項計畫甚至還預見經濟特區將擁有自己的區徽和區旗呢！基本法宣布，該法律體制將維持五十年不變，而且在區域內的外國人將享有與北韓人同等的權利。外國法官也會受邀前來此地，解決爭端並監督法律執行的狀況。

有一段時間裡，有關「突破」的說法同樣被炒作得天花亂墜。北韓負責外貿的副部長稱經濟特區是「一項新的歷史奇蹟」。另一方面，南韓政府當時已經身處「陽光政策」*的

* 陽光政策：由已故韓國總統金大中所提出，用來和平處理朝鮮半島分裂對立局面的關係。政策名稱根源自《伊索寓言》中的故事「北風和太陽」。故事說：北風和太陽比賽如何讓路人的外套脫下來，北風採取的是更用力的吹，結果路人卻把外套抓的更緊；而太陽則是用溫暖的陽光照耀路人，路人因此主動把外套脫下來。陽光政策也是如此的概念。

風潮當中，於是也向全世界保證：「新義州特區的外國投資前景一片光明。」（這正是二○○二年九月二十四日，韓國聯合通訊社所發出的報導標題。）

然而，整個新義州計畫前後維持不到五十個禮拜，更遑論原本承諾的五十年，而且從來也沒在哪裡見過它的區旗。

讓這項計畫瓦解的大概是中國人，因為北京並不樂見整起事件的發展，至少有兩點已知的原因足以解釋北京的不安。首先，楊斌希望將新義州這座城市變身為一座賭博中心，宛如北方的澳門。這樣的想法北京並不歡迎。此外，中國可能也不希望新義州與中國東北的城市產生競爭關係。同樣令北京不滿的是，北韓按自己的一貫手法行事，事前也沒有和中國聯繫、打照面。

楊斌當時正在接受調查——原因或許不見得是什麼不法行為，主要是出於北京的若干密謀。人們並不清楚，楊斌是否想利用金正日的偉大夢想計畫，逃脫法律上的糾紛，又或者，他參與這項計畫的意願全是自己破釜沉舟的決定。然而，他後來因舞弊而遭到逮捕，最終被判處十八年徒刑。

於是計畫陷入了停滯。接著，到了二○○四年九月，消息指出有人接觸了茱莉・沙（Julie Sa，中文名字是沙日香），希望延攬她擔任經濟特區的新首長。確實，這位華裔美籍的商界女性看起來是不錯的人選，因為她的背景相當特殊：她擁有華裔血統，出生於南韓，並且曾經擔任加州富勒頓（Fullerton）市的市長。然而，茱莉・沙打破了謠言。她承認自己確實曾接獲平壤的洽詢，但是截至二〇〇四年夏天為止，她已經有很長一段時間沒聽說這項提議的進一步消息，因此她足以假設，這個想法已經不再是選項之一。

很顯然，到了二〇〇四年初期，新義州計畫已經永久性地遭到擱置。這點在同年末期終於獲得了確認，因為當時北韓當局以他們一貫的冗贅言辭，悄悄向有關各方發出通知：新義州將不會有經濟特區了。

至少新義州市的居民避免了一場強制遷移——這在任何情況之下都是令人不快的過程，而在二十一世紀開始幾年的北韓可能更加危險。現今，新義州在北韓的國際貿易上扮演了重要的角色，但是這些貿易完全無關乎平壤官場野心宏大又光怪陸離的計畫。新義州已經成為北韓「由下而上的資本主義」重鎮，也就是與中國之間頻繁私有貿易的主要基地。不過，這類型的貿易一點也無關於逐漸式微的史達林社會主義與其高遠宏大的計畫。

貨幣的流變

共產主義者總是宣揚著廢除金錢制度的意圖——而且確實在某個時期裡，他們相當認真看待這項承諾。在俄羅斯頭幾年的共產統治當中，就有一些致力於廢除貨幣的大膽實驗，取而代之的則是「直接勞動交換」。然而，緊接而來的慘痛經驗造成了一場嚴厲的教訓，所以在之後的時期，共產政權對於反貨幣的論調就只剩下口頭說說而已。他們並沒有摒棄早先全面廢除金錢的承諾，不過實踐的時間點將會是某個非常遙遠的未來。

當北韓成為共產國家之際，許多共產主義早年的夢想早已不復存在，因此新政權開始十分關注自身的金融體系。

解放之後的頭幾年，北韓人民持續使用日圓紙鈔和錢幣。然而，一九四七年十二月，新成立的共產政府當局發起了貨幣改革。毫無疑問的，這場改革獲得了蘇聯的全面支持，而改革實務面的管理則是委由一位韓裔的蘇聯金融專家經手：金燦。

一九四七年十二月六日至十二日的一週期間，所有舊的紙鈔都必須換成新式紙鈔。根據當時蘇聯的報告，北韓市場上的貿易活動完全暫停了一段時間，因為店家紛紛感到恐慌。一直到隔年一月，隨著新式紙鈔的發行，商家才重回一如往常的交易。

一九四七年的紙鈔是在蘇聯印製的。當時一共有四種面額：一、五、十和一百北韓圓。這些早年的紙鈔在許多方面都相當特別。首先，這些鈔票的發行時間早於朝鮮民主主義人民共和國正式宣布建國——因此，上頭並沒有發行國家的名稱。紙鈔上只印了「民主朝鮮」，以及發行機構的名字——北韓中央銀行。另一個特點則是有中文漢字，而不久之後漢字就在北韓的生活當中遭到廢除。

一九四九年，這些鈔票獲得了強化，加入了可以從事小額交易的貨幣。這些「小面額」並非以錢幣的形式發行，而仍舊是紙鈔——面額有十五、二十和二十五錢（北韓圓一圓等於一百錢）。然而，飆升的通貨膨脹很快就讓這些小面額紙鈔無法使用。

韓戰為兩韓的貨幣體系造成了全面的破壞，於是一九五九年二月，平壤啟動了新的貨幣改革。這一次，「舊」北韓圓與「新」北韓圓之間的兌換匯率為一百比一（舊的一百北韓圓等同於新的一北韓圓）。這是促進穩定的必要手段，也讓北韓的貨幣變得更能夠管理。的確，一直到一九九六至一九九九年的大饑荒與隨之而來的劇變之前，北韓的貨幣一直都比南韓還容易管理：在北韓，人們不會每次買個小東西都被迫動用五位數、六位數的金額數字！

一九五九年的鈔票上描繪的是工業與農業的風貌。根據規定，每一張紙鈔的正面都必須呈現工業相關的事物，而背面則大部分印上農業的主題。當時一共有六種鈔票，面額分別是五十錢（〇．五北韓圓）和一、五、十、五十、一百北韓圓。除此之外，北韓的第一款金屬錢幣也在當時鑄造出來——面額為一、五和十錢（後來又增加了五十錢的面額）。錢幣的材質是輕量的鋁合金，而所有的錢幣都有著類似的設計：背面是朝鮮民主主義人民共和國的國徽，正面則是錢幣的面額。就這方面而言，這些錢幣大致依循了其他共產國家的鑄造模式。

接下來的改革發生於一九七九年。雖然舊的錢幣仍然繼續流通，但是紙鈔則做了更換。新的鈔票（和之前一樣，擁有一、五、十、五十和一百北韓圓的面額）設計十分戲劇性並且高度政治化。一百北韓圓的紙鈔上裝飾了金日成的肖像，而他也因此成為第二位在世期間就登上鈔票的南、北韓領袖。第一位的榮譽（如果可以算是榮譽的話）落在南韓總統李承晚身上，早在一九五〇年，他的頭像就已經印上了南韓的紙鈔。一九七九年，一百北韓圓的鈔票背面則放了金日成位於萬景台的童年故居。

五十北韓圓的鈔票上印的是工人、農人、軍人和知識分子各一位代表（知識分子潛伏在背景當中），他們所有人都高舉著金日成主體思想的象徵火炬。

然而，到了一九八〇年代末期，舊有貨幣的價值開始快速流失。這使得新的一場貨幣改革勢在必行，不過這是我們下一段的主題……

貨幣改革

一九九二年七月十五日的早晨，北韓全體人民陷入了一種瘋狂行動的狀態。當時，廣播和電視台發布了一則官方公報，證實長久以來流傳許久的謠言：政府已經啟動了新一輪的貨幣改革——於是許多人趕著前去挽救自己僅剩的財產。

在中央計畫型的經濟體當中，通貨膨脹的形態相當特異：由於產品與服務的價格皆由政府單位所訂定，因此物價並不會因為流通的貨幣總量而自動上漲。當然，確實也會有「典型的」通貨膨脹，這點毫無疑問，但是物價只會在政府掌控以外的黑市上升。在政府營運的官方經濟體中，通貨膨脹會導致一切物資短缺，因為人們會瘋狂搶購所有的商品，將店家幾乎橫掃一空。

北韓提出了兩道解決方案，藉此修正此項問題。首先是物資配給——而且鮮少有國家像北韓一樣，如此熱中於配給措施。物資配給——再加上極為低廉、近乎象徵性的價格——讓金錢在根本上變得沒有必要。數十年來，北韓政府一直決定著特定社會群體成員應該配得多少的食物熱量。消費產品也一樣，都是由官員統一分配，依據的標準是公民被認定的「價值」高低。

然而，流通的貨幣總量仍然持續成長——在黑市當中的感受十分強烈，而黑市到了一九八〇年代後期已經發展得格外蓬勃。此外，如果是非經配給的少數產品，在當時幾乎已經不可能買到：這些產品當時被視為某種投資工具，因此遭到大量地囤積。因此，第二道解決方案便是——貨幣改革。

在所有的共產國家裡，貨幣改革或多或少都依循著相同的模式。某天——突然之間——政府告知人民：舊有的貨幣即將在隔天成為一文不值的廢紙。在舊有貨幣當中，只有少部分得以兌換成新式貨幣，而且可以兌換的期間非常有限（通常只有幾天而已）。這意味著，所有過剩的通貨都將被一網打盡、瞬間清除——於是恢復了金融穩定的表象。此外這也意味著，大多數人瞬間損失了至少一部分的積蓄。另一方面，黑市分子也遭受到慘痛的打擊——不過這點正是改革者的目的所在。金融體系宛如重新開機一般，一切都從頭開始。

一九九二年的改革是非常典型的一系列措施，而這樣的措施之前也曾由許多其他共產政府依循過好幾次（而且事實上也不只是共產政府而已）。

北韓當局宣布，政府將發行新的紙鈔，舊有的錢幣仍然會持續流通。舊的紙鈔可以兌換新式紙鈔——不過只有接下來五天的時間。而當然還有兌換的上限——每個人不能兌換超過四百北韓圓（差不多四個月的平均薪資）。這樣的上限會引發一些民怨，但是人民幾乎也沒有其他辦法。畢竟，民眾過去也曾經歷過這種過程，此外他們也能預見未來還會有類似的事件重演。

因此，現行的北韓貨幣就在當時問世了。和一九七九年版本的貨幣比較起來，鈔票的設計並沒有太大的改變。一百北韓圓的紙鈔上仍然是金日成的臉龐，並且描繪出了他的童年故居。五十北韓圓的鈔票和一九七九年一樣，擁有工人、知識分子與農婦的三位一體（不知道為何，在共產主義的政治宣傳裡，農民時常都是由女性作為代表）。不同的是，這次他們終於不再掙扎著高舉主體思想火炬，不過觀者必須相當熟悉共產主義的象徵符號，才能夠辨識出蹊蹺：在兩位穿著幾乎如出一轍的男人當中，其中一人代表著工人，而另一位理論上則是知識分子。

十北韓圓的鈔票呈現的是，一位工人正操作著某種重型機具，背景則是好幾根冒著煙的煙囪。五北韓圓的紙鈔上是一名學生，紙鈔面額最小的一北韓圓呈現的則是《賣花姑娘》的一景，《賣花姑娘》是北韓的一齣華麗政治音樂劇。

一九九二年的改革有效清除了大部分的流通貨幣。然而，與北韓經濟官員的期望相反的是，改革並沒有帶來金融穩定。在喪失了蘇聯與中國的援助之後，北韓的經濟情況持續惡化，在短短的一到兩年之內，通貨過剩的問題又再次變得和早先一樣嚴峻。不過這一次，北韓政府不打算推出改革：由於經濟開始呈現自由落體般的失速下墜，因此一般性的措施已經不再管用。

為了對抗通貨膨脹，北韓的中央銀行開始發行更大面額的鈔票。一九九八年，五百北韓圓的紙鈔問世，到了二〇〇二年之後，市面上又加入了一千北韓圓和五千北韓圓的紙鈔。發行這些紙鈔的本意是要在大額的交易當中使用，但是時至今日，大部分的北韓人民寧可使用美元支付。即便是在金氏王朝的主體社會主義天堂裡，象徵帝國主義的貨幣也終於贏得了天下。

第十四章　涉外事務

緊盯著外國人

一九八五年，我從北韓回到蘇聯，結束了我在金日成大學為期一年的交換學生計畫。此時，我的朋友和同事們對於我的北韓經驗提出了各式各樣的疑問。即便在當時，即便在政治一點也不自由的前蘇聯裡，北韓仍舊被視為一個古怪且相當奇特的國度。

很顯然，我的蘇聯公民夥伴們當時並不了解北韓生活的基本樣貌。有一些長者還記得史達林時代的日子，但是就連他們也無法理解：外國人在平壤有多麼受到孤立，以及外國人的一舉一動是如何受到政府當局的管控。

不可否認的是，在一九九〇年代期間，這種社會排斥主義得到了某種程度的放寬。但是在數十年的時間裡，也就是從一九六〇年代初期到一九九〇年代初期，平壤的外國居民和「本地人」幾乎沒有任何的互動。即便是理論上「友好」的國家公民也沒有例外，例如蘇聯和中國，而且事實上，除非是極為罕見的特例，否則「不友好」國家的公民鮮少會在平壤出現或是被人提及。

一九八〇年代，當我們居住在北韓期間，我們需要一位北韓的「監控者」再加上特殊許可證才能造訪大多數的公共場所。基於某些原因，即便是電影院以及許多（但不是所有）市立博物館都不允許外國人士進入。有一回，我和同學決定去參觀朝鮮革命博物館，結果我們必須申請許可證，並且等待兩個星期，直到適當的安排就緒為止。當時我們擁有一位受指派的監控者和一輛汽車，而抵達博物館之後，我們全程皆由監控者和另一位導覽員陪同。

和北韓民眾交談是不可能的，除非是特別獲選為外國人工作的幸運少數。一九七〇年代，只要有外國人接近，一般北韓民眾就連最無傷大雅的問題都不會回答，並且一律快速離去。

到了一九八〇年代情況有所改善，所以有機會在街上或是公車上進行簡短的交談，但是這些互動永遠無法進展為長期的接觸，而且通常都十分短暫、浮面。最好的狀況是，我們可以花幾分鐘討論天氣，或者一些同樣無害的話題。拜訪北韓民眾的住家則是想都不用想。

即便是在我們搭乘地鐵時，一道幾公尺寬的空間距離往往會自然成形，如魔法般地圍繞在比較大群的外國人周邊，不過如果是一到兩名外國人的話，通常行動上會相對自在。

所有在城市範疇之外的自主行程都是被禁止的，我們只能跟隨經過安排的旅遊團，並且持續受到北韓工作人員的監控。有車的外國人必須取得特別許可證才能離開城市，而且對於外國人而言，北韓絕大部分地區都是禁止前往的。同樣的道理，什麼樣的外國國籍並不重要。無論是「友善」還是「敵對」國家的公民，在行動上都同樣受到限制。

拍照的時候也必須小心謹慎。一九七〇年代期間，外國人如果嘗試拍攝「不當」的照片，時常會遭到「陌生人」的襲擊，導致相機被砸毀或者損壞。

類似事件發生的實在過於頻繁，最後迫使某些東歐國家的大使館發布官方聲明，要求這些攻擊行為必須停止。這項聲明發揮了作用，但是在若干情況裡，北韓官員仍然會阻止我們拍攝「不正確」的相片。有一回，一位來自東德的學生拍攝了一張照片，照片中有一位北韓女性將小孩揹在背上，結果官員堅持相機底片必須立刻曝光作廢。北韓女性不應該以如此過時的姿態帶小孩！

金日成大學裡的外國學生住的是特別宿舍，上的也是區分開來的課程，課程的安排嚴格依循著學生的國籍而定。來自同一個國家的學生會被分派到同樣的組別，即便他們是來自不同的學校，語言程度也不同。只有在少數的情況裡，外國學生才能和北韓學生一起上課。而即使是在這樣的課堂上，北韓學生也不會和外國學生交談。我們並不怪他們：一九八〇年代是蘇聯相對自由開放的時期，但是我們從父母輩得知史達林時代的面貌，因此我們理解北韓的同學會為自己的未來多所顧慮。

最令人意外的是，我們竟然不被允許使用大學的圖書館。由於身為外國人士，所以我們不能進入放置圖書館目錄的房間，學生警衛禁止我們接觸如此敏感的資訊。至於我們感興趣的主題，則會由官員為我們挑選相關書籍，由他來決定外國人可以看哪些書、不可以看哪些書。

在宿舍裡，外國人通常會和一位特別經過挑選的北韓學生共住一個房間。就語言練習的角度而言，這樣的安排很有幫助，不過政府當局事實上還別有目的。理論上來說，我們的室友有兩項主要任務：對我們宣傳主體思想（沒有人對這份崇高的任務展現出太大的熱忱），以及監視我們的行為並向上提報。後來，我們的室友們也不再堅守這項眾所周知的祕密。每天晚上六點半，一位主管外國學生的警官會召集我們的北韓室友們，要求他們進行每日會報。不過，雖然我們的室友理論上是要監視我們，但是後來發現，他們很多其實都是既聰明又有趣的人，而我到現在都還記得他們，心裡對他們充滿了敬意。

從當時到現在已經有了許多改變。雖然前往北韓的短期訪客行動仍受到許多限制，但是由於一九九〇年代後期饑荒的緣故，許多國際人士紛紛來到北韓，其中包括各式各樣非政府組織的官員。北韓當局心不甘、情不願地提供了若干自由給他們，而這些自由北韓政府過去已拒絕提供外國人士數十年之久，其中包括造訪國家某些地區的權利（當然總還是會有隨員陪同）。

在早先的三十年裡，北韓確實是一個遺世獨立的國度，而且可能是這個星球上最為孤立的社會。這段時期的影響可能將源遠流長，在這個搖搖欲墜的政權瓦解之後仍將存在數十年之久——並且會為北韓未來的統治者造成一些問題，無論這位統治者是誰……

如果選擇接受，那麼你的任務就是……

在全世界所有的外交職位調派當中，平壤一直都是數一數二艱難且具有挑戰性的地點。已退休的外交人員闡述了恐怖——卻又絕對真實——的各種故事，包括：電燈球每隔幾天就會無緣無故掉落，女傭的裙子裡傳出奇怪的劈啪作響之聲（不可靠的舊式竊聽裝置時常故障），熱水供應非常不穩定。而北韓方面的外交對口被問到相關問題時，竟然拿出《勞動新聞》的一則剪報，接著開始朗誦長達二十分鐘之久，完全不顧賓客的任何言語或手勢提醒。

儘管如此，平壤確實還是有外交機構的——至少是有那麼一些。過去幾十年來，平壤的大使館總數相當穩定，不過由於不同國家的政治情勢持續變化，因此這份清單也不斷在更新。從一九七〇年代初期以降，平壤的大使館數量一直維持在二十到二十五個之間。舉例來說，二〇〇一年時這個數字是二十三。平壤和全球大約一百三十五個國家擁有邦交，但是大部分的國家認為，由駐中國大使同時擔任駐北韓大使就足夠了。近幾年來，對於比較小的國家而言，由駐南韓大使同時擔任駐北韓代表也是可行的選項。當然，這些外交官都是以首爾作為據點。

如此小規模的外交安排是可以理解的：北韓的經濟體和莫三比克的經濟規模差不多大，而在核子危機爆發之前，在北韓擁有重大利害關係的國家的確非常之少。過去幾十年裡，這些國家包含了美國、蘇聯／俄羅斯、中國和日本（當然還有南韓——不過就技術上而言，北韓並不把南韓視為「外國」）。在這四個國家當中，美國與日本兩國都和北韓沒有邦交。

因此截至目前為止，蘇聯（一九九二年之後變成了俄羅斯）與中國的大使館是北韓境內規模最大的外交機構。這兩座大使館分別擁有數十位外交官員，而技術人員、祕書、警衛保全與醫師的數量又更龐大。此外，這兩間大使館基本上都能自成體系、自給自足。

這兩座「大型使館」就坐落在平壤的市中心，距離主要的政府機關只有幾分鐘的步行時間。在一九五〇年代期間，金日成曾經樂於展現非正式、友好的作風，因此有時甚至會登門造訪這兩間大使館，和大使共進午餐或是打撞球，而且事前幾乎沒有任何的通知。當然，這樣日子早已不復存在了……

幾乎所有其他的大使館都聚集在紋繡特區當中，距離市中心大約七公里左右。使館特區並沒有柵欄隔離，但是這個地方卻一片空空蕩蕩：北韓一般民眾都非常清楚，如果沒有非常合理的原因，這裡可不能隨便前來閒晃。

除了俄羅斯和中國兩個顯著的例外，其他大使館的規模都相當小，通常分別只會有兩到四名外交人員。你可能會問：這些人到底在平壤做些什麼呢？如果被問到這個直白又一針見血的問題，我猜想某些使館的外交人員可能不只是會尷尬、羞愧而已。即便如此，一個國家之所以決定在北韓派駐大使，其背後通常都有一些因素考量。

首先，人們會先提到與平壤擁有顯著貿易關係的國家。在大部分情況裡，北韓所從事的並非傳統貿易。從一九七〇年代後期開始，北韓開始販賣武器和軍事技術給某些國家，藉此從中獲利，而這些國家通常都沒有其他的買賣管道。這種貿易活動相當熱絡卻帶有隱匿、非法的色彩，其買賣品項包括了步槍、坦克車和導彈，偶爾還涉及核子技術，而這使得伊朗、埃及、利比亞和巴基斯坦等國家決定派駐大使在平壤。

再來是為數不多的西方國家大使館。近年來，這個數字有些上升，但是自一九七〇年代起的二十年裡，已開發的西方國家基本上只有一間小小的瑞典使館作為代表。瑞典之所以在北韓派駐大使的部分原因在於，他們天真地希望能要回北韓自一九七〇年代起積欠的款項，不過瑞典在停戰協議方面的參與也扮演了重要的角色。直到停戰協議於一九九〇年代發生劇變之前，瑞典一直是四個中立視察國家之一，而非軍事區就是由這些中立視察國家的代表所控制。此外，瑞典也會在必要時代表美國採取若干行動。

另外一個國家組別則是「友善大使館」，這些使館之所以存在平壤，純粹是為了展現本國政府對北韓政權的支持。因此，一直到一八九八、一九九〇年共產陣營瓦解之前，幾乎所有的東歐共產政權在平壤都有常駐的外交機構。他們真正的利益其實相當有限，但是這些大使館展現了對朝鮮民主主義人民共和國的象徵性支持。某些激進的第三世界國家政府也會在平壤派駐使節。

我到現在都還清楚記得一位馬爾他（Republic of Malta）駐平壤的大使，他在一九八〇年代中期，每天都泡在平壤的強勢貨幣酒吧和茶館裡（酒吧門口寫著「只許外國人進入」）。當時，馬爾他是由激進的左派政府執政，所以他們決定要在平壤派駐大使。這間大使館就只有大使一個人，而在「平壤外交圈」這個怪奇世界裡，這位大使先生顯然感到非常孤單。於是他尋找慰藉的方式便是和女人打情罵俏——當然都是外派北韓的女性，因為北韓女性所處的是一個不同的宇宙，完全不在外國人所能觸及的世界裡。

共產家族的援助津貼

一九六〇、七〇年代，冷戰正處於高峰時期，當時南韓（有時候也包括美國）的媒體時常將北韓描述為「蘇聯的傀儡」，然而事實卻相距甚遠。事實上，在當時存在的十五至二十個共產國家當中，絕大部分都比北韓更為倚賴莫斯科。

當然，莫斯科與平壤之間的摩擦齟齬鮮少公諸於世。官方上而言，「蘇聯與北韓的情誼」被譽為「堅不可摧」、「永誌不渝」，而外交官員在鏡頭前握手時也總是面帶微笑。事實上，兩國之間的關係在一九五〇年代後期就已經變質，而且之後也從未完全恢復。莫斯科對於金日成的政策頗為感冒，尤其是他所塑造的個人崇拜，這對共產主義的理念而言被認為是一件羞恥的事情。

布里茲涅夫與金日成兩人之間存在著許多私人的摩擦，就連相對保守的蘇聯官員也相當部視北韓的超級史達林主義。根據一份解密的東德文件，一九七〇年代初期，蘇共中央國際部（Central International Division）的副部長奧雷格．拉赫曼寧（Oleg Rakhmanin）（完全不是一位自由派或改革派人物）就曾對東德的外交官如此評論北韓：「為了達成我們共同的目標，有時候我們應該忽視他們的愚蠢行徑。我們沒有人贊同金日成所塑造的偶像崇拜。」

在蘇聯的一般民眾當中，北韓也相當不受歡迎。一九六〇年代以降的蘇聯知識分子看待北韓時總是非常不安。對他們來說，平壤體現了共產制度所有錯誤的面向。簡而言之，他們認為北韓對當時的蘇聯而言是一種滑稽、諷刺的存在。在西方國家，不少知識分子還曾經思考過毛澤東主義與類似的極左派路線的可能性，但是蘇聯的情況反而不同：一九六〇、七〇年代期間，蘇聯的知識分子幾乎沒有人對毛澤東或金日成抱持正面的看法。史達林時代的恐怖記憶猶新，因此東亞的史達林主義者很難對蘇聯產生吸引力。

令人感到意外的是，圖文並茂但翻譯品質不佳的《朝鮮》雜誌當年竟然有許多蘇聯的訂閱者，不過原因其實是：這份雜誌受到了北韓政府的補助，因此價格非常便宜。平壤的政治宣傳人員想必會驚訝地發現，他們所發行的雜誌時常是無數笑話的靈感泉源，而這些笑話嘲諷的對象正是主體式社會主義和金日成本人！北韓的雜誌無意間成為共產主義政策與官方思想的無情諷刺，因此也受到異議知識分子的廣泛推崇——也就是被視為某種反例、某種負面教材。一位顯赫的右翼政治人物暨前地下倡議人士就曾指出：「《朝鮮》雜誌是唯一能在蘇聯書報攤上販售的反共產主義刊物。」

這本雜誌廣受歡迎的程度如今也獲得了確認，因為直到二〇〇五年，俄羅斯仍有兩大主要的網站，上頭只專門刊登這本舊時代北韓政治宣傳刊物的文章。毫無疑問的是，這兩個網站只刊登那些特別怪誕、好笑的篇章，藉此取悅後蘇聯時期的俄羅斯讀者。

當然，一九六〇、七〇年代的蘇聯知識分子不單只有自由派人士而已，另外還有強硬派和國族主義者，這些鷹派人士嚮往的是強大的國家。然而，即便是在這一群人裡，北韓也並不受歡迎。強硬派或許會很滿意金日成的史達林主義政策，但是他們並不喜歡北韓強盛的民族主義以及反俄羅斯的傾向。對於這些「新帝國主義者」而言，金日成追根究柢就是一個不可靠的盟友。

蘇聯的官員並不喜歡平壤，而這些官員包括大部分的外交官以及布里茲涅夫本人：他們不認同平壤殘酷又缺乏效率的史達林主義，並且視其為不可信賴、成本高昂又詭計多端的盟友。

儘管如此，即便兩國之間存在齟齬，蘇聯的援助卻從來沒有斷過。我們很難、甚至沒有辦法計算蘇聯援助的規模；在一九四八到一九八四年期間，援助粗略的估計大約在二十二億美元。

精確的估算之所以無法進行，原因之一在於這些援助存在著間接的本質。蘇聯（另外還有中國）向北韓輸送了工業設備、武器以及石油和天然氣，而大部分情況，這些都不被北韓官方視為「援助」，因為就技術上而言，北韓其實支付了這些運送來的物資成本。然而，北韓支付的並不是強勢貨幣，而是實物。蘇聯與中國對北韓輸送了石油和其他品項，而這些品項可以在國際市場上販賣。然而相對地，他們從北韓手上獲得的往往是劣質的消費產品，這些在一般市場上皆無法販售。換句話說，在北韓與共產盟邦之間的貿易當中，有很大一部分都是如此：用航空電子設備和石油交換劣質的香菸、醃黃瓜和填充棉毯。每當北韓看到有機會賣東西賺取強勢貨幣時，這些東西從來都不是運送到共產兄弟盟邦——即便這種做法意味著：北韓顯然違反了既有的協議。

這些援助的重要性在一九九〇年代獲得了清楚的彰顯。當時由於政治環境改變，導致昔日盟友不再有興趣資助與北韓之間的貿易交換。隨著援助突然終止，北韓的經濟於是完全崩盤。在將近十年的時間裡，北韓的國民生產總值每年都呈現萎縮的趨勢。這個現象一直要到一九九〇年代後期才反轉，因為當時平壤找到了另一個政治動機強烈的捐助者——這回變成了南韓。

然而，北韓官方的政治宣傳永遠都不會承認外國援助的規模與重要性。北韓的媒體時常明目張膽地撒謊：當報導一項新的工業計畫成功時，這些媒體從來不會提及外國的參與，即便外國的參與其實相當可觀，而且某些時候甚至扮演了決定性的角色。北韓媒體也從來不會明說：北韓本地生產的汽車其實複製了蘇聯的款式原型。在某些情況裡，北韓甚至更進一步，直接移除所有的標籤，讓人無從得知特定的貨品其實來自海外進口！

那麼，既然蘇聯並不喜歡這個政權，而且不把它視為可靠的盟友，那又為什麼要提供援助呢？在國際外交的世界裡沒有博愛之心這種東西，而且也沒有國家會願意平白無故犧牲巨大的財富——當然，一九六〇、七〇年代的蘇聯也不例外。從一九六〇年代初期至一九九〇年代初期為止，蘇聯的北韓政策主要有三大考量，其中兩點完全是務實導向，與意識形態本身全然無關。

首先，北韓被視為對抗美國在東亞軍事、政治勢力的堡壘。北韓的軍隊形成了一道保護盾牌，一邊是在韓美軍（一九六〇年代的規模大約是六萬大軍），另一邊則是蘇聯在遠東的重要工業區。假使發生第三次世界大戰，或者假使與美國爆發另一次重大衝突，北韓軍隊都能分散部分美軍的注意力，因此蘇聯的策略家們希望維持其戰力。於是，北韓的經濟也必須獲得支持——否則北韓沒有辦法維繫一支有效的軍隊。

然而，這樣的政策並非毫無風險。蘇聯的外交官員一直都很擔心，北韓如果有什麼魯莽的舉動，最終可能導致與美國不必要的衝突。一九六〇年代末期和一九七〇年代中期，這樣的擔心有好幾次幾乎就要成真——一九六八年普韋布洛號（Pueblo）的逮捕危機就是最惡名昭彰的例子。* 當時華盛頓方面認為，蘇聯在背後煽動了這起攻擊，然而事實正好相反：

* 普韋布洛號是一艘原屬美國海軍的間諜船，一九六八年一月二十三日在北韓東岸、元山港外海的日本海（即北韓東海）海域進行諜報任務時，遭北韓方面勒令停船接受檢查，並以非法入侵領海的理由逮捕，引發兩國之間的政治緊繃，史稱「普韋布洛號危機」（Pueblo incident）。

莫斯科盡其所能希望將平壤推上談判桌。

第二點動機則是關於中國與蘇聯之間持續的爭端。莫斯科之所以提供平壤援助，是因為北韓已經清楚表明，如果沒有援助，北韓將會導向中國。從北韓的觀點而言，蘇聯和中國之間的裂痕根本是天上掉下來的禮物，讓北韓在兩大共產巨頭之間坐享重大籌碼。平壤的外交官也展現了令人讚歎的技巧善用這些籌碼，在兩邊陣營都不加入的同時，又分別從莫斯科與北京索取到了額外的援助。

第三，即便存在意識形態的差異，世人畢竟仍視北韓為社會主義國家、奉行共產主義理念，因此北韓理當獲得最低限度的支持。如果這樣一個國家能夠穩定、相對繁榮，那麼這對於共產主義在全球的終極勝利也將發揮作用。儘管一九六〇年代期間（更別提一九八〇年代），克里姆林宮裡很少人真的認真看待世界革命的未來，但這種想像的政治宣傳價值仍舊多少影響著蘇聯的北韓政策。

錢長在樹上

一九六七年三月，蘇聯和北韓簽署了伐木合作協議，不過當時很少人料到，這項協議後來會成為兩國目前為止最長久且最成功的聯合商業計畫。大多數其他的聯合計畫最終都以失敗收場：打從一開始，這些計畫的動機純粹都只是政治因素使然，而莫斯科也視這些計畫為讓北韓經濟得以喘息、存續的方法。平壤很樂意從主要的捐助國身上多索討一些錢，但是就經濟上而言，這些合作的成果都令人失望。

伐木計畫的獨特之處在於，它的安排真正立基於兩國經濟的互補性。在史達林去世之後，蘇聯的古拉格淨空，因此很少人會自願前往遙遠的西伯利亞伐木。北韓擁有充裕的廉價勞動力，但是幾乎沒有優質的木材。因此，雙方合作的想法自然一拍即合。一九六七年三月，兩國的關係在歷經了一段冰冷時期之後開始回暖，於是伐木協議獲得了簽署。

根據這份協議，北韓的伐木工人得以前往俄羅斯遠東的指定地區工作。他們居住在特殊的勞動營當中，勞動營則由北韓政府營運。最終生產的木材會由雙方進行分配：俄羅斯獲得百分之六十，北韓獲得百分之四十。

一開始，北韓人民並不怎麼願意前往西伯利亞。於是在一九七〇年代期間，最後只有「階級背景不良」的人被派遣到伐木營裡。許多這些伐木工人都是輕罪犯，而政府向他們保證，當他們從西伯利亞歸來之際，罪行將能得到完全的豁免。

然而到了一九七〇年代中期，北韓當局已經很清楚發現，這些人並非理想的工人。北韓政府於是決定改變做法，開始更著重胡蘿蔔的利誘，而非只是大棍子的威脅。這樣的策略奏效了。一九八〇年左右，北韓政府開始以盧布支付工資，不再使用幾乎毫無意義的北韓圓。對於外人而言，一九八〇年代初期的蘇聯盧布感覺並非強勢貨幣，但正因為這項變革，使得伐木最終成為高聲譽的職業。和北韓相比，蘇聯的內部市場物資仍相當充足，因此盧布可以買到的東西遠遠超越一般北韓人民所能憧憬的極限。

在當時，由於禁止私人企業的緣故，伐木或許是一般北韓老百姓唯一真正能賺到錢的方法。北韓人民開始競相爭取機會前往，時常還賄賂負責的官員。到了一九八〇年代初期，就連大學畢業生也積極遊說，希望能獲選前往西伯利亞工作。

一九八〇年代，伐木工人一個月差不多可以領到三十至四十美元的工資，其中三分之一會作為雜項支出扣除（裡頭包括對偉大的領袖「自發性」的奉獻）。不過對於北韓人民而言，這個數字仍舊是一筆可觀的財富。在短短一年之內，一位伐木工人的儲蓄就足以購買一部彩色電視機和一台電冰箱——在當時，這些品項都遠遠超越大多數北韓民眾所能憧憬的極限。一九八五年左右，一台蘇聯製電冰箱的黑市價格差不多是一萬五千北韓圓——大約是一般工人平均年薪的十五倍。在這些收入當中，其中一些要餽贈給負責安排工人遴選的官員，不過由於一趟伐木之旅通常是三年，因此伐木工人都有機會為自己賺進足夠的財富。

一九八〇年代後半的巔峰時期，遠東聯合伐木計畫一度雇用了超過兩萬名北韓工人。由於伐木工人每三年輪替一次，因此在過去幾十年裡，可能有高達二十五萬名北韓人曾經參與過這項計畫。

當時蘇聯的生活水平遠遠高於北韓，此外國內社會也比北韓來得自由、包容。這意味著，北韓的領導者一直認為這可能成為不良資訊的潛在來源。然而，伐木計畫其實沒有想像中那麼危險：北韓工人是被安置在一個鳥不生蛋、人煙罕至的地方，並且在與世隔絕的營區裡持續受到主管的監視，違反規定者會被逮捕並且遣送回北韓。如果遣返過於困難或者不切實際，那麼這些人可能會在現場直接遭到處決——西伯利亞的大片森林提供了祕密掩埋的足夠空間，而對於北韓政府所認為的「必要」手段，蘇聯政府當局通常也是睜一隻眼、閉一隻眼。

在營運的高峰時期，當地一共有十七座伐木營區，主要區分成兩個地帶，總辦公室分別設在契科達明（Chegdomyn）和廷塔（Tinta）兩地。二十一世紀前十年，這套體制依舊存在，不過營運的規模和營區數量已經相對較小。每一座營區都包含若干「連隊」——眾所周知，北韓相當熱中軍事化的控管，即便是礦工也都能組成「營」、「連」和「排」。連隊包括了「通訊連」、「運輸連」、「道路養護連」等等，不過主要的單位是「實地工作連」，裡頭就包含了從事主要工作的伐木工人。

伐木工人會被分成幾個小組，每一組五至六個人。工人們居住在小拖車當中，裡面只提供剛剛好的六個床位暖氣空間，面積是兩公尺寬、四公尺長。當然，拖車宿舍裡也不忘掛上金日成和金正日的肖像。小拖車的位置鄰近伐木區，距離號稱舒適的主要營區至少有好幾英里之遙。

伐木工作必須在冬天進行，也就是十一月到四月期間，而此時當地的氣溫會降至攝氏零下四十度（甚至更低）。工作條件非常艱苦，而且伐木工人連續好幾個月都無法洗澡。他們必須自己煮東西吃，使用的是政府配給的白米，而以北韓的標準而言，他們獲得的配給量十分慷慨：每天八百公克的白米。伐木工人還會透過打獵為自己加菜，但是他們習慣獵捕寵物犬隻為食，而這一直都是伐木工人與在地村民之間主要的衝突來源。

到了一九九〇年左右，也就是蘇聯經濟改革的高峰時期，俄羅斯的新聞記者開始報導北韓工人的工作條件議題。當時記者揭露：在其中一座伐木營區，北韓祕密警察竟然營運著一座祕密監獄，而這消息在俄羅斯引發一片譁然。在那個時代裡，俄羅斯民眾幾乎全面熱情擁抱民主，並且相信金日成的政權很快就會崩盤瓦解。

此外，也有媒體指出，北韓在當地祕密種植鴉片，並且違法採捕受到保護的動、植物——老實說，這些都是北韓長久以來賺取外匯的計畫。除此之外，有些伐木工人利用國際情勢的變化叛逃到了南韓。當時，脫北者仍然相當罕見，因此受到首爾當局的歡迎。毫無疑問的，如此的政治風險使得平壤開始思考，派遣工人前往西伯利亞是否形同直接將他們送往南韓一樣。

一九九三、九四年期間，由於種種政治壓力，伐木計畫似乎就要全面中斷。然而，情勢很快又有了改變。由於一九九二到二〇〇五年之間的事件發展，俄羅斯人開始對民主變得相當懷疑，並且對任何理想主義的倡議都不再信任。因此，北韓的營區再也沒有人過問——這對當地的俄羅斯官員和企業家可是大大鬆了一口氣，因為他們從伐木計畫當中獲利匪淺。對他們而言，北韓人不過就是廉價勞力，而且他們並不介意這些「來自東方的臉孔」如何被主管對待。當俄羅斯人對於媒體自由的熱情逐漸消散之際，當地的政治人物也學會了如何驅離新聞記者。

到了一九九〇年代後期，南韓很顯然也不再鼓勵伐木工人脫北叛逃了。相反地，有一些小道消息指出，某些伐木工人即使成功逃離營區並找到藏身之地（通常都靠著報以同情的俄羅斯人協助），但是當他們接觸在地的南韓領事官員時，卻遭到十分粗魯的回絕。當時正值「陽光政策」時期，南韓熱中於和北韓維持互動以及單邊的讓步妥協，因此首爾當局並不需要這些窮困潦倒又可能造成麻煩的北韓兄弟們！當然，有些伐木工人依然成功脫逃，不過很大一部分是為了在俄羅斯的地下經濟當中找到更好的工作機會。目前在俄羅斯，大約有一千名脫逃的伐木工人，但是政府當局傾向忽視他們的存在。

接著到了一九九〇年代，聯合計畫開始多元化發展。時至今日，大約有一萬一千至一萬兩千名的北韓工人身處俄羅斯的遠東地區——此外，大約有一千名脫逃藏匿的北韓人，其中大部分都是從營區逃出來的。在這個地區，伐木工人的數量如今已降至八千人，不過伐木現在仍舊是北韓人受雇的最主要產業。

在新誕生的資本主義俄羅斯政權之下，商人們都迫不及待想取得便宜又容易管控的勞工。因此，北韓人也受雇於菜園以及工地，而後者尤其更是普遍。少數的北韓工人甚至還能獲准自行尋找受雇工作。他們必須支付北韓政府一定的金額（據說是每人每天十美元左右），剩餘的收入則可以自行留著花費。在支付了上述這筆稅金和填飽肚子之後，每位工人平均每個月可以存到一百至二百五十美元——以北韓的標準而言，這是非常高的一筆金額。

這意味著，和一九八〇年代伐木計畫的高峰期相比，北韓工人現在可以享受更多的行動自由。這個現象並沒有導致政治上的問題，因為北韓工人的苦難在俄羅斯並未引發太多的同情，而且南韓領事官員與其他官方代表也清楚表明了，一般的脫北民眾不應仰賴他們的協助。

如果北韓工人在俄羅斯的媒體上被提及了，那麼要不就是被描繪成製造麻煩的非法移民，要不就是被形容為覬覦遠東珍稀資源的掠奪者。雖然這些說法不見得錯誤，但是這正反映了過去十年來，俄羅斯對北韓態度上的重大轉變。此外這也顯示，在人權議題方面，當代俄羅斯依舊抱持著高度懷疑的態度。

思想學校

金日成與金正日的肖像裝飾著一座小型的校園廣場。成群的學童穿著少年先鋒隊的制服，準備開始他們的遊行，而遊行免不了配上踢正步與揮舞旗幟。擴音器傳出的聲響混和了遊行音樂、軍事口號以及對偉大的領袖的頌揚。這是否是在平壤或開城的某一處，北韓學校的典型節慶活動呢？不全然是。學校確實是北韓的沒有錯，但是地點卻是在日本，而學童是所謂的「在日本朝鮮人總聯合會」的子弟。這個聯合會支持著平壤政權，一般又簡稱為「總聯」（韓文的發音為Chongryon，日文的發音則是Soren）。

打從一九五五年成立以來，教育一直都是「在日本朝鮮人總聯合會」的重點。當時，在日本的韓裔社群一共有六十五萬人左右，其中三分之二都選擇堅定支持親平壤政權的「在日本朝鮮人總聯合會」，而不是親首爾的其他競爭團體。背後的驅動原因之一在於，戰後的日本，韓裔的左派人士一直致力於教育的發展。

現今，「在日本朝鮮人總聯合會」在全日本經營了一百四十間左右的學校。至少在主要城市當中，從幼稚園到中學，都能提供韓語教育，而這個教育體系的頂端是位於東京的朝鮮大學，該校成立於一九五六年。大部分的日本公司企業並不承認東京朝鮮大學的文憑，因此這所學校主要訓練的還是未來在總聯合會網絡裡工作的人才，包括相關的公司企業、信用合作社、青年與體育聯盟等等。

如果想進入日本的大學接受高等教育，那麼韓語學校的中學畢業生將面臨著重大的挑戰。一直到了近期，這些畢業生才能夠參加日本全國性的大學入學考試。在那之前，學生必須轉學進入日本的中學，才有機會參加大學的入學測驗。然而，在過去的幾十年裡，這件事情也不那麼重要：韓裔人士在日本過去受到嚴重的歧視，因此只有少數人持續進入大學院校接受教育。

「在日本朝鮮人總聯合會」的學校課程與教材都是由總聯合會的教育部門所編排的。有至少四十年的時間裡，這個部門持續參考了北韓的教材，因此成果也充滿了北韓奇特的詞彙。桑妮亞・梁（Sonya Ryang）是在日韓裔社群的權威專家，她就表示，總聯合會的學生以往都知道如何稱呼北韓的農業合作社經理，卻不曉得許多日本的機構名稱，但是這些機構與他們的日常生活幾乎息息相關。

金氏王朝的神格化也進入了這些韓語學校當中，在一九七三至一九九三年之間的二十年更是格外明顯，這些變化都反映在每十年一次的課程修訂上。直到去年為止，金日成和金正日的肖像仍舊高掛在每一間教室裡頭，而學生每週都要花上好幾個小時學習金氏家族的「革命歷史」。

這些做法都是為了灌輸學生主體左派思想加上朝鮮民族主義。毫無疑問的，這個教育體系將北韓刻化為「真朝鮮精神」的堅實堡壘，而南韓則是一個充滿飢餓、貧窮與壓迫的地方。到了一九九〇年代初期，如此完全不可置信的政治宣傳已經毫無可能維繫，於是有關南韓的主題直接在課本中被忽略省去，而學校也不鼓勵學生接觸任何南韓的事物。

定期源自北韓的「教育經費」是政治宣傳活動很重要的一環。無論是學童還是多數的總聯合會支持者都誤以為，這些經費在學校營運方面扮演了關鍵的角色。事實當然不是這麼回事：雖然總聯合會的預算是一項嚴格保守的機密，但是毫無疑問的，從總聯合會匯回北韓的金額遠遠超過北韓政府對在日韓裔學童教育的貢獻。

儘管存在著缺陷，但過去數十年來，這些韓語學校仍舊相當受到歡迎。多虧了這些教師與行政人員的無私奉獻，在日韓裔人士有機會透過自己的母語接受教育，並且讓韓語能在該族群當中存活下來，維繫了兩到三個世代之久。即便是親首爾政權的家庭也會將孩子送到這些機構接受教育。

然而，韓語學校的數量正在減少。二〇〇〇年之際，這些學校的學生人數只剩下一九六七年的一半。歧視的那道「玻璃牆」曾經幾乎難以打破，長期伴隨著在日韓裔人士，不過時至今日，這道高牆也開始逐漸瓦解。此外還要加上南韓的成功與影響力，以及北韓悲慘命運的諸多新聞，這一切都持續削弱著「在日本朝鮮人總聯合會」。即便如此，不變的事實是：過去幾十年裡，在民主、富裕的日本境內，許多韓裔人士卻選擇與全世界數一數二的殘酷政權連結，而且這麼做完全出於自己的意願。這是北韓令人感到矛盾的面向之一。

第十五章 間諜、走私與綁架

香菸、威士忌，以及瘋狂至極的……外交官

一九七六年初，丹麥警方開始監控一間位於哥本哈根（Copenhagen）的珠寶店。他們懷疑，珠寶店的老闆涉入某些非法交易。警方很快就發現，有一輛黑色賓士時常出沒在店家附近，賓士掛有外交車牌，而車上的乘客總會將袋子遞交給珠寶店的老闆。賓士車後來被發現隸屬於北韓大使館。

這些可疑的會面讓警方開始鎖定北韓外交官員的行動。一九七六年十月十三日，北韓外交官將一百四十七公斤的大麻交給在地的毒梟時被警方逮個正著，於是大使館的所有四名外交官立刻遭到驅逐出境。這是「斯堪地那維亞走私危機」（Scandinavian smuggling crisis）的起始，這起事件許多人至今依舊印象深刻——因為案情實在相當光怪陸離。

這並非第一次北韓外交官運送非法毒品被抓到。一九七六年五月，另一群北韓外交官同

樣走私了大麻，因而遭到埃及海關的攔截。對偉大的領袖忠心耿耿的北韓軍人甚至還亮出了一把刀，不過最終還是遭到制伏。而當然，外交護照讓他們得以免受檢方起訴。

不過一九七〇年代中期，北韓大使館開始大規模從事非法活動的地點卻是斯堪地那維亞。而且這些不單只是老派的間諜活動而已，畢竟間諜活動長久以來都被默認為外交工作不可分割的一環。北韓從事的活動遠比這些更不尋常，也就是大規模的走私商品販售！

在哥本哈根的失敗之後不久，到了一九七六年十月下旬，挪威警方又逮到了北韓外交官。這回他們販賣的是四千瓶的走私烈酒，以及大量的走私香菸。

烈酒在北歐危機當中扮演了顯著的角色。為了管控人民的飲酒習慣並增加稅收，北歐政府針對酒精課徵了高昂的稅金。我到現在還記得這項政策的一項副作用——一九八〇年代，芬蘭人的豪飲派對時常都是在我的家鄉聖彼得堡（St. Petersburg）舉辦，因為只有在那裡他們才能享受便宜的烈酒大喝特喝。這樣的制度也讓免稅的進口烈酒變成了利潤極高的一項生意。平壤官員很快就發現，這是非常容易賺錢的方法，於是開始在外交官的行李箱裡走私這些免稅的烈酒與香菸。

舉例來說，在挪威，北韓大使館所賣出的烈酒和香菸的黑市價值估計約為一百萬美元（若以今天的物價來看，這個金額至少還要乘以三倍）。

在挪威與丹麥之後，類似的網絡也在另外兩個北歐國家現形——芬蘭和瑞典。瑞典的營運規模大概是最龐大的，而且這起事件獲得了當地媒體的大幅報導。有一天晚上，一群調皮的瑞典學生還將一面招牌放在北韓大使館門口，上面寫著「葡萄酒暨烈酒合作社」——這行為讓使館的人員相當不滿。

然而，瑞典並沒有依循丹麥和挪威的前例與北韓斷交。當時一位瑞典官員解釋：「我們有其他的考量。」這段撲朔迷離的話其實很好理解：在北歐，瑞典是唯一在北韓方面擁有真正利益的國家。一九七〇年代初期，平壤曾經在國際市場上到處貸款，而當時瑞典商人運送了一大批設備前往平壤。

很顯然，瑞典這麼做的背後，假設在當時相當普遍，那就表示共產國家一般都是良好的借款方。到了一九八〇年左右，北韓成了第一個倒債的共產國家，而此時瑞典才頓悟，發現這筆交易並非他們原先所想得那麼美好。然而，由於斯德哥爾摩（Stockholm）當局仍癡心盼望能索回一定的金額，因此不願意斷絕雙方的外交關係。此外，瑞典也是停戰委員會的代表方之一，而這點可能也在維持邦交上發揮了一定的影響。

於是，利用外交特權進行走私的笨拙伎倆得到了反效果，但是這些走私活動也並未因此停止。打從一九七〇年代中期開始，北韓海外的外交機構就持續承受著壓力，必須想方設法賺取收入因應開支，而且最好還能貢獻一些錢給母國的國庫。所有合法與非法的手段都可以接受：畢竟，外國人士都是局外人，所以對主體思想的戰士而言全都是合理的目標。此外，平壤當局的盟友和贊助者也並未得到豁免——他們統統都是合理的目標。

所有這些走私活動釀成的問題可能還多於賺得的收入。簡言之，這是一場錯誤。然而，即便北韓外交官員偶爾行徑怪異、盤算錯誤，我們仍不應低估他們的外交技能。他們可能伎倆笨拙，但卻都是優異的策略家，在與許多強敵鬥智的時刻往往能出奇制勝。

三十九號辦公室的祕密

一九九六年初，一位日本的富豪訪客吸引了泰國警方的關注。如此的關注大概並非這位訪客所願，但確實相當合情合理：他在泰國期間，用來支付開銷的全都是美金一百元面額的偽鈔。這名嫌犯後來乘坐北韓大使館的轎車，並且在試圖從柬埔寨跨境到越南時遭到攔檢。在車子裡，警方找到了一袋一百元面額的美金偽鈔，而這名男子的身分也獲得了證實：這位日本富豪不是別人，正是田中義三。他是日本的極端分子，一九七〇年曾經劫持過一架日本客機，強迫該班機降落在北韓。從那時候開始，他就一直定居在北韓。

漫長的審訊隨之展開。田中義三否認在車上找到的那一千兩百三十八張偽鈔和自己有任何關係。由於無法提出證明，而且也無法逮捕當時陪同田中的北韓外交官員，於是在偽鈔案的指控上，田中在一九九九年因罪證不足而無罪獲釋。後來他被引渡到日本接受劫機案的審訊，不過……

田中義三事件再次提醒世人，北韓「非傳統經濟」的規模確實相當可觀。的確，北韓這個國家在這方面已經是惡名昭彰，總是使用反常手段來充實自己的國庫。一九七〇年代中期，頭幾起類似的事件首先出現在斯堪地那維亞，這在前文已經做了描述。然而，利用外交行李箱走私烈酒和香菸才只是個開始而已，後續更發展成持久且成熟的事業，並且受到北韓政府特殊單位的監督。

曾有報導指出，在一九七六到二〇〇三年期間，北韓外交官涉入毒品販運的事件一共有五十起。實際的數字遠比這還要高，因為北韓的目標不僅是「懷有敵意」的西方國家，也包括了「友善」的共產陣營。一九八〇年代初期開始，北韓駐莫斯科大使就開始從事走私活動，並以當時在蘇聯的北韓留學生作為銷售仲介。基於「國家利益考量」，這些事件從來不會被蘇聯和後來的俄羅斯媒體報導，但是在莫斯科與平壤當局的關係當中，這些事件一直都是棘手的議題。

近十年來，這類活動的數量有所增加。在若干國家，北韓官員被發現嘗試販賣美元偽鈔、非法毒品（絕大部分都是甲基苯丙胺）或者象牙。當然，類似的事件也曾發生在某些其他國家的官員身上，但是在那些案例當中，通常都是有犯罪集團滲透該國政府所導致。在北韓情況則恰恰相反，往往都是國家本身決定要動用犯罪手法，藉此來增加收入。

為什麼他們需要這麼做呢？因為北韓迫切需要金錢，但是從正規管道無法取得足夠的收入。北韓沒有錢支付進口物資，而國內的產業又極度欠缺動能，無法製造出能夠銷往海外的產品。

大部分的非法貿易都是由一個叫做三十九號辦公室的單位所統籌，這是朝鮮勞動黨中央委員會的一個特別部門(通常也稱作「三十九號部門」,不過我刻意選擇了更貼近字面原意的翻譯)。三十九號辦公室的主要目標就是透過任何合法、非法的手段取得強勢貨幣。

三十九號辦公室在澳門特別活躍。這個前葡萄牙殖民地儼然成為北韓非法活動的重要營運據點。一九九四年,澳門當局逮捕了一間北韓貿易公司的負責人以及其他四名北韓人,因為他們試圖存入大量的一百元美金偽鈔。當然,他們對偉大的領袖忠心掛念(或者應該說是對自己在北韓國內被當成人質的家人忠心掛念),因此什麼都沒有說。調查工作陷入了僵局,但類似的活動顯然並沒有停止。一九九八年,另一位北韓官員在莫斯科被逮個正著,他當時攜帶三萬美元偽鈔試圖闖關。一九九九年,另一起事件又在澳門發生。此外,過去十年裡,好幾起類似的事件也在泰國上演。

有趣的是,美國專家認為,平壤製作的美元偽鈔品質幾可亂真。這點相當令人感到欣慰——至少我們知道,某一些北韓的產品確實達到了國際水準……

另一項三十九號辦公室的最愛是象牙。多虧了外交豁免權,三十九號辦公室因此坐享大好機會,能在全球各地運輸象牙,將象牙從非洲的盜獵者手上送往南亞富人的手裡。有一回,北韓的外交官在莫斯科遭到攔截,而他竟打算走私六百公斤的象牙!他們根本不在乎多少象隻在過程中慘死。瀕臨絕種的動物?呿,唬人的吧。

此外,北韓似乎也是毒品主要的生產、出口國家,而主要鎖定的目標是日本。平壤的邏輯很簡單:國際政治基本上就是一場生存殊死戰,所以一切百無禁忌,沒有什麼事情不能做!

北韓的情報智商？高！

在金日成大學附近，也就是平壤的牡丹峰區域，有一群外表看起來相當耐人尋味的政府建築物。這個建築群沒有任何的標示，不過這也沒什麼稀奇的：即便最為普通、尋常的北韓政府單位也不太會透露自身的位置所在。然而，在這個案例當中，政府有十足的理由保持低調。牡丹峰建築群是北韓情報機構中至關重要的一部分。

共產主義國家通常都依循著蘇聯的範例，擁有兩個相互獨立的情報單位，有時甚至彼此相互競爭。其中一個單位會負責政治情報，以及非軍事領域的產業間諜工作（在蘇聯，這是國家安全委員會〔俗稱為KGB〕的外國分支；在蘇聯後來幾十年的歷史裡，這個單位被稱之為第一總局〔First Directorate〕）。另一個單位蒐集的則是軍事情報（在蘇聯，該單位正是軍隊的情報總局〔Main Intelligence Administration〕，一般俗稱格魯烏〔GRU〕）。

除了這雙重系統之外，北韓還進一步追加了一個情報單位，可以說是勞動黨本身的情報機構。在大多數的共產國家裡，這樣的情報機構都不存在。

如此特異的發展是北韓的歷史所導致。就技術上而言，目前掌權的朝鮮勞動黨其實並不是北韓政黨。該黨創立的時間是一九四九年，而當時北韓的朝鮮勞動黨還結合了（當時還屬非法的）南韓朝鮮勞動黨。這個南北結盟的政黨原本打算在整個朝鮮半島上運作。

一九四九年的合併意味著，朝鮮勞動黨繼承了南韓龐大的地下網絡，網絡中包含了許多政黨組織、間諜團體、游擊支隊以及祕密媒體。當時，地下共產黨仍希望藉由國內的叛亂推翻南韓政府，因此在南韓涉入了大規模的游擊戰爭（近期曝光的蘇聯文件也證實了，莫斯科當時在背後全力支持、鼓勵這些運作）。

運作這樣的祕密網絡需要特殊的情報機構，負責掌管南韓境內的叛亂活動。這個情報部門必須設立在朝鮮勞動黨的組織架構當中，因為南韓境內的祕密活動也是由朝鮮勞動黨所主導。

因此，朝鮮勞動黨的中央委員會有了人們所知的「聯繫部」。原則上，這個部門的設立是為了與南韓的地下組織取得聯繫，並持續提供他們武器、訓練師以及無線電站等等。

到了一九五〇年代中期，也就是韓戰結束之後，南韓的地下共產組織已經不復存在。大部分的這些活躍分子都已經遭到剷除或者關進監牢，而有一些雖然前往北韓，但是後來幾乎都成了金日成政治肅清的受害者。

然而，即便在南韓地下共產組織消失之後，聯繫部卻仍留存了下來。有一段時間裡，保留該部門被視為必要之舉，因為北韓領導人仍希望重建南韓的地下共產組織。儘管這個希望到了一九七〇年代已經十分渺茫，聯繫部依舊屹立不搖。現今，該部門統籌營運著若干工作項目，目標是削弱首爾政府，並將主體式的思想革命帶入南韓。此外，聯繫部也負責「解放」海外的韓裔人士，並且利用他們作為影響南韓的管道。舉例來說，力量強大、親平壤政權的「在日本朝鮮人總聯合會」就是由中央委員會的「聯合前線部」所掌控，該部門是「第三大樓」的政府機關之一。

當然，人們對於該組織架構的所知有限，特別是因為南韓的情報機構雖然掌握了豐富的資訊，但是並不樂意將資訊透露給媒體。

「第三大樓」的最高負責人是朝鮮勞動黨的書記，而他負責的工作就是處理南韓相關的問題。另外，「第三大樓」裡還包括中央委員會三、四個彼此相關聯的特殊部門。

從前的聯繫部現在依舊是該官僚系統的核心，而如今名稱已經改為「社會文化部」（對於一個間諜單位而言是個很好聽的名字對吧？），該部門會進行人員訓練，然後將他們派往南韓，在那裡經營地下間諜網絡。社會文化部的工作會獲得聯合前線部的加持，因為聯合前線部會在北韓與海外韓裔社群中，運作一些看似無害的前線組織。「營運部」處理的則是派遣間諜的相關技術問題。

「外國情報分析部」通常又被稱作「三十五號辦公室」，過去也曾經是「第三大樓」的一部分，但根據某些報導指出，該辦公室現在已經從「第三大樓」獨立出來，不過仍然是朝鮮勞動黨中央委員會體系的一環。外國情報分析部負責取得、分析國外的情報，而這些情報不見得與南韓有關。

除了「第三大樓」之外，北韓還有另外兩個情報單位：分別是軍事情報局以及國家安全保衛部。

失蹤的少女和漁民

北韓特務很喜歡從事綁架行動。當然，世界許多各國的間諜偶爾也愛綁架幾個人，但是在多數案例當中，如此激烈行動的背後都有著不難理解的迫切原因：受害者是顯赫的反對派領袖，或者是無法透過正常管道引渡的通緝犯，又或者是一些得知重大機密的倒楣鬼，因此再也無法享受行動、言論的自由。

然而，有一些北韓的綁架行動卻不太一樣：這些綁架往往隨機得令人詫異，而且鎖定的對象並沒有明顯的重要性。由於大部分的綁架存在著隨機性，因此懷疑論者就曾駁斥關於這些綁架的指控，認為一切都是「首爾主導的謊言」。的確，為什麼這個獨裁國度的情報機構要花上時間、金錢，綁架一位日本麵條師傅和一名愛好網球的年輕人呢？即便如此，二〇〇二年之際，身為偉大的領袖與國父之子的金正日本人證實了，這些針對日本平凡老百姓、看似毫無意義的綁架案件確實曾經發生。這引發了軒然大波，並且讓原本就非常緊張的北韓、日本關係進一步雪上加霜。

當然，北韓特務的目標也不僅限於日本人。北韓政府也開始鎖定自家的異議人士，並且在一九五〇、六〇年代期間將他們自蘇聯與其他共產國家綁架回國。後來，他們又將新的手段和技巧套用在更多的目標身上，其中當然也包括了南韓人。

據悉，自從一九五三年韓戰結束以來，至少有四百八十六名南韓人士被強行帶往北韓，並且再也沒有返國。這些統計數字還不包括大量的北韓難民，他們在過去十年裡也在中國遭到綁架。此外，這些數字同樣不包含為數更多的另一群人，那就是韓戰期間被帶到北韓的南韓人，他們可能是囚犯或受北韓軍隊徵召的士兵。

南韓被綁架的主要有四種人：漁民、海軍人員以及遭到劫機的乘客與機組人員。此外，還包括一些祕密行動的受害者。目前為止，這類受害者的人數據稱是十七人，但毫無疑問的，實際的數字一定高出許多。如果綁架的計畫執行順利，那麼受害者基本上就像是人間蒸發，接著人們很快就會假定他們已經死亡。

一個很好的例子是五名南韓高中生的案件，他們在一九七七到一九七八年間消失在一座島嶼的海灘上。在長達二十年的時間裡，人們一直以為他們都已經往生（推測是溺水死亡），然而到了一九九〇年代後期，人們發現這些當時的年輕人正在北韓從事教職，介紹南韓文化和生活的基本知識給北韓未來的祕密情報人員。

值得一提的是，這些南韓學生的綁架案時間差不多正值日本類似的綁架事件。在這兩起案件當中，綁匪顯然隨機選定了一些青少年，而這些青少年很不巧在錯誤的時間單獨出現在海灘上。此外，這兩起案件的被綁架者日後也都成了特務訓練員。或許青少年正是理想的特務訓練員吧：他們尚能接收思想教化，但同時又已具備足夠且實用的在地知識。然而人們不禁想問：在已被假定溺斃或走失在朝鮮半島山區的青少年裡，究竟還有多少人其實是被帶往北韓了呢?而其中又有多少人至今仍然健在?

有不少綁架案件發生在海外。一九七九年四月,有一位南韓年輕人走進奧斯陸(Oslo)的北韓大使館。他的名字叫作高相文,在國內是一名學校老師。他為何這麼做、方法又是什麼,至今並不清楚。一如往常,北韓方面堅持高相文選擇了叛逃,而南韓方面則宣稱這名年輕教師的計程車司機擺了個大烏龍:乘客叫車要前往「韓國大使館」,結果司機把他載到了「另一個韓國」的大使館。

在那個時間點上,我們已經很難說這起廣為人知的事件究竟是綁架、是叛逃,還是介於兩者之間。然而到了一九九四年,消息指出高相文人在北韓勞動營裡。接著一場小型政治宣傳隨之展開,高相文現身北韓媒體向所有人保證,他過著自由、快樂的婚姻生活,並且對美國帝國主義以及南韓的傀儡政權充滿了憎恨(他的演說中大部分都是標準的反美、反南韓語言)。我們並不曉得,在這場演說之後他又消失到哪裡去了——究竟是回到平壤的公寓裡,還是回到集中營的地牢當中,不過後者似乎更有可能。與此同時,高相文在南韓守寡的妻子承受不了龐大的壓力,最後選擇結束自己的生命。

另外還有一些比較容易理解的綁架案例:北韓綁架的對象握有重要情報。一九七一年,南韓駐西德的外交官俞成根在西柏林遭到綁架,同行的還有他的妻子與兩個小孩。另外在一九七〇年代,幾位南韓的官員也紛紛在歐洲失蹤,或許他們同樣遭到了北韓特務的綁架,不過時至今日,只有俞成根的案件得到了確認。

一九九〇年代，大部分這類型的綁架案件都發生在中國，而受害者多半是政治活躍分子、傳教士以及南韓間諜（無論是真間諜還是被懷疑為間諜者）。所有這些綁架案件都發生在中國東北、鄰近北韓國界地帶。二〇〇五年初，南韓政府終於承認，在中國協助北韓難民的金東植牧師於二〇〇〇年遭到北韓特務的綁架。他被帶往北韓，而情報官員試圖從他身上獲取情報——推測是動用了史達林式的老牌訊問伎倆。該牧師因此身亡。

被綁架者絕大部分——百分之九十確認的案件，也就是四百八十六名被綁架者當中的四百三十五人——都是漁民，他們往往先在海上遭遇北韓海軍的攔截，接著再連人帶船被帶往北韓。在這類事件發生之後，北韓政府通常會堅稱漁船先刻意跨越兩韓之間的邊界線，而南韓要不就是予以否認，要不就是主張越界不過就是航行上的無心之過。我們無從判斷誰必須為哪一起爭端負責，尤其是因為一九六〇、七〇年代時，韓國漁民的航行技術確實仍有許多有待加強之處。

在某些案例當中，遭到逮捕的船員最終獲得了遣返，不過平壤當局時常聲稱，至少有幾位船員「選擇留在社會主義天堂，而不願回到資本主義南韓的人間煉獄」。或許這種說法有時並不虛假，但是在某些案例當中卻是天大的謊言。這是綁架或叛逃的常見問題。每當事件發生之際，南韓當局與受害者家屬總是傾向將事件描述為綁架，然而北韓方面卻堅持，當事人是自願選擇叛逃。即便是在未來，真相恐怕也永遠無法水落石出：人類的動機或許都很複雜。而新的壓力也可能在未來浮現：在後金正日時期的北韓，很少人會願意承認，自己或自身的親友曾經自願選擇叛逃，前往史達林主義的獨裁國度。

第一起為人所知的漁船攔截事件發生在一九五五年五月，而最近期的事件則是發生在一九八七年，當時有十二名南韓人成為北韓的階下囚。不過在日後的攔截事件裡，船員往往都會獲得釋放遣返。

有一些綁架事件則是發生在空中，而不是海上。第一起這類案件發生於一九五八年，當時一群劫機者將一架南韓客機挾持到了北韓。大多數的乘客與機組人員都得到了遣返，但是平壤當局一如往常，聲稱有兩名乘客（當然再加上六名劫機者）選擇留在社會主義天堂。

一九六九年，另一架飛機遭到了劫機。大部分的南韓人獲得遣返，但是有十二位機組人員和乘客被扣留在北韓。最後，其中兩名空服員成為北韓政治宣傳廣播的播音員，目標鎖定的是南韓民眾。

一般而言，北韓當局會希望利用被綁架者的知識和技能。當然，漁民幾乎沒什麼具有價值的情報，但是他們仍能接受訓練、成為間諜，之後再被送回南韓。此外，被綁架者也會被用來訓練北韓未來的情報人員。教育程度比較高的被綁架者可能會受雇於某些組織，而這些組織或許負責對南韓進行政治宣傳攻勢，例如在廣播方面。

大部分的被綁架者會被分派到農村地區的某個地方工作。有些人過的生活可以說是一切正常，或者至少以北韓的標準而言甚至相當成功。舉例來說，金柄淘的船隻於一九七四年十一月遭到攔截，他被迫留在北韓生活，之後成為一名工廠工人。最後，他成為領班工頭，並獲得工作傑出的表揚，和一般北韓工人的生活基本上沒有太大的差別。二〇〇三年，他跨境進入中國並返回南韓。其他人就沒有那麼幸運了。報導指出，有些被綁架者被關進監牢，罪名是「間諜行動被拆穿」或者「思想保守反動」（前文提及的高相文就是諸多案例之一）。

然而許多人不禁會問：為什麼在首爾綁架的議題沒有太多討論呢？畢竟，過去以來遭到綁架的日本人不到六十個——即便是最高的估計也低於這個數字。儘管如此，這個議題在日本政治當中非常重要，也在東京政壇挑起了強烈的情感。與此同時，南韓國內，似乎只有家屬和某些右翼團體在乎消失在北方的南韓人。為什麼呢？

這反映了當今南韓對北韓的整體態度。一九六〇、七〇年代，軍政府的官方政治宣傳曾經常提及綁架的議題，然而現今，中年的南韓人對於任何讓他們回想起這類政治宣傳的事物都非常感冒（可能也無可救藥了）。左派政黨如今越來越主導著南韓的國內論述，而該黨派對於北韓的態度則特別正面積極。背後的邏輯很簡單：如果向北韓提起不愉快的議題，不但沒什麼幫助，反而會讓事情變得更加複雜。

左派的新聞記者喜歡說：「必須先有發展，之後再談人權。」這麼說可能也沒錯，但是當類似的邏輯套用在南韓本身過往的專制政權時，同一批意識形態主義者卻又大為光火，即便南韓的強人不同於北韓的金氏王朝，真正實現了卓越的經濟成長，而且在南韓的軍政府時期，他們對人權的侵犯規模相當有限。這大概可以被描述為對於政治自由的背叛，而政治自由正是南韓左派的重要理念——但是說實在的，在人類歷史上，無論是左派還是右派，自由都曾因為政治上的方便而被犧牲過無數次。

然而重要的是，每當有少數人試著提起這項議題時，南韓的一般民眾往往選擇忽略，或者至少大部分的人選擇視而不見。他們希望滋養自己對於北韓的新幻想。根據目前一面倒的氛圍，北韓應該要被視為可憐的、招致誤解的好兄弟，並且亟需援助，而不是擄走青少年的殘忍綁架犯，也不是虐待人道牧師的酷刑者。

有的時候，當前的南韓輿論（或者應該說是現今南韓輿論的主導者）似乎輕易遺忘了北韓行徑當中最令人髮指的案例。舉例來說，很少人還記得，有兩名南韓藝術家曾經差點在克羅埃西亞的首都札格瑞布（Zagreb）遭到綁架——而近期在前南斯拉夫的檔案中發現了新的文件，為這起事件帶來了更為清楚的脈絡。這正是我們下一節要談的。

鋼琴啊，鋼琴

一九七七年七月初，年輕卻已頗為知名的南韓鋼琴家白建宇當時旅居巴黎，並且收到一份相當罕見的邀請。有人告訴他，瑞士的一位百萬富翁希望在自家舉辦一場私人音樂會，而白建宇獲選為這場音樂會的演奏家。他受邀偕同妻子一起前往瑞士，而他的妻子正是大名鼎鼎的美女演員尹靜姬，是一九七〇年代南韓電影產業的巨星之一。

這份邀請的傳遞人是朴仁京女士，她是一位顯赫的南韓畫家的妻子，同樣也居住在巴黎。朴仁京並不掩飾她的左派思想，而她的丈夫很快也成了少數的旅外韓裔畫家當中，獲准在平壤舉辦展覽的其中一位。然而在這起事件當中，朴仁京說她的動機完全出自於物質利益的考量：這位神祕的百萬富翁據說是她丈夫畫作的買主。白建宇一開始對這份邀請並不感興趣，但是禁不起朴仁京一而再、再而三的說服，他最後終於首肯。

一九七七年七月二十九日，這對夫婦在朴仁京的陪同下抵達了蘇黎世，也就是音樂會即將舉行的地點。然而，事情的發展開始變得離奇。到了機場，一行人由一位女士接待。這位女士表明自己是這名百萬富翁的祕書，並解釋活動地點已經有所更改，私人音樂會將在南斯拉夫的札格瑞布舉辦。雖然理論上是共產國家，但南斯拉夫在共產陣營裡一直都是唱反調的成員，和其資本主義的鄰近國家也維持著相對良好的關係。儘管如此，南斯拉夫的簽證法規相當嚴格。不過這位「祕書」向他們保證，一切都會有人妥善打點。

當三人抵達札格瑞布時，白建宇和妻子注意到了一幅不尋常的畫面：停機坪上停著一架北韓客機。札格瑞布的機場非常小，和平壤之間也沒有定期的航班（一九七七年之際，沒有任何東歐國家提供類似的航班服務）。在機場裡，白建宇和尹靜姬還注意到了一位亞裔女子，她看起來像是北韓人。和那位祕書保證的一樣，簽證完全沒有問題：他們一行人由南斯拉夫的官員接待，而官員讓他們跳過了一般的入境程序。然而，機場並沒有任何人迎接他們。他們依循著在蘇黎世獲得的指示，叫了一輛計程車前往位於市郊的一棟別墅。

此時，白建宇已經感到相當狐疑，於是他請計程車司機先稍等一會兒，同時要妻子留在車上。別墅空無一人，看起來也不像是富豪商人的房子。然而，幾分鐘之後白建宇撞見了一名男子。從衣著與舉止判斷，這名男子應該是北韓人，於是白建宇決定逃跑，這位陌生男子則緊追在後。

鋼琴家在靠近別墅門口處跳上了車，並且在北韓男子抓住門把前將門上了鎖。計程車趕緊駛離現場。白建宇擁有美國永久居留權，因此他立刻前往美國領事館。美國領事官員將他們安置在一間當地旅館，並且就在他自己的房間隔壁，同時安排了最快能返回蘇黎世的班機。清晨時分，一群亞裔人士嘗試破門而入，但是白建宇和尹靜姬堅決不開門。隔天一早他們趕緊搭機逃離，而那架北韓客機還停在停機坪上。

很顯然，多虧了白建宇的機警、勇氣和好運（再加上美國領事官員的果決行動），尹靜姬和白建宇才免於成為遭北韓特務綁架的第一位南韓知名藝術家。

一九七〇年後期是北韓綁架的高峰時期，而且奇怪的是，南韓電影明星似乎是他們最屬意的目標之一。或許這是受到北韓某位知名電影達人的影響，這位電影達人同時也監督著北韓的間諜活動，未來即將成為新的親愛的領袖。一九七八年，首爾的電影巨星崔銀姬在香港遭到綁架，而不久之後，他的電影製作人丈夫也身陷同樣的遭遇。這樣看來，同樣的命運原本也差點落在尹靜姬和白建宇身上。

一九九〇年代，更多的細節逐漸浮現。據悉，某些南斯拉夫的官員受到北韓間諜組織的收買，因而在綁架行動方面提供協助。但是許多情節仍舊不太清楚——舉例來說，像是朴仁京所扮演的角色。南韓的保守派指控她是平壤的中間人，試圖引誘自己的「友人」上鉤受害，甚至因此而喪命，然而左派卻讚揚她「進步、擁戴民主的行為」。短期之內我們不太可能獲悉真相。但是在南韓，即使是思想「進步」，或者甚至身為「人權倡議者」，一個人仍有可能對全世界數一數二壓迫、殘暴的政權抱持著熱忱。這正是韓國歷史進展當中變幻莫測的現象。

綁架的起始

一九五七年十一月的某一天，北韓駐莫斯科舊大使館的庭院裡上演了不可思議的一幕。突然之間，二樓的一扇窗戶從室內遭到擊破，接著一名年近三十的男子從窗戶跳了出來，站上大樓通往地下室入口的屋頂。男子接著又一跳，這次來到了地面，接著他衝向大使館的出入口。「攔住他！」「把門關上！」「這王八蛋要跑了！」「發動車輛！」但是大使館的車輛花了幾分鐘的時間才發動，而當他們開始追趕的時候，很顯然已經太遲了：這名落跑男子已經消失在莫斯科的街頭。北韓特務所策畫的頭幾起綁架事件之一就此以失敗告終。

「日本被綁架者」的議題最近又再次受到關注：北韓間諜組織有個古怪的特質，就是他們對於綁架的偏好。在這些綁架案件的受害者中，有不少都是日本人和南韓人，然而在北韓的特務行動當中，最鮮為人知的一部分正是北韓公民本身遭到綁架的案件。當某些北韓公民人在海外，並且開始展現出異議的跡象時，北韓政府為避免公然叛逃所導致的政治麻煩，通常會將這些人士引誘回國，綁架或者加以殺害。

大部分這類事件都發生在蘇聯。當時，在這個共產強權境內一直都有若干來自北韓的旅居人士——學生、官員、技術專家以及伐木工人等等。這些人旅居蘇聯的經驗往往讓他們對於全知的偉大的領袖產生懷疑，或者開始質疑其政策是否明智。而當然，北韓必須著手處理這些懷疑論者。

我們永遠都不可能得知這些綁架行動的每一項細節。相關的文件現在都深鎖在平壤的檔案櫃裡，而且我們也無法確定，未來這些文件是否逃得過兩韓情勢發展的動盪。畢竟，紙張文件是高度可燃的物質，這點每一位機密文件的護衛者都再清楚不過。無論如何，一九九〇年代初期，有上百名北韓人在蘇聯被官方認定為「失蹤」。其中有一些確實是犯罪或其他事件的受害者，但是蘇聯的保安部門相信，許多人應該是遭到平壤特務的綁架或是暗殺。

第一起這類事件發生在一九五七年，也就是莫斯科與平壤的關係遭受重大震盪之後。由於受到蘇聯非史達林式社會主義的影響，有十幾位莫斯科國立電影學院（State Institute of

Cinematography，簡稱VGIK）的北韓學生拒絕返回北韓，並且向蘇聯政府申請政治庇護。政治庇護的申請通過了。蘇聯當局的決定除了有人道的考量，對平壤也是一記清楚的警告，表明蘇聯並不認同金日成的政策。

國立電影學院的學生是以許真、許雄培為首。雖然他年紀輕輕（一九五八年的時候他三十歲），但許真可是一位韓戰英雄，他的祖父許蔿更是知名的儒家學者，也是一位北韓的獨立鬥士。在莫斯科，許真成為金日成獨裁政權高分貝的批判者，於是北韓決定綁架他。北韓特務雖然成功將他帶進了大使館，但是許真不僅身強體健而且智勇雙全，於是他跳出了廁所的窗戶，最終消失在城市街道當中。

另一起事件則發生在一九五九年的秋天，這次同樣也是一名異議藝術家遭到綁架。李尚具是莫斯科音樂學院（Moscow School of Music）的研究生，他不但申請了蘇聯的政治庇護，甚至向北韓國會寄出一封信，內容大肆批判金日成政權。報復很快就來了。十一月二十四日，李尚具遭到北韓特務的綁架。這起事件就發生在莫斯科市中心，而且是在光天化日之下，就在柴可夫斯基紀念碑附近（很適合綁架一位前途似錦的音樂家）。李尚具被強押上一輛車子，隔天就被客機帶回平壤，而且很顯然被下了藥、意識不清。

這起事件引起蘇聯當時的領導人赫魯雪夫的關切。北韓大使因此被召回平壤，而北韓政府也被要求發布官方說明。不出所料，整起事件的責任被怪罪到過於積極的外交官員身上，而這對於李尚具也毫無幫助：這名不幸的音樂家從此永遠消失在平壤的監牢裡頭。

那許真後來怎麼樣了呢？他繼續留在蘇聯，並且成為一名作家和記者。一九七〇年代，他展開一項大膽的計畫：他不顧北韓間諜組織的威脅，多次訪談流亡俄羅斯的北韓人士。這些訪談最後集結成書，並於一九八二年在日本出版——這是關於北韓歷史認真、嚴肅的早期研究之一。

幾乎要攻破青瓦台

一九六八年一月，一輛巴士駛離北韓位於黃海道的祕密軍事基地。車上的乘客是「一二四」這個菁英單位的成員，他們個個都是二十幾歲、年輕精壯的軍人。那天晚上，他們正啟程展開一項位於首爾的特殊任務。

他們的士氣高昂：這幾位軍人相信，他們的任務將加速南韓「傀儡政權」的瓦解。他們取得了回程穿越非軍事區的密碼，但是他們也了解，最終需要使用這組密碼的機率趨近於零。他們眼前是一項有去無回的任務。這三十一位北韓特戰隊成員的任務是要攻擊青瓦台，也就是南韓總統的官方居所。

一九六六年，北韓的領導階層（極有可能是金日成本人）決定，攻擊南韓的時機已經成熟，可以進行一場如同越南一般的革命。這是一大誤判，然而在好幾年的時間裡，平壤的行徑都是以這道假設為依據。由於這項誤判，非軍事區兩端有數百人、甚至上千人為此付出生命的代價。

「一二四」單位的訓練就是在南韓發動游擊戰與恐怖活動。這個單位包含了幾位半島南方人的後代，他們在韓戰期間或韓戰之前，跟隨父母遷徙到了北韓境內。這點再次提醒我們，這場韓戰其實本質上是一場內戰，由韓國人殘殺韓國人。

訓練這些未來的殺手大概花了兩年的時間。一月初的時候，這起突襲行動的參與者還在特別建造的青瓦台模型裡接受訓練。一切都演練就緒了。

行動的一開始相當順利。特戰隊員無聲無息跨越了非軍事區，接著換上了南韓軍裝，並且開始向首爾前進。他們白天睡覺，夜晚才繼續行動。然而意外發生了。一月十九日，他們撞見了一群樵夫。如果依照這項行動的邏輯，那麼任何被撞見的平民百姓都必須就地滅口才行。但「一二四」單位是充滿理想主義的群體，他們的奮鬥是為了解放南韓，而不是殺害無辜的平民百姓！因此，在速速上了一堂共產主義思想課程之後，這些樵夫就被釋放了，而他們獲釋之後也立刻報了警。由於這次學到了教訓，因此在往後的數十年裡，北韓特戰隊員對待意外的目擊者又回到了比較傳統的方式……

然而，即便有樵夫通風報信，南韓警方並沒有成功攔截這一群人。當然，這個問題的嚴重程度也遭到了低估。一九六六至一九六八年期間，北韓的突襲在邊界地帶可謂家常便飯，不過維安也因此上緊了發條。

到了一月二十一日星期天清晨，特戰隊已經接近目的地。目前一切都照著計畫進行。白天休息過後，一行人朝著青瓦台前進。

晚間十點，北韓特戰隊距離青瓦台的大門只剩下三百公尺的距離。突然間，巡邏的警員將他們攔了下來，並要求出示身分。他們堅稱自己是特殊反情報單位的軍人，正準備返回軍營。然而，首爾鐘路警察分局的指揮官崔圭植覺得這群人相當可疑。在爭執的過程中，其中一位北韓成員終於按捺不住開了火，一場槍戰於是隨之展開。

崔圭植在現場遇害身亡，但是他已經啟動了警報，所以南韓並非完全措手不及。北韓特戰隊開始在槍林彈雨中撤隊，其中十幾個人死於現場。在雙方交戰期間，一位北韓特戰隊員向公車投擲了一枚手榴彈，因此造成公車乘客的死傷。

最終，三十一名北韓特戰隊員裡，有二十七人遭到擊斃或自殺以免被捕，同時也有四十幾名南韓人在交戰中罹難。剩下三名特戰隊員下場不得而知。許久之後，據悉至少其中有一人安全逃回了北韓，後來成為一名將軍。只有一個人入了獄——金新朝，他是南韓的移民之子。在特戰隊裡，他是其中一個小隊的指揮官，負責解決青瓦台一樓的所有人。時至今日，他成為首爾知名的一位基督教牧師。

突襲青瓦台是兩韓歷史上數一數二的重要事件，後來還有更多企圖刺殺南韓總統的行動。其中最特殊的一起發生在一九八三年的仰光，是青瓦台突襲事件十五年之後。這正是我們接下來要談的主題……

仰光的紅色刺客

曾經有一段時間，北韓間諜組織喜歡鎖定南韓總統。的確，一九六八到一九八三年的十五年裡，北韓特務至少發動了三起針對南韓領導人的刺殺事件。這三起事件都幾乎得逞——而我們可以假定，可能還有若干計畫至今仍舊不為人知，因為這些計畫要不就是遭到取消，或者就是完全搞砸。

最近一次發生的刺殺南韓總統行動是一九八三年底，地點在緬甸。一九八〇年代初期，南韓陷入一片混亂。在朴正熙總統過世之後，權力落到了另一位軍事強人全斗煥手上。一九八三年十月初，南韓派出大規模代表團訪問緬甸，而緬甸是當時少數同時與兩韓都還有邦交的國家。對北韓而言，這可說是機不可失，而北韓大使館可以作為此項行動的理想基地。

一九八三年九月二十二日，一艘北韓貨船停靠在仰光的港口。除了船員之外，船上還有三位非常特別的乘客：陳某少校與姜民哲和申技哲上尉，他們都是北韓菁英特別行動隊的成員。他們悄悄離開了船隻，並由一位引導員接待，這名引導員是在大使館工作的一位北韓女子。這名女子陪同三人前往他們的藏身之地，地點是一位北韓外交官員的公寓。

在接下來幾天裡，他們都待在這棟六層樓高的公寓大樓，靜靜等待一只爆裂裝置的到來。十月五日，他們離開了相對安全的藏身之處，起身前往準備執行刺殺行動的現場。

根據標準的緬甸禮儀，參訪的外賓政要必須前往翁山的陵寢致意，也就是現代緬甸的建國之父。即便持續飽受內戰的摧殘，一九八三年的仰光倒是相對安全，因此陵寢的維安措施十分簡陋。十月七日破曉時分，北韓特務輕而易舉地將一枚炸彈安裝在屋頂之下。接著他們在幾百公尺之外備妥一個觀察哨，而從躲藏的地方，他們可以在正確的時間點引爆裝置。幾名特務在公園度過了夜晚，並且在十月九日的清晨各就各位。

大約早上十點左右，南韓的政要開始集結在陵寢附近。他們等待著總統的到來，而總統此時已經在路上了。然而，出乎意料的事情發生了。此時，一輛隸屬南韓大使館的賓士二八〇停靠在陵寢附近。這是排演典禮的最後機會，因此緬甸官員決定要再確認一次，以確保一切都遵照著既定的儀式進行。司號員於是吹響了小喇叭……

特務目睹了這個場面、聽見喇叭吹奏，並且看見一輛配有南韓國旗的大轎車駛來，他們以為是南韓總統已經抵達現場。刺殺隊的頭號人物陳某於是按下了按鈕。當時是一九八三年十月九日上午十點二十八分。

巨大的爆炸立刻導致二十人死亡——三名緬甸人和十七名南韓人。罹難者的名單包括了好幾位南韓的內閣部長：副總理、外交部長、貿易商務部長以及其他若干名官員都在爆炸中身亡。然而，沒有符合金日成和金正日預期的是，全斗煥活了下來——事實上，他距離陳某引爆炸彈的地點還相當遙遠。

刺客試圖逃跑，但是很快就被緬甸警方鎖定，並且在一場打鬥之後遭到逮捕。申技哲在槍戰中喪生，而陳某則受了重傷。

平壤否認與這起案件有任何關係，但是在刺客一行人遭到逮捕之後，一切已經再明顯不過。緬甸最終與朝鮮民主主義人民共和國斷交，而即便是在北韓主要的盟邦中國，官方報社也刊出了緬甸的官方報告並且不予置評，這顯示在中國眼裡，北韓這次已然逾越了份際。

陳某拒絕配合調查，最後遭判處死刑。姜民哲後來則改判終身監禁，而他目前仍然關押在仰光的永盛監獄。姜民哲成為一位虔誠的佛教徒並且精通緬甸語，目前正在學習英文。

仰光事件是最近一起已知的北韓企圖刺殺南韓總統事件。不久之後，政治情勢的改變使得這樣的企圖不但再無可能，而且也沒有意義。畢竟，在過去十年裡，金氏政權之所以還能存活下來，很大一部分靠的都是南韓所提供的慷慨援助，然而理論上來說，雙方依舊是處於戰爭狀態。

靜水深流

在一九五三年韓戰停戰協議之後的五十多年裡，兩韓一直都處於緊張的敵對狀態。這是一場區域上的冷戰，也是全球冷戰的縮影，但是情感上卻格外複雜，因為這是一場自家人的戰爭。在某些時間點上，這場冷戰還變得相當火熱。的確，那幾十年確實充斥著各種肆無忌憚的突襲、曲折迂迴的密謀，以及成功與失敗的刺殺行動，此外當然還有祕密海戰。

在這些無聲無息的海戰當中，北韓滲透用的潛艇扮演了主要角色。北韓海軍一共使用了三種主要類型的潛艇，藉此達成滲透的目的。在這些無聲海戰的歷史當中，由於敵軍採取行動的緣故，北韓分別損失過兩艘潛艇。

最不尋常且最具有想像力的是半潛式潛艇，它可以被形容為窮海軍的潛艇。這種潛艇其實是小船，排水量大約是五到十公噸，最高水面航速是每小時四十至五十海里。這種船隻擁有壓載艙，而當壓載艙裝滿水時，船隻幾乎完全潛入水下，只有小小的指揮塔可以從水面上看到。在這種半潛水的狀態之下，船隻的速度會大幅下降，但無論是肉眼還是雷達幾乎都觀測不到。這些船隻或許不如真正的微型潛艇，但是成本低廉許多、維修也相對容易，並且可以乘載至多六個人。

和這種潛艇對峙的第一場戰役發生於一九八三年十二月，當時人們在釜山不遠處發現了一艘，而在追逐一段時間之後，潛艇遭到南韓海軍擊沉。後來這艘潛艇被打撈上岸，如今陳列在首爾軍事博物館裡面。

另一艘半潛式潛艇的折損則發生於一九九八年。十二月十八日清晨時分，南韓的信號情報單位在麗水一帶發現一艘半潛式潛艇。南韓海軍於是動員好幾架軍機和艦艇靠近船隻，要求船上人員投降。但是北韓特種部隊最著名的就是不願意活生生投降，於是船員以小型槍枝開火。結果毫無疑問：船隻遭到砲彈擊沉，一年之後才被打撈上岸。

半潛式的滲透潛艇沒有辦法航行至距離基地太遠的地方，於是大部分的情況，它都是先由一艘特別設計的母艦載運到目的地附近。這種母艦會偽裝成漁船的樣貌，但是擁有強大的引擎以及內建的停泊船塢，可以裝載一艘半潛式潛艇或者一艘傳統的快艇。船塢在母艦的船尾處擁有向外開啟的雙門，讓船隻可以安全、隱密地藏在母艦船身當中。

在過去的兩起事件當中，這類型的母艦曾經被敵軍發現並且擊沉。第一起事件發生於一九八三年八月，當時南韓的巡邏船發現，有這麼一艘船正在鬱陵島附近航行。在短暫交火之後，這艘母艦遭到擊沉。

另一起事件發生在二〇〇一年的十二月，這一次則是由日本海軍在日本沿海一帶發現船隻。這並非母艦首次被人發現，但是在早先的事件當中，北韓船隻總是能利用優越的航行速度成功逃脫。不過這一次，船隻航行的速度不夠快——或許經濟的崩盤也對海軍產生了影響。可以想見，母艦上的船員拒絕投降，並且開火打傷了兩名日本船員。日本於是回擊，母艦在不到四分鐘之內就被擊沉，而所有北韓的船員也跟著沉入大海。

北韓海軍也擁有若干潛艇，其中包括幾艘南聯級潛艇。這些是經過特殊設計的微潛艇，主要任務就是進行滲透。南聯級潛艇的尺寸比較小，下潛的時候排水量只有七十公噸。

一九九八年六月二十四日，一艘南聯級潛艇在東部沿海的束草市附近遭到魚網攔捕，潛艇的推進器和潛望鏡都被魚網纏繞。南韓海軍隨後捉到這艘潛艇，然而潛艇卻在拖曳過程中沉沒。潛艇很快就被打撈上岸，但是所有船員與特戰部隊（一共九人——以這種類型的潛艇來說多了一些）已經全數身亡。他們死於集體自殺。

尺寸比較大的鯊魚級潛艇有時候也會作滲透之用。一九九〇年代，這類潛艇就時常出現在兩韓之間最高調的軍事衝突事件裡。一九九六年九月中旬，北韓的一艘鯊魚級潛艇當時正在進行例行的滲透任務：一群來自偵察總局（這是北韓主要的軍事情報單位）的特戰隊，準備針對東部沿海進行軍事設施的監探。然而在九月十八日的清晨時分，潛艇擱淺上了岸，並且被一名計程車司機發現。船員與特戰隊打算穿越非軍事區，於是一場長時間的間諜追捕行動隨之展開，雙方都死傷慘重（遇難者之中有三位在地農民，特戰隊認為他們是危險的目擊者因此將他們殺害），而北韓軍人也一如往常一樣集體自盡。

在這場無聲的戰事中有一項最為顯著的特點：北韓軍人總是不願意投降。很少有北韓的船員和特戰隊員遭到活逮。這是否反映了北韓戰士各個英勇過人呢？就某種程度來說不無可能，但是這樣的行為背後還有別的原因。這正是我們接下來要談的……

關於微型潛艇和魚網

二〇〇一年十二月二十二日，一艘北韓間諜船遭到了日本巡邏艦的追捕。北韓船員知道他們的麻煩大了。船的引擎運轉出了問題，情勢很快變得非常清楚：他們沒有辦法及時逃回自家的安全水域。

當日本船隻靠近時，北韓船員使用自動步槍與榴彈發射器開了火。兩位日本船員因此受了傷，然而日方的回擊在短短幾分鐘之內就擊沉了北韓船隻。有幾名生還者在海面上載浮載沉了一段時間，但是他們拒絕任何的援助，而且據說還試著朝他們可能的救命者開槍。這些動作沒有持續太久：十二月冰冷的海水可是一名迅速的劊子手。

一九九八年六月，南韓海軍捕捉到一艘北韓微型潛艇，因為這艘潛艇遭到了魚網攔截。南韓海軍將潛艇拖到海軍基地，在進入船艙之後，他們發現九具遺體：北韓船員和特戰隊員銷毀了所有的機密資料，並且集體自盡。

一九九六年九月，一艘北韓潛艇在東部沿海、靠近江陵市一帶擱淺。當時偵察總局的一支團隊剛在南韓完成了祕密任務，而這艘潛艇是來接他們返回北韓的。這地方距離非軍事區不到一百公里，所以船員試圖穿越非軍事區回到北韓。然而他們的機會相當渺茫，於是指揮官下令：身體不夠矯健的先行自盡。九月十八日當天，人們在一處森林中發現了十一具北韓船員與海軍陸戰隊成員的遺體。

一九八七年十一月，兩名北韓特務在引爆一架南韓客機之後被捕。這起事件造成機上一百一十五人罹難，而兩名特務都服了毒藥：其中年輕的一位後來被救活，而年紀比較大的同夥則當場死亡。

清單上類似的事件數也數不盡。北韓特戰隊與間諜特務人員鮮少遭到活逮——在多數情況下，他們要不是死於戰鬥現場，就是在即將遭到逮捕之前先行自盡。即便在大規模的任務當中，也很少有北韓人遭到逮捕入獄。舉例來說，一九六八年的青瓦台突襲事件，三十一位特戰隊員裡，只有一位最後遭到活逮。而一九九六年，在潛艇擱淺事件裡，二十六名船員與特戰隊員當中也只有一人遭到活逮。

這種行為的背後原因是什麼呢？當然，我們要知道，北韓戰士往往願意為自己的國家犧牲——這點就和任何其他國家的戰士一樣。即便他們的國家是一個高壓又貧困的獨裁政權也無妨，畢竟在人類歷史上，即使是更為令人質疑的理念，也還是會有成千上萬的人自願為其犧牲性命。不過除了愛國心、責任感與榮譽心之外，還有一些物質因素讓北韓軍人特別不願意投降——而這些因素大概更為重要。

你可能會問：一個死人怎麼可能還會受到「物質因素」的驅使呢？答案很簡單：這些死者都有家屬——他們對自己親愛家屬的責任心往往遠超過對於國家整體的責任心。

一九七〇年代有一則非常經典的蘇聯笑話，這則笑話將上述問題的本質做了很好的註解：

美國總統卡特與蘇聯總書記布里茲涅夫一同造訪尼加拉大瀑布，並且開始爭論誰的保鑣比較優秀。

布里茲涅夫說：「我們來測試一下吧。不如我們命令他們跳下尼加拉瀑布！」於是兩人分別下達了命令。美國的保鑣回應：「別鬧了！我家裡還有妻小呢！」蘇聯的保鑣衝向瀑布準備往下跳，不過還是在最後一刻被攔住了。美國的同事問他：「你怎麼不拒絕呢？」他回答：「別鬧了！我家裡還有妻小呢！」

這則故事以嘲諷卻又簡潔有力的方式，凸顯這套機制的精神。不過在史達林過世之後，蘇聯在這方面已經軟化了許多。

確實，如果北韓特戰隊員或間諜投降的話，那麼就意味著，當事人將會被冠上叛徒的標籤，而這將使得身在北韓的家屬身陷麻煩。這些人大多來自中等階級的家庭，因為真正的上流階級可不希望自己的孩子冒著生命危險，棲身在微型潛艇狹小的船艙裡，或是身處和南韓對峙的槍林彈雨之中。另一方面，一般平民又不足以獲得信任，所以這些任務成員絕大多數都是中階菁英家庭的子弟：家裡可能是軍隊的上校、中階勞動黨官員或者大學教授。換句話說，這些家屬會擔心失去既有的特權。如果一位間諜或特戰隊員遭到活逮，那麼這樣的「叛國」行為意味著，近親家屬很可能喪失所有的特權並且遭到下放，甚至有可能坐牢：父母、配偶、孩子，甚至可能連兄弟姊妹都難以倖免。

相反地，如果是英雄式的犧牲，那麼在北韓的家屬將能夠提升社會地位。「愛國人士」的孩子能上最好的學校，甚至進入金日成大學，妻子也可以終其一生享受慷慨的配給，而父母也將被視為「英雄家庭」的成員，享受所有的津貼福利。

北韓甚至擁有一個特別的官僚機構，負責照顧為偉大的領袖犧牲性命所留下的受撫養者——也就是所謂的第十一部門。英雄式的犧牲也有一套階級體系存在。舉例來說，如果一名特戰隊員自盡以避免遭到逮捕，而另一名軍人則是在軍事行動中的車禍喪生，那麼前者的地位將遠高於後者，而家屬受到的待遇也會依據地位的差別而有所不同。

這套家屬連坐責任體系出奇地有效，讓人們接踵而至的犧牲奉獻。即便這種制度可能被視為缺乏道德，但是確實也帶來了一定的成果。

第十六章　海外的北韓人與北韓的外國人

國際關係

二〇〇二年十二月十三日，在越南首都河內的一座大廳裡有一場盛大隆重的婚禮，出席的賓客將近一千人。新郎與新娘並不是當地的電影明星，也不是達官政要的子女。而且新人年紀也不小了：兩位都已年過五十。然而，這場活動確實不尋常，因為新娘子來自北韓。這大概是過去幾十年來，北韓公民與外國人獲得官方背書的第一場聯姻。

李英姬於一九七一年邂逅了她的越南丈夫范玉景，當時他正在北韓留學。回國之前，他答應未來將娶她為妻。然而他們很快就發現，這件事情幾乎不可能達成。的確，一九六〇、七〇和八〇年代的北韓對於異國婚姻充滿了敵意，嚴重程度在人類史上幾乎沒有其他國家能企及。在那幾十年裡，北韓人民受到充滿種族歧視的政治宣傳轟炸，而這些宣傳同時也讚揚著北韓所號稱的種族純淨。

確實，打從一九六〇年代起平壤就不斷堅持，北韓人的血脈緊緊將國家團結在一起。一九九八年，金正日曾說：「北韓是一個民族純粹度很高的國家，繼承了同樣的血脈，並且居住在同一片土地上、說著同樣的語言長達數千年之久。」歷史學家想必會對這種說法嗤之以鼻，不過這就是北韓政府的官方說辭，而這並不利於異國婚姻。

這種觀點並非一直以來都是如此。一九四〇、五〇年代，有大量的北韓學生前往外國留學（光是蘇聯就接收了一千八百名左右的北韓學生）。這些學生熟諳外語，並且能自由與當地人互動交流。浪漫的戀情自然無可避免，於是某些年輕的北韓學生最後帶著外國妻子一起返國。我之所以說「妻子」，是因為幾乎沒有任何北韓女學生與外國人結為連理（基本上留學生當中就沒有太多女性）。北韓男人與外國妻子的婚姻並沒有確切的統計數據，不過肯定至少有數十對、甚至上百對之多。

我曾經與這些外國女性的其中幾位見過面。對她們而言，前往北韓定居帶來的往往都是巨大震撼。文化差異、艱澀的語言以及日常衛生問題讓她們生活過得相當辛苦。有些還與自己的公婆之間有些齟齬：一九五〇年代的北韓仍是一個父權社會，媳婦得明白自己的分寸，行為舉止必須得宜。當然，當時的生活條件還非常糟，即便蘇聯當時也不全然是個富裕國家，但是北韓相比之下更顯遜色。不過，只要她們的丈夫願意支持，許多外國人妻過得也還不差。

情況從一九六〇年代初期開始惡化。當時金日成開始與蘇聯和其他東歐國家漸行漸遠，於是外國妻子被認為是存在危險的人士，因為任何與海外的連結都可能具有顛覆性。隨著整體氛圍越來越民族主義、甚至種族主義，這些「污染國族血脈」的北韓男人也開始受到輕蔑和鄙夷。

因此，政府當局開始對異國夫妻施加壓力。這些丈夫的升遷受到阻撓，而且他們還被告知，只有離婚才能避免他們陷入更大的麻煩。如果不服從的話，丈夫就會被派往農村，而且不能帶著家人同行。於是，這些外國妻子一個接一個選擇帶著孩子移居國外。在某些案例當中，外國妻子甚至被強制遣返回母國。到了一九六〇年代末期，幾乎所有的外國妻子都已經離開北韓。

一九六〇年代起，跨國婚姻幾乎已成為不可能。如果一位海外的北韓公民被懷疑與外國女性交往，那麼他會立刻被召回，並且再也無法獲准出國。除此之外，他的事業很可能將毀於一旦。也許更嚴厲的懲罰還會緊接而來：畢竟，他的縱慾可是危及了北韓純淨的種族血統啊！

一九八〇年代初期，有流言指出，有一位北韓公民獲准迎娶一名來自前南斯拉夫的女子，不過這個案例，據說是直接由金正日本人批示的。目前為止，這個流言還無法獲得證實，但是聽起來確實不無可能：親愛的領袖也有其浪漫的一面。前面提及的李英姬和范玉景之所以能夠結為連理，唯一的可能也是經過最高層級的介入干預。

回到他們精采的故事吧……一九七〇年代初期范玉景回到越南，不久之後，他就再也沒有收到來自李英姬的信。這點並不令人意外：通常北韓人不能寄越洋信件，即便是寄往理論上相對友善的國家也不行。北韓當局認為，他們的「愛情很快會冷卻下來」，然而這次他們錯了。范玉景持續造訪位於河內的北韓大使館，並且不斷要求獲得許可。

最終，北韓外交官員告訴他，李英姬已經嫁人了，之後又堅稱她已經過世。然而，一九七〇年代中期，范玉景前往北韓出差，此時他發現李英姬不僅還活著而且仍舊單身未嫁。他再次向她保證，他們未來將會有一天步上紅毯。的確，他們做到了——不過可得先遊說最高層級。二〇〇二年五月，這對新人的命運在一場高峰會上得到了討論，出席的分別是兩國的領導人，而最後許可終於獲得批准。這對情人整整等待了三十年之久。

而且他們運氣很好：二〇〇四年，越南與北韓的關係進入了新的危機階段，因為越南允許一大批脫北者從越南飛往首爾。北韓為此感到震怒。如果當時范玉景沒有把握一九九〇年代末期短暫的時機，他的婚姻將不可能實現。

不過，還有另一個相對更大的外國女性群體，這些女性也嫁給了北韓男人——那就是日本妻子。她們在一九六〇年代，跟隨大規模的韓裔「歸返」行動來到了北韓。根據估計，在那場遷徙當中，一共有一千八百三十位日本女性抵達北韓。這正是我們下一節的主題……

娶妻……妻子卻再也回不了家

一九九七年十一月，日本各大報刊登了一群老婦人的照片：她們擁抱親屬、漫步在故鄉的街道上，並且向祖先的陵墓鞠躬致意。一位老太太回到故鄉會見親人，這件事情沒什麼特別奇怪、不尋常之處。然而，這些女士過去幾十年裡都被剝奪了這樣的機會，而未來她們也很難再次回到故鄉。這些老婦人是「日本妻子」，她們的命運過去一直都是（現在某種程度上也還是）北韓與日本雙邊關係的絆腳石。

日本妻子的問題源起於一九五〇年代後期，當時大批的在日朝鮮族人選擇「歸返」北韓。嚴格來說，這其實很難說是「歸返」，因為這些移民絕大部分過去都未曾去過北韓；他們或他們的父母都是來自朝鮮半島的南半部。一九三〇、四〇年代，他們紛紛前往日本——通常並非自己所願，而是被強制徵召，成為殖民政府當局的勞動力。

到了日本之後，他們發現自己飽受歧視。這點使他們格外對北韓的政治宣傳產生共鳴，到了一九五〇、六〇年代，大約有九萬三千人決定遠離日本這個「資本主義地獄」，前往北韓這處「社會主義天堂」。

一九五〇年代，在日韓裔人士大多居住在與外界隔絕的貧民窟當中，不過其中有些人娶了日本妻子。這些日本女性實在值得敬佩，因為在許多情況裡，嫁給朝鮮族人等於是對強大的日本優越論與種族沙文主義挑戰。而其中更有一些女性足夠勇敢，選擇追隨丈夫的腳步，一同前往「社會主義天堂」。根據日本的移民統計數據，大約有一千八百三十位日本女性跟隨丈夫前往北韓。

當時她們很少人了解到，一旦坐上前往北韓的船，她們就再也沒有回頭路。當歸返者回到偉大的領袖金日成的懷抱之後，他們再也不能出國，無論基於什麼理由、出國時間長短。人們終其一生都將被關在那裡，即使仍保有日本國籍也沒有例外。

當然，人在日本的親屬，會覺得這些朝鮮族人和日本配偶彷彿遭到了綁架一樣（如果定義稍微寬鬆一點的話，我們確實可以說這是一種變相的綁架）。然而，在日韓裔人士通常會選擇緘默——一部分原因是基於民族團結，另一部分則是因為他們在日本政治當中幾乎沒有什麼聲量和籌碼。「日本妻子」們的親屬才是最積極表達憤怒的一群。他們堅持，日本政府必須要求平壤當局讓這些女性返鄉，至少是一次短期的造訪也好。

到了一九九〇年代，「日本妻子」的議題在平壤、東京之間的談判中開始變得越發顯著。平壤要求援助，但日本列舉出了若干議題，其中就包括「日本妻子」的返鄉之旅。妥協的政治風險太高，但是北韓當局又迫切需要金錢，於是北韓領導人最終同意讓步。第一趟返鄉之旅安排在一九九七年十一月。北韓政府根據政治上的標準，親手挑選十五名「日本妻子」。這些人必須值得信賴，而且必須只說平壤希望她們說的話。返鄉之旅全程不到一個星期。這些老婦人的年紀從五十五到八十四歲不等，她們會見了親屬、前往祖先墳前祭拜，接著就返回北韓。相對地，北韓獲得了兩千七百萬美元的援助——和十五名老婦人的一週旅程比較起來，這可真是一筆划算的交易。一九九八年一月，另外十二名「日本妻子」也造訪了她們的故鄉。

當時的承諾是，這樣的返鄉之旅未來將持續下去，然而情況很快就恢復了過往的常態。很顯然，政治上可信賴的「日本妻子」供給短缺，而且如果有人拒絕返回北韓，或者是發表批判性的言論，平壤都無法承擔可能的政治風險。因此，返鄉之旅依舊罕見，而參與的婦人也十分稀少。一九九八年六月，北韓媒體報導：「北韓的日本婦人自發性撤回了造訪日本的申請。」媒體引述的原因是，日本當局據稱設下了「障礙」，再加上日本媒體對於返鄉之旅「麻木不仁」的報導。在接下來的幾年裡，再也沒有任何返鄉之旅成行，一直要等到二〇〇二年才有另一批婦人獲准造訪日本——很顯然，這意味著北韓有意與日本重建關係。

然而，二〇〇二年之際，北韓外交官員的一起誤判導致了後來的「綁架風波」，於是這些交流又再次中斷。或許未來返鄉之旅會再度重啟，但是許多日本妻子大概不太可能有機會再次回到故鄉了。就和人類歷史上不計其數的許多女人一樣，她們為了男人的野心、情感、理想主義甚至只是單純的愚昧，最終付出高昂的代價……

劇變

一九五九年十二月十四日，兩艘北韓的船隻駛離日本新潟港，船上載的是九百七十五名在日朝鮮族人。他們決定前往北韓永久定居。這趟旅程開啟了一項大規模的移民運動，也就是在日韓裔人士從日本前往北韓的大遷徙。

一九五九年，日本和北韓的紅十字會在加爾各答簽署了一項協議，讓在日朝鮮族人在自身意願的情況下移居北韓。當時，日本大約有六十五萬名韓裔人士，他們大部分都隸屬於強烈支持北韓政權的「在日本朝鮮人總聯合會」。此外，這些韓裔人士許多在技術上都算是北韓公民，即便他們都是在三〇至四〇年代初期從朝鮮半島的南半部抵達日本，而南半部後來成了今日的南韓。

在往後的二十年裡，一共有九萬三千名左右的韓裔人士利用這個機會移居「社會主義天堂」，幾乎占了整個日本韓裔社群百分之十五的人口！

時至今日，這現象看似相當怪異，而且幾乎令人難以置信。的確，當時竟有將近十萬人自願離開日本前往北韓。日本當時正蓄勢待發，即將成為全球第二大經濟體，而北韓仍然相當貧困，最後更成為人道災難之地。就政治上而言，這等於是從一個新生（或許尚不完美）的民主體制，前往一個信奉史達林主義的獨裁國度。

首爾當局長久以來都聲稱，平壤技巧高超的政治宣傳是大規模移民的始作俑者。這樣的說法確實有很高的真實成分。一九五〇年代晚期，在日朝鮮人的確受到北韓政治宣傳的轟炸，內容充滿誇大不實的美好故事，號稱朝鮮民主主義人民共和國既成功、又繁榮。「在日本朝鮮人總聯合會」的報紙將北韓描述為「社會主義天堂」。當然，這些宣傳也對總聯合會的追隨者產生了共鳴，他們深信自己的領導人，並且拒絕接受所有對於北韓的批判，認為那些都是「美國帝國主義者、日本軍國主義者以及南韓傀儡政權的反動政治宣傳和虛構故事」。

然而，我們在檢視一九五〇年代晚期的時候，實在不應如此事後諸葛。一九六〇年左右，選擇北韓而非南韓的決定其實很能夠被理解。很大程度上而言，這反映了南韓政府對於在日韓裔族群的冷漠。平壤則花了很多時間與心力幫助在日朝鮮族人，因此贏得了他們的支持，而首爾對這群人基本上選擇視而不見的態度。此外，南韓當時的經濟情勢也並不特別出色。同樣重要的是，在日韓裔人士是一群弱勢且備受歧視的族群，因此長久以來都十分支持日本左派政黨。

「在日本朝鮮人總聯合會」成立於一九五五年五月二十五日的東京，在一場韓裔活躍分子的大會上，當時，一張巨幅的金日成肖像高掛廳堂，上頭的金元帥身著軍服，俯瞰成立大會的眾多與會者，兩面大型的北韓國旗清楚向所有人展現會議的政治傾向。總聯合會旗下的韓裔人士都是「朝鮮民主主義人民共和國驕傲、自豪的海外僑民」。的確，就技術上而言，所有總聯合會旗下的韓裔人士都是北韓公民，即便其中只有少數人真正來自朝鮮半島的北部。事實上，超過百分之九十五的在日朝鮮族人都來自半島的南方！

打從成立以來，「在日本朝鮮人總聯合會」就開始積極倡議大規模的「歸返母國」行動。然而，即便當時沒有強力的政治宣傳，許多在日韓裔人士基於純粹理性的考量，依舊還是會「選擇往北靠攏」。一九五〇年代晚期，南韓的人均國民生產總值還落後北韓。不過這不並代表北韓的生活水平就比較高，因為大量的美援提振了南韓的消費。儘管如此，北韓當時確實展現了較強的經濟活力。

北韓的政治宣傳堅稱，在「光榮的社會主義母國」裡，移民子弟未來將能成為大學教授、音樂家或者醫生。這樣的聲明很大一部分也確實不假：許多的歸返移民後代後來確實在事業上獲得了成功。

然而，在這些聲明當中，事實的成分只是全貌的其中一部分。到了北韓之後，這些移民很快便發現令人不快的兩件事：首先，史達林主義國家的生活並不如他們先前聽說、想像的一樣——並沒有那麼自由自在；再者，他們已經沒有回頭路了。陷阱已經關閉，而這些移民沒有任何機會能獲准返回日本，即便只是短暫的探訪也不行。

近期問世的證據顯示，日本政府當時對於這樣的發展也並不反對：他們同樣也想擺脫這些韓裔人士。傳統的日本民族主義對朝鮮族抱持著鄙視的態度，而東京的政治建制派則認為，韓裔社群宛如左派反日本民族主義的溫床（確實也不無道理）。因此，東京當局的政治領袖非常樂見，這些潛在的麻煩人士前去他們嚮往的所在——不過平壤與日本左派總是高分貝發表斥責，指控日本政府阻撓這些「韓裔愛國人士」的歸返。

對於北韓的領導階層而言，這些朝鮮族人的到來一方面是問題，另一方面卻也是天上掉下來的禮物。這些歸返者可能會帶來麻煩，因為他們曾經居住在繁榮、自由的社會，而且非常清楚知道，官方的政治宣傳有很大一部分都是天大的謊言。這些移民沒有辦法消除他們「資產階級的腐敗習慣」，包括他們對新潮服飾和日本流行音樂的喜愛。而當然，北韓政府必須花一點時間（以及逮捕好一些人）才能教會他們管好自己的嘴巴。

基於所有這些原因，歸返的移民在「出身成分」的等級相當低下。（「出身成分」是一個鉅細靡遺的封建式體系。在金日成統治的北韓當中，這套體系能藉由一個人的出身背景決定其事業與生活形態。）用北韓的俗語來說就是：「他們的成分很差。」歸返移民和他們的子女無法從事政治敏感的工作，甚至連大學入學也有所限制，並且可能還無法獲准從軍。

然而，和同為「出身成分差」的其他國民比起來，歸返移民的實際生活情況要好太多了。這些移民能夠取得強勢貨幣，而這點太重要了，即便是北韓的反市場力量來到史無前例的高點時，強勢貨幣依舊至關重要。

這點使得歸返移民成了非常獨特的一群：他們同時享有特權卻又招致鄙視。一九七〇年代，他們的家裡可以買得起彩色電視機和卡帶式錄音機，而就連高級官僚幹部都沒有這些品項。他們每天都吃得起新鮮水果、甜食甚至肉類。到了一九八〇年代，他們成了北韓唯一能擁有私家車的群體！

在某些特例當中，除了日本鮪魚罐頭、美國香菸和羅馬尼亞製造的達契亞（Dacia）微型車之外，這些「歸返移民」還能夠買到更吸引人的東西。日本親屬慷慨的捐贈讓他們幾乎買得起一切，包括平壤的永久居住權、一間精美的公寓、頂尖大學的入學名額，或者甚至是一份令人欣羨的公家職位。舉例來說，有一位歸返移民居住在元山市，由於他的親屬捐贈了五十輛卡車給北韓政府，這位移民因此成為一間大型運輸公司的老闆。另一位移民則成為新聞記者，因為他的親屬送給政府當局一座工廠。

在面對歸返移民時，就連北韓的政治警察也必須自我節制。雖然這些移民受到嚴格的監控，坐牢的比例也因為不慎失言而相對較高，但如果是輕微的違規通常都還能夠免於罰責。另外也有流言指出，有一些歸返移民由於親屬暗地向平壤施壓或是提供捐獻，最後從監牢獲得了釋放。無論是好是壞，金錢總是有說話的聲量，即便是在史達林主義最壓迫的高峰時期也不例外。唯一的差別在於，現在金錢說話的聲量又更大了。

近幾年來，歸返移民的權力和影響力有顯著增加的趨勢。他們擁有取得金錢的管道，再加上通常都留有一些以往資本主義的企業經驗，於是在舊體制崩解的今天，這些因素都大大幫助了這群移民群體。或許這些人有一部分將成為未來的財閥老闆。這些人和他們的父母當時之所以前往北韓，為的是打造社會主義，結果現在似乎正忙著建立資本主義社會。不過歷史本來就是充滿了各種矛盾。

第十七章　脫北者

河水兩端的交易

當未來的歷史學家分析一九九〇年代、二〇〇〇年代初期的北韓歷史時，他們會認為哪些是最重大的事件呢？這個時期是否是「金日成主體社會主義的終結」？我不認為認真嚴謹的歷史學家會耗費太多篇幅，描述沒完沒了的「核子危機」肥皂劇。或許有些北韓的宮廷鬥爭目前仍屬未知，而未來這些戲碼也將會吸引學者的目光。而當然，金正日連續劇一般錯綜複雜的私生活也會持續受到歡迎，吸引著非知識分子的關注。

不過，非常有可能的是，大多數的歷史學者都會聚焦在北韓的社會變化上，尤其是在國境之北幾乎瓦解的邊境管制。這種崩盤的現象使北韓暴露於各式各樣的外國影響力和國際交流，而就某種程度而言，這在早先的數十年裡完全無法想像。

說北韓和中國之間的邊境現在完全「開放」可能有些言過其實。和美加邊境相比，或者與西歐國家的邊境比較起來，北韓與中國之間的邊境並不「開放」，但是卻遍布著能夠穿越的漏洞，這是相當近期才出現的情況。

大部分共產國家都對自身的邊境保衛森嚴，一方面防止外人試圖入侵，另一方面則避免叛逃者逃離這不那麼完美的共產主義天堂。就這個觀點而言，北韓與中國之間的邊境構成了一大挑戰。這道邊境依循的是兩條河川：鴨綠江和圖們江。兩條河川在上游的水流都相當淺，每年冬天更會完全結冰。因此，凡是意志堅定的脫北者或走私者永遠都找得到方法跨越邊境。

對於任何想非法跨境的人，中國東北地區的民族組成也相當有利。中國有兩百萬朝鮮族人，他們大部分都居住在靠近邊境的地帶。許多中華人民共和國的朝鮮族在北韓都有親人，而其中有少部分甚至也是朝鮮民主主義人民共和國的公民——也就是韓語中所謂的朝僑。

然而，在過去數十年裡，北韓與中國的警政當局相互合作，確保了脫北者幾乎沒有機會在中國獲得政治庇護。脫北者早晚都會遭到中國警方逮捕，並且引渡回北韓。回到北韓之後，脫北者會被送進監獄。所有人都明白這樣的風險，有意脫北的人士也不例外。

不過這套體系在一九九〇年代已經瓦解，原因包括中國以及北韓兩端的一些改變。一九九六至一九九九年北韓發生了災難性的大饑荒，無數人離開自己的故鄉，前往別處尋找食物果腹。與此同時，中國蒸蒸日上的經濟（徹頭徹尾的資本主義，就只差名分而已）

創造了許多機會，吸納這些願意努力工作、領取微薄薪水的北韓移民。此外，中國警方也無法執行和毛主席舊時代一樣的嚴格管控了。

當時，北韓當局也沒有能力大幅改善邊境管控。即便他們曾經做過一些嘗試，但要將邊境封死的成本相當昂貴，而北韓的金錢與資源都嚴重短缺。只要收了錢，薪資不足、甚至營養不良的邊防警衛也很樂意睜一隻眼、閉一隻眼。

於是，到了一九九〇年代晚期，中國鄰近北韓的地帶很快就充滿了北韓的難民。一九九八至一九九九年，他們的人數來到了大約二十萬人，不過目前的數字已經低了許多，下降到了五萬人左右。

二〇〇〇年代初期，每天（或者應該說是每晚）跨境的人數都有數百人之多。他們大部分都是難民，希望逃離北韓農村的窮困與飢餓。有一些則是走私者，他們從事著頗具風險但利潤相當豐厚的生意，來回將有價值的商品運送跨境。另外還有一些人進行著更為不尋常的活動。

舉例來說，有一些是專職的媒人。中國東北的朝鮮族都會試著嫁給南韓人，有時也的確成功達成目標，不過北韓的女孩子通常不介意嫁給中國丈夫——但一般也都是擁有朝鮮族血統的中國男子。中國的糧食供給充足無虞，對她們來說宛如夢想境地。

這樣的婚姻相當常見：根據一項研究，一九九八年，在所有北韓難民當中（絕大多數都是女性），有百分之五十二和中國本地的配偶住在一起。在某些案例裡，這樣的婚姻是由中國的仲介（可能是漢族或者朝鮮族）所安排，而且有的時候，當北韓女孩子和家人都還在北韓境內時，仲介就會與他們取得聯繫。如果女孩子對這樣的主意感興趣，那麼媒人或是仲介就會跨越國境，前來迎接準新娘子，陪同她前往新的居住地。

在這樣的案例當中，女孩嫁到中國的決定算是自發性質，當然北韓災難一般的經濟情勢在其中扮演了重要角色（但是話說回來，大部分嫁到西方富裕國家的新娘不也是如此？）。然而，在許多案例當中，北韓女性先是前往中國尋找食物和工作——接著遭到歹徒綁架，然後再賣給出價最高的人。

無論女性是自願出嫁還是遭人綁架，仲介都會收取佣金。佣金的金額不一定：依照女孩子的外貌、年齡和教育背景，通常一個人可能收取一千到一萬元人民幣不等（差不多是一百二十至一千兩百美元之間）。如果女孩子接近三十歲，通常典型的「成交價」據說是三千至五千元人民幣（四百至六百美元）。這筆錢會由丈夫「貨到付款」，而整筆金額全數歸仲介所有：無論是女孩子還是她的家人都收不到一毛錢，即便婚姻是由他們所提出的也不例外。家人得到的回饋是：女兒從饑饉當中得救，而家裡也少了一張嘴巴需要餵養。

有一些報導指出，北韓女性最後被賣到中國的妓院，不過所幸這樣的案例仍舊相當罕見——原因在於和中國沿海等地區比較起來，東北的性產業相對不那麼發達。

大部分這些「丈夫」有個共同點：基於各種原因，他們都難以透過比較正統的方式找到另一半。他們可能是有小孩的鰥夫、慣性酗酒者或者是殘疾人士。許多中國東北的農村裡，年輕女性大量前往蓬勃發展的都市，因此導致「新娘短缺」的現象，於是北韓妻子的需求居高不下——尤其在男性人口當中比較低階、弱勢的群體更是如此。

當然，身為非法居留的外國人士，北韓妻子個個都面臨著被遣返的風險，而如此聯姻之下所誕生的小孩也存在著問題。根據法規，這些孩子無法正式登記註冊——所有後果也跟著接踵而至。不過，政府當局某種程度上也考量了實際情況：如果難民面臨遣返，她通常可以選擇要帶小孩一起走，還是把孩子留在中國，大部分女性都會傾向將孩子留在父親身邊。儘管如此，通常只要稍微謹慎一點，然後再加上一筆豐厚的賄賂金，當事人往往可以解決上述的若干問題，為寶寶成功贏得令人稱羨的在地戶口，並且讓當地的警官願意睜一隻眼、閉一隻眼。

說實話，這樣的情況令人感到難過，不過有些這樣的婚姻仍舊相當幸福美滿。媒體報導指出，在某些案例當中，有些女性在被警方逮捕、遣返北韓之後，最終又找到方法跨境，並且不顧一切危險回到她們的丈夫身邊。然而，這樣的美滿聯姻並不太常見。更多女性最後必須聽從酒鬼或賭徒丈夫的擺布，而且年紀都只有他們的一半。

另一種生意則是將人從北韓送到中國之後，最終再前往南韓。現今，首爾的北韓難民社群已經相當龐大，而且仍在逐漸擴張當中。在這些難民裡，有許多人努力存下自己的每一分錢，好將他們的家人也帶到南韓團聚——這讓首爾當局相當感冒。南韓政府私底下並不鼓勵脫北叛逃，但是仍會提供抵達南韓的脫北者援助，並給予他們完整的南韓公民權利。

時至今日，南韓的外交機構甚至不願意和有意脫北的人士接觸，於是在安排前往南韓的旅程上，仲介就扮演了必要的角色。如果已經有親屬脫北叛逃的話，情況會簡單許多。當這些親屬有了足夠的錢，他們就會聘請仲介，由仲介安排家人逃亡。幾千美元的費用就足以確保：一位專職的仲介將進入北韓、找到當事人，並陪同當事人跨境脫北。協助找尋平壤居民脫北的價格是一萬美元，不過如果沒那麼遙遠的地區，費用也會相對低廉。接著，若需要把人帶往首爾還必須支付額外的費用（這筆金額是兩千至一萬美元不等，取決於若干不同的因素）。然而，大部分案例並不會如此昂貴，因為脫北者的家人通常都已經在中國、等待金錢的到來了。

金錢的流動也相當頻繁，有的來自於人在中國、生活富足的北韓難民，有的則來自南韓。錢都必須以現金的形式遞送，並仰賴可靠的中間人，此外也有許多方法能確認金錢已經安全送達。

我們舉林女士的例子來說明吧。她是一位三十一歲的難民，和中國丈夫過著幸福的婚姻生活，並且經營一間小型企業。每年兩次，林女士會寄出大約四百美元給她住在北韓的父母親。她的父親是北韓軍事菁英單位的退休軍官，同時也是金氏政權的死忠支持者。他原本拒絕接受這筆來自「背叛國家的女兒」的錢，不過後來還是改變了心意。如今，這些錢維持著一家人的生計，甚至讓他們在北韓享受了相對的富庶。

從二〇〇三到二〇〇四年開始，南韓的脫北者不僅會與家屬保持聯繫，而且往往還會寄錢給他們，多半都是利用同樣的「中國管道」。時至今日，北韓居住在邊境地區的居民開始體認到，一個家庭如果有近親在中國打點零工，那麼一家人就能夠衣食無虞了。而且這樣看來，他們似乎很快也會發現，如果有家屬在南韓——這個遭到帝國主義剝削的人間煉獄、窮困之地——那麼更好！我們不難猜想，這樣的發現將會對他們的世界觀造成什麼樣的衝擊。

大多數的難民早晚都會被中國警方發現，並且遣送回北韓。直到一九九〇年代中期之前，這樣的遣返意味著長期的牢獄之災，此外整個家庭都會遭到逮捕。然而，當今的情況已經有所改變——至少某種程度上是如此。面對如此大規模的出逃，政府當局開始將非法跨境視為相對輕微的罪行。雖然偶爾會有報導指出，被逮捕的脫北者遭到了處決，不過這些案例似乎都是例外，而且往往包含從事顛覆活動的指控（無論是否存在理由）。大部分的脫北者在引渡回到北韓之後，首先會被送往他們的出生地，接著受到北韓國家安全保衛部的調查，也就是北韓的維安警察。調查當然不是什麼愉快的過程。面談期間定期會伴隨著嚴厲的拷打、睡眠不足以及其他類似的逼供手段——畢竟，在朝鮮民主主義人民共和國裡，折磨虐待是很常見的政治調查伎倆。

然而，這項調查並不會持續太久：通常，不幸遭逮的脫北者只會在拘留所待上幾個星期。大部分人不會遭到任何嚴重的政治犯罪指控（例如，在中國期間聯繫南韓官員等等），因此接下來會接受三到四個月的「勞動再教育」——這是標準的委婉之辭，意思就是在簡陋的監獄營區當中，被迫從事一段時間的勞動。有少數人會在坐牢期間身亡，尤其是健康狀況不好的人，但是大多數人都會存活下來。當然，這些脫北者的紀錄、名聲將永遠敗壞，而他們未來將沒有任何機會獲得白領工作。不過當今，大部分的脫北者都是貧窮的農民和工人，所以本來也不奢望會有晉升的可能。許多人會選擇再次跨境。根據一份近期的研究，從監獄獲得釋放之後，有高達百分之四十的人會再度回到中國。

有一小部分的難民會被發現曾與外國人進行交流——尤其是和南韓人接觸——而他們會接受進一步的調查。調查員會嘗試逼供，要他們承認自己是否為南韓進行間諜活動。如果當事人熬不過逼供的折磨，做出了這樣的供詞，那麼他很有可能會面臨槍決的命運。如果脫北者實際或聲稱的罪行並不那麼嚴重，但是在政治上仍舊十分重大（例如，參加基督教傳教士舉辦的祈禱會，或者與南韓人士接觸交談等等），那麼當事人將會坐上好幾年的牢。儘管如此，在所有遭到逮捕的難民當中，如此不幸的人僅占一小部分而已。

或許這些聽起來並不是非常自由開放的做法，但是以北韓法律的標準而言，如今這些難民受到的待遇已經相當寬容。為什麼呢？由於南韓不願意接受難民，因此平壤當局認為相關的政治風險已經相對較低。當人口當中較為動盪、騷亂的一群選擇出逃時，這個瀕臨破產的國家可能也因此得救，不再非得要照顧國家沒有能力養活的所有人口。

就統計學的角度而言，回到北韓的難民現在已經成為擁有第一手外國經驗的群體。他們看到了中國市場改革的結果（包括好的與壞的面向），因此也意識到北韓的落後與貧窮。

他們可能甚至對南韓的富庶和繁榮有所知悉。這一切毫無疑問都將對北韓的未來構成嚴厲的衝擊。

新生活：衣食無虞

現今，南韓媒體時常報導一些與脫北者相關的社會議題，這些脫北者人數雖然相對少但是卻快速成長。報導中的故事和訪談聽起來並不令人樂觀。脫北者時常感到孤獨、罪惡，他們做的通常是低薪、低技術的工作，而且往往招致國人同胞的不諒解。

大部分這些問題對於前一代的脫北者可以說是全然陌生的，而前一代指的也就是一九七〇、八〇年代的脫北者。二、三十年前，在南韓做一名脫北者是很好的事情——前提是你可以不顧自己的直系親屬，因為他們很有可能會遭到槍決，或者被送進地牢而死。不過至少你不會抱怨南韓政府對你不聞不問或是不夠慷慨。在那個年代，脫北者會被媒體與政府奉為顯赫人物，並且收取優渥的終身津貼，以及簽署高額的書籍與巡迴演講合約。能帶來高價值情報的人還可以享有特殊紅利——而且往往都是不成比例的超級天價。

那發生了什麼變化呢？一言以蔽之，變化可不小。首先，一九八〇年代，脫北者的人數相對而言還非常少，平均一年只有五到七位而已！截至一九九〇年代中期，只有特權族群才有機會離開朝鮮民主主義人民共和國。早期的脫北者包括：將戰機飛往南韓的飛行員、駐外期間叛逃的外交官，另外還有菁英單位的士兵，因為他們了解非軍事區的管控機制，所以能躲過邊防警衛的戍守。再者，這些稀少的脫北者在當時擁有可觀的政治宣傳價值。當時許多人仍認為，北韓的社會主義可能是南韓資本主義可行的替代方案，因此政府當局試圖利用脫北者證明，南韓的社會與政治享有優越性。第三點，北韓當時仍然是南韓重大的軍事威脅，而鼓勵叛逃自古以來一直是對抗敵軍的好戰術。

在這樣的情況之下，脫北者所受到的待遇十分慷慨。一九六二年，南韓開始施行一道法律，針對脫北者的待遇進行規範。這正是「歸順北韓同胞保護法」（Special law on the protection of defectors from the North）。一九七八年底，南韓國會通過經過修訂的版本，該版本一直施行到一九九三年（中間經過了些微調整）。

毫無疑問的，所有脫北者立刻都能獲得南韓公民權。大韓民國政府當時堅稱（現在也依舊如此），自己在法理上是整個韓國的唯一合法政權，因此就定義上來說，所有的北韓公民也都是潛在的南韓公民。

當時，每一名脫北者都有資格領取慷慨的援助。在抵達南韓之後，他們會收到一筆津貼。津貼的金額取決於脫北者是屬於三個類別中的哪一個。一個人的類別有許多決定因素，包括政治與政治宣傳上的價值，以及他（或者她，但是非常罕見）能提供政府當局什麼樣的情報。

除了這筆津貼之外，如果是能帶來格外有價值的情報或裝置、設備，那麼脫北者還能獲得額外的獎賞。這筆獎賞可能非常可觀。舉例來說，李雄平是一位戰機飛行員，他在一九八三年駕著他的米格19戰鬥機脫北，因此獲得了十二億韓圓的獎賞。這在當時是一筆天價數目，是南韓人平均年薪的四百八十倍左右——以今天來說，差不多是八、九百萬美元之譜。有趣的是，在一九九七年之前，獎賞都是以黃金的形式，而不是韓圓——這麼做大概是為了讓脫北者心安，因為他們可能會懷疑紙鈔的穩定性。另外這可能也受到台灣的影響，因為台灣也曾支付黃金給來自中國大陸的叛逃者。

然而，即便沒有優渥的特別獎賞，當時一般脫北者領取的金額也足以過上舒適的生活。除此之外，他們還享有其他若干福利。國家會提供脫北者優質的公寓，公寓會免費成為脫北者的個人資產。任何人只要想求學讀書，都有權進入自己屬意的大學，這在南韓可是一項不小的特權。原本是軍官的脫北者可以繼續在南韓軍隊中服役，並獲得之前在北韓朝鮮人民軍當中的同等軍階。有一段時間，脫北者抵達之後，他們還會有私人保鑣的服務。

一九九〇年代初期，情勢有了轉變。在共產陣營瓦解不久之後，共產主義思想對首爾當局已經不再具有重大危險，而衰弱的北韓也越來越不再被視為直接的威脅。另一方面，脫北者的人數也開始成長，而政治上對他們的需求也正好開始下降。在這新的環境當中，首爾當局開始重新思考，並在一九九五年左右默默終止對叛逃脫北的鼓勵。從那以後，只有擁有高價值情報的脫北者才能得到南韓的支援——而即便是在這種情況之下，首爾也變得越來越挑三揀四。

一九九三年，脫北者待遇的相關法規進行了大幅度的修訂，一九九七與二〇〇五年再次作了調整。新的法規明訂，脫北者獲得的援助津貼與其他福利都將大幅減少，而在每一次新修訂的版本中，金額都持續降低。

年代不同了，現在一般的脫北者光靠福利津貼不再能舒服度日。時至今日，抵達南韓之後，脫北者有資格領取三種類型的款項。首先，政府當局會支付一筆房租債券，提供脫北者一間小公寓。再者，脫北者會收到一筆款項。打從二〇〇五年起，這筆款項的金額明訂為一名脫北者一千萬韓圓，或者一萬美元。家庭可以收到比較高的金額，取決於家庭成員的人數。在抵達之際，三百萬韓圓的金額會先行支付，剩下的錢則是每一季分期支付，涵蓋脫北者在南韓新生活的頭兩年。

特別有價值的脫北者還有資格領取第三種類型的款項——這是一筆「特別獎賞」，金額有可能相當可觀。舉例來說，李哲秀是一位北韓空軍上尉，他在一九九六年駕著老舊的米格十九戰鬥機飛往首爾，於是一共獲得四億七千八百萬韓圓，當時相當於六十萬美元。這筆錢當中，有四億四千兩百萬是他的「特別獎賞」。這是相當高的金額，但是仍遠低於李雄平曾經獲得的數字。李雄平是另一名北韓飛行員，他在一九八三年也將一架類似的戰機開往首爾。畢竟，四億四千兩百萬韓圓只相當於一九九六年南韓平均年薪的二十四倍，但是一九八三年，李雄平領取的可是相當於四百八十倍的平均年薪！這不僅意味著米格19的軍事價值不復存在，更代表脫北者的政治價值也逐漸下滑。

黃長燁是前朝鮮勞動黨書記，在他脫北叛逃之後，他所獲得的金額雖然相對較小，但是仍然相當可觀：兩億五千萬韓圓。根據一九九七年當時的法律規定，兩億五千萬韓圓是「特別獎賞」可支付的最高金額了。不過，這些數字都是特殊的案例：近幾年來，高達百分之九十五的脫北者都沒有資格獲得任何的「特別獎賞」。

從一九九八年開始，脫北者的人數每年都翻倍成長，不過到了二〇〇二年之後，數字逐漸趨於平穩，大約落在每年一千至一千五百人上下。到了二〇〇五年夏天，居住在南韓的北韓人來到了六千七百位左右。南韓媒體將大量湧入的脫北者形容為一波「大出逃」，不過事實上，這樣的人數算是非常少的：畢竟，從一九六一到一九八九年期間，也就是在柏林圍牆的時代裡，西德每年平均接收東德兩萬一千名叛逃者！

脫北現在一點也不是新聞了，南韓報章雜誌早就停止報導。雖然媒體仍然會關注一些集體脫北的事件，或者是顯要人士的叛逃案例，但是就連這些也鮮少登上頭條。

與此同時，脫北依然是非常危險的一件事情。很少人會透過海路叛逃或者跨越戒備森嚴的非軍事區；如今，大部分的脫北者都是經由中國前往南韓。南韓位於海外的外交機構非常不願幫助這些潛在的脫北者，因此脫北者被迫必須仰賴自身的技能，或者依靠他們在南韓、美國的親人提供財務援助。

如果脫北者一路出錢出力，途中沒有遭到逮捕、殺害，最後成功抵達大韓民國，那麼他們又會發生什麼事呢？在抵達南韓之後，脫北者會立刻接受南韓政府單位的調查，通常都是國家情報院（也就是南韓從前的中央情報部）以及統一部（一九九〇年改稱統一院）。調查通常需要幾週甚至幾個月的時間，地點是在所謂的大城大樓。這段期間，難民會與外在世界隔離——其實就像是被監禁起來，不過這裡倒是一座相當舒適的牢獄。

調查過程結束之後，大部分的脫北者都會出席特別課程，為他們將來在資本主義社會中的生活做好準備。從一九九九年八月開始，這些課程都是由一座特別教育中心安排營運，該中心的地點位於安城市，距離首爾大約七十公里。這座教育中心的官方名稱為「歸順北韓同胞調適支援中心」（Center for Supporting the Adaptation of North Korean Defectors），一般俗稱為統一院。

截至二〇〇一年底，已經有大約六百名脫北者從統一院結業。統一院的修業時間是兩個月。原本的修業時間更長，但在二〇〇一年底做了縮減，因為中心無法負荷超乎預期的學生人數。大約有一半的教學時間都是花在了解南韓的文化上面，剩下的時間則是比較實用性質的訓練：基礎電腦技能、駕駛技巧（針對男性）——甚至還有烹飪課程（針對女性），因為許多首爾商店販售的食材對北韓人而言都十分陌生。脫北者還會學習到日常生活的一些基本技能——如何搭乘地鐵、使用手機、在超級市場裡購物等等。支援中心的課程講師有內部的常設工作人員，也有來自首爾若干大學的教授。

很顯然，統一院存在著一些嚴重的問題。在相當短暫的上課時間裡，該中心不可能幫助脫北者習得任何職業技能，讓他們之後能順利就業——即便只是低階的工作也不例外。南韓的媒體與政府機關時常批評支援中心，但是我們不應太過嚴苛，因為該中心的工作人力與資金絕對是供不應求。

從統一院結業之後，脫北者會獲得一筆「安居金」的款項，並且被分配到一處住所。他們的第一處住所是由政府單位決定，而目前嘗試的做法是讓脫北者遠離首爾定居——許多脫北者對此感到相當不快。從這個時候開始，脫北者幾乎完全就要靠自己生活了。於是最困難的階段就此展開——更多相關的問題便是我們接下來討論的主題……

脫北者的命運

一九九四年九月，一位名叫金亨德的北韓年輕人抵達首爾。這是一段漫長旅程的終點：他花了兩年的時間，試圖安全踏上南韓的土地。他終於克服所有難關，成功來到首爾，並且內心充滿期待。

兩年之後金亨德再次試圖逃亡——這次他嘗試逃回北韓。他遭到逮捕並且被關進監牢，因為根據南韓的法律，如果未經許可，嘗試前往北韓仍舊是一項罪行。二〇〇一年的金亨德已經是一位大學畢業生，並且在國會擔任文書人員，當時他說：「我不該再逃亡了。烏托邦到哪裡都不存在。」唉，這項體認對大多數的脫北者而言都是痛苦的領悟。

我們必須承認：脫北者在南韓過得並不好。他們的犯罪率（以千分比計算）比全國平均高了一·七個千分點。他們的所得只有南韓平均的一半左右。他們時常抱怨遭受歧視，無法找到一份像樣的工作，同時與南韓本地居民的關係也不融洽。

想當然耳，媒體有時也會報導相當成功的適應案例。李正國就在南韓成立了他自己的連鎖餐廳。申英姬成為事業小有成就的女演員，而她的丈夫崔世雄則創辦了一間極為成功的企業，從事貨幣兌換方面的業務。呂萬鐵在首爾開了一間小餐館。基於某些原因，餐飲事業在脫北者當中特別受到歡迎。

然而，如果更仔細檢視這些故事，我們就會發現一件令人不安的事實。這些幸運兒都是誰呢？他們之前完全都不是伐木工人、農民或漁夫。但是在過去十年裡，伐木工人、農民和漁夫卻占了脫北者的大多數。

餐飲業者李正國曾經是一名清流館的廚師，也就是所有平壤的餐廳當中最知名的一間。他的同事呂萬鐵則是北韓公共安全部（北韓警政單位）的前隊長——雖然並非顯要人物，但毫無疑問是菁英階級的成員。申英姬曾經是萬壽台藝術團的舞者，類似於莫斯科大劇院芭蕾舞劇團的概念。她的丈夫崔世雄——可以說是所有脫北者當中財務上最成功的一位——之前曾在幾間北韓貿易公司的海外辦公室工作過。在北韓，這代表的是非常崇高的社會地位。的確，他的父親是朝鮮勞動黨中央委員會的財政部門首長，他的家庭無疑是國家頂端的百分之〇·〇一。

能在研究中心、大學找到工作的脫北者通常也都來自北韓的統治菁英階層。張海星從前是北韓的劇作家和新聞記者，而現今則在南韓統一政策院裡工作，撰寫關於北韓的文章。他的女兒也引發了一些關注，因為她在南韓的學科能力測驗當中獲得了極為優異的成績。許多前軍官都持續在南韓軍隊當中服役，而且主要在情報機構或心戰單位。舉例來說，李雄平於一九八三年駕著米格19戰機逃往首爾，直到二〇〇二年過世為止，他一直都在南韓的空軍學校任教。

確實，幾乎所有北韓脫北者的「成功故事」都是來自於菁英。這點並沒有什麼令人意外的。北韓的上流菁英階層受過良好的教育、擁有領導技能。他們知道如何學習，而且更擁有企圖心。

然而，這對北韓未來的政治變遷並非是好消息。在北韓，領導能力似乎只能在既有的菁英身上看到。在未來，地方上的黨政書記會成為民選市長，他們將對民主矢言效忠，其熱情與信服力就像當年他們矢言對偉大的領袖效忠一樣。祕密警察未來會成為成功的企業家；至於將成千上百的北韓人送進監獄的人，他們的孩子將會從最優秀的大學畢業，並且領導著受他們父母迫害的人的後代。在其他前共產國家裡，我們已經看過太多如此的情況，其中也包括我的故鄉俄羅斯。

然而這該受到譴責嗎？也許吧。但是有什麼替代方案呢？有可能起訴所有曾參與北韓政權罪行的人嗎？不太可能，因為有太多人了。而無論後金氏王朝的北韓何時到來，屆時誰將成為政府官員、教師、警察和工程師呢？如果兩韓真的統一了，那麼由南韓空降的政治人物全面取代北韓菁英階層豈不是更為糟糕？我們唯一可以確定的是，接下來幾十年的韓國勢必不會太平靜……

飛機事件簿

如果你是北韓人，並且基於某些原因決定叛逃脫北，那麼你要如何脫離親愛的領袖的懷抱呢？時至今日，脫北叛逃已經不再那麼困難。北韓與中國之間的邊境漏洞遍布，所有北韓人幾乎都能直接穿越——只是他們會發現，現在要想進入南韓遠比逃出北韓困難許多。

不過，一九七〇、八〇年代的情況可不一樣。中國當時和南韓還沒有邦交，而且警察工作仍然非常有效率。因此，難民通常很快就會遭到逮捕，並且立刻遣送回國處死。在那個時代裡，北韓當局將意圖逃亡視為一項重罪。此外，地雷遍布、防衛森嚴的非軍事區也是一道難以突破的障礙，只有少數來自菁英單位的軍人才有可能走陸路跨越非軍事區。

因此，直到一九九〇年代初期以前，脫北者絕大部分都來自有錢、有辦法的少數北韓人。其中一個便是空軍飛行員。目前為止一共有六起這樣的叛逃事件，包含七名北韓的空軍飛行員。

第一起空中逃亡事件發生在停戰協議簽署的不久之後。一九五三年九月二十一日，北韓空軍盧今錫中尉將他的米格15開往南韓。對美國人而言，這可是一份情報大禮，因為這款戰鬥機在當時是共產陣營裡最好的——甚至可以說是全世界最精良的戰機。盧今錫獲得當時極為優渥的十萬美元獎賞，並且享有居住在美國的權利。他現在仍然住在美國，已經是一名退休教授，也曾經寫過一本關於自身經歷的著作*。

接下來一起空中逃亡發生在不久之後。一九五五年六月二十一日，當時還是南韓主要機場的汝矣島目睹了這場不尋常的降落。

北韓的一架雅克18教練機逐漸靠近跑道，上頭載著兩位好朋友，他們是決定一起脫北叛逃的北韓軍官。這是唯一一次脫北飛行員不是駕著戰機抵達的案例。

北韓的飛行員之後仍偶爾會有南飛的事件。一九六〇年鄭洛賢中尉架著米格15飛到南韓。一九七〇年朴順國少校接獲命令，必須將一架剛維修完成的米格15從維修廠飛回北韓靠近元山的空軍基地。他利用這次機會把戰機開到了南韓，並且以迫降的方式降落在江原道。

一九八三年的事件大概許多人都還印象深刻。北韓空軍李雄平上尉利用一次訓練的機會脫北叛逃，並且降落在一座南韓的機場。根據當時的慣常做法，他獲得了南韓軍方的委任，最終成為一名上校。

最後是一九九六年，另一起米格戰鬥機的叛逃上演：五月二十三日，李哲秀上尉將他的米格19戰鬥機飛越非軍事區，最終抵達首爾。巧合的是，首爾的空襲警報中心當時並未對戰鬥機的接近做出反應，於是中心的工作人員後來因為怠忽職守而遭到起訴。

然而逃亡並不是都只有單一的方向：有些心懷不滿的南韓人也利用同樣的方式出逃。一九五五年二月十七日，大韓民國的空軍上尉王鍊就駕著他的L19教練機飛往北韓，而且他很有辦法，同行還帶了他的妻子。

另外兩起事件則涉及了民航機的劫機綁架——這在北韓幾乎是不可能的事情。一九五八年二月十六日，當時國營的韓國國家航空公司有一架道格拉斯DC-3在飛行途中遭到了劫機。劫機者是一群北韓政權的認同者，他們要求將客機改飛平壤。政府堅稱這些人是平壤的間諜，不過這種說法相當令人懷疑。在二十八名乘客與四位機組人員當中還有若干外籍人士：一名是美國籍的駕駛員，另外還有兩名德國籍和一位美國籍的乘客。經過協商之後，外籍人士與大部分的南韓人都獲得了釋放，不過有八名乘客最後留在北韓，其中包括六位劫機者。這起事件對當時已經步履蹣跚的韓國國家航空公司造成重大打擊，最後更導致南韓首家航空公司的破產。

接下來一起劫機則發生在十年之後，時間是一九六九年。當時，北韓特務（這次他們似乎真的是特務，而不是北韓政權的認同者）劫持了一架大韓航空的客機，將飛機轉向飛往元山，當時機上一共有五十一人。同樣地，並非所有人最終都平安歸來：北韓宣稱，

* 這本著作是No Kŭm-sŏk with J. Roger Osterholm, *A MiG-15 to Freedom: Memoir of Wartime North Korean Defector Who First Delivered the Secret Fighter Jet to the Americans in 1953*（Jefferson, NC: McFarland, 1996）。

五十一人當中有十二人選擇留在「社會主義母國的溫暖懷抱」。

一九七〇年，北韓再次提供了「溫暖的懷抱」給一群國際劫機犯。這正是我們接下來要談的主題。

還在等待日本共產革命

一九七〇年三月三十一日，暴力事件極少的日本舉國震驚：一架客機遭到劫持，這是日本史上頭一次發生類似的事件。九名年輕人利用骨董武士刀和一枚炸彈綁架了日本航空的一架波音727。這是日本國內從東京飛往福岡的航班，由於飛機本身的名字叫做「尤多」號（日文音譯），因此這群劫機客後來被慣稱為「尤多集團」。他們當時命令駕駛員轉向飛往首爾，並且在首爾釋放了大多數人質，接著飛機持續前往平壤，他們最後在平壤要求政治庇護。

尤多劫機客來自日本一個小型的激進左派團體，叫做日本赤軍（Red Army Faction）。他們主張在日本發動游擊戰，認為這樣能帶來日本共產革命的凱旋勝利。在一次警方的突襲當中，他們在山間從事的「游擊訓練」遭到了清剿，而後警方又遏止他們試圖綁架當時首相的計畫，這些都讓日本赤軍變得惡名昭彰。

因此這些劫機客選擇逃亡，並希望他們有朝一日能在日本革命的光榮之日重返，就像是他們的偶像古巴的斐代爾・卡斯楚（Fidel Castro）曾經做過的一樣。他們原本打算逃往古巴，但是後來選擇北韓為目的地。當然，前往北韓相對容易，而且他們需要藉機發表自己的聲明。劫機是能夠吸引關注的好方法之一。

北韓政府接納了這群劫機客。這也沒什麼好奇怪的：在冷戰時期，來自敵方陣營的劫機客通常都會得到庇護——畢竟他們會被視為「自由鬥士」。北韓很顯然希望利用這些年輕人進行政治宣傳，而且或許還同意他們的理念，相信日本共產革命終有一天將會到來。

因此，日本赤軍的這些熱血分子受到了北韓當局的歡迎。他們大部分最終都搬進一間特別設計、受到圍牆阻隔的公寓大樓，和外在世界沒有任何互動，並受到北韓維安人員的嚴密監控。不過，這些劫機客享有的物資是最高標準，而如果外出申請獲得了核可，他們還能乘坐專屬的賓士轎車。此外，他們還能領取優渥的生活津貼。

但他們必須出席意識形態課程講座，講座每天長達好幾個小時。不久之後，這些劫機客發布聲明，表示自己已經改信奉主體思想，並且願意將主體式革命的火炬帶往日本——日本應該也一直熱切等待這項好消息。在接下來的好幾年裡，這幾位逃亡者完全消失在公眾的視野裡。

有幾位集團成員遭到北韓當局帶走，從此再也沒有人見過。不過大部分的劫機客仍然居住在他們的黃金籠屋裡。一九七五年，尤多集團的團長和他的女友團聚，因為他的女友自願前往北韓。很顯然，這名年輕女子的到來為原本清一色男性的團體造成了一些變化，於是北韓當局很快又展開了一項新任務：他們開始為這幾位賓客尋找老婆。根據這個時間點判斷，這項計畫應該得到了最高層級的核可。我甚至懷疑，根本就是金日成本人下達的命令，要求替這幾位孤單的日本男人尋覓伴侶。

這種做法頗有老派儒家的作風，無視自由戀愛，因為那是太過現代、頹廢的事物。在這個案例當中，「尋找老婆」這幾個字必須做字面的解讀。北韓的情報機構開始尋找人在海外、能夠下手綁架的日本女性，而且思想上還要是「有救的」——也就是說，要不就是非政治化，要不就是對左派抱以認同。值得一提的是，平壤很顯然從未考慮讓這些日本叛逃者迎娶北韓女子。跨種族、跨國籍的婚姻在當時的北韓是一道嚴格的禁忌（現在仍舊如此），而打從一九六〇年代以降，對於「國族純正血脈」的讚頌一直都是北韓的常態。

有一些潛在的人選被引誘到了北韓，手段可能是騙她們來念書，或者是進行一趟異國之旅。有一位不幸的女孩誤以為能前往蒙古旅行（蒙古是日本人普遍嚮往一遊的國家）——最後卻發現自己被困在平壤。

尋找老婆的行動十分快速地展開，效率也相當驚人——這點同樣間接確認了金日成本人的介入。到了一九七七年春天，七名合適的日本女性已經從鎖定目標、遭到綁架，到參與速成的意識形態再教育，最終被交付給她們未來的丈夫。一九七七年五月初，尤多劫機客迎來了他們的妻子，而不久之後，金日成本人也親自抵達，為這些革命鬥士獻上祝福。這幾對伴侶很快都有了小孩，而且差不多都是同時出生，接著他們又繼續享受著公寓中充滿特權、與世隔絕又受人監控的生活。

從一九七〇年代末期、一九八〇年代初期開始，尤多集團贏得了北韓當局足夠的信任，能夠開始參與北韓海外的祕密行動，其中包括歐洲、日本和泰國。於是，他們的付出終於得到了報償……

叛逃王子之死

南韓完全不是一個以高暴力、高犯罪率著稱的國家。因此，一九九六年二月十五日的事件造成了南韓人民的震驚，因為在首爾南邊的盆唐區裡，一座公寓大樓的居民在樓梯間發現一具倒臥在血泊中的屍體。受害者年紀約三十五歲上下，他的頭部受到了槍傷。受害者被人發現時意識仍然清醒，因此還能夠呼喊：「間諜，間諜！」他被緊急送往醫院，然而最後被宣判腦死。

這起事件的受害者是三十六歲的李韓永。截至目前為止，他是唯一一位北韓金氏家族當中已知的脫北叛逃者。

李韓永的本名為李一男，出生於一九六〇年。他的父親是一名前途無量的科學家，然而在李韓永年紀還非常小的時候死於一場車禍，於是他便由母親撫養長大；他的母親是一位顯赫的作家暨新聞記者。在他的家族當中，他的祖母金源珠扮演了主導的角色。這位老婦人曾經是首爾左派新聞媒體的閃耀之星，不過在一九四〇年代期間，她和全家人一同叛逃到了北韓。由於存在「與南韓的連結」，這個家族在政治上顯得相當弱勢、不安穩，不過他們仍舊是北韓統治菁英階層的成員。李韓永的阿姨成惠琳後來成為電影明星，而且幾乎可以說是一九六〇年代北韓最受歡迎的電影明星。

成惠琳的造化改變了她整個家族的命運——不過是好是壞其實很難說。一九六〇年代末期，這位知名的美人吸引了年輕金正日的目光，並且很快就成為他的情婦。他們生下了一個兒子金正男，現今時常被視為金正日可能的接班人。這段感情從來沒有獲得金日成的認可，最終兩人分手，成惠琳被送往莫斯科接受精神治療。儘管如此，她的整個家族因此得以享受統治階層的特權、體會朝廷生活的壓力，而前者的物質慰藉總是摻雜著後者的不安穩。

一九七〇年代末期，李韓永前往莫斯科留學。這在當時是相當罕見的特權：在那個年代，北韓對於送年輕人出國留學非常謹慎小心，即便是前往理論上的「兄弟」共產盟邦也不例外。確實，和平壤比較起來，當時的莫斯科是一個非常自由、開放的地方，在那裡一位北韓年輕貴族能夠享受的自由程度在家鄉完全無法想像。或許就是在那段時間裡，李韓永開始思考叛逃到西方國家的可能。

一九八二年機會來了。當時李韓永人在日內瓦學習法語，他暗自與南韓駐瑞士大使館取得了聯繫，而大使館的外交官讓他前往南韓。首爾很樂意接收這樣一個寶庫，藉此取得北韓領導階層的內部情報，不過這起脫北叛逃事件並沒有被用來打政治宣傳戰。相反地，脫北者獲得了新的身分：李一男變成了李韓永。他的叛逃一直都是嚴格保守的一項機密。他甚至還進行了整形手術，改變了原本的樣貌。

然而，李韓永很快就發現，在資本主義世界，財富並非每一個人都能享受。一位從小養尊處優的小伙子可沒準備好要努力工作，而且由於他對南韓資本主義社會的運作一派無知，因此很容易就遭人誤導。因此，他在南韓的十五年可謂災難一場——他自己也在人生的最後幾個月裡坦承了這一點。

有一段時間裡，一切還相對順利。一九八四年，李韓永進入漢陽大學。從大學畢業之後，他結了婚並育有一個女兒。由於俄文流利，他曾短暫在韓國國際廣播電台的俄語部門工作（韓國國際廣播電台是韓國廣播公司的分支機構）。不過後來，李韓永試著自己創業。他的公司很快就破產倒閉，而他也被指控涉嫌侵占。他接受了庭審，最後遭到判處三年徒刑。雖然他很快就獲得開釋，但是他的財務狀況也已陷入困境。

接著在一九九〇年代中期，他犯下了事後證明為致命性的一項錯誤：他決定利用自己的身分，以及自己對北韓菁英階層的內部了解，開始上談話節目，接受不同的訪談。他甚至出版了一本著作，內容高聲批判北韓的「皇室家族」。

可能就是這本書葬送了他的性命。李韓永了解這麼做的風險：在書籍出版之後，他正式與妻子離婚，藉此確保她的人身安全，而他自己則進入半隱居的狀態。然而這麼做沒有用：形單影隻的個人可鬥不過擁有全世界數一數二精良情報機構的北韓政府。他在與朋友合住的公寓附近遭到了槍殺。殺手當時並未落網，不過事隔幾年之後，一位遭到逮捕的北韓間諜確認，這起謀殺確實是由北韓特務一手執行，並且在北韓被視為一項重大任務。

逃亡——為了追求更好的？

如今，抵達南韓的脫北者人數與日俱增。不過，人們一定想問：那麼從南韓前往北韓的叛逃者呢？這種叛逃也有嗎？簡短的答案是：「有的。」——但是，我們往往很難（甚至沒有辦法）清楚區辨叛逃與綁架之間的差異。

直到一九五三年的停戰協議之前，大規模遷徙在韓國境內相當常見。左派逃往北韓，而右派遷往南韓，兩者的規模都很龐大。而戰爭的結束也不代表遷徙就此落幕。戰後逃往北韓的人數雙方都未曾公開過，不過直到一九七〇年代為止，逃往北韓的人數似乎大致等同於逃往南韓的人數。

一九九五年，南韓軍方公開叛逃前往北韓的士兵人數。在一九五三至一九六九年期間，記錄中一共有三百九十一位叛逃者。一九七〇年代期間，叛逃的士兵人數下降到四十二人，到了一九八〇年代只剩十七人。很顯然，這些數字反映出了整體的趨勢。

一九五〇年代，北韓在人均工業生產率與經濟成長率方面都領先南韓。教育、健康醫療、科學、科技領域的成功，再加上平壤大量政治宣傳有技巧地美化、點綴，使得北韓對許多南韓人而言頗具吸引力。更有甚者，南韓在國際上一無是處，不僅是一個一貧如洗的國家，而且政府既無能又貪腐。

大部分的南韓人都還願意接受這些，尤其是因為他們早先曾在一九五〇年的夏秋兩季，短暫經歷了共產黨統治的苦難與殘酷。然而異議分子依舊存在，對某些人而言，相對於窮困潦倒的南韓，北韓看起來的確是真實、有吸引力的替代選項。除了這些受到誤導的理想主義者之外，南韓的叛逃者還包括了若干有法律或者精神問題的人：在冷戰時期，一位叛逃者往往對南北雙方都同時是一份大禮。

接著情勢開始有所改變。南韓一直要等到一九八〇年代晚期才成為民主國家，但是它的經濟發展速度卻是突飛猛進，而北韓先是發展停滯，之後則開始一路走下坡。即便存在著獨裁政權的種種傾向，南韓的政治強人對待人民卻相對寬容許多。於是，叛逃者的人數開始減少，到了一九八〇年代初期，只剩下某些不切實際的左派空想家還會對顯而易見的事實視而不見，意圖叛逃前往北韓（我們必須承認，確實還是有這樣的人）。

在很大程度上，北韓對待敵方叛逃者的方式非常類似南韓。叛逃者能獲得精美的房子、優渥的津貼，而北韓當局也鼓勵他們提供重要情報或者軍事設備。然而問題在於，在高度階級化的北韓社會，這些叛逃者究竟能享受特權到什麼程度（以及享受多久）？對於逃往富裕、寬容的南韓的脫北者而言，「適應衝擊」已經是相當大的一項問題，因此對於前往北韓的叛逃者來說，衝擊又更劇烈，而且只要一不小心失言就很有可能鋃鐺入獄。截至一九九九年，據稱有二十二名南韓的叛逃者被關進北韓監獄——而實際的數字只會更高。

然而，如此的命運比較有可能降臨在政治重要性低的叛逃者身上——心生不滿的士兵、不食人間煙火的研究生，或者一貧如洗的漁民。如果曾在南韓執掌顯要職位，那麼叛逃者也有比較高的機會在北韓生存、發展（這同樣也呼應了脫北者在首爾的命運）。舉例來說，姜太武是一位南韓軍官，他在韓戰爆發前不久選擇叛逃，而現在他已經是一位二星將軍了。釜山大學的尹老彬教授叛逃的時間比較晚，是在一九八三年，目前他是一名新聞記者，負責產出政治宣傳素材，目標鎖定南韓社會。

在所有南韓的叛逃者當中，最顯赫的或許是崔德新，也就是南韓前外交部長。他於一九八六年叛逃北韓，並於一九八九年在北韓逝世。他的叛逃當時成為北韓政治宣傳的重要主題，甚至還被拍成一部電影。

許多教育背景良好的叛逃者都為心戰機構工作，以南韓為心戰鎖定的目標。他們的職責有廣播電台的播音員、編輯和撰稿人，以及南韓統一研究院與類似機構的研究人員。

第十八章 北韓史達林主義的悄然瓦解

主體式農業的失敗

饑荒乍看之下是過往的產物——至少在非洲以外的地區如此。的確，拜現代科技之賜，當代人幾乎不費吹灰之力，就能填飽肚子。因此，現在大多數的饑荒都是源自於管理失當以及有意的政治決策。北韓一九九六至二〇〇〇年的那場饑荒就是很好的例證。

過去數十年來，北韓大概是全世界史達林主義最完美的實踐者，在很多方面比史達林統治的俄羅斯更具有代表性。因此，北韓的農業政策也依循著舊蘇聯的模式，於是也導致了同樣悲慘的結果。史達林主義式的農業從來都不是有效率的。由於缺乏誘因，農業生產往往遲滯且浪費。然而，在某些案例當中，由於大量的機具和肥料投資，社會體系的無能所導致的缺陷還是得到了克服。

這正是北韓的情況。一九五〇年代晚期，所有的北韓農民都被匯集到所謂的農業合作社體系。雖然不像中國毛澤東的人民公社那麼嚴格，但是管控程度還是比史達林的集體農莊來的高。

然而，雖然存在著集體農耕的種種缺點，但是北韓政府對於農業的投資不遺餘力。而這樣的努力也造就了可觀的能源農業系統。電動幫浦運作著大型的灌溉體系，而化學肥料與拖曳機也獲得大規模的使用。為了爭取可耕地，陡峭的坡地開墾成了梯田。這些梯田獲得了金日成本人的背書，直到一九九〇年代中期之前，梯田一直都是北韓農業海報宣傳的重要意象。

剛開始，這些努力似乎發揮了效用。一九八〇年代期間，北韓每年大約生產五、六百萬公噸的穀物（大部分都是稻米和玉米）。北韓人民從未享受過真正豐盛、高品質的糧食：肉類和水果都是罕見的珍饈，而新鮮蔬菜大多是以泡菜的形式食用，主要為韓式辣味的發酵捲心菜。即便如此，六百萬公噸的穀物還是足以滿足整個國家的基本營養需求，提供兩千多萬北韓人口充分的熱量，從事日常生活中的各種活動。所有的糧食都會經過配給，配給的量取決於一個人在複雜社會階層中的地位，每位成年人每日從三百到八百公克不等，而七百公克是最典型的配給量。

數十年來，平壤的政治宣傳都將北韓描述為經濟自給自足的典範，完全毋須仰賴任何其他國家。這樣的形象塑造得很成功，尤其是在耳根子比較軟的第三世界，以及一直都容易輕信政治宣傳的左派學界。所謂自給自足背後的祕密很簡單：北韓其實接受了蘇聯與中國大量直接、間接的援助，但是卻從來沒有公開承認過。雖然對於這種「不知感激」的態度感到不滿，但是莫斯科和北京都沒有置喙太多，因為這兩大共產巨頭都希望和這個小而善變的盟友維持友好關係，至少表面上維持也行。

但是一九九一年情況有了改變。原本北韓高聲讚頌的「自給自足」證明完全是個謊言。蘇聯決定不再以大幅折扣的價格販賣石油和其他貨品給北韓，而這對北韓的經濟造成了重創。農業是格外脆弱的領域，因為如果沒有大量能源與資源的投入，農業完全沒有機會存活下來。拖曳機需要柴油，但是柴油的供給不再充足，而由於備件短缺，發電廠開始閒置，因此電動幫浦也無法運轉。

一九九二到一九九三年期間，北韓媒體開始主張，為了提升健康，一個人一天應該只吃兩餐就好（傳統的一日三餐被視為份量太多、不利健康）。到了一九九四年，某些偏遠地區的人民有時好幾天都無法取得食物。雖然配給券依舊正常發放，但是在商店或者配給中心已經沒有糧食了。配給的量本身也有所削減——這些都預示著即將到來的災難。

接著真正的災難降臨了。一九九五年的七月和八月，罕見的暴雨造成了災難性的洪澇。北韓當局將接下來的事件發展都怪罪給洪澇之災。平壤聲稱，有大約五百四十萬人因為一九九五年的洪患而流離失所，不過稍後聯合國的調查則顯示，實際的數字遠遠低了許多。政治上而言，這些聲明都可以理解：如果國家遭遇了史無前例的重大天然災害，那麼政府當局就不需要因此負起責任。

然而，人們有充分的理由懷疑政府的聲明。當然，洪澇對災難的催生確實無可否認。原本就已經破敗的電網因此遭到摧毀，整個灌溉系統也被完全破壞。大部分的梯田——「主體式農業」曾經的驕傲——也都被沖毀殆盡。

然而，這些都不是一九九六到一九九九年大饑荒的主要原因。北韓農業的危機其實更早之前就已經開始，而中國也已清楚示範了可能的解決方案。一九七〇年代，中國正面臨著糧食的短缺問題。短短十年之後，中國人民糧食無虞的情況就已經超過歷史上任何時間。原因是什麼呢？那就是從大型國營、國有的農耕，轉變成個體戶的生產。這項轉變是一九七〇年代晚期由鄧小平一手擘畫的，在短短幾年之內，中國農業的面貌完全改觀。類似的改革也在越南施行——結果同樣成功。

為什麼這樣的經驗沒有套用在北韓呢？北韓領導階層認為，唯有對人民絕對的管控才有利於政權的維繫。自耕農民政治上的危險性太高。的確，這樣的計畫在其他共產國家效果良好。但無論是中國還是越南，都沒有富庶而民主的資本主義「分身」作為勁敵。換句話說，並沒有一個「南中國」會對北京的領導階層帶來問題（台灣太小所以威脅不大）。

北京可以在宏大的計畫中包容一點資本主義，但是在北韓，類似的改革很可能引發民眾的疑慮：「如果市場經濟是好的，那我們的體制又為何優於實行資本主義的南韓呢？」

因此，在金日成長年統治的最後幾年裡，北韓當局決定不改變。不會有什麼改革在北韓出現，也沒有異議的聲音能得到容忍。這麼做被認為是政權穩定的基本條件——而情況或許確實是如此。即便其他的共產政權一個接著一個垮台，平壤卻繼續存活了下來。

這樣的政策既理性又有效率——從政權的利益來看確實如此。但是這麼做是有代價的，而代價得由平民百姓來負擔。這些付出代價的老百姓正是一九九六至一九九九年不計其數的受難者，他們的死亡換得金日成持續的掌權。受難者人數最高估計「超過兩百萬人」，不過也許最低的數字——六十至九十萬人——更接近真實情況。但這仍然是非常高的數字——相當於北韓人口的百分之三到百分之四。

饑荒是政治決策所造成的結果。這並不表示政府希望饑荒發生——政府並不這麼希望——但是一邊是維持現狀、甘冒饑荒的風險，另一邊則是嘗試改革、承擔人民革命的風險，而最後政府選擇了前者。

儘管如此，饑荒啟動了各式各樣的契機，並在適當的時機點引發北韓的巨大轉變。一九九〇年代初期，北韓是全世界最後一個真正奉行史達林主義的社會，然而到了二十一世紀的開端，北韓卻已經產生了劇變。舊有的體制已經開始衰亡，而新的體制正逐漸浮現。史達林主義式的獨裁政權已經變成了傳統的專制政體，不過某些舊體制的特點與言辭作風依舊健在。

隨著南韓的旋律起舞

二〇〇五年年初，我和一位曾經長期在平壤工作的西方人士對談。他描述了近期北韓的各種轉變：「曾經，如果有人出國要返回北韓，人們往往會要他帶回一籮筐的香菸。如今，我的北韓同事要我帶回去的則是電影，尤其是南韓電視連續劇的錄影帶。」的確，北韓正在經歷一場影視革命，而這勢必會對北韓的未來產生深遠的影響。由於新科技所帶來的壓力，以及舊經濟體的無效率，過去維繫了數十年的資訊封鎖正在日漸瓦解當中。

是什麼殺死了蘇聯式的國家社會主義呢？根據分析，答案是其本質上的經濟無效率。國家是一名糟糕的企業家，這點整個二十世紀的經濟史都可以作見證。西方資本主義的經濟生產與表現都優於東方共產主義，而共產國家在諸多領域都呈現落後局面，其中包括人民的生活水平。

因此，共產主義政府必須執行嚴格的管控，防止資訊從國外流入。這麼做有好幾點考量，不過主要的原因在於，統治者不希望平民百姓發現：在理當「受盡剝削」的西方國家裡，與自己社會地位相近的人竟然遠遠更為富有。不過人們最終還是發現了這項事實，而一旦真相大白，國家社會主義的命運也就到此為止。

在蘇聯與其他東歐前共產國家裡，未經審查的資訊大部分都來自於短波廣播節目。英國廣播公司、美國之聲與自由歐洲電台尤其受到歡迎。蘇聯是一個比北韓自由開放的社會，因此蘇聯公民能夠在商店輕易買到收音機。就我所知，莫斯科在承平時代從來沒有考慮要禁止短波廣播收音機——這或許是因為，在幅員如此遼闊的國度裡，這種做法將會阻斷很大一部分人口唯一的通訊方式。政府偶爾會採取無線電干擾，但這麼做不見得很有效，因為這只有在大城市附近才有效。

資訊封鎖第一次遭到突破其實是北韓官媒本身的無心之舉。一九八〇年代，北韓的電視節目短暫出現了一九八〇年光州事變的畫面，以及一九八七、一九八八年南韓大規模罷工的景象。這些片段讓北韓人民感到困惑。南韓人看起來並不像在挨餓受凍，而且也沒有衣衫襤褸。事實上，這些「絕望中掙扎的老百姓」穿的衣服絕對優於北韓人民的平均水準，而且他們沒有人看起來營養不良！

不過，資訊封鎖真正的瓦解起始於一九九〇年代中期，當時有大批的北韓難民跨越邊境，希望在中國東北找尋食物和工作機會。許多難民最終回到了家鄉，並且帶回新的想法、資訊以及新的音樂。

中國東北的延邊地區擁有兩百萬朝鮮族人口，他們大多是中國公民。一九九二年之際，北京與首爾建立正式的邦交，於是這個地區開始吸引越來越多的南韓人造訪。觀光客、傳教士、教師、間諜紛紛蜂擁而至，此外當然還有絕對不會缺席的商人。他們很快打造出了新的環境，而且與美國西部當年那些淘金熱小鎮竟然有幾分神似。來自南韓的東西比比皆是。卡拉OK酒吧播放著首爾最新的流行歌曲，網咖也能連上南韓的各式網站，而來自首爾的雜誌刊物——大多是比較情色、養眼的類型，藉此迎合當地居民較為通俗的品味——也到處都看得到。

在一九九五到二〇〇五年之間，大約有五十萬北韓難民跨越邊境進入中國，他們最後大多返回北韓，並且帶回關於中國成功的故事，以及南韓幾乎不可置信的富庶與繁榮。簡單來說，這些故事所依循的模式就如同一位難民所言：「和我們的國家比起來中國已經像是個天堂，但是中國人卻說，和南韓比起來他們還非常窮困呢！」在北韓流傳這些故事有些危險，但是人們還是一傳十、十傳百。

從一九八〇年代晚期開始，南韓的流行歌曲就開始在北韓各地流傳，特別是當錄音帶在富裕家庭逐漸普及之後。韓國人對歌唱的喜愛眾所周知，而當代南韓流行歌曲的旋律朗朗上口，因此在北韓吸引了許多人的注目。有一段時間裡，政府當局試著抵擋這股潮流，人們有時還會因為在公共場合唱南韓的歌曲而遭逮捕。時至今日，政府當局傾向對這類輕微的違規行為睜一隻眼、閉一隻眼。南韓流行歌曲被委婉稱作是「延邊歌曲」，彷彿這些歌曲都是中國朝鮮族創造出來的。到了二〇〇一年，平壤甚至還認可了幾首南韓老歌，將這些歌曲納入官方許可的清單當中。

然而，真正的突破其實發生在近期，而這很大一部分得歸功於錄影帶。如果說蘇聯是因為短波廣播而垮台，那麼在北韓，錄影帶播放器可能扮演類似的角色。

就像許多其他的重大社會變革一樣，這次的改變也是源自於小型的技術革命。ＤＶＤ播放器早先已經存在好一段時間，不過大約到了二〇〇一年左右，這些播放器的價格開始大幅下降。中國東北也不例外。當地的中國家庭開始購買新的ＤＶＤ播放器，這讓他們舊有的錄影帶播放器變得過時。於是，中國市場上頓時充斥著極為便宜的二手錄影帶播放器，只要十至二十美元就能買得到。許多這些二手機器會先由走私者買下，接著他們再運送往橫跨北韓、中國之間漏洞遍布的邊界。這些播放器在北韓會以高額的價格轉售，不過每一台仍然只需四十到六十美元左右。

這使得錄影帶播放器能讓大部分的北韓家庭負擔得起。一九九〇年代期間，他們需要付兩百美元左右買一台錄影帶播放器——這是一個高不可攀的價格，因為北韓平均月薪只有區區五美元。五十美元的錄影帶播放器就能讓許多北韓家庭買得起了，不過他們仍然得努力存錢才能買上一台。這方面並沒有任何可靠的數據，不過根據近期的估計，大約百分之五至百分之十的平壤家庭擁有一台錄影帶播放器，而這點在政治上是一件非常重要的事情。

由於官方的藝術節目過於索然無味，錄影帶播放器便成了很好的娛樂消遣。毫無疑問的，人們買這些昂貴的機器可不是為了看《朝鮮之星》（*Star of Korea*，這是關於偉大的領袖青年時代的一齣冗長傳記片）！由於全世界唯一生產韓語節目的國家就是南韓，因此大部分的節目自然都來自首爾，並且經由中國進入北韓。南韓的連續劇是最受歡迎的節目之一。某方面來說，人們如今常說的「韓流」——近期南韓流行文化在東亞地區引發的熱潮——也成了北韓生活的一部分。北韓的年輕人熱切模仿著他們在南韓電影中看到的時尚台詞。這對北韓政權的未來勢必不是一件好事。

兩韓的發展以及生活水平落差實在太大，遠遠超越了東、西德之間的差異。南韓的人均國內生產總值（GDP）差不多是一萬美元，而北韓大約是五百至一千美元之間。肥胖在南韓是一項嚴重的健康問題，但是在北韓每天能夠吃到米飯就已經是十分富裕的象徵。南韓是全世界第五大汽車生產國，平均每兩位成年人就有一輛汽車，而在北韓，人民擁有私家車的比例還不如美國人擁有私人飛機的比例。南韓是全球寬頻網路連線的領頭羊，而在北韓，只有主要城市才有自動電話交換機，擁有私人電話仍然是一項特權，大多只有官僚幹部才能享受。南韓的真實情況與北韓的政治宣傳截然不同：筋疲力竭的人們大排長龍，站在就業站前無望地找尋一份工作，或者無辜的學童遭到毆打，因為他們的家長無力負擔學費，另外還有成群的女人賣淫給「有虐待狂的美國大兵鬼子」。

南韓生活當中熙來攘往的街道，人們偶爾上餐館吃一頓午飯，汽車俯拾即是，而且一年通常可以出國度假一次……這些都在電視連續劇裡忠實地呈現。

當然，南韓的電影業者並沒有刻意追求任何政治目的，他們的作品通常都是愛情、家庭關係與遁世冒險的通俗故事。這些電影在製作的時候並沒有特別為北韓的觀眾設想。不過，這些作品相當忠實反映了南韓的生活，而這些畫面卻迥異於北韓官方媒體的報導。

我並不認為北韓人民會認真看待他們在南韓電影中的所見所聞。他們了解，北韓的電影總是嚴重誇大自己國家的生活水平，所以他們預期，其他國家的電影業者也會做出同樣的事情，其中也包括了南韓的電影人。因此他們很難相信，在南韓所有人每天都可以吃肉，以及首爾的每一個家庭都有一輛車。如此難以置信的財富已經超越了他們所能憧憬的極限。然而有些東西是假不了的——例如首爾的城市景象，裡頭點綴著摩天大樓以及令人讚歎的建築。

於是，北韓人逐漸意識到，南韓其實並非饑饉、絕望之地，和北韓政治宣傳的描述並不一致。在不久的將來，這勢必會產生政治上的後果，因為南韓窮困潦倒的迷思一直都是北韓政權能夠生存下來的根基。

平壤一直以來的正當性都是立基於：自己是更好的政府，能提供的生活品質在「受盡剝削」、「窮困潦倒」的南韓是無法獲得的。如果北韓人民發現了南韓的富饒，那麼平壤政府的麻煩可就大了，遠比北韓成功的東德政府的命運已經證明了這一點：兩韓之間的經濟落差遠比當年兩德之間還要巨大。根據目前的估計，南韓的人均國民生產總值（ＧＮＰ）差不多是北韓的十至二十倍之多。

影視革命非常重要，但是還有更多的裂痕正在北韓資訊封鎖的牆上出現。過去數十年來，平壤費盡千辛萬苦建構、維護著這道資訊封鎖之牆，而事實也證明，相關的營運和維護成本相當高昂，但北韓政府正面臨金錢短少的窘境。

雖然在北韓販售的收音機都已經經過鎖頻調整，但是這已經不那麼重要了，因為便宜的電晶體收音機現在會從中國跨境走私而來。許多北韓人都會收聽美國之聲和自由亞洲電台的韓語節目，此外還有韓國廣播公司針對北韓聽眾所製作的節目。

二〇〇三年的一項調查顯示，有百分之六十七的脫北者在他們逃亡之前，曾經收聽過外國與南韓的廣播節目。當然，這個數字並不是非常具有代表性：如果有叛逃的意願，那麼顯然也會比較有興趣收聽外國廣播節目。儘管如此，我們仍然可以很清楚看到，摯愛的領袖的懷抱以外的世界正在北韓境內流傳開來。

日常的管控也正在瓦解當中——長遠而言，這件事情可能更加重要。早年一名工人每天必須花上好幾個鐘頭的時間，修習意識形態思想教化課程，而且被要求背誦許多偉大的領袖與他兒子（親愛的領袖）的演講。時至今日，政府當局越來越難確保人們真的出席了這些無聊課程。許多其他的公共儀式也一樣，而這些活動曾經形塑了北韓人民的日常生活，例如：向偉大的領袖的肖像與雕像致敬、參與大型動員集會等等。特權人士仍舊必須出席，否則他們的崗位與職涯可能不保，但是官階底層以及完全在階層之外的北韓人民已經不在乎這些了。

在新的情勢當中，停工許久的工廠工人已經意識到，國家官僚體系不僅無法獎勵他「政治正確的行為」，也無力懲罰他拒絕參與國家儀式的行為。如果像這樣的人能在經濟上存活下來，那麼很大一部分都是靠著自己小規模的商業活動或手工藝。這樣的人已經獨立於瀕臨崩盤的國營經濟體系，因此也對潛在的威脅免疫，並且無視晉升、降階的誘因以及配給的增減，而這些都是過去數十年來確保人民遵守規範的日常手段。在新的情勢當中，許多輕微的違規行為很可能都不會受到懲罰，甚至不會得到政府當局的注意或理睬。

新興的市場攤販和其他半合法的私人企業員工尤其不受政府潛在壓力的影響（或者已經見怪不怪），而過去這樣的壓力曾確保民眾遵守規範了數十年。攤販無法獲得晉升或遭到降階，沒有辦法被轉調到比較好或是比較差的工作上，他們的住所也不是由政府當局所決定（不過老實說，大多數人住的房子仍舊來自於舊體制還在運作的時期）。

北韓能安然度過如此的自由化過程嗎？許多人都假設，存活下來不無可能——畢竟後毛澤東時期的中國也存活下來了，而且還蒸蒸日上。然而其中有一點重大的差異：中國共產黨並沒有一個富裕、民主的「中國分身」緊靠著邊境（當然香港和台灣算是例外——但這兩個小型政體規模太小）。在韓國的案例當中，一貧如洗的北韓人可能會認為，與南韓統一將是他們諸多問題的快速解決之道。唯有對南韓富庶的無知，再加上對迫害感到恐懼，才得以避免北韓依循著東德的前例。然而，當這樣的無知與恐懼都不存在之後會怎麼樣呢？政府有能力找到替代方案嗎？或者至少提供夠快速、規模夠大的經濟成長，藉此平息反抗的聲音？但這些看起來都不太可能。

走向市場，走向市場……

北韓生活的中心是哪裡呢——或者說，打從一九九〇年代中期以來，什麼地點成為北韓的生活中心呢？在北韓的城市當中，最為重要的場域是什麼？大部分的北韓人並不需要思考太久就能回答這個問題——是市政廳嗎？還是偉大的領袖的雕像？也許是地鐵？如果有機會被問到這個問題，大多數的北韓人大概都會回答：「當然是市場！」的確，過去十年來，北韓的市場歷經了一段蓬勃發展的時期。

共產主義國家與市場之間的關係從來都不簡單。市場追根究柢的本質就是草根資本主義的體現。資本主義體制的另外一個名稱（老實說聽起來也較為正面）正是「市場經濟」，而這點也並非巧合。儘管如此，鮮少共產政權真的考慮要將市場禁絕。人們打從一開始就很清楚，政府管控的分配系統並不足夠、完整，因此市場的存在必須得到容忍，不過同時也受到各式各樣的限制。

或許沒有其他共產國家像一九六〇年代的北韓一樣反對市場了。一九五八年八月，也就是廢除私人商店不久之後，北韓的內閣命令第一百四十號便要求，市場制度必須進行徹底的改變。一個月只允許市場營業三次，而且穀物（包含白米）沒有辦法在市場上進行買賣。此外，市場受到各式各樣的嚴格規範，而且整體而言，政府當局看待市場總是帶著不安與輕蔑，認為這是「資本主義的遺毒」。

當時，所有的農民都已經成了國家旗下的員工，只差名分上沒有這麼說而已。他們耕作的田地隸屬於國營合作農場，而農產品必須以固定的價格販售給國家。即便如此，農民仍保有小塊的私有地。這些私有地的農作物——大部分都是蔬菜和草藥——可以拿到市場上販售。

這套體制和其他共產主義國家的情況大致雷同。北韓的不同之處在於，私人生產的糧食過於短缺。和其他共產國家比較起來，這些北韓農民的私有地相對小了許多——每一戶只有十五至三十平方公尺而已。這是刻意為之的結果。在許多其他共產國家裡，農民可以擁有比較大的私有地——於是也就能賴以為生，因而忽略他們在合作農場裡應盡的工作義務！然而，如果沒有自己的田地，農民也就別無選擇，必須為國家多幹一點活兒。

一九六〇年代期間，私有市場幾乎完全從北韓的城市裡消失，在農村地區也不太被容忍。不過事實證明，經濟的現實還是強過政府頒布的禁令。一九六九年，金日成就承認反市場政策的失敗，並且親自核可市場重新開張。他也百般不願地承認，北韓的國營企業並沒有辦法生產出平民百姓真正需要的所有東西。一九八四年，新的法規允許市場數量的增加，並且也同意讓市場每天營業。

然而，即便到了一九八〇年代晚期，在「社會主義天堂」的首都裡，市場的存在仍舊被視為不甚恰當。市場必須讓人們感到羞恥，因此被推向城市的邊陲地帶。直到一九九〇年代初期以前，大部分的市場都位於隱蔽之處，藏身於住宅街區或是狹窄的巷弄。在平壤，最主要的城市市集是位於一座大型的高架橋底下，而且坐落在首都最東邊的地帶，距離市中心能有多遠就有多遠。

直到一九九〇年代初期以前，北韓市場的規模都還非常小，往往環繞著高牆，而且總是擠滿了人。許多商店裡買不到的貨品都能輕鬆在這些市場裡找到，不過貨品的齊備程度並不特別出色。市場上沒有賣太多的食品——只有一些蘋果、肉類、雞鴨、大豆和自製的甜食，另外偶爾會販售魚類和馬鈴薯。稻米和穀類都無法在市場上買到（或者至少無法公開販售），直到一九九〇年代才有所改變。

而市場上的價格相當昂貴，即便在一九九〇年代的糧食危機之前也是如此：一九八五年，一公斤的豬肉要價二十北韓圓左右，或者說是當時平均月薪的三分之一，而雞肉的價格則是四十北韓圓左右。很顯然，這個價格的食品只有少數人買得起，而且多半都是為了特殊場合。

從一九八〇年代初期開始，市場便成了外國走私貨品的主要交易中心，而且有時候買賣的還是從國營工廠竊取的貨物。政府當局知道這樣的情況，但是也無能為力中止這類貿易。一九八〇年代，在一般的北韓市場當中，有大約三分之二的攤販賣的是消費產品：衣服、進口藥品、香菸等等。

不過由於史達林式經濟的緩步崩盤，再加上公共配給系統的逐漸瓦解，這些私有市場開始呈現爆炸性的成長。時至今日，根據一則北韓的笑話，人們在北韓的市場裡「除了貓的獸角之外什麼都買得到」。確實，過去十年的北韓是市場蓬勃發展的時期——即使國家的經濟慘澹也不影響。

一九九二年左右，北韓失去了援助商品，無法再從盟友蘇聯與中國購得這些貨物。這引發了一場深度的經濟危機。不久之後，由於一九九五、一九九六年洪澇的緣故，饑荒也重擊了這個國家。

一九九五、一九九六年期間，政府當局了解到，在主要城市之外，公共配給系統已經不可能再持續營運。在偏遠地區，糧食再也無法如期配給，於是小型村鎮的居民只能靠自己存活下來。

與此同時，政府放寬了國內移動的限制。理論上而言，如果要離開自己所在的縣，任何北韓公民都必須取得特殊的「旅行許可」。然而，一九九〇年代中期，政府當局開始對未經授權的旅行睜一隻眼、閉一隻眼。

在北韓的歷史上，一九九〇年代晚期不僅被視為重大人道災難的年代——這場災難奪走了五十萬至一百萬條性命。這十年也代表了前所未有的遷徙移動：大批民眾離開了他們所生長的故鄉。許多人前往糧食較為充裕的地方，而其他人則興致盎然地做起了以物易物的貿易。

女性當時（現在仍是如此）在這些貿易當中格外重要。許多北韓女性在當時都是全職家庭主婦，或者至少工作上的要求沒有那麼高。她們的丈夫持續前往就職的工廠，即便工廠早已停工，因為這麼做才領取得到配給券，可是這些配給券的價值甚至連印製券條的紙張都不如。與此同時，他們的妻子開展了各式各樣狂熱的商業活動。短時間之內，這些女性的收入有的就已經遠遠超越丈夫的工資了。

市場成為這些交易的主要中心。截至一九九九年，北韓全國擁有大約三百至三百五十座市場。除此之外，許多火車站也成為大型的市集中心（即便沒有獲得認可）。這個現象不難理解：北韓的道路網絡並不發達，因此鐵路仍是主要的交通方式。根據估計，一九九九年，北韓人平均有百分之六十左右的糧食是在自由市場上所購買。如果是消費商品，那麼比例還要更高——超過百分之七十。

這些貨品很大一部分都是從海外走私進口。近年來，人們發現這些市場販售著大量的南韓貨品，而其中化妝品又格外受到歡迎。在不久之前，持有任何南韓的商品很可能都是要坐牢的，而短時間之內的改變著實可觀。

市場也不單只是購物的場域而已。近年來，私營的食品攤販也開始大量出現在市集廣場。即便存在糧食短缺的問題，但任何人只要有足夠的錢，都還是能在這樣的攤販上享受美味的一餐——但不見得衛生就是了。

南韓時常將北韓的市集與首爾一九五〇年代的市場作比擬，認為這些市集展現了同樣的原始能量、冒險精神以及始終存在的暴力威脅。聽起來可能會令人相當驚訝，但是有一位脫北青年曾說，南韓的東大門、南大門市場並不令他感到驚豔：看起來不像北韓的市集那樣活絡！脫北者還說，現在你甚至可以在北韓市場上買到鳳梨和香蕉——只要你有錢。

但是錢正是問題所在。市場上的價格一直都貴上好幾倍，相較之下，如果同樣的產品能在國營商店以配給券換得的話，那麼價格則會低廉許多。稻米的官方價格一直都是每公斤〇．〇八北韓圓，而在二〇〇二年初期，市場上的價格則是四十至五十北韓圓。「七月改革」之後，價格更是進一步上漲。只有少部分的北韓人能付得起基本糧食以外的開銷，而且許多人甚至連最基本的糧食也無力負擔。

儘管如此，市場突然的重新崛起再次展現了資本主義的韌性。這究竟是好是壞呢？唯有時間能夠證明了……

北韓暴發戶

最近，外國的報章雜誌開始刊登北韓人民使用手機、開高檔車的照片。這些景象又再次證實了，北韓過去幾年的確產生了重大變化。手機、高雅的私人餐館以及汽車廣告看板都紛紛顯示，在這個全球史達林主義的最終堡壘當中，資本主義正在悄然發揮影響力。不過如果有資本主義存在，那麼就勢必會有資本家。所以誰是北韓的這些新富豪呢？

過去十年裡，北韓的史達林主義其實正悄然瓦解。儘管國家的政治架構基本上仍維持史達林主義模式，但是經濟面向已然根本改變，而且或許改變已無可逆轉。這並非任何計畫性的改革使然；相反地，北韓的史達林主義式經濟是自然死亡，被一九九〇年左右開始成長的草根資本主義蠶食殆盡。然而，資本主義經濟有可能沒有資本家嗎？

當然，一九六〇年代或一九八〇年代的北韓勢必也有富人與窮人。不過當時的富人之所以富有，原因是國家的黨政體制選擇了他們（也就是說，某些官員和個人能夠前往海外工作，並領取強勢貨幣薪酬），或者至少允許他們致富（例如從日本歸返的韓裔人士，因為他們能收到強勢貨幣的金錢匯款）。然而情況已經不同了。現在人們之所以致富，原因不外乎他們有致富的能力……

私有市場的交易從一九九〇年左右開始爆炸性成長，而同時，北韓的「黑市資本主義」隆重誕生。為求成功，擁有競爭優勢至關重要，因為競爭相當激烈。一九九〇年晚期，北韓人喜歡說：「在北韓只有三種人：挨餓的人、乞討的人以及做生意的人。」

這些早期成功的企業家通常都擁有一些不一樣的背景，因而使他們享有相對的競爭優勢。他們大多是國營企業的官員或管理者，因此擁有許多不盡合法的途徑能賺取外快。舉例來說，一九九〇年代期間，開貨車的駕駛很容易生財致富，因為他們可以將商品送往全國各地，藉此利用各區域之間大幅的價差獲利。

國營企業的管理者時常將自己工廠裡的產品拿到市場販售。技術上而言，這其實形同竊盜，但是在這越來越腐敗、組織散漫的社會裡，這麼做有很高的機會不會被發現。所有階層的零售人員都會將貨品帶出他們商店的「後門」，從此獨立於逐漸瓦解的公共配給系統之外。軍方與維安人員也享有他們的優勢，因為過去數十年來，他們的運作體系一直宛如「國中之國」一般，就連外在最基本的管控也進入不了這些體系。

最後，「以強勢貨幣為收入」的官員也賺了不少錢：打從一九七〇年代開始，他們就持續進行著類市場交易的營運，而且也具備所需的專業能力與資源。一九九〇年以後，他們開始利用這些資源追求自身利益。

就連某些不那麼出眾的職業也具備相對的優勢，尤其如果能利用不同地區之間大幅的商品價差更好。舉例來說，貨車、客車的駕駛就能藉由運送乘客與商品賺取財富——大約在一九九七年之後，由於旅行限制體系的悄然瓦解，這個現象更是明顯。火車駕駛能透過買賣貨品為自己加薪，此外還收取賄賂，允許乘客進入特定的車廂。當然，他們必須和自己的主管共享這些利潤就是了……

我們曾經在前蘇聯與中國看過類似的發展。然而在北韓，共產黨與國家幹部在新資本主義中的參與似乎仍相對有限。或許政府本身仍尚未決定，是否該允許官員大規模參與私有商業活動。近幾年來，我們看到若干這類型的實驗。但是目前為止，北韓新興資本主義的主要角色都是由人民所扮演，這些人民來自國家官僚體系之外，而且許多甚至長年都是備受歧視的群體。

在後史達林主義時代的北韓裡，能取得投資資本是成功的關鍵所在，無論資本規模多小都不例外，而北韓國內有三個主要的族群在這方面享有優勢：「來自日本的朝鮮人」、「來自中國的朝鮮人」以及「北韓境內的中國人」。值得一提的是，過去幾十年來，所有這些群體都被平壤當局視為「可疑分子」。

來自日本的朝鮮人指的是：一九六〇年代從日本移居北韓的朝鮮族人（大約有九萬三千人）。這些移民、他們的子女以及配偶在日本都有親屬，而這些親人通常很樂意寄一些錢給這些不幸的歸返者，因為這些歸返者選擇來到「社會主義天堂」，最後才發現已經沒有後路可退。

傳統上，北韓當局總是對這些歸返的在日朝鮮族人抱持高度懷疑，而這些歸返者坐牢的比例也相對較高。與此同時，來自日本的金錢一直都是平壤主要的強勢貨幣來源，因此這些歸返者的脫軌行徑往往能獲得容忍。而且這個特殊的族群甚至還享有一些特殊權利，所以他們同時是特權人士，也是受到歧視的一群。

當舊有的國家管控、配給制度瓦解，這些歸返者開始將他們的錢投資各式各業的貿易嘗試。他們許多人過去都有生活在資本主義社會的第一手經驗，而這些經驗也帶來了一定的幫助。

另一個群體是在中國有親屬的人。由於中國的經濟快速成長，因此這些親屬也能幫助他們北韓的可憐家人。在大部分的案例當中，幫助的形式並不是金錢，而是在商業、貿易方面提供支援。

北韓在地的華裔人士是國內唯一的少數民族，他們的優勢甚至更為顯著，在把握新機會上享受著獨特的地位。畢竟，在北韓的所有居民當中，華裔人士是唯一可以近乎自由前往國外的平民群體。即便在早期，華裔族群就已經開始利用這種獨特的地位，透過商品跨境賺取外快，不過當時的規模還非常小。在一九九〇年代的新情勢當中，他們也自然而然擴大了營運規模。

在這些族群經濟實力的躍進當中存在著一道諷刺。過去數十年裡，他們的海外連結讓他們飽受懷疑，並且遭到了歧視。然而到了一九九〇年代，同樣的這些海外連結反而成了他們飛黃騰達的基礎。

財富都是經由貿易所積累，但不是透過製造生產，因為製造業仍然受到國家的管控。貸款也能夠提供良好的利潤。一九九〇年代，私人貸款者向債務人收取的每月利息高達百分之三十到四十左右。相關的風險也相當之高：這些債權人幾乎沒有任何保障，面對國家、犯罪分子以及不良債務人時顯得相當脆弱。他們必須謹慎選擇自己的客戶，而這些客戶大部分都是從事私人貿易的顯赫官員。

於是，到了一九九〇年代晚期，某些商人（在這父權社會裡，其中竟然也有不少女性）已經積攢了大筆財富，往往達到了數十萬美元的金額。在北韓，這條象徵意義重大的門檻似乎是富人與超級富人之間的界線。由於命運一夕之間反轉，這些過往的賤民頓時成為了當代的菁英。

然而未來會如何呢？北韓的未來是否屬於這些新興資本家呢？老實說，我很懷疑。如果北韓持續是一個分治的實體，那麼這些市場經濟的冒險家最終不免要和國家的重磅寡頭競爭，因為這些寡頭早晚會加入資本主義遊戲的行列（而且其中某些人大概早就已經加入了）。如果整個國家崩盤瓦解，並且快速與南韓統一，那麼大多數的這些資本家都將被來自首爾的資本家邊緣化。就這方面而言，或許北韓將會不同於中國與俄羅斯。

女人的市場

這名脫北者是一位典型的韓國大媽，她的性格強硬，頭上頂著燙過的招牌髮型。當被問及北韓家庭中「男性的角色」時，她微笑著說：「這個嘛，一九九七、九八年，男人變得一無是處。他們還是去上班，但是已經沒有什麼工作需要做了，於是他們又回家。同一時間，妻子反而出遠門做生意，讓家庭得以維持生計。」

的確，過去十年來，女性經濟實力、地位的驟升是北韓顯著的變化之一。舊式的史達林主義社會已經緩慢、自然衰亡，而即便平壤時常高分貝地頑抗，資本主義其實早已在北韓獲得了重生。

新的北韓資本主義充斥著骯髒的市集和滿載木炭的貨車，另外還有衣衫襤褸的攤販揹著大袋大袋的商品。然而，這個趨勢有一項令人意外的特點，那就是以女性為主導。在逐漸成長的後史達林主義經濟體中，女性在市場攤販、小型企業家等領頭角色上比例都十分突出（至少在相對較低的層級是如此）。

這點部分反映了北韓新資本主義的成長模式。和前蘇聯或中國資本主義復興不同的是，北韓的「後社會主義資本主義」並非由共產黨階層自上而下的規畫和鼓勵。相反地，這是一種由下而上的資本主義，即便政府仍偶爾試圖反轉，資本主義仍舊持續成長茁壯。

直到大約一九九〇年為止，市場和私人貿易在北韓社會中扮演的角色仍非常微弱。大部分的人都滿足於官方鉅細靡遺的公共配給系統，滿足於自己所分配到的物資，並不打算尋找任何進一步的機會。此外，政府也盡一切所能壓抑資本主義的精神。物資配給的量並不是特別慷慨，但是已足夠讓一個人生存下來。

接著一切都開始崩解。蘇聯的解體頓時終止了對北韓的援助；過去北韓總是欣然接納這些援助，但是卻從未公開承認這些援助的存在。援助的終止導致北韓經濟的內在崩盤，而到了一九九五、一九九六年，公共配給系統也在國家的大部分地區停止運作。

正如多數其他共產國家一樣，北韓也要求每一位好手好腳的男性必須受雇於國營企業當中。未受雇於任何公司則屬違法行為——對男性而言如此。然而，對已婚女性來說，做法則有些不同。所有的共產主義國家都承認，女人有權利維持全職家庭主婦的身分，不過這並不被認為是「對社會健康有益」或者特別有責任心的職涯選擇。在北韓，家庭主婦的人數格外之高。雖然沒有明確的數據，但是在北韓，似乎有大約百分之三十的壯年已婚女性都是家庭主婦。

當危機浮現、而舊有體制開始分崩離析之際，男人仍舊基於義務與物資配給的緣故，受到了自身工作的束縛，因為物資的分配是透過工作場合來進行。當時，物資配給已經中斷，但是這點也不重要。北韓人習慣了過往數十年的穩定，於是認為當下的情勢不過就是短暫的危機，而危機很快就能得到克服。他們想必認為，終有一天一切都將恢復「常態」（也就是史達林主義）。所以這些男人相信，保住工作會是明智的選擇，這樣一來，當情勢最終恢復正常之際，他們也才能夠重返崗位。無所不在的「組織生活」也扮演了一定的角色：北韓成年人必須出席永無止盡的思想教化課程和會議，而這些要求對男性比對女性來的嚴格。

女性享有較多的自由。因此，當經濟危機爆發時，女性也首先參與了各式各樣的市場活動。在某些案例當中，女性開始變賣她們不需要的居家物品，或者販售一些自製食品。最終，這變成了更大規模的生意。當男人持續前往工廠上班之際，女性早已熱血投入她們的市場活動。在北韓，她們做生意的方式是必須在開放式的貨車上長途移動，而夜晚也必須睡在戶外或水泥地上。她們時常賄賂買通虎視眈眈的在地官員，而當然，女人搬運重物的方式，就是以攤販的背作為主要的運輸工具。

這種趨勢在中、低收入家庭格外明顯。即便是在一九九六至一九九九年的饑荒期間，菁英階層依舊能獲得物資配給，所以北韓頂端百分之五的女性大致維持著原本既有的生活方式。即便如此，她們某些人也開始使出渾身解數，設法用便宜的方式取得貨品。常見的情況是，高階幹部的妻子會先從丈夫的工廠以官方低價買進商品，之後再將這些商品轉售。值得一提的是，在北韓這樣的行為通常都不是由幹部本身執行，而是由他們的妻子運作。幹部必須小心謹慎，因為他們尚不清楚官方對新興資本主義的態度如何。於是人們假設，由女性從事這些活動相對安全，因為她們從過去以來都不太屬於官方的社會階層體系。

典型的故事是這樣的：黃太太打從一九九〇年代就開始在邊境地區經營生意。她的故鄉龍川縣的居民到現在都還記得，一九九七年北韓的經濟開始崩盤，公共配給系統也停止運作，而當時他們收到了來自親愛的領袖的特別贈禮：縣裡的每個人都獲得了一雙尼龍襪。這當然不是什麼特別奢華的物品，但是在如此艱難的情勢當中，能收到禮物還是相當不尋常。很少人知道，這些襪子並非由政府所提供，更遑論親愛的領袖了。襪子正是由上述的黃太太所捐贈的。

近期，《每日北韓》報社一位駐中國特派記者權鐘賢訪問了她，邀請她闡述自己的生命故事和精采人生。

黃太太出生在中國，父親是中國漢族，母親則是朝鮮族。和許多其他中國的朝鮮族家庭一樣，他們於一九六〇年代逃離了毛澤東「文化大革命」下的中國，舉家遷往北韓。幾十年後，當成千上萬的人逃離北韓之際，我們難以想像，不過就在幾十年前，北韓還是被中國人視為安穩的富庶之地呢！

和許多其他擁有「中國連結」的北韓人一樣，黃太太於一九九〇年代開始從事跨境貿易，當時政府的管控也開始鬆綁。和許多其他人不同的是，她毋須走私：她在中國擁有直系親屬，因此可以合法前往中國，而且近幾年來這方面又更容易了許多。當然，取得旅行許可或許會有些麻煩，但是她的金錢讓她能夠聰明地安排，進而讓整體過程變得順暢。想當然耳，她的「金正日襪」宣傳噱頭效果也是奇佳。她以量販的方式買下了十萬雙襪子，接著再送到地方政府進行配給。如此一來，地方政府便能贏得上級的讚賞，提升自己的政治地位，而黃太太也能獲得強而有力的政治支援。平民百姓更是得到了他們的襪子！

黃太太老實向權鐘賢說明她的策略：「我認識很多平安北道國家安全警衛外事局的人。由於我有（前往中國的）旅行許可，因此只要國家安全部門在上頭蓋了章，我去那裡就不會有問題。如果你和國家安全部門建立良好的關係，那麼取得旅行許可就很容易；如果你和警方建立良好的關係，那麼對抗犯罪分子就很容易；如果你和黨建立良好的關係，那麼做生意就很容易。」

如果北韓如同形式上仍為「共產主義」的中國一樣，由國家正式認可新興的資本主義，那麼男性的角色就會活躍許多。然而平壤當局似乎還不確定，面對瓦解的體制應該如何因應，而政府也不敢無條件認可資本主義。因此，男人就越來越被拋在後頭，資本主義則歸女人所有。

這也促成了家庭內部男女主事角色的改變。就書面上而言，共產主義乍看起來非常女性主義，但是真實生活又是另外一回事。在所有共產國家當中，北韓強烈的父權格外明顯。男人在家裡鮮少從事家務，在相對保守的東北地區更是如此，於是所有家事都成了女性的職責。

然而在新的情勢當中，男人變得一無是處，而女性得努力維持家庭衣食無虞。因此許多男人改變了原本看待家務的態度，不再放不下自己的尊嚴——至少這是近期針對脫北者的研究所顯示的結果。誠如一位女性脫北者所言：「以前男性外出工作賺錢，因此非常驕傲自滿。但是現在他們無法驕傲了，而且還變得一無是處，就像白天裡的路燈一樣沒有用。所以男人現在會盡可能協助妻子的工作。」

近期，人們越來越清楚發現，「舊時光」大概不會回來了，於是有些男人也大膽切斷了與官方聘雇崗位之間的連結。不過他們往往不是以獨立商人的身分進入市場，而是擔任自己妻子的助手，因為這些女人過去十年來已經累積了長足的經驗。身為新進人員，男人被分派到下屬的位置——至少暫時是如此——事實上，黃太太的丈夫也是她的助手呢！或者另一種可能性是，男人會從事比較危險、壓力比較大的工作，例如跨越防衛簡陋的中國、北韓邊境，進行貨品走私。正如一位女性脫北者所言：「男人通常都是做走私。男人比較適合做這種大事情，你知道的。」

困難的經濟情勢、賺取收入的模式改變，再加上新的生活形態以及各種相關的機會，這些都導致了某些家庭的瓦解。在南韓，一九九八年的經濟危機造成了離婚率的上升。而在北韓，幾乎同一時間發生的大饑荒也產生了同樣的衝擊，不過在許多案例當中，離婚並未獲得官方的正式承認。

當然，我們這裡談的是一場大規模災難，當時估計六十至九十萬名死者當中，有很大一部分都是女性。但在倖存者裡頭，也並非所有女性都是贏家、勇敢的企業家或是成功的管理者：有些女性被迫從事賣淫，而賣淫的猖獗近期似乎有重現的趨勢；除此之外，有更多女性必須靠著僅有、粗劣的糧食維生度日。儘管如此，對許多女性而言，一九九〇年代的災難似乎提供了她們一道契機，讓她們能夠展現力量、意志與聰明才智，不只是為了生存而已，更是為了取得成功。

未完的結局：將會是一次性爆發，還是漫長的嗚咽？

一九九〇年代初期，幾乎所有的專家都信心十足地預言，北韓這個無效率、陳舊過時、殘暴而且偶爾還挺古怪的政權很快就會瓦解。世界強權紛紛假設，北韓的崩盤已是指日可待。據稱，美國之所以簽署一九九四年的「朝美核框架協議」（DPRK-U.S. Nuclear Agreed Framework），原因不外乎：當時華盛頓的多數人士都認為，這份充滿瑕疵的協議根本就不會付諸實行。人們假設，在輕水反應爐計畫完成之前，北韓政權就會先行垮台。

然而這件事情並沒有發生。和所有人預期相反的是，金氏王朝持續存活了下來。即便發生了大饑荒——這可說是毛澤東的大躍進以來，亞洲史上最慘烈的一次饑荒——都不足以削弱金氏王朝對權力的掌握。不僅沒有發生革命，也沒有軍隊將領率領坦克車隊進入平壤。為什麼呢？

其中原因對於理想主義者而言格外令人難過：只要任何一個現代政府下定決心殘暴到底，準備好槍斃所有麻煩製造人士，那麼這樣的政府基本上幾乎無可戰勝——只要沒有來自於外在強大的壓力。長久以來人們都知道，革命不僅會發生在最殘忍的暴政時期，也很可能發生在政府意圖開放、自由化的時刻。壞政府通常遭到推翻的時間點並不是它們最為殘暴的時候，而是當它們嘗試變好的當下。一個政府如果不去碰觸「民主」或「人道」這些危險的想法，那麼它會遠比懂得自我反省、改革的政府安全許多。

換句話說，平壤應對局勢的成功祕訣便在於，它對平民百姓的苦難極度冷漠。統治階層很樂意犧牲所有必須犧牲的性命，只為求確保他們的政權生存下來。如果朝鮮民主主義人民共和國政府當時決定解散國營的農業合作社，那麼饑荒也就不會發生。但是這樣的行動會造成中央管控的弱化，政府當局無法接受，因此也拒絕了這樣的做法。六十萬人左右的死亡就是必須付出的代價，而統治階層則一點也不在乎。

厄爾曼諾·法拉尼斯（Ermanno Furlanis）是一位知名的義大利披薩師傅。一九九七年，他受邀前往北韓，為金正日和他的統治階層做披薩，而當時正值饑荒的巔峰時期，在東北部的許多村莊居民活活餓死。那麼，這位義大利大師如何描述他在這個饑荒國度的經驗呢？「那天晚上的晚宴——宛如佩特羅尼烏斯（Petronius）《愛情神話》（*The Satyricon*）中的豪奢場景——有高檔的勃艮第（Bourgogne）葡萄酒，以及來自世界各地的珍饈美饌。身為義大利人，我不得不拒絕（喝法國葡萄酒），結果三天之後，來自義大利的新鮮巴羅洛（Barolo）就送達了。」還有：「那天晚上，我們回去用了比較清淡的晚餐：兩隻龍蝦、沙拉以及法國白酒。」在那段艱難的日子裡，這些就是親愛的領袖身邊侍從過的日子（必須承認他們是非常特別的侍從）。那麼關於親愛的領袖本人呢？「每隔一段時間，就會有一位來自世界某個角落的信使。我曾經有兩次看他拆開兩個大禮盒，裡頭裝滿了二十種非常昂貴的法國乳酪，另外還有一盒高檔的法國葡萄酒。」

這是否意味著平壤的統治階層——「頂端的一千人」——很殘酷呢？或許吧，不過整體而言他們就只是漠不關心罷了。他們的行徑令我想起中世紀歐洲的王宮貴族。當農民正在挨餓的時候，男爵們還在享受他們的筵席、馬匹和城堡，而且不為自己的行為感到羞恥。他們屬於不同的階級，因此奢華的宴席、絲綢製的服裝以及偶爾和美麗的侍女共度一夜春宵……這些都是他們與生俱來的權利。

打從一九六〇年代晚期以降（時間可能甚至更早），北韓的菁英階層就開始採行世襲制度。我指的不單只是金氏家族而已。在國家官僚體系的頂層，許多占據重要職位的人之所以符合資格，原因不外乎：他們的父母輩或是祖父母輩曾經在一九三〇年代的滿洲國打過游擊戰，或者他們是某一位戰爭英雄的後代。這些人一輩子都待在舒適且與外界隔絕的環境裡，享受著優質住宅、特殊學校以及強勢貨幣商店等等特權。

這也使得他們叛逃的機率相對較低。在前蘇聯或中國，有些共產主義菁英叛逃之後，一夕之間從共產黨同志搖身變成了資本家。類似的策略在北韓大概不管用。而各種情況都顯示，北韓政權的崩潰將會導致兩韓統一。在統一的韓國裡，北韓前朝的官員將不存在任何的機會：無論這樣的結果是好是壞。即便資本主義會被建立起來，但建立者也不會是獲得重生的共產黨員，而是現代汽車和三星的在地管理者。這意味著，體制的垮台將導致特權生活的喪失——甚至帶來迫害。北韓的領導幹部非常清楚知道：如果是平壤在兩韓的敵對當中獲勝，他們將會如何對待首爾「反動派的傀儡」，而他們也不認為自己有任何理由會被善待。於是這些領導幹部集結在一起，內心渺茫地盼望自己能夠存活下去。

另外還有一個原因：自從一九九〇年以來，世界已經有所改變。北韓幸運的地方在於，並沒有任何集結的力量企圖利用嚴峻的經濟危機，藉此將北韓的政權推翻。在所有利害相關的國家當中，沒有任何一方認真嘗試在北韓境內鼓動異議分子。

人們推斷，這點非常不同於一九七〇或八〇年代的情況。當時冷戰正值巔峰時期，因此對抗全球共產主義「邪惡帝國」、「邪惡王國」的征戰遍地烽火。時至今日，在一個意識形態征戰相對平息的時代裡，各個鄰國紛紛擔心北韓政權崩解連帶的風險、麻煩與成本，因此他們不太願意讓這個過程太快發生。如果金正日政府的垮台和當年的東德或羅馬尼亞一樣，那麼這將毫無疑問導致難民的流竄，而沒有鄰國會願意因應這種情況。此外，這還將引發地區軍事的失衡，甚至可能導致不穩定。再者，北韓政權瓦解的成本高昂，光是南韓本身並沒有能力負擔。因此，北韓周邊的國家並沒有為民主而宣戰，反而大體上願意暗中支持平壤領導階層，幫助他們控制情勢，並且不過問太多相關的人道、人權等令人尷尬的問題。

當然還有核子計畫，這項計畫時常被有技巧地拿來做要脅、恐嚇之用：平壤希望其他國家付錢讓它不再發展核武。一九九四年的日內瓦朝美核框架協議正是恐嚇外交的一項傑作，而北韓因此收到了豐厚的援助作為獎賞……然後再繼續不顧反對地發展核子武器。

另外，在中國與美國之間，一直以來都存在著隱微卻又明顯的較勁關係。北京大概也不希望北韓擁有核武，但同時也不樂見兩韓統一，並且成為——或者說繼續作為——一個親美的國家。此外，中國也希望世界上仍然有一兩個共產政權維持不墜，不僅與之為伴，還能幫助中國現行的政府存續下去。這意味著，中國很願意讓北韓持續運作，並且提供北韓各種援助，尤其是糧食方面的援助。

最後還有南韓的恐懼可以利用。在面對普羅大眾時，民族主義是很容易操弄的選項，然而強硬派的政治人物卻因為完全不同的一套考量，被迫必須持續餵養著平壤：南韓擔心北韓發生民主革命，比較委婉的說法是「內部瓦解」。德國式的統一將被認為是一場災難，因為這將導致南韓人民生活水平急遽下滑。這是相當獨特的情況，在世界史上少有類似的案例：一個政府之所以餵養著敵人，原因竟然是為了避免自己倉促得勝！

所有這些因素加總起來——國內政策殘酷的理性思維、後冷戰時代世界體系的務實懷疑論，再加上北韓外交官令人刮目相看的手腕技巧——在在都幫助了這個全世界最殘暴的政權，讓它跌破眾人眼鏡存活了下來。北韓目前的存續靠的是額外借來的時間，然而光是能存活到二〇〇六年這一點就已經是令人讚歎的成就——這些大啖披薩、啜飲勃艮第葡萄酒的貴族們實在了不得。

然而這會永久持續下去嗎？應該不會：資訊正在進入北韓，這對北韓政權而言並非好消息。南、北韓之間的落差實在太大，而平民百姓早晚都會發現這一點。這些平民百姓會同意待在緩慢變化的「金正日風格」的政府，繼續窮困潦倒下去？還是他們會依循東德的前例，選擇一條更迅速的解決之道？我相信第二種可能性比較高，不過唯有時間能證明一切了。

延伸閱讀

直到一九九〇年代中期以前，北韓在英語學術界大致都是受到忽略的議題，但是過去十年來，有大量探討北韓議題的出版品開始問世。然而，大部分這些書籍和文章探討的都是北韓的國際政策與核子危機，而這些過去十多年來一直都讓平壤身處聚光燈之下。探討北韓歷史與內部動態的出版品少之又少，更遑論關注北韓的日常生活。

目前為止，最接近我們主題的是海倫-路易絲·杭特的作品，她於一九九〇年代初期分析了當時仍相當罕見的脫北者見證之詞：

Helen-Louise Hunter, *Kim Il-song's North Korea* (Westport, CT: Praeger, 1999).

某方面而言，克里斯·斯普林格（Chris Springer）的著作也採取了同樣的切入點。這本書基本上就是非官方、非正式的北韓首都指南：

Chris Springer, *Pyongyang: The Hidden History of the North Korean Capital* (Budapest: Entente Bt.; Gold River, CA: distributed by Saranda Books, 2003).

有幾本書相當值得推薦，可以作為了解北韓歷史與政治的入門書籍：

Bradley K. Martin, *Under the Loving Care of the Fatherly Leader: North Korea and the Kim Dynasty* (New York: Thomas Dunne Books, 2004). 基於訪談和眾多出版物的大量信息彙編。

Kongdan Oh and Ralph Hassig, *North Korea through the Looking Glass* (Washington, D.C.: Brookings Institution Press, 2000). 對一九九〇年代末北韓社會的回顧，也許是對該國歷史及其問題最好的一般性介紹。

Don Oberdorfer, *The Two Koreas: A Contemporary History* (New York: Basic Books, 2001). 一九七〇年代兩韓之間的關係介紹。

Adrian Buzo, *The Guerilla Dynasty: Politics and Leadership in North Korea* (Boulder, CO: Westview Press, 1999). 針對北韓歷史的回顧，特別是一九九九年之前的二、三十年。

另外有兩部作品也很有幫助。這兩部作品雖然年代相當久遠但是依舊可靠，作者是西方的兩位北韓研究之父：

Suh Dae-suk, *Kim Il Sung: The North Korean Leader* (New York: Columbia University Press, 1998). 金日成的政治傳記，同時也是北韓從成立到一九八〇年代的詳細歷史撰述。

Robert Scalapino and Chong-Sik Lee, *Communism in Korea* (Berkeley, Los Angeles, and London: University of California Press, 1972). 對一九五〇和一九六〇年代的北韓社會有詳盡的描述。相當具有參考價值。

關於北韓的旅遊札記並不常見——特別是因為這個國家並非真的歡迎外國遊客。如果要舉出這一類型的遊記，那麼勢必得提及這本罕見之作：

Nanchu with Xing Hang, *In North Korea: An American Travels Through an Imprisoned Nation* (Jefferson, NC: McFarland, 2003).

此外還有一位瑞典外交官的記事，他於一九七〇和八〇年代曾在北韓工作：

Erik Cornell, *North Korea Under Communism: Report of an Envoy to Paradise* (New York: Routledge, 2002).

另外還有兩本書籍，作者曾經居住在平壤，並擔任北韓政治宣傳刊物的編輯（這幾乎是唯一開放給已開發國家公民的職缺了。有志者得願意花幾年的時間待在遙遠又極為孤單的國度，生活在嚴密的監控之下）：

Michael Harrold, *Comrades and Strangers* (Hoboken, NJ: Chichester, West Sussex, England: John Wiley & Sons, 2004).

Andrew Holloway, *A Year in Pyongyang*. 本書尚未出版紙本書，但它可以在網路上取得全書內容：ttp://www.aidanfc.net/a_year_in_pyongyang_1.html

最後一定要提到這兩本英語著作，內容描述的是北韓的牢獄世界：

Kang Chol-Hwan and Pierre Rigoulot, *The Aquariums of Pyongyang: Ten Years in the North Korean Gulag* (New York: Basic Books, 2001). 一名曾待過北韓監獄的囚犯回憶錄。

David Hawk, *The Hidden Gulag: Exposing North Korea's Prison Camps* (Washington, D.C.: U.S. Committee for Human Rights in North Korea, 2003). 根據所有可用訊息，針對北韓監獄系統所作的徹底研究。

韓文作品

關於北韓的韓語出版品明顯較為豐富，而這些出版品也在本書中廣泛被引用。和英語學術界一樣，韓語文獻也相當著重政治和安全的議題，不過關於北韓的社會發展與日常生活則有更為鉅細靡遺的探討。近年來，北韓研究開始蓬勃發展，不過在南韓大眾當中，對於「北方兄弟」的整體興趣仍然相當有限，而且還持續下滑。學術上的蓬勃發展產出了品質參差不齊的文獻，但是有些出版品確實相當創新、有趣。

首先，我一定要提到幾本書籍，因為作者的切入點與我的相當類似：他們都希望利用既有的資料（大部分都取自於脫北者），重新建構出北韓的日常生活樣貌。在這些著作當中一定得提及的是：

全永善（Chŏn Yŏng-sŏn），《北韓的社會與文化》（*Pukhan-ŭi sahoe-wa munhwa* [*Society and culture of Noth Korea*]），首爾：亦樂，二〇〇五。本書著重在關注北韓人民的日常生活。

金承哲（Kim Sŭng-ch'ŏl），《北韓同胞的生活形態與最後希望》（*Pukhan tongp'o saenghwal yangsik-kwa majimak hŭimang* [*The life style of the North Koreans and [their] last hope*]），首爾：資料院，二〇〇〇。

朴炫瑄（Pak Hyŏn-sŏn），《現代北韓的社會與家庭》（*Hyŏndae Pukhan-ŭi sahoe-wa kajok* [*Contemporary North Korean society and family*]），首爾：Hanul，二〇〇四。

《北韓居民的日常生活和大眾文化》（*Pukhan chumin- ŭi ilsang saenghwal-kwa taejung munhwa* [*The daily life and mass culture of Noth Korean prople*]），首爾：Orŭm，二〇〇三。

《北韓人們口中述說的北韓》（*Pukhan saramdŭl-i marhanŭn Pukhan iyagi* [*Stories about North Korea, as told by the North Koreans themselves*]），首爾：淨土出版，二〇〇〇。

《北韓的家庭生活與文化》（*Pukhan-ŭi kajŏng saenghwal munhwa* [*Culture of family life in North Korea*]），首爾：首爾大學出版部，二〇〇一。

徐東翼（Sŏ Tong-ik），《「人民」的生活樣貌》（*Inmin-i sanŭn mosŭp* [*How do people's masses live*]），首爾：資料院，一九九五。根據訪談和大量已發表和未發表的資料，由與脫北者合作過的人編寫而成的大型書兩卷。

林順姬（Yim Sun-hŭi），《糧食短缺與北韓女性的角色與意識變化》（*Sikryangnan-kwa pukhan yŏsŏng-ŭi yŏkhal mich'ŭisik pyŏnhwa* [*The food crisis and changes in the [social] roles and self-consciousness of North Korean women*]），首爾：統一研究院，二〇〇四。

《北邊的人們現在是怎麼生活的呢？》（*Puknyŏk saram ŏttŏk'e salgo issŭlkka?* [*How do people of the North live*］），首爾：Sŏnin，二〇〇四。這本書十分奇特……展示了北韓人民希望如何向世界呈現他們的體制。但是近期這樣的著作越來越常見：它是由左派民族主義雜誌所出版，並且忠實模仿了平壤的政治宣傳，只做了些微的重新包裝以迎合南韓讀者；雖然是完全不可信賴的資訊來源，但這本書仍然提供了很好的指引，展示了北韓人民希望如何向世界呈現他們的體制。

以往，能透過書寫自我表達的脫北者幾乎都會出版回憶錄。然而如果是在一九九〇年之前出版的回憶錄，我們都必須要謹慎以對：當時官方的反共產主義氛圍、嚴格的審查制度，再加上脫北者本身對平壤政權的敵意，這些往往會導致對現實的扭曲（並不是直接說謊，而是包括了省略、言過其實以及沒有根據的概括性陳述）。除此之外，這些書寫的整體語調多半相當歇斯底里，而且南韓的情報單位也會對脫北者的書寫進行審查，以防止機密或是敏感資訊遭到揭露。一九九〇年之前的脫北者回憶錄有以下這幾個範例：

金富成（Kim Pu-sŏng），《我所挖掘的坑道》（*Nae-ga p'anŭn ttanggul* ［*The tunnel I dug*］），首爾：甲子文化社，一九七六。一名北韓軍官的回憶錄，他參與了反對南韓的行動，並於一九七五年被發現。

孔卓虎（Kong T'ak-ho），《北傀國家政治保衛部內幕》（*Pukkwe kukka chŏngch'i powibu naemak [Behind the scene of the Northern devils' Ministry for the Political Protection of the State]*），首爾：弘元社，一九七六。有關北韓祕密警察的重大審查筆記。

一九九〇年之後情況有所改變。南韓的反共產主義氛圍消褪，而民主政權的建立也終結了審查制度。「新」的脫北者回憶錄已經不同於以往：這些文字的語調較為中性，對於北韓的批判較少，而且知性程度高出許多。與此同時，近期撰寫回憶錄的脫北者也只有少數幾位而已——而且他們的著作必須經過長期等待才會出版。首爾的政治情勢已經有所改變，而南韓民眾整體也喪失了對北韓的興趣，這些因素都造成了影響。我也知道有一些人雖然撰寫了回憶錄，但是卻很難尋找到出版商。在一九九五年以後的回憶錄當中，下列幾部作品值得一提：

崔真依（Ch'oe Chin-i），《三次穿越國境的女人》（*Kukkyŏng-ŭl se pŏn kŏnnŏn yŏja [A woman who crossed the border three times]*），首爾：Bookhouse，二〇〇五。在饑荒期間逃離北韓並最終抵達南韓的北韓女詩人和女權主義者的回憶錄。

朱成日（Chu Sŏng-il），《DMZ之春》（*DMZ-ŭi pom [Spring at the DMZ]*），首爾：時代精神，二〇〇四。脫北者士兵的回憶錄，特別強調軍隊。

《亦黑亦白》（*Hŭin kŏtto Kŏmda [White is black]*），首爾：Nana，一九九六。各種脫北

者蒐集的文章和簡短的回憶錄。

姜哲煥（Kang Ch'ŏl-hwan），《收容所之歌》（*Suyongso-ŭi norae* [*Song of a prison camp*]），首爾：時代精神，二〇〇五。這本書被宣傳為《平壤水族館：我在北韓古拉格的十年》（*LES AQUARIUMS DE PYONGYANG: Dix Ans Au Goulag Nord-Coreen*）的韓語版，但事實並非如此。這本書描述了相同的事件，但更加詳細，並且解決了韓國讀者而非西方讀者的疑慮。

康明道（Kang Myŏng-do），《平壤的逃亡之夢》（*Pyongyang-ŭn mangmyŏng-ŭl kkum kkunda* [*Pyongyang dreams of escape*]），首爾：中央日報，一九九五。一位感受到恩典的前官僚的回憶錄。

金智一（Kim Chi-il），《以愛為名，以自由為名》（*Sarang-ŭl wihayŏ, chayu-rŭl wohayŏ* [*For the love, for the freedom*]），首爾：高麗院，一九九二。在俄羅斯學習期間叛逃到南方的北韓大學生回憶錄。

金貞妍（Kim Chŏng-yŏn），《平壤的女人》（*Pyŏngyang yŏja* [*A woman from Pyongyang*]），首爾：高麗書籍，一九九五。一名北韓祕密警察的回憶錄，描述了二十世紀六〇和七〇年代的北韓日常生活。

高永煥（Ko Yŏng-hwan），《平壤的二十五小時》（*Pyŏngyang 25si* [*25 hours of Pyongyang*]），首爾：高麗院，一九九三。一名北韓外交官的筆記，涉及北韓官僚機構的生活。

權赫（Kwon Hyŏk），《迎向苦難之行》（*Konan-ŭi kanghaeng-gun* [*March of Hardship*]），首爾：淨土，一九九九。一九八八到一九九九年大饑荒時期，對北韓農村日常生活非常實際和深刻的描述。

成蕙琅（Sŏng Hye-rang），《藤樹之家》（*Tŭngnamu chip* [*A house under wisteria tree*]），首爾：知識國度，二〇〇一。韓國左翼運動家的女兒的回憶錄，寫的非常好。

李英國（Yi Yŏng-kuk），《我是金正日的護衛》（*Na-nŭn Kim Jŏng-il-ŭi kyŏnghowon-I yŏssta* [*I was Kim Jong Il's body-guard*]），首爾：時代精神，二〇〇四。作者曾經擔任過親愛的領袖的保鏢，但這本書的重點更多著重在他這一代北韓人的日常升遷和經歷上。

除此之外，雖然有一些脫北者的故事從未以單獨書籍的形式出版，但是仍可以在南韓的期刊上找到，其中包括一般性與專題性的素材。

探討北韓的一般性參考素材有以下這些：

《北韓總覽，1945-1982》（*Pukhan ch'onglam, 1945-1982* [*The general review of North Korea, 1945-1982*]），首爾：北韓研究所，一九八三；《北韓總覽，1983-1993》（*Pukhan ch’ŏnglam, 1983-1993* [*The general review of North Korea, 1983-1993*]），首爾：北韓研究所，一九九四。這兩本書都涉及北韓生活的各個方面，並提供豐富的數據。

《理解北韓》（*Pukhan ihae* [*Understanding North Korea*]），首爾：統一教育院，二〇〇〇—二〇〇四。每年都會重新發表對北韓政治、經濟和社會變化的評論。

《北韓概要》（*Pukhan kaeyo* [*General review of North Korea*]），首爾：統一部，二〇〇〇—二〇〇四。由統一部編寫和出版的北韓年度評論。

《北韓經濟總覽》（*Pukhan kyŏngje ch’ŏnglam 2004* [*North Korean economic review 2004*]），首爾：國際情報研究院，二〇〇四。

《北韓語彙辭典》（*Pukhan ŏhwi sajŏn* [*Dictionary of North Korean expressions*]），首爾：聯合，二〇〇二。

《四百個北韓用語辭典》（*Pukhan yongŏ 400 sajŏn* [*Dictionary of North Korean terms*]），首爾：聯合，一九九九。

李程植（Yi Chong-sik），《現代北韓的理解》（*Hyŏndae Pukhan-ŭi ihae* [*Understanding modern North Korea*]），首爾：歷史批評社，二〇〇二。

在探討北韓生活不同面向的書籍方面：

河宗泌（Ha Chong-p'il），《北韓的宗教文化》（*Pukhan-ŭi chonggyo munhwa* [*Religious culture of North Korea*]），首爾：Sŏnin，二〇〇五。

《北韓都市的形成與發展》（*Pukhan tosi-ŭi hyŏngsŏng-gwa paljŏn* [*The formation and development of North Korean city*]），首爾：Hanul，二〇〇四。

《北韓的文學文藝理論》（*Pukhan-ŭi munhak-kwa munye iron* [*North Korean theory of arts and literature*]），首爾：東國大學，二〇〇三。

任采旭（Yim Chae-uk），《北韓文化的理解》（*Pukhan munhwa-ŭi ihae* [*Understanding North Korean chlture*]），首爾：資料院，二〇〇四。

柳浩烈（Yu Ho-yŏl），《北韓的社會主義建設與挫折》（*Pukhan-ŭi sahoejuŭi kŏnsŏl-gwa chwajŏl* [*The construction and disintegration of socialism in North Korea*]），首爾：思想之樹，二〇〇四。

在牢獄方面，以下這份重要的研究成果值得參閱：

《被遺忘的名字們》（*Ichyŏjin irŭmdŭl* [*Forgotten names*]），首爾：時代精神，二〇〇四。

北韓難民藏身在中國的生活一直都是許多研究的主題。以下這筆文件或許可以作為一份導引：

《跨越圖們江的人們》（*Tumangang-ŭl kŏnnŏon saramdŭl* [*The people who crossed the Tumangang river*]），首爾：淨土出版，一九九九。關於北韓難民在中國的實地研究報告。

目前為止，最大量的素材可以在南韓的媒體當中尋獲，其中包括許多日報與週刊。就這方面而言，*www.kinds.co.kr* 網站的重要性格外顯著。這是一個可以提供查詢的資料庫，由韓國媒體研究院提供支持，內容包含了一九九〇年代初期以降、曾發表在韓國主要日報與週刊上的所有素材（令人遺憾的是裡面並未包含《中央日報》，但《中央日報》正巧刊載過最好的一些北韓主題文章；不過《中央日報》的素材還是能透過該報本身的網站獨立查詢）。

另一個重要的資料來源是探討北韓與北韓研究的專題期刊。這類型的期刊為數眾多，但是大部分探討的都是國際政治的「大」議題。如果是定期刊載北韓日常生活與社會問題的期刊，值得一提的有《朝鮮》、《統一韓國》以及知性度較高的《每日北韓》線上日報。本書中的大部分素材皆參考自這些期刊。

我與脫北者的對談提供了本書很大一部分的素材，而我自己的北韓之旅也相當有幫助，其中包括了最近一次二〇〇五年的旅程。

書癮 PLUS 1

非軍事區之北：北韓社會與人民的日常生活

North of the DMZ: Essays on Daily Life in North Korea

作　　者　安德烈・蘭科夫(Andrei Lankov)
譯　　者　陳湘陽　范堯寬
審訂協力　金美燕　禹東賢　李孟衡
責任編輯　林秀梅
校　　對　莊文松　吳淑芳

版　　權　吳玲緯　蔡傳宜
行　　銷　艾青荷　蘇莞婷　黃俊傑
業　　務　李再星　陳紫晴　陳美燕　馮逸華
副總編輯　林秀梅
編輯總監　劉麗真
總 經 理　陳逸瑛
發 行 人　涂玉雲

出　　版　麥田出版
104台北市民生東路二段141號5樓
電話：(886)2-2500-7696　傳真：(886)2-2500-1967
發　　行　英屬蓋曼群島商家庭傳媒股份有限公司城邦分公司
104台北市民生東路二段141號11樓
書虫客服服務專線：(886)2-2500-7718、2500-7719
24小時傳真服務：(886)2-2500-1990、2500-1991
服務時間：週一至週五09:30-12:00・13:30-17:00
郵撥帳號：19863813　戶名：書虫股份有限公司
讀者服務信箱E-mail：service@readingclub.com.tw
麥田部落格：http://ryefield.pixnet.net/blog
麥田出版Facebook：https://www.facebook.com/RyeField.Cite/

香港發行所　城邦(香港)出版集團有限公司
香港灣仔駱克道193號東超商業中心1/F
電話：852-2508 6231　傳真：852-2578 9337

馬新發行所　城邦(馬新)出版集團【Cite (M) Sdn Bhd.】
41-3, Jalan Radin Anum, Bandar Baru Sri Petaling,
57000 Kuala Lumpur, Malaysia.
電話：(603) 9056 3833　傳真：(603) 9057 6622
E-mail：services@cite.my

印　　刷　沐春行銷創意有限公司
電腦排版　宸遠彩藝有限公司
設　　計　許晉維

初版一刷　2019年5月

定價／520元
ISBN：978-986-344-645-3

國家圖書館出版品預行編目(CIP)資料

非軍事區之北：北韓社會與人民的日常生活 / 安德烈・蘭科夫(Andrei Lankov)作；陳湘陽, 范堯寬譯. -- 初版. -- 臺北市：麥田出版：家庭傳媒城邦分公司發行, 2019.05
面；　公分. -- (書癮PLUS；1)
譯自：North of the DMZ : essays on daily life in North Korea
ISBN 978-986-344-645-3(平裝)
1. 社會生活　2. 北韓
732.28　　108003991